| 제3판 |

효과적인 교실관리

오늘날의 교실을 위한 모형 및 전략

Effective Classroom Management

| 제3판 |

효과적인 교실관리

오늘날의 교실을 위한 모형 및 전략

Carlette Jackson Hardin 지음 | 김은주 옮김

Σ 시그마프레스

효과적인 교실관리

오늘날의 교실을 위한 모형 및 전략, 제3판

발행일 | 2012년 6월 30일 1쇄 발행

저자 | Carlette Jackson Hardin
역자 | 김은주
발행인 | 강학경
발행처 | ㈜시그마프레스
편집 | 송현주
교정 · 교열 | 정영주

등록번호 | 제10-2642호
주소 | 서울특별시 영등포구 양평로 22길 21 선유도코오롱디지털타워 A401~403호
전자우편 | sigma@spress.co.kr
홈페이지 | http://www.sigmapress.co.kr
전화 | (02)323-4845, (02)2062-5184~8
팩스 | (02)323-4197
ISBN | 978-89-97927-18-0

Effective Classroom Management

Models and Strategies for Today's Classroom, 3rd Edition

＊책값은 뒤표지에 있습니다.

30년의 교육에서 얻은 지혜를 사랑스럽게도 공유해 준
나의 자매이자 친구
*Martha Jackson Barnes*에게

학교가 항상 그들에게 안전하고 즐거운 곳으로 느껴지길 희망하며
나의 손자 *Andrew William Hardin*과 손녀 *Avery Reese Hardin*에게

역자서문

교사가 교육을 잘하기 위해서는 무엇보다도 교실을 잘 관리할 수 있어야 한다. 교실 관리란 교사가 의도하는 바대로 교육의 목적을 성취하기 위해 학생들을 통솔해 하루의 일과를 물 흐르듯이 매끄럽게 끌고 나갈 수 있는 능력을 말한다. 교실관리 능력 없이는 아무리 뛰어난 교사라 할지라도 교육을 제대로 수행할 수 없다. 그러나 교실 관리만 잘한다고 해서 교육이 이루어지는 것은 아니다. 교실관리는 교육을 위한 충분 조건은 아니지만 교육을 잘하기 위해 반드시 전제되어야 할 필요조건이다.

오늘날 교육 현장은 교실 붕괴, 수업 붕괴 같은 학습지도상의 문제와 학교 폭력, 집단 따돌림 등 각종 생활지도상의 문제로 난관에 봉착해 있다. 최근 교육 현장에서 체벌 금지와 학생 인권 존중이 강조되면서 과거 처벌과 훈육에 의존해 학생들을 통솔하던 교사들은 학생들을 가장 효율적으로 관리할 수 있는 방법을 상실하고 말았다. 현재 교육 현장은 교육 문제에 직면해 과거와는 다른 새로운 대처 방법, 새로운 해법을 필요로 한다. 시대와 사회가 변화하고 있으며 그 안의 학생들 역시 과거와는 다른 지도 방법을 요구한다. 교사의 권위주의적 태도에 바탕을 둔 처벌과 훈육은 더 이상 학생들에게 호소력을 발휘하지 못한다. 학생들은 개별적으로 존중받기를 원하고, 인간다운 방법으로 지도받고 교육되기를 희망한다. 교사의 입장에서 다수 학생들을 통솔하는 데 가장 효율적이었던 처벌 및 훈육 위주의 방식을 저버리고, 학생들에게 개별적으로 또한 인간적으로 다가갈 수 있는 해법을 찾기란 생각만큼 쉽지 않다. 이 어려운 틈새에서 중지를 모으고, 지혜롭게 학교 문제를 해결해 나가야 하는 일은 교사들에게 주어진 과제이다. 이 과제를 성공적으로 해결함으로써 학생들은 교육적으로 발달하고, 학교는 교육의 정상화를 추구하며, 무엇보다도 교사는 전문적인 교육적 역량을 향상시켜 교사로서의 자긍심을 회복함과 동시에 교육자로서의 보람을 얻을 필요가 있다.

이 책은 오늘날 위기에 처해 있는 우리 사회의 교육 문제를 극복하고 교사들에게 학생들을 효과적으로 지도, 통솔할 수 있는 다양한 교실관리 방법을 종합적으로 제시한다. 이 책에 소개되는 교실관리의 방법은 크게 세 가지로 나누어진다.

훈육으로서의 교실관리는 1960년대부터 1970년대, 1980년대에 걸쳐 많은 교실에서 사용되어 온 방법으로 문제가 발생할 때마다 그에 상응하는 상과 벌을 부과한다. 상과 벌은 학생 행동에 대해 후속적으로 발생하는 반동적 성격을 지닌다.

체계로서의 교실관리는 1970년대 후반부터 대두된 것으로, 발생하는 문제에 그때그때 대처하는 것이 아니라 체계를 세워 교실에서 문제가 발생하지 못하도록 예방하는 데 역점을 두는 교실관리 방법이다. 이 점에서 체계로서의 교실관리는 다분히 사전 행동적이다. 문제행동을 예방하기 위해 체계적 교실관리에서는 규칙과 절차를 세밀하게 설정해 규칙에 대한 몰이해나 혼란으로 인해 규칙에서 벗어나는 일이 없도록 교육하거나, 사회적·개인적 계약을 통해 문제행동을 억제하고, 학생과 교사 그리고 학생과 학생 사이에 긴밀한 유대관계를 형성해 일탈 행위를 하려야 할 수 없게 만드는 등 여러 가지 구체적인 방안이 제시된다.

1990년대에 시작된 교수로서의 교실관리는 문제행동을 예방한다는 점에서는 체계적 교실관리 방법과 비슷하나 못하게 하는 것이 아니라 스스로 안 하게 만드는 교실관리법으로 진일보한 방법이다. 학생들은 교실에서 스스로 질서를 지키고, 학습활동에 성실하게 임하며, 상호존중함으로써 바람직한 교육 풍토를 조성하는 데 있어 능동적인 주체가 된다. 발생된 문제나 갈등을 스스로 조정하고 해결하며, 규칙의 뜻과 준법의 의미를 교육받고 깨우쳐 자기 규제와 더불어 스스로 규칙 위반을 하지 않는 태도를 가지게 된다. 더불어 인간관계에서 친사회적인 태도를 습득함으로써 학교생활에서뿐 아니라 전 생애 동안 긍정적으로 상호작용할 수 있는 기본 소양을 육성하게 된다.

이 책은 이 세 가지 기본 범주 안에 포함되는 여러 학자들의 교실관리 이론과 모형들을 다양하게 제시한다. 학자들의 이론은 서로 영향을 주고받음으로 인해 다소 명쾌하게 구분되기 어려운 측면도 있다. 하지만 여러 학자들의 이론과 모형을 통해 교사들은 교실관리에 대한 접근의 다양성을 접할 수 있고, 무엇보다도 확고한 철학에 근거한 교실관리의 모형을 들여다 볼 수 있다. 이것은 교실관리에 대해 산발적·경험적으로 접근해 왔던 우리의 교육 현장에 보다 조직적이고, 이론적으로 교실관리에 접근할 수 있는 안목을 제시해 준다. 또한 학생의 인권을 존중하고, 교육 수요자에 대한 배려를 강조하는 시대·사회적 특성에 맞추어 교실관리가 지향해야 할 방향 및 그 구체적인 기법을 습득할 수 있게 한다. 즉 이 책에서 제시되는 다양한 교실관리 방법은 오늘날 교실 및 학교에서 직면하게 되는 각종 문제상황을 새로운 방식으로, 또한 보다 효과적으로 해결할 수 있는 해법의 실마리를 제공할 것이다.

그러나 이 책에서 소개하는 다양한 교실관리 모형들은 시대와 상황을 뛰어넘어 언제, 어디서나 정답이 될 수는 없다. 교사들은 학생들의 성향, 교실의 상황 및 환경, 학교 및 사회의 교육적 가치 및 요구사항 등을 고려해 주어진 여건에 가장 적합한 교실관리 접근법을 그때그때 취사선택하는 것이 필요하다. 또한 이 책의 저자도 제시하고 있듯이 교사들은 자신의 교육 철학, 경험, 인성, 신념 그리고 학생들의 특성과 학교와 지역사회의 요구 등을 모두 감안해 자기만의 교실관리법을 창출해 낼 필요가 있다. 자기만의 교실관리법을 만들어 냄에 있어 또한 이 책의 여러 모형들은 교사들에게 좋은 참고자료가 될 것이다.

2012년 6월

김은주

저자서문

『효과적인 교실관리 : 오늘날의 교실을 위한 모형 및 전략』의 초판을 집필할 때 한 친구는 1930년대 교사가 되기 위한 훈련에 사용되었던 교재를 가지고 있었다. 그 교재는 Jesse Sears가 저술한 『교실조직 및 통제』라는 책으로, 1928년에 출판되었는데 전장에 걸쳐 질서, 훈육, 처벌에 역점을 둔 교사의 역할을 의심할 여지없이 강조하고 있다. 이 교재는 지난 80여 년에 걸쳐 교실관리가 얼마나 많이 변화되어 왔는지를 상기시켜 준다. 1930년대의 교재는 교사 중심적인 통제나 처벌보다는 공동체 형성이나 안전한 학습 환경 조성에 역점을 둔 오늘날의 많은 교실관리 교재와는 현저히 다르다.

초판, 재판의 목적은 교실관리에 대한 이러한 변화하는 시각을 종합적으로 제공하는 것이었다. 이것은 또한 제3판의 목적이기도 하다. 이 교재는 훈육으로서의 교실관리, 체계로서의 교실관리, 교수로서의 교실관리라는 3개의 구별되는 범주에 포함되는 12개의 교실관리 모형을 제시한다. 이 책은 교실관리에 대한 연구 근거를 학술적으로 개관했다. 하지만 이 책은 학생들이 쉽게 읽고, 이해하고, 적용할 수 있는 방식으로 저술되고 편집되었다.

이 책은 초판, 재판의 실제적인 성향을 취하면서 최신의 교실관리 모형 및 연구에 대한 시각을 또한 제공한다. 개정판은 다음의 내용을 포함한다.

- 교실관리 모형으로서 긍정적 행동 지원을 추가했다. 1997년 장애인 교육법 수정 법안이 법제화되고 학교가 중요한 행동상 장애가 있는 학생들에게 긍정적인 행동 지원과 기능적 행동 분석을 활용하도록 요구됨에 따라 긍정적 행동 지원(PBS)은 대부분의 학교 교실관리 체계의 중요한 부분이 되었다. 그때 이래로 7,000여 개 학교는 주요한 관리 계획으로 PBS를 채택하고 있다.
- 연구에 기초한 최고의 교실관리 실행에 초점을 둔 장이 첨가되었다. 이 장은 교실을 관리하기 위한 아홉 가지 입증된 전략을 제공한다.

- 어려운 학생을 다루는 전략이 새로운 내용으로 첨가되었다. 많은 독자들은, 대다수 학생들에게 활용되는 전략으로는 행동이 변화되지 않는 학생들과 함께 활동하기 위한 구체적인 전략을 요구해 왔다. 각 모형은 현재 이러한 어려운 학생을 다루는 법에 대해 보다 구체적인 정보를 제공한다.
- 모형을 활용함에 있어 보다 실용적인 제안을 하기 위해 구상된 7개의 표와 그림이 추가되거나 개정되었다.
- 7개의 새로운 현장 비결이 올해의 교사들에 의해 제공되었다.

예상 독자

『효과적인 교실관리 : 오늘날의 교실을 위한 모형 및 전략』은 특히 학부나 대학원의 교실관리 과정의 주 교재로 적절하다. 더하여 이 책은 현직 교사를 위한 교사 발달 프로그램에 사용될 수도 있다. 이 책은 개인적인 교실관리 계획을 개발하거나 혹은 사용할 모형을 선택하기 위한 기초 자료를 제공한다. 내용은 초, 중, 고등학교 모든 수준의 교사 및 예비 교사들에게 적용될 수 있다.

구성

제1장은 교재의 이론적 틀을 제공한다. 이론적 틀은 훈육, 체계, 교수로서의 교실관리와 관련해 제시된다. 이 장은 이 분야 주요 공헌자들에 대해 간단히 개관하면서 개인적인 관리 계획을 개발하는 방법에 대한 토론으로 마무리된다.

제1부는 훈육으로서의 교실관리로서 네 가지 교실관리 모형을 제시한다. 제2장은 B. F. Skinner의 조작적 조건화 이론에 대한 검토를 포함해 기초적인 행동주의적 개념을 제공한다. Lee와 Marlene Canter의 모형, 단정적 훈육은 제3장에 제시된다. 제4장은 행동주의적 이론을 사용하지만 다르게 접근하는 Fredric Jones의 모형인 긍정적 교실훈육을 제공한다. 제5장은 Linda Albert, Jane Nelsen, Lynn Lott, H. Stephen Glenn의 논리적 결과를 제시한다.

제2부 체계로서의 교실관리는 접근에 있어 체계적인 4개의 모형을 강조한다. 제6장은 Richard Curwin과 Allen Mendler의 모형인 존엄스러운 훈육을 제공한다. Carolyn

Evertson은 교실조직 관리 프로그램(COMP) 모형의 창시자로서 이 내용은 제7장에 나와 있다. 제8장은 공동체 형성에 초점을 두며 Alfie Kohn의 이론에 대해 논의한다. 제9장은 전 미국의 학교에서 채택되고 있는 이론인 Marvin Marshall의 상벌 스트레스 없는 훈육을 제시한다.

제3부 교수로서의 교실관리는 친사회적인 기술의 교수에 초점을 두는 네 가지 모형을 제시한다. 제10장에 제시되는 첫 번째 모형은 Barbara Coloroso의 내면적 훈육이다. 제11장은 긍정적 행동 지원을 제공한다. 갈등 해결과 동료 중재를 가르치는 여러 가지 접근은 제12장에 제시된다. 마지막으로 Forrest Gathercoal의 모형, 사법적 훈육이 제13장의 초점이다.

제4부 개인적인 체계 개발은 교실관리에 대해 개인적인 체계를 구상하고자 하는 교사를 돕기 위한 정보를 제공한다. 제14장은 연구에 기초한 최고의 교실관리 실행을 제시한다. 제15장은 개인 교사가 교실관리의 모든 요소를 종합적인 프로그램으로 조합하는 것을 도와준다.

특징

아래 특징은 교육자와 독자 모두를 이 책에 친근하게 다가가게 만든다.

- 각 장의 정보와 활동은 전미 신규 교사 평가 및 지원 협회(Interstate New Teacher Assessment and Support Consortium : INTASC) 기준에 직접적으로 연결된다. 이 책에 INTASC의 기준이 제시되며, 각 장에서도 이 기준들이 다루어진다.
- 현장 비결이 교재 전체에 나와 있다. 이 비결은 교사들의 실천에 현명한 조언이 된다.
- 각 장은 제시된 개념을 설명해 주는 개별적인 사례와 시나리오를 담고 있다. 대부분의 사례와 시나리오는 전형적인 교실에서 발생하는 실제 사건에 근거하고 있지만, 교사와 학생들의 이름은 가상적으로 설정한 것이다.
- 각 장의 활동은 독자로 하여금 제시된 모델을 성찰하고, 자료집의 자료를 개발하며, 개인적인 교실관리 철학을 개발하도록 돕기 위해 구상되었다.
- 각 장에 제시된 주요용어에 대한 용어해설이 책의 뒷부분에 제시된다.

감사의 글

내가 제3판을 준비할 때 많은 사람들이 지원하고 지도해 주었다. 이 책을 검토하면서 조언을 아끼지 않은 오마하에 있는 네브래스카대학교의 James Dick, 루르드대학의 Karen Roadruck, 웨스트플로리다대학교의 Keith Whinnery, 그랜드벨리주립대학교의 Sherie Williams에게 감사드린다.

내 남편 William에게 특히 감사한다. 그의 인내와 격려가 이 기획을 마무리할 수 있도록 했다. 오스틴피주립대학교 사범대학 교원들 역시 매일매일 격려와 지지를 아끼지 않았다. 내 여동생 Martha Jackson Barnes는 사랑스럽게도 이 책을 세세하게 읽어 주었다. 나는 고맙게도 현장 비결을 제공해 준 모든 선생님들께 감사한다. 또 다음 개정판을 위해 조언을 제시해 준 이 책의 독자들에게도 감사의 뜻을 전한다.

INTASC 기준

INTASC 기준	관련되는 장
기준 1 : 내용 교수법 교사는 그가 가르치는 훈육의 중심 개념, 질문 방법, 구조를 이해하고 이러한 주제들이 학생들에게 의미 있게 느껴질 학습 경험을 창안한다.	7, 9, 11, 15
기준 2 : 학생 발달 교사는 학생들이 어떻게 학습하고 발달하는지를 이해하고, 학생들의 지적·사회적·인간적 발달을 지원해 줄 학습 기회를 제공한다.	1, 2, 5, 9, 10, 14
기준 3 : 다양한 학습자 교사는 학생들이 학습에 어떻게 다르게 접근하는지를 이해하고, 다양한 학습자에게 적합하게 맞추어진 교수 기회를 창안한다.	7, 11, 12, 13, 15
기준 4 : 교수 전략 교사는 학생들의 비판적 사고, 문제해결, 수행 기술의 발달을 격려하기 위해 다양한 교수 전략을 이해하고 활용한다.	6, 7, 8, 11, 15
기준 5 : 동기와 관리 교사는 긍정적 사회 상호작용, 적극적인 학습 참여, 스스로 동기를 부여하도록 격려하는 학습 환경을 조성하기 위해 개인 및 집단 동기와 행동에 대한 이해를 활용한다.	1~15
기준 6 : 상호작용 교사는 교실에서 적극적인 질문, 협동, 지원적인 상호작용을 촉진하기 위해 효과적인 언어, 비언어, 매체 상호작용의 기법에 대한 지식을 활용한다.	4, 8, 10, 14
기준 7 : 계획 교사는 주제, 학생, 지역사회, 교육 과정 목적에 대한 지식에 근거해 교수를 계획한다.	7, 11, 14
기준 8 : 평가 교사는 학습자의 지속적인 지적·사회적·신체적 발달을 평가하고 확실시하기 위해 형식, 비형식적인 평가 전략을 활용하고 이해한다.	5
기준 9 : 반성적 실천인 교사는 자신의 선택과 다른 사람(학생, 부모, 학습 공동체의 다른 전문가)에 대한 행동의 효과를 지속적으로 평가하며, 전문적으로 성장할 기회를 적극적으로 추구하는 반성적 실천인이다.	1~15
기준 10 : 학교와 지역사회 교사는 학생의 학습과 복지를 지원하기 위해 학교 동료, 부모, 더 큰 지역사회 기관과의 관계를 촉진한다.	3, 7, 14, 15

INTASC 기준은 주교육감협의회(Council of Chief State School Officers)와 그 멤버들에 의해 개발되었다.
복사본은 협의회의 웹사이트 http://www.ccsso.org에서 다운로드받을 수 있다.
Council of Chief State School Officers(1992). Model standards for beginning teacher licensing, assessment, and development : A resource for state dialogue. Washington, DC : Author.
http://www.ccsso.org/content/pdfs/corestrd.pdf.

:: 요약 차례

차례

제1부　훈육으로서의 교실관리

04 긍정적 교실훈육

05 논리적 결과

제2부 체계로서의 교실관리

06 존엄스러운 훈육

07 교실조직 관리 프로그램(COMP)

08 공동체 형성

09 상벌 스트레스 없는 훈육

제3부   교수로서의 교실관리

제4부   개인적 체계의 개발

14   연구에 기초한 최고의 교실관리 실행

15   자신만의 체계 창안

교실관리의 변화하는 관점

01

목표

제1장에서는 예비 교사들을 INTASC 기준 2항(학생 발달), 5항(동기와 관리), 9항(반성적 실천인)에 부합되도록 준비시키고자 한다. 이를 위해 다음과 같은 사항을 수행하도록 돕는다.

- 다양한 교실관리 접근법을 평가한다.
- 교사들의 요구에 가장 적합한 교실관리 모델을 선택하

거나 창안한다.
- 교실환경과 상호작용을 분석한다.
- 교실관리에 대한 다양한 접근법의 이론적 배경을 이해한다.
- 교수 및 교실관리에 대한 개인적 기술과 철학에 대해 성찰한다.

마커스 홈스는 지난주부터 살레르노 씨의 수학시간에 내내 잠을 잤다. 오늘 급우 중 하나가 자고 있는 마커스에게 다가가 찔렀다. 마커스는 깜짝 놀라 의자에서 벌떡 일어나 다른 학생에게 욕을 했다. 살레르노 씨가 어떻게 해 보기도 전에 마커스는 재빨리 교실 밖으로 도망쳤다.

들어가는 말

방금 발생한 상황은 살레르노 씨가 반응하기에는 너무 순식간에 일어났다. 그녀는 이미 교실을 떠난 학생, 아수라장이 된 교실, 학교의 규칙과 그녀 자신이 설정한 교실규칙에 근거해 위반 상황을 처리해야만 한다. 당장 그리고 앞으로 그녀가 무엇을 할 것인가는 여러 가지 요인에 의해 결정될 것이다. 마커스의 연령, 학년 수준은 상황을 다룸에 있어 중요한 역할을 할 것이다. 만약 동료 교사나 보조 교사가 있다면 그녀는 마커스를 찾으러 교실을 나갈 수도 있다. 만약 그녀가 그와 같은 도움을 받을 수 없다면 다른 학생들을 감독받지 않는 상태로 남겨 두는 대가를 치르면서 과연 마커스를 찾으러 가야 하는지를 가늠해야만 한다. 살레르노 씨가 마커스가 어디로 갔는지를 얼마나 잘 예측할 수 있느냐에 따라 마커스를 찾으러 가야 할지, 아니면 학생들과 교실에 있을 것인지가 결정될 것이다. 그녀는 마커스에게 그런 행동을 유발하게 한 어떤 개인적 제약이 있는지도 고려할 필요가 있을 것이다. 그녀는 그와 같은 상황을 주시하는 학교 경찰에 대해서도 인지하고 있어야 한다. 그녀는 마커스가 욕을 하고 교실을 떠나는 행위로 인해 벌을 받아야 할 것인지에 대해서도 결정해야 한다. 마지막으로 그녀는 마커스를 찔러 상황의 발단을 제시한 학생에게 무엇을 해야 할지도 결정해야만 한다. 1분도 채 안 되는 시간 속에 발생한 이 사건은 살레르노 씨로 하여금 수많은 결정을 하도록 요구한다.

만약 살레르노 씨가 21세기가 아니라 20세기 초반에 가르치는 중이었다고 하면 이 교실관리 상황에 대한 대답은 간단하다. 마커스나 찌른 학생이나 모두 볼기를 맞기 위해 헛간으로 가야 할 것이다. 1949년 『훈육의 새 방법(New Ways in Discipline)』에서 Dorothy Walter Baruch는 신체적 체벌의 시대와 학생들을 헛간으로 데려가는 것은 끝났다고 말했다. 많은 부모, 교사, 입법자들은 헛간 여행의 종결을 슬퍼했다. 그리고 이들은 교사들이 교실관리 문제들을 다룰 때 더 이상 선택의 여지가 없음을 지적했

다. 그러나 사실은 그렇지가 않다. 교사들은 오늘날 역사적으로 어떤 다른 시대보다
도 학생들의 행동을 관리함에 있어 더 많은 선택의 여지를 가지고 있기 때문이다.

살레르노 씨가 직면한 것과 같은 상황을 다룸에 있어 가장 좋은 방법을 알려 주
기 위해 매년 수백 개의 책과 논문들이 쓰여지고 있다. 학생 성향을 이해하고, 효과적
으로 교실관리를 하는 데 유용한 거대한 분량의 연구들은 이론에 치우침으로써 교사
들을 보다 사색적으로 만들었지만 교실상황을 다룸에 있어서는 별로 도움이 되지 못
한다. 불행하게도 이러한 연구들은 교사들이 교실을 효과적으로 관리함에 있어 필요
로 하는 모든 대답을 제공하는 데 실패하고 있다. 살레르노 씨 같은 교사들은 훈육
혹은 효과적인 교실관리에는 하나의 대답이 없음을 터득해 왔다. 그리고 궁극적으로
교사는 자신들의 학생들을 위해 교사 스스로 최선이라고 생각하는 것을 행하도록 남
겨진다.

교실관리의 변화하는 관점

교사들은 교실관리의 신시대에 진입했다. 21세기의 새로운 도전에 직면해 교사, 교사
교육자, 학교 행정가는 교실을 관리하기 위한 대체적인 방법을 탐색해 왔다. 하지만
교실관리에 대한 해답을 찾는 것은 어려운 일이다. 왜냐하면 무엇이 효과적인 교실관
리 접근법인가에 대해 의견이 일치하지 않기 때문이다.

몇몇 행정가와 교사들은 교실관리와 훈육을 동의어로 생각한다. Vasa(1984)는 교
실관리를 과제 중인 학생의 행위를 유지하는 것과 관련되는 행동, 혹은 과제 이탈적
행위나 소란스러운 행위(disruptive behavior)의 감소와 관련되는 행동으로 묘사했다.
그의 관점을 공유하는 교육자들은 학생들의 행동을 통제하는 과정을 효과적인 교실
관리로 정의한다.

또 다른 사람들은 반대의 입장을 취한다. 그들은 교실관리란 훈육이 아님을 주장
한다. Wong(Starr, 2006에서 재인용)은 교사는 훈육에 대해서는 덜 생각하고, 학생들
에게 학습을 그리고 교사에게는 교수를 허용하는 활동과 절차에 대해 더 많이 생각할
필요가 있음을 진술했다. Freiberg와 Lapointe(2006)는 교실관리에 대한 시각을 확장
시켰다. 그들은 교실관리란 "장기간에 걸쳐 형성되며, 궁극적으로는 사회조직 안에서
학생을 자기 훈육으로 이끌도록 노력하는 분위기를 만들어 냄으로써 교사와 학생이

교실관리는 교수 방법이 변화됨에 따라 보다 어려운 일이 되었다.

사회적·학업적 상호작용을 위한 공동 구조에 동의하고 이를 진전시켜 나갈 수 있는 능력"으로 정의했다(p. 737). 교실관리에 대한 이러한 정의는 관리의 관점을 교실의 모든 측면에 영향을 미치는 것으로 확대했다.

　　보다 학생 중심적으로 접근하는 교육자들은 교실관리를 삶에 대해 학생을 준비시키는 한 방법으로 본다. 그들은 오늘 학생들의 행위를 통제하는 데 초점을 두는 것이 아니라 내일 살아가게 될 세상에 대해 학생들을 준비시키는 데 주안점을 둔다. 이 관점으로 교실관리에 접근하는 교사 및 행정가들은 효과적인 교실관리를 교실에서 긍정적인 사회적·정서적 환경을 창조하는 과정으로 정의한다(Morris, 1996).

　　교사와 행정가들이 효과적인 교실관리를 어떻게 정의하는가는 그들의 초점과 목적에 달려 있다. 이 갈등하는 관점들은 접근과 철학을 달리하는 교실모형을 위한 기초이다.

훈육으로서의 교실관리

1970년대와 1980년대 교실관리의 강조점은 교실을 안전하게 만들고, 행위에 대한 규칙을 설정하며, 훈육을 유지하는 데 주어졌다. 교사들에게 있어 훈육은 명사이면서 동시에 동사였다(Hoover & Kindsvatter, 1997). 명사로서 **훈육**은 교실질서를 유지하기 위해 설정된 규칙으로 정의된다. 동사로서 훈육은 학생들이 학교에서 수용되는 방향으로 행동하도록 돕기 위해 교사가 해야 하는 것으로 정의된다. 두 정의는 모두 훈육을 문제행동(misbehavior)과 연결시킨다. 왜냐하면 문제행동이 없다면 훈육 또한 요구되지 않기 때문이다(Edwards, 1999). Doyle(1990)가 말했듯이 관리와 훈육의 필요성은 학생들이 문제행동을 할 때 가장 명백해지므로 문제행동을 예방하는 것은 교실관리에 있어 지배적인 주제이다.

교실관리를 훈육으로 보는 사람들은 교실관리에 대한 해답을 찾기 위해 상담, 정신건강, 행동 교정에 관련된 심리이론에 의지한다. 대부분의 이론들은 교실상황 밖에서 발전되어 왔으며, 집단으로서의 학생들보다는 개별적인 학생들을 다룬다(Brophy, 1983). 하지만 행동 관리에 대한 연구들은 교사의 행동이 학생들의 문제행동을 조성하고 유지시킬 수 있음을 실험적으로 보여 준 최초의 시도이다(Freiberg, 1999). 1960년대 이래로 행동 관리는 교실관리에 대한 가장 보편적인 접근이었다. 미국 전역에 있는 학교들은 신속하게 이 초기 방안을 채택했다. 이 방법은 사용하기가 단순하며 부적절한 행동을 즉시 중지시키고 싶어 하는 교사들의 욕구를 충족시킬 수 있었기 때문이다. 이와 똑같은 이유로 이 방법은 오늘날까지 계속 사용되어 오고 있다.

이 책에서는 훈육에 주요 초점을 두는 네 가지 모형을 제시한다. 접근의 차이에도 불구하고 이 모형들은 아래와 같은 원칙을 공유한다.

- 교사는 교실을 통제 상태로 유지하는 데 책임을 져야 한다.
- 훈육은 교수 이전에 이루어져야 한다.
- 부적절한 행동에 대해 결과가 주어져야만 한다.

제시된 네 가지 모형은 Skinner의 **행동주의적 관리**(Behavioral Management), Canter의 **단정적 훈육**(Assertive Discipline), Jones의 **긍정적 교실훈육**(Positive Classroom Discipline), Albert의 **논리적 결과**(Logical Consequences)이다.

체계로서의 교실관리

1970년대 후반, 교사들은 훈육에 초점을 둔 이전의 모형을 거부하기 시작했다. 많은

○ **현장 비결**

내 교직 첫해 첫날부터 나는 학생들을 가르치기 시작했고 학생들이 일으키는 문제들을 다루었다. 말할 필요도 없이 내 교직 첫해는 배우는 시기였다. 지금 나는 학기 첫 주를 절차와 규칙을 가르치는 데 투자한다. 학생들은 그해 해야 할 일을 부여받고, 모두 그 역할을 수용한다. 만약 학생들이 성실하고, 규칙과 절차를 잘 알고 있다면 거의 위반 상황이 일어나지 않는다는 것을 나는 알고 있다. 학생들은 배우기를 기대하면서 교실에 들어오고, 다른 학생이 그러한 절차를 어기면 정말로 놀라워한다.

Grant Bell
Greenbrier 중학교
Greenbrier, Tennessee

교사들은 이전의 모형이 학생 모두를 위해 조용하고 안전한 학습 환경을 조성하고자 하는 교사들에게 적절하게 기여하지 못했음을 발견했다(McEwan, 2000). 이러한 교사들에게 있어 교실관리와 교수는 별개의 기능이라기보다 상호의존적인 기능들이다. 따라서 효과적인 교실관리는 소수의 고립된 기교 혹은 학습된 책략이 아니라 오히려 하나의 관리 기술의 체계로 간주된다(Brophy, 1983; Evertson & Harris, 1992). Kohn (1995)은 많은 교육자들이 훈육 모형을 거부함에 주목했다. 교육자들은 벌과 위협이 기껏해야 일시적인 순응을 유발한다는 점에서 역효과라는 것을 인식했다. 사람들은 문제행동이 발생했을 때 반응할 계획을 세우기보다 문제행동을 예방하는 계획을 세우는 것이 더 낫다는 점을 강조한다. Doyle(1990)는 예방에 대한 새로운 초점이 교실관리의 연구와 이론 모두에 변화를 가져왔음을 주장한다.

이와 같은 이유로 많은 교사들은 교실관리에 대한 가장 좋은 접근은 학기가 시작되기 전 준비를 철저히 하면서, 또한 학년 내내 지속시킬 수 있는 체계를 수립하는 것임을 믿게 되었다. 그와 같은 접근은 계획, 질서 있는 활동 안내, 학생들의 적극적 수업 참여 독려, 앉아서 하는 활동, 소란과 훈육 문제의 최소화 등을 포함한다(Brophy & Evertson, 1976).

체계적인 접근을 취하는 관리 프로그램은 철저한 교수 활동을 가능하게 하며 또한 목적 지향적인 학습 환경을 조성한다(Hoover & Kindsvatter, 1997). Kohn(1995)은 훈육의 많은 문제는 교사가 흥미 없고, 부적절하며, 비합리적인 과제를 학생들에게 요구한 결과임을 제시한다. 교사들이 그들의 교수 전략을 바꿀 때 학생들의 행위는 증진된다. Carolyn Evertson(Marchant & Newman, 1996에서 재인용)은 통제와 훈육에 기초한 교실관리는 학생들이 학습과 학교에 몰입할 수 있는 학습 공동체를 구성하는 것과는 양립될 수 없음을 강조했다. 체계적인 접근은 학생들과 교사 그리고 학생들 간의 좋은 인간관계에서 파생되는 긍정적인 사회적 · 정서적 환경을 조성한다.

이 책은 교실관리에 대해 체계적 접근을 강조하는 네 가지 모형을 제시한다. 네 모형은 Curwin과 Mendler의 **존엄스러운 훈육**(Discipline with Dignity), Evertson의 **교실 조직 관리 프로그램**(Classroom Organization and Management Program : COMP), Kohn의 **공동체 형성**(Building Community), Marshall의 **상벌 스트레스 없는 훈육**(Discipline without Stress, Punishments or Rewards)이다.

이 접근들은 문제에 반응하기보다 문제를 예방하는 데 초점을 두면서 교실관리와 교수를 상호 얽힌 것으로 본다. 각 모형들은 효과적인 관리란 첫 아동이 학교 첫날 등교하기 전에 시작되어야 함을 강조한다. 각 아동이 유일무이한 존재임을 인지하며, 이 모형의 창시자들은 교실통제를 유지하기 위해 일괄 적용과 같은 접근을 거부한다. 대신 이 접근들은 학생들의 기본적인 욕구가 충족될 때 문제행동은 발생하지 않는다는 신념에 기초한다.

교수로서의 교실관리

보상, 규칙, 결과 및 절차에 초점을 둔 교실관리 모형들은 학생의 개별적 욕구를 간과한다고 주장하는 학자들이 있다. 교실 구성원들이 보다 다양해지고, 학생들의 욕구가 보다 강렬해짐에 따라 개별적인 욕구를 충족시킬 필요성은 보다 강력해지고 있다. Wolfgang과 Kelsay(1992)는 어린 아동기가 변화하고 있으며, 전통적인 훈육 방법은 비전통적인 환경에서 자라나는 아동에게 부합되지 않음을 주장한다. Weinstein(1999) 이 언급했듯이 "주요한 변화가 교실관리에 대한 우리의 사고 속에서 발생하고 있다. 이 변화는 학생의 행동을 규제하기 위해 규칙을 창안하고 적용하는 것을 강조하던 패러다임에서, 관계를 형성하고 자기 규제의 기회를 제공받고자 하는 학생의 욕구에 대해 주목하는 패러다임으로의 이동이라는 특징을 가진다."(p. 151) 많은 학교는 이 철학을 수용하고 있으며, 규칙에 얽매인 훈육 프로그램을 학생의 윤리적 판단과 결정을 돕는 교수로 대체하고 있다.

이 새로운 교실관리 모형은 학생에게 친사회적 기술을 가르치는 데 역점을 둔다.

Peterson(1997)은 갈등 중재, 협상 과정, 갈등 해소 기술을 가르치는 것이야말로 모든 교실의 교육 과정에 포함되어야 함을 주장한다. 몇몇 교사들은 갈등 해결을 교실관리 활동의 일부로 활용하기도 한다. 많은 학교는 참여, 지원, 자원이 한 교실에 국한되기보다 범학교적인 차원으로 확대되어 가는 프로그램을 채택하고 있다. Girard(1995)는 1984년 당시 학교 차원의 갈등 해결 프로그램이 거의 50여 개에 달하는 것을 밝혔다. 1995년에는 그와 같은 프로그램의 수가 5,000여 개로 늘어났으며, 지금도 계속 증가하고 있다. 프로그램의 목적은 학생이 자기 훈육을 배우는 것에 있기 때문에 이 방법은 발전해 가고 실행되어 감에 있어 더 긴 시간을 요구하며, 교사의 입장에서 보면 더 많은 위험부담을 요구한다. 그러나 Curwin과 Mendler(1988)는 이 방법이야말로 보다 효과적임을 주장한다. 이 방법은 학습뿐 아니라 교수의 증진을 촉진하기 때문이다.

이 모델의 많은 부분은 폭력 예방 접근으로 발전한다. Gold와 Chamberlin(1996)이 지적했듯이 종국적으로 비행 청소년으로 규명되는 모든 아동은 8살 무렵부터 확실하게도 그렇게 지목될 가능성이 있다고 한다. 따라서 효과적인 폭력 예방 프로그램은 이른 시기에 시작될 필요가 있다. 화해하는 습관은 처음부터 배워져야 하고, 중·고등학교를 거쳐 지속되어야 한다. 만약 폭력이 배워지는 것이라면 그것은 배워지지 않을 수도 있다. Remboldt(1998)는 폭력을 예방하는 "핵심은 폭력이 그들의 분노를 표현하는 자동적인 수단이 되기 전에 아동의 신념, 태도, 행동을 조성하는 데 있음"을 설명한다(p. 33).

이 책은 주요 관심으로 친사회적인 기술을 가르치는 데 역점을 둔 네 가지 모형을 제시한다. 제시된 모형들은 Coloroso의 **내면적 훈육**(Inner Discipline), **긍정적 행동 지원**, Bodine과 Crawford의 **갈등 해결과 동료 중재**(Conflict Resolution and Peer Mediation), Gathercoal의 **사법적 훈육**(Judicious Discipline)이다. 이 프로그램들은 특정 순간의 행동보다는 전 생애에 거쳐 긍정적인 상호작용 능력이 발달하도록 돕는 것에 중점을 두면서 학생들에게 적절한 행동과 사회적 기술을 가르치는 데 목적을 둔다. 표 1.1은 이 책에서 포괄하고 있는 교실관리에 대한 세 가지 관점을 제시하고 있으며, 또한 각 관점의 기본 개념이 요약되어 있고, 이에 관련된 각 장도 열거되어 있다.

표 1.1 **교실관리의 세 관점**

	개념	장
훈육으로서의 교실관리	교사는 교실통제를 유지하는 데 책임을 진다. 훈육은 교수 이전에 이루어진다. 부적절한 행동에는 결과가 주어져야 한다.	제2장－교실관리의 행동주의적 접근 제3장－단정적 훈육 제4장－긍정적 교실훈육 제5장－논리적 결과
체계로서의 교실관리	교실관리는 체계적이다. 관리와 교수는 상호 얽혀 있다. 중점은 학습 공동체를 구성하는 데 있다. 계획은 본질적이다.	제6장－존엄스러운 훈육 제7장－교실조직 관리 프로그램 (COMP) 제8장－공동체 형성 제9장－상벌 스트레스 없는 훈육
교수로서의 교실관리	친사회적 기술을 가르치는 데 중점이 있다. 평화를 조성하는 습관 형성이 목적이다. 범학교 차원의 프로그램은 갈등 해결과 동료 중재의 기술을 가르친다. 교사는 학생들이 도덕적 판단과 결정을 하도록 돕는다.	제10장－내면적 훈육 제11장－긍정적 행동 지원 제12장－갈등 해결과 동료 중재 제13장－사법적 훈육

교실관리에 대한 결정적 영향

마커스의 행동에 대한 살레르노 씨의 반응은 그녀 자신의 교실관리에 대한 철학, 혹은 6명의 교실관리 분야의 주요 이론가, 즉 Fritz Redl, William Wattenberg, Jacob Kounin, Rudolf Dreikurs, William Glasser, Haim Ginott의 철학에 의해서도 영향을 받는다. 이들의 이론 뒤에 내재된 철학적 기조는 시간의 검증을 거쳐야 하며 현대적 관점으로 교실관리에 지속적으로 응용되어야 한다. 각각은 행동의 심리적 측면과 학생과 교사 사이의 상호작용에 초점을 둔다. 그들은 교사들에게 그들 자신의 행위와 훈육 상황을 교사가 촉발하지 않았는지를 돌아보도록 요구한다. 각 이론가는 각각 현재 상황에 반응하기 이전에 마커스의 행동을 교사가 유발하지 않았는지를 살레르노 씨 스스로 검토해 보도록 제안한다.

Fritz Redl과 William Wattenberg

Fritz Redl과 William Wattenberg는 교사와 학생의 상호작용과 그 상호작용이 학생 행동에 미치는 영향을 연구한 최초의 연구자들이다. 1950년대에 연구하면서 Redl과 Wattenberg는 집단행동은 개인행동과 다르며, 집단 역동은 효과적인 교실관리 계획을 창안함에 있어 고려되어야만 함을 제시했다. Redl과 Wattenberg 이전에는 교실관리 초점의 많은 부분은 개인 '문제'에 주어졌으며, '문제' 학생이 포함될 수도 있는 30여 명 이상의 학생들로 구성된 학급 내 상호작용에는 주어지지 않았다. Redl과 Wattenberg (1959)는 또한 각 교실에는 다른 학생들에게 영향을 주는, 그들이 '중요 학생'이라고 묘사한 학생들이 있음을 언급했다. 그들은 교사가 긍정적인 교실환경을 조성하거나 혹은 파괴함에 있어 학급 리더, 학급 광대, 선동자의 영향력을 이해하는 것이 중요함을 강조했다. 따라서 교사는 특정 행동을 기대하고, 집단 상호작용을 알고 있으며, 집단의 관점에서 문제를 다루도록 격려되어야 한다.

　　Redl과 Wattenberg(1959)는 어려운 학생을 다룸에 있어 효과적인 네 가지 유형의 상호작용을 규명했다. 첫 번째는 교사가 자기 통제를 위한 지원을 제공하는 경우이다. 그들은 학생들이 저지르는 많은 문제행동은 학생들이 자기 통제를 적용할 수 있는 능력을 일시적으로 상실한 결과임을 언급한다. 자기 통제를 촉진하는 교사의 행동은 상황에 적절한 행동의 암시로서 신호를 주는 것, 학생의 자리로 이동하는 것, 학생의 작업 혹은 의견에 흥미를 보이는 것, 학생의 분노를 줄이기 위해 학생과 농담을 하는 것을 포함한다. 두 번째 유형의 상호작용에서 교사는 일시적인 좌절에서 벗어나도록 학생을 돕고, 활동을 재구조화하거나 변화시키며, 혼란을 최소화하는 상황 일정을 활용함으로써 상황적 혹은 과업상의 도움을 제공한다. Redl과 Wattenberg에 의해 추천된 세 번째 상호작용은 교사가 현실이나 가치 평가를 제공하는 것이다. 21세기 용어로 이것은 '현실 점검'으로 보여진다. 이 목적은 학생들이 그들 행위가 스스로와 다른 사람에게 미치는 효과를 인지하도록 돕는 것이다. 마지막으로 교사는 Redl과 Wattenberg가 쾌락-고통 원리라고 부른 것을 적용한다. 이 원리는 적절한 행동에 대해서 보상을 받고 부정적 행동에 대해서는 결과를 부여받는 행동주의 이론에서 나왔다. Redl과 Wattenberg는 첫 세 상호작용이 적절하게 사용되면 쾌락-고통 원리를 적용할 필요성이 줄어들 것이라고 생각했다.

Jacob Kounin

교실관리 분야 대부분의 전문가들은 1970년대 Jacob Kounin의 연구가 중요하며, 이 연구가 교실관리 접근을 발전시킴에 있어 지속적으로 영향을 미치고 있음에 동의한다. Kounin은 교사에 의해 개발된 교실절차와 활동이 학생의 과업 집중에 미치는 효과를 조사했다. Redl과 Wattenberg처럼 Kounin은 학급은 1명 이상의 학생들로 구성됨을 강조하면서 집단 관리 기술에 관한 지식을 얻기 위해, 또한 성공적인 교실관리자는 집단행동에 대한 관리를 통해 증명된다는 생각을 확인하기 위해 연구를 구상했다. 그는 성공적인 교실관리자를 "학습 상황에서 높은 과업 몰입도와 낮은 일탈률을 생성하는" 교사로 묘사했다(Kounin, 1970, p. 63). 따라서 그의 연구는 교실관리와 학습 관리 모두에 초점을 두었다. 그의 연구를 통해 Kounin은 관리 전략으로 다음과 같은 유효한 관리 기술을 규명했다.

단념(Desists) : 문제행동을 중지시키는 데 사용되는 교사의 행동과 말. Kounin은 명확성, 확고함, 강력함, 단념에 대한 강조가 학생 및 교실 안의 다른 학생의 행동을 훈육시키는 데 크게 영향을 미친다는 사실을 발견했다.

파급효과(Ripple Effect) : 교실 안 다른 학생의 행동에 영향을 주는 학생의 문제행동에 대한 교사의 처리 방식. Kounin은 고등학교 학생에 대한 파급효과는 학습하고자 하는 학생들의 동기 정도, 교사에 대한 긍정적인 감정과 관련됨을 발견했다.

장악력(Withitness) : 교실 안에서 발생하는 모든 것에 대한 인지 능력 및 교사와 급우에 대한 학생의 언어적 · 비언어적 상호작용에 대한 인식. 장악력은 아래의 기준에 의해 측정된다.

- 확산되기 전에 문제행동을 중지시킬 수 있는 능력
- 심각하게 증폭되기 전에 문제행동을 중지시킬 수 있는 능력
- 나쁜 아동을 교정하기보다 문제행동을 하는 아동을 교정할 수 있는 능력
- 덜 심각한 문제행동에 초점을 두기보다 심각한 문제행동을 중지시킬 수 있는 능력 (Vasa, 1984)

다중성(Overlapping) : 두 가지 이슈를 동시에 처리할 수 있는 교사의 능력. 이것은 여러 집단 그리고 여러 과제를 처리함을 말한다. 보다 현대적인 언어로 이것은 다중 과업으로 알려져 있다.

전환 원활성(Transition Smoothness) : 하루 동안 교사의 다양한 활동 관리. 교사는 하루 종일 많은 활동을 시작해서 유지하고 종결해야 하므로 전환은 항상 일어난다. 이러한 전환

을 매끄럽게, 그리고 규칙적인 양상으로 일어나게 할 수 있는 능력은 교사의 관리 효과성에 영향을 준다.

Brophy(1999)가 언급했듯이 Kounin의 연구는 효과적인 교실관리자가 단지 발생된 혼란 상황을 다룰 수 있기 때문에 효과적인 것이 아님을 강조한다. 그들은 우선 교실을 효과적인 학습 환경으로 조성하고, 철저하게 학습을 준비해 가르치며, 학습할 때 학생들에게 적절히 조언함으로써 혼란 발생을 사전에 예방하기 때문에 효과적이다. Kounin의 연구는 초점을 학생을 훈육하는 것에서 학습을 지원할 수 있도록 교실 환경을 조성하고 유지하는 것으로 이동시킴으로써 교실관리에 대한 교사들의 사고방식을 변화시켰다.

Rudolf Dreikurs

Adler 심리학 이론에 기초해서 Rudolf Dreikurs는 교사들로 하여금 문제가 되는 학생 행동의 목적을 해석하고 그 행동의 이유를 분석한 다음 반응하도록 충고한다(Dreikurs & Loren, 1968). 그는 모든 학생은 세상을 저마다 다르게 보며 교사는 학생 행동에 대한 이유를 이해할 때까지 학생의 행동을 변화시킬 수 없음을 강조한다. 그는 또한 잘못된 행동에 대한 이유를 이해하는 일은 교사가 학생과 상호작용할 때 반드시 안내 지침으로 적용되어야 함을 강조한다.

Dreikurs는 열등감을 보상하려고 하거나 안정적 소속감이 결여되어 있는 학생 및 또래 집단은 주의를 끌기 위해, 권력을 획득하기 위해, 복수하기 위해, 도움받지 못하

는 것을 드러냄으로써 동정이나 특별한 대우를 받기 위해 종종 문제행동을 하게 됨을
제시한다. Dreikurs는 교사들에게 행동을 다루기 전에 학생들이 얻고자 애쓰는 목적
이 무엇인지를 먼저 파악하라고 조언한다. 그는 학생들이 자신의 행동에 대해 통찰력
을 기르고 또한 그 의미를 파악하게 되면 기꺼이 자기 파괴적인 목적을 버리게 될
것이며, 보다 생산적인 목적을 설정하려고 할 것임을 믿었다.

　　Dreikurs는 벌은 행위를 변화시키지 못함을 강조하면서 교사들에 의해 사용되어
온 전통적인 벌의 기법에 의문을 가진다. 그 대신에 그는 교사는 문제행동에 논리적
으로 연관된 결과(consequences)를 부과해야 함을 제시한다. 결과를 부과함으로써 학
생은 자신의 행동과 행위 결과 사이의 연계성을 이해하게 된다. 그의 모형은 교사와
학생 사이의 상호작용과 상호존중을 증진시키며 학생으로 하여금 자신의 행위에 대
해 책임을 지도록 한다. Dreikurs의 개념은 현대 교실관리 이론에 계속해서 영향을
미치고 있다. 그의 보다 최근의 이론들은 제5장에서 살펴볼 수 있다.

William Glasser

심리예술가인 William Glasser는 교실과 학교 관리에 대해 여러 권의 영향력 있는 저
서와 논문을 집필했다. 1965년 Glasser는 『**현실치료(Reality Therapy)**』를 집필했다. 이
책에서 그는 행동을 외면적으로 동기화된 것으로 보는 광범위하게 수용된 지각 체계
에 도전했다. 그는 모든 행동은 내면적으로 동기화됨을 주장했다. 현실치료는 아래와
같은 원칙에 근거한다.

- 개개인은 자신의 행동에 책임이 있다. 행동은 사회, 유전, 혹은 개인의 과거 부산
  물이 아니다.
- 개개인은 안내와 지원이 주어질 때 변화할 수 있고 보다 효과적인 삶을 영위할
  수 있다.
- 개개인은 원하는 것에 대한 자신의 내면적 그림에 일치하도록 자신의 환경을 변
  형시키기 위해 특정한 방식으로 행동한다.

　　1969년 Glasser의 『**실패 없는 학교(Schools Without Failure)**』는 현실치료를 학교 상
황에 적용시킨 내용을 약술하고 있다. Glasser는 학교 실패는 행동이 외면적으로 조정
되고 따라서 행동은 학생의 통제 밖에 있다는 관념을 지닌 학생과 교사의 결과라고

대부분의 연구는 교실강의야말로 교수 방법 중 가장 효과
성이 낮음을 지적한다. 효과적인 것으로 입증된 것은 실
습, 교사 안내 학습, 학생 중심 학습, 탐구 학습이다. 게다
가 사람은 바쁠 때 임박한 과업에 집중하는 경향이 있다.
따라서 학생들이 다양한 학습 유형에 근거한 흥미로운 활
동에 적극적으로 몰두할 때 학습에 비참여적인 행동을 보
일 기회는 현저하게 줄어들며, 교실관리의 문제는 저절로

사라진다.

David McKay
9–12 영어 교사
Aberdeen 고등학교
Aberdeen, WA
2002 Washington 주 올해의 교사

주장한다. 이러한 관념은 교사로 하여금 학생을 통제하고 조정하기 위해 많은 시간을
허비하게 만들고, 또한 자신의 행동에 대해 책임지기를 거부하는 학생을 낳는다. 하
지만 Glasser는 만약 학교가 모든 사람—학생, 교원, 사무 직원—이 존경받고 배려
받는 '좋은 곳'이라는 생각을 하는 것만으로도 학생은 안정감을 느낄 것이라고 강조
한다.

이 '좋은 곳'은 Glasser가 '좋은 학교(quality school)'라고 부른 것 속에 제시되어
있다(Glasser, 1992). 좋은 학교에서 학생은 네 가지 심리적 욕구를 만족시킨다. 소속
의 욕구, 권력의 욕구, 자유의 욕구, 흥미의 욕구가 그것이다. Glasser에 따르면 교사
는 학생이 이 네 가지 욕구를 충족시킬 수 있게 돕는 방식으로 가르치고 관리해야만
한다. 그렇게 함으로써 학생 생활의 수준이 높아진다.

문제에 대한 해결책을 발견하기 위해 현재 상태를 직시하도록 사람들을 돕는 데
초점을 두면서 Glasser는 상이든 벌이든 강요를 반대한다. 그는 학교가 학생이 즐길
수 있고 소속감을 느낄 수 있는 배려 있는 장소로 변화될 것을 요구한다. 일단 교사와
학교가 이러한 욕구를 충족시키게 되면 모든 학생은 적절하게 행동하게 되며 전통적
인 훈육 방법은 불필요하게 됨을 그는 주장한다. Marvin Marshall의 모형인 상벌 스트
레스 없는 훈육은 Glasser의 아이디어를 많이 적용하고 있다. 이 내용은 제9장에서
다루어진다.

Haim Ginott

이스라엘 초등학교 교사로서 Ginott는 모욕감을 주지 않고, 자아 가치를 파괴하거나, 학생을 판단하고 상처 주지 않으면서 훈육하기를 원했다. 그가 자신의 행동과 학생의 상호작용을 평가했을 때 다음과 같은 사실을 발견했다.

> 나는 놀라운 결론에 도달했다. 나는 교실 안의 중요한 인물이었다. 그러한 분위기를 조성한 것은 나의 개인적인 성향 때문이다. 교실 분위기를 만드는 것은 그날그날 내 기분이었다. 교사로서 나는 아동의 생활을 비참하게도 혹은 즐겁게도 만들 수 있는 어마어마한 권력을 가지고 있다. 나는 고통의 도구일 수도 있고, 영감의 도구일 수도 있다. 나는 모욕을 가할 수도 있고, 우스갯소리를 할 수도 있으며, 상처를 줄 수도 있고 치료를 할 수도 있다. 모든 상황에서 위기를 고양시키는가 혹은 감소시키는가, 아동을 인간화시키는가 혹은 비인간화시키는가를 결정하는 것은 내 반응이다.

이 인용문은 40년 이상 교사가 그들 스스로를 돌아보고 아동과 상호작용하는 방식에 영향을 주어 왔다.

1972년 Haim Ginott는 『교사와 아동(Teacher and Child)』을 집필했는데 이 책에서 그는 교실관리에 대한 전통적 행동주의적 접근에 의문을 제기했으며, 보상이나 벌이 아니라 상호작용이야말로 효과적인 교실훈육에 있어 핵심임을 제시했다. Ginott는 긍정적인 상호작용을 통해 교사는 교실의 분위기를 조성할 수 있음을 강조한다. 배려와 학생에 대한 지지적인 상호작용을 통해 교사는 학습 공동체를 형성할 수 있음을 주장한다. Alfie Kohn(1995)은 Ginott의 생각에 근거해 교실관리의 궁극적 목적은 단순한 복종이 아니라 학생으로 하여금 적절하게 행동하도록 만드는 데 있음을 강조한다. 왜냐하면 학생은 어떻게 하는 것이 옳은 것임을 알고 있으며 그들의 행동이 다른 사람에게 어떠한 영향을 미치는지를 이해할 수 있기 때문이다. 공동체 형성은 제8장에 제시된다.

개인적 교실관리 계획의 개발

McEwan(2000)은 교실관리와 관련된 이슈들이 우리가 살고 있는 시대만큼 복잡하고 우리가 가르치는 학생들만큼 다양함에 주목한다. 다양한 아동들, 심지어 같은 아이들

그림 1.1 개인적 교실관리 계획의 개발

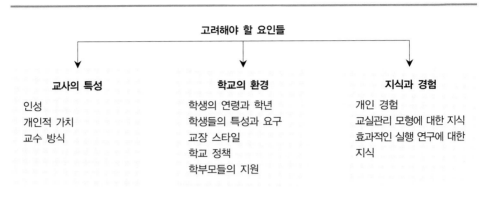

고려해야 할 요인들

교사의 특성	학교의 환경	지식과 경험
인성	학생의 연령과 학년	개인 경험
개인적 가치	학생들의 특성과 요구	교실관리 모형에 대한 지식
교수 방식	교장 스타일	효과적인 실행 연구에 대한
	학교 정책	지식
	학부모들의 지원	

이라 할지라도 다양한 발달 수준에 놓여 있는 아이들은 최상의 결과를 위해 저마다 다르게 다루어질 것을 요구한다. 따라서 훈육 문제와 관련해 쉬운 대답은 없고 가장 효과적인 교실관리 계획도 없다. 그림 1.1은 개인적인 교실관리 프로그램을 만들 때 고려해야 할 요인들을 보여 준다.

궁극적으로 가장 좋은 교실관리 계획은 학생의 요구에 맞추어 교사 개개인이 개발한 것이다. 이 책의 마지막 두 장은 개인적인 체계를 구상하는 데 도움이 될 정보를 제공한다. 제14장은 연구를 통해 규명된 최고의 실행에 대한 내용과 교실관리에 대한 연구의 개요를 제시한다. 제15장은 개개 교사들이 교실관리의 모든 요인을 종합해 포괄적인 프로그램을 만들도록 돕는다.

완전한 훈육 접근은 없다. 교사는 그들 스스로와 학생들, 그리고 그들의 특수한 상황을 가장 잘 감당할 수 있는 것들을 발견해야만 한다. 이 책의 목적은 개개 교사들이 그들의 요구에 부합하는 가장 좋은 교실관리 계획을 선택하고, 융합하며, 창조해 낼 수 있도록 관련되는 각종 이론과 연구를 제공하는 것이다.

주요 용어

이 용어들에 대한 정의는 용어해설에 제시되어 있다.

다중성   단념

전환 원활성　　　　　　　　파급효과

장악력

관련 활동

자료에 대한 성찰

1. 이 장의 초반부에 기술된 마커스의 상황을 생각해 보라.

   a. 이 상황을 다루기 위해 당신이 알기 원하는 추가적인 정보는 무엇인가?

   b. 살레르노 씨는 이러한 상황의 발생을 예방하기 위해 어떠한 전략을 사용할 수 있는가?

   c. 살레르노 씨의 교수 전략은 어떠한 방식으로 그러한 상황을 유발시키거나 혹은 방지할 수 있는가?

   d. 마커스를 찌른 학생의 동기도 당신의 결정 과정에서 고려되고 있는가?

   e. 당신이라면 이 상황을 어떻게 처리할 것인가?

2. Kounin의 연구는 장악력이 효과적인 교실관리의 한 기술임을 규명한다. 당신이 관찰한 '장악력'을 가진 교사를 기술해 보라. 교사의 '장악력'은 훈육의 문제를 어떻게 예방할 수 있으며, 부적절한 행동을 교정하려는 교사를 어떻게 도울 수 있는가?

포트폴리오 자료 개발하기

1. 교실관리에 대한 연구들은 교실규칙의 중요성을 이야기한다. 당신의 교실에 적용하고 있는 규칙들을 열거해 보라. 이러한 규칙을 설정한 당신의 논리적 근거는 무엇인가?

개인 교실관리 철학 개발하기

1. 이 장은 교실관리에 대한 여러 가지 정의를 제공한다. 어떠한 정의가 당신의 교실관리에 대한 개인적 정의를 가장 잘 반영하는가? 왜 그러한가?

2. 이 장은 훈육, 체계, 교수로서의 교실관리를 기술한다. 이 모형들 중 당신의 교실관리 철학에 가장 적합한 것은 무엇인가? 왜 그러한가?

3. 교수와 관련해 가장 유명한 인용문 중 하나는 Ginott에 의해 진술된 것으로서 "나는 놀라운 결론에 도달했다"로 시작된다. 이 인용문의 전문을 살펴보라. Ginott의 진술에 당신은 동의하는가 혹은 동의하지 않는가? 왜 그러한가?

참고문헌

Baruch, D. W. (1949). *New ways in discipline.* New York: Whittlesey House.

Brophy, J. E. (1983). Classroom organization and management. *Elementary School Journal, 83,* 275–285.

Brophy, J. (1999). Beyond behaviorism. In H. Jerome Freiberg (Ed.), *Beyond behaviorism: Changing the classroom management paradigm.* Boston: Allyn & Bacon.

Brophy, J. E., & Evertson, C. M. (1976). *Learning from teaching: A developmental perspective.* Boston: Allyn & Bacon.

Curwin, R. L., & Mendler, A. N. (1988). Packaged discipline programs: Let the buyer beware. *Educational Leadership, 46,* 68–73.

Doyle, W. (1990). Classroom management techniques. In O. C. Moles (Ed.), *Student discipline strategies: Research and practice.* Albany: State University of New York Press.

Dreikurs, R., & Loren, G. (1968). *The new approach to discipline: Logical consequences.* New York: Hawthorn Books.

Edwards, C. H. (1999). *Building classroom discipline* (3rd ed.). New York: Longman.

Evertson, C. M., & Harris, A. H. (1992). What we know about managing classrooms. *Educational Leadership, 49,* 74–78.

Freiberg, H. J. (1999). Beyond behaviorism. In H. Jerome Freiberg (Ed.), *Beyond behaviorism: Changing the classroom management paradigm.* Boston: Allyn & Bacon.

Freiberg, H. J., & Lapointe, J. (2006). Research-based programs for preventing and solving discipline problems. In C. Evertson & C. Weinstein (Eds.), *Handbook of classroom management: Research, practice, and contemporary issues.* Mahwah, NJ: Lawrence Erlbaum Associates.

Ginott, H. G. (1972). *Teacher and child: A book for parents and teachers.* New York: Collier Books.

Girard, K. (1995). Preparing teachers for conflict resolution in the schools. *ERIC Digest, 94.*

Glasser, W. (1965). *Reality therapy: A new approach to psychiatry.* New York: Harper and Row.

Glasser, W. (1969). *Schools without failure.* New York: Harper and Row.

Glasser, W. (1992). *The quality school: Managing students without coercion* (2nd ed.). New York: HarperCollins.

Gold, V. E., & Chamberlin, L. J. (1996). School/student violence: A primer. *American Secondary Education, 24,* 27–32.

Hoover, R. L., & Kindsvatter, R. (1997). *Democratic discipline: Foundation and practice.* Upper Saddle River, NJ: Merrill/Prentice Hall.

Kohn, A. (1995). Discipline is the problem—not the solution. *Learning, 24,* 34.

Kounin, J. S. (1970). *Discipline and group management in classrooms.* New York: Holt, Rinehart & Winston.

Marchant, G. J., & Newman, I. (1996). Mentoring education: An interview with Carolyn M. Evertson. *Mid-Western Educational Researcher, 9,* 26–28.

McEwan, B. (2000). *The art of classroom management.* Upper Saddle River, NJ: Merrill/Prentice Hall.

Morris, R. C. (1996). Contrasting disciplinary models in education. *Thresholds in Education, 22,* 7–13.

Peterson, G. J. (1997). Looking at the big picture: School administrators and violence reduction. *Journal of School Leadership, 7,* 456–479.

Redl, F., & Wattenberg, W. W. (1959). *Mental hygiene in teaching.* New York: Harcourt.

Remboldt, C. (1998). Making violence unacceptable. *Educational Leadership, 56,* 32–38.

Starr, L. (2006). Harry K. Wong and the real meaning of classroom management. Educational World. Retrieved October 15, 2009, from http://www.educationworld.com/a_issues/chat/chat008.shtml.

Vasa, S. (1984). Classroom management: A selected review of the literature. In R. Egbert & M. Kluender (Eds.), *Using research to improve teacher education.* The Nebraska Consortium. Teacher Education Monograph No. 1. (ERIC Document Reproduction Services No. 246 026).

Weinstein, C. S. (1999). Reflections on best practices and promising programs: Beyond assertive classroom discipline. In H. Jerome Freiberg (Ed.), *Beyond behaviorism: Changing the classroom management paradigm.* Boston: Allyn & Bacon.

Wolfgang, C. H., & Kelsay, K. L. (1992). Problem students in class: Disobedient—or just "devalued"? *Education Digest, 57,* 58–60.

훈육으로서의 교실관리

제1부 훈육으로서의 교실관리에서는 네 가지 교실관리 모형이 제시된다. 제2장에서는 B. F. Skinner의 조작적 조건화 원리에 대한 개괄과 함께 기초적인 행동주의적 개념을 제시한다. 제3장에서는 Lee와 Marlene Canter의 모형인 단정적 훈육이 제시된다. 제4장은 행동주의 이론을 사용한 또 다른 접근인 Fredric Jones의 모형, 긍정적 교실훈육을 수록하고 있다. 제5장에서는 논리적 결과의 개념을 소개한다. 제5장은 Linda Albert, Jane Nelsen, Lynn Lott, H. Stephen Glenn의 연구에 근거한다. 서로 다른 접근에도 불구하고 이 네 모형들은 아래와 같은 원칙을 공유한다.

- 교사는 통제권을 가지고 있으며 교실관리에 관련된 모든 결정에 책임을 지고 있다.
- 훈육은 교수와 분리된 것이고 교수 이전에 행해진다.
- 결과는 부적절한 행동에 주어져야 하며 모든 학생에게 동일하게 적용되어야 한다.
- 규칙은 교사에 의해 개발되며 명확하게 정의된다.
- 전략은 반동적인 것이며 사전 행동적이지는 않다.
- 학생들은 문제행동을 할 선택권이 있지만 그들의 결정에 따른 결과를 감당해야만 한다.
- 보상은 내재적이기보다 외재적이다.
- 전략은 행동주의적 원리에 기초한다.

교실관리의
행동주의적 접근

02

목표

제2장은 예비 교사들로 하여금 INTASC 기준 2항(학생 발달), 5항(동기와 관리), 9항(반성적 실천인)에 부합되도록 준비시키고자 한다. 이를 위해 다음과 같은 사항을 수행하도록 돕는다.

- 교실관리 전략을 개발하기 위해 Pavlov, Thorndike, Watson, Skinner의 연구로부터 도출된 인간 행동에 대한 지식을 활용한다.

- 교실관리에 대한 행동주의적 접근 이면의 기초 원리를 이해한다.
- 학습과 행동에 대한 강화와 벌의 영향력에 대한 연구를 평가한다.
- 학생들의 행동에 대한 외재적 보상의 역할을 평가한다.
- 교실에서 행동주의적 기법을 적용하는 기술을 배운다.
- 교실에 행동주의적 전략을 병합시킬지의 여부를 결정한다.
- 문제행동을 다루기 위해 행동주의 이론을 활용한다.

시나리오

교생 테닐 존슨 씨는 교실을 통제하는 문제로 신경을 많이 썼다. 지도 교사의 허락하에 그녀는 바르게 행동한 학생들에게 보상할 계획을 세웠다. 설명을 하면서 그녀는 학생들에게 24인치의 네모난 지그소 퍼즐을 보여 주었다. 그 퍼즐에는 풍선, 색종이 조각, '파티'라는 글자가 여러 개의 그림 위에 있었다. 학생들의 주의를 끌기 위해 그녀는 모든 조각의 퍼즐을 꺼내서 바구니 안에 넣었다. 그녀는 매일매일 학급 학생들이 훌륭하게 행동을 하면 퍼즐 조각을 얻을 수 있음을 설명했다. 하루의 일과 마지막에 그들은 하루 동안 학급 학생들의 행동에 대해 토론을 할 것이고, 존슨 씨는 그들이 퍼즐 조각을 얻을 수 있는지 없는지를 결정할 것이라고 설명했다. 퍼즐 조각 하나를 칠판에 붙이면서 그녀는 퍼즐 조각들이 어떻게 칠판에 놓일 것인지를 설명했다. "퍼즐이 모두 완성되면 여러분은 퍼즐이 이야기하고 있는 것 바로 파티를 하게 될 거예요. 나는 음식과 음료수를 줄 겁니다. 그러고 나서 여러분이 고른 비디오를 볼 거예요."

여러 명의 학생이 질문을 하기 위해 손을 들었다. "하루에 한 조각 이상 얻을 수 있나요?"

"예." 존슨 씨가 말했다. "만약 어떤 활동을 하면서 내가 여러분의 활동이 마음에 들면 그날 퍼즐 조각을 주겠습니다."

"우리가 잘못하면 조각을 잃을 수도 있나요?"

"아니요. 결코 조각을 뺏지는 않을 거예요. 그것들은 여러분의 상이니까요. 회수하지는 않을 겁니다."

카르멘이 손을 들었다. "데이비드는 어떻게 해요? 그 애는 늘 행동이 나쁘잖아요. 그 애 때문에 우리는 퍼즐을 잃을 거예요."

존슨 씨는 깊게 숨을 들이쉬었다. "카르멘이 나쁘지 않은 것처럼 나는 데이비드가 나쁘게 행동할 거라고 생각하지 않아요." 그녀는 데이비드를 쳐다보았다. "나는 데이비드가 우리 모두 파티를 열 수 있도록 도와줄 거라고 자신해요." 그러고 나서 카르멘을 다시 돌아보면서 그녀는 계속 말했다. "이것은 학급에 대한 상이에요. 그래서 어떤 학생도 카르멘이 퍼즐 얻는 것을 방해하지 않을 거예요. 자, 더 이상 질문이 없으면 지금부터 철자 공부를 하도록 합시다."

점심을 먹고 돌아왔을 때 존슨 씨는 식당에서 학생들의 행동에 대해 매우 만족스러웠다고 설명했다. 퍼즐 조각을 집어서 그녀는 퍼즐의 첫 번째 부분을 채웠다. 그날 마지막에 그녀는 그 하루 동안 학급의 전반적 행동에 대해 수분 동안 이야기했다. 학생들의 행동에 만족한다면서 그녀는 또 다른 퍼즐 조각을 꺼냈다. 두 번째 날 학생들은 주의력을 보이지 않았다. 존슨 씨는 그날 하루 동안 몇몇 학생의 행동을 바로잡아야만 했다. 그날의 마지막에 그녀는 그날에는 퍼즐 조각을 얻을 수 없음을 설명했다. 그리고 다음 날 더 나아지기를 기대한다고 덧붙였다.

교생실습이 끝나기 나흘 전 퍼즐이 완성되었다. 학생들은 기대했던 파티를 함으로써 상을 받게 되었다. 교생의 지도 교사는 교생의 교수 경험에 대해 최고의 평가를 함으로써 존슨 씨 역시 보상받았다.

들어가는 말

훈련의 결과, 좋은 교수 기술, 혹은 논리에 관계없이 존슨 씨가 사용했던 접근법은 실제로 존재하는 가장 전통적인 교실관리 기법 중 하나이다. 좋고 나쁜 행동에 대해 결과를 제공하는 활동은 원시시대 첫 동굴 교사가 첫 동굴 학생에게 불 만드는 법을 가르친 이래 모든 교실에서 활용되어 왔다. 하지만 상(강화)과 벌을 체계적으로 적용하는 과정이 교실관리 훈련의 일부가 된 것은 단지 지난 50여 년 동안이다. 이러한 교실관리 유형은 행동주의, 행동주의적 기법, 행동 수정, 사회학습 이론을 포함해 여러 가지 용어로 알려져 왔다. 이 장의 목적을 위해 **행동주의 기법**(behavioral techniques)은 교실행동을 수정하기 위해 사용되는 활동을 언급하며, **행동 수정**(behavior modification)이라는 용어는 개개 학생들을 위해 개발된 프로그램에 사용될 것이다.

　　교실관리에 대한 행동주의적 접근은 Pavlov(1849~1936), Watson(1878~1958), Thorndike(1874~1949), Skinner(1904~1990)의 연구에 뿌리를 두고 있다. 유기체가 어떻게 배우는가에 초점을 두면서, 행동주의적 모형은 관찰할 수 있는 행동의 과학적 수정에 관심을 둔다. 고전적 조건화의 창시자인 Pavlov는 조건화된 자극이 무조건적인 반응에 적용되고 그 결과가 조건화된 반응이 됨을 발견함으로써 행동주의 운동을 시작했다. 그는 개가 벨소리(조건화된 자극)에 침을 흘리도록(무조건적인 반응) 조건화시킨 것으로 가장 잘 기억된다. 이로 인해 학습과 행동이 통제되고 조정될 수 있다는 개념이 개발되었다. 자신을 행동주의자라고 지칭한 Watson은 학습이란 하나의 자극을 다른 자극으로 대치함으로써 조건화하는 반응의 과정이라는 사실을 밝혔다. Watson에 따르면 학습은 대부분의 행동을 설명할 수 있다. Thorndike는 조작적 조건을 적용시킨 최초의 연구자 중 하나이다. 그는 **효과의 법칙**(Law of Effect)이라는 개념을 개발했다. 이 법칙은 보상받은 행동은 반복될 것이며, 보상받지 못한 행동은 소멸

행동주의 접근 단계

바람직한 행동을 증대시키기 위해

1. 바람직한 행동이 일어났을 때 강화해 주어라. 행동이 정착되어 간헐적으로 나타날 때까지 지속적으로 강화하라.
2. 바람직한 행동이 성취될 때까지 바람직한 행동과 비슷한 행동을 강화함으로써 바람직한 행동을 조성하라.

바람직하지 못한 행동을 감소시키기 위해

1. 바람직하지 못한 행동을 강화하기보다 바람직한 행동을 긍정적으로 강화하고 있음을 확신할 수 있도록 자기 자신의 행동을 평가하라.
2. 소멸될 때까지 바람직하지 못한 행동은 무시하라.
3. 바람직한 행동이 발생될 때까지 부정적인 강화를 적용하라. 바람직한 행동이 나타나면 혐오감을 주는 자극을 제거하라.
4. 행동을 체계적으로 변화시키기 위해 기능적 행동평가를 사용하라.
5. 마지막 대안으로 벌을 사용하라.

할 것임을 설명한다. Skinner는 조작적 조건화를 이론으로 발달시켰고 행동과 관찰과 조정에 집중했다. 조작적 조건화는 행동과 환경적 사건 사이의 관계를 기술하며 바람직한 행동을 얻기 위해 강화를 사용함에 초점을 둔다(Zirpoli & Melloy, 1997). 교실관리는 결코 이러한 연구자들의 목적이 아니었다. 하지만 그들의 연구는 교실관리의 개념을 변화시켰다. 왜냐하면 그들의 연구들은 교사의 행동이 어떻게 학생의 행동을 조성하고 유지할 수 있는지를 실험적으로 설명해 주기 때문이다.

1954년 Skinner는 "훨씬 더 효과적인 행위 통제가 가능할 수 있다는 결과와 함께 '강화 조건부(contingencies of reinforcement)'—한편으로는 행동과 다른 한편으로는 그 행동의 결과 사이에서 효과를 나타내는 관계—를 조정하기 위해 특별한 기법이 구상되어 왔음"을 강조했다. 강화를 통해 Skinner는 개인의 행동은 학생이든, 배우자든, 고용인이든 거의 마음먹는 대로 조성될 수 있음을 제시했다. 비록 어떤 행동은 행동을 변화시키기 위해 연속적인 단계를 요구하기도 하지만 나머지 행동들은 강화 하나만으로도 변화될 수 있다.

따라서 행동주의자에 의하면 모든 행동은(좋든 나쁘든, 적절하든 적절하지 않든) 강화에 의해 학습되고 유지될 수 있다. 행동은 그 결과에 의해 조건화된다. 행동은 만약 강화가 즉시 뒤따른다면 강해지며, 강화가 뒤따르지 않으면 약화된다. 조작적 조건화의 연구 결과들이 상정하고 있는 신념은 행동적 문제의 원인이 개인 인성 변인이나 혹은 정서적 안정성에 있는 것이 아니라 아동, 동료, 부모, 교사와의 상호작용 속에 있다는 것이다(Skiba, 1983). 아래 상황을 생각해 보라.

7학년 제이컵은 매일매일 최종적으로 학교 당국에 보내지거나 정학 상태에 놓일 정도로 학교를 붕괴 상태로 만들었다. 두 번이나 그는 학교에서 정학을 당했다. 제이컵의 교사, 교장, 부모는 무엇을 해야 할지 모르는 상황에 놓였고, 제이컵에게 주어진 벌 중 어느 것도 효과적이지 않은 이유를 이해하지 못했다. 불행하게도 그들은 제이컵이 타고 다니는 스쿨버스 운전기사에게 자문하지 않았다. 그는 매일매일 제이컵이 문제상황 속에 놓여 있음을 설명할 수 있었다. 제이컵은 버스 안의 다른 학생들로부터 하이파이브(역주 : 기쁨이나 반가움의 표시로 손을 높이 들어 자신의 손바닥을 상대방의 손바닥에 맞부딪히는 행동)로 인사를 받았다. 그 학생들은 학교 역사상 제이컵이 다른 학생보다 그 한 해에 더 많이 정학당할 것인지에 대해 내기를 걸었다.

티머시는 항상 과제를 하지 않았기 때문에 슬론 씨는 종종 티머시의 책상 가까이 걸어 갔고, 티머시가 과제를 할 때까지 옆에 서 있었다. 아버지에 의해 양육된 티머시는 슬론 씨가 자기 옆에 있는 것이 좋았다. 티머시는 슬론 씨에게서 좋은 냄새를 맡을 수 있었고 엄마처럼 느낄 수 있었기 때문이다. 그래서 슬론 씨가 자리를 뜨자마자 티머시는 연필을 떨어뜨리고 허공을 쳐다보았다. 수 초 안에 슬론 씨는 다시 티머시 옆에 있을 것이다.

유치원생 라티샤는 엄마 치마꼬리를 붙들고 엄마가 교실에서 나가려고 하면 울음을 터뜨렸다. 라티샤를 달래면서 엄마는 수 분 동안 조금 더 함께 있기로 했다. 불행하게도 몇 주가 지나면서 아이의 울음은 더 커지고 더 강해졌다. 그리고 지금 라티샤의 엄마는 유치원 교실에서 더 많은 시간을 보내고 있다. 그녀는 가고 싶지만 우는 아이를 놓고 떠날 수 없음을 라티샤의 선생님에게 하소연했다.

카터 씨가 질문을 할 때마다 카를라는 손을 든다. 만약 카터 씨가 그녀를 즉시 시켜 주지 않으면 카를라는 손을 세게 흔든다. 마침내 카터 씨는 항상 그녀를 시키지 않을 수 없게 된다.

레이놀즈 씨는 소리치고 고함을 지르면서 10학년 과학시간을 통제한다. 학생들은 그가 특히 화가 나면 말을 더듬으면서 욕설을 퍼붓는다는 것을 알고 있다. 레이놀즈 씨가 통제력을 상실하는 사실은 여러 번 점심시간의 주된 웃음거리가 되었다. 마침내 그가 맡은 대부분의 학급은 그가 항상 붉은 얼굴이 되어 말을 더듬고 욕설을 퍼붓는 지경으로 몰고 갔다.

위에 기술된 모든 상황에서 행동은 강화로 인해 수정되어진다. 불행하게도 수정되어진 행동이 항상 바람직한 행동은 아니다. 몇몇 경우에 있어서 성인들조차도 자신의 행동이 수정되게 만든다. 학급에서 효과적으로 활용하기 위해서는 반드시 이해해야 할 행동주의 이론에 대한 몇 가지 기본 가정이 있다.

- 행동은 학습되어진다. 개개인은 강화되어진 행동을 드러내고, 이전에 강화되지 않았거나 처벌당했던 행동은 피하는 경향이 있다.
- 행동은 특수한 자극이다. 즉 개개인은 다양한 상황에서 다양하게 행동한다. 이것은 각 환경이 나타난 행동에 대해 일련의 행동 단서(선례)와 결과(강화 혹은 처벌)를 설정하고 있기 때문이다. 행동들은 환경적·상황적·사회적 근원을 가지

고 있다. 따라서 교사는 부모들이 "그 애는 집에서 전혀 그렇게 행동하지 않아요."라고 말할 때 결코 의문을 품어서는 안 된다. 왜냐하면 그 행동을 유발시킨 것은 학교의 환경일 수 있기 때문이다.

■ 행동은 가르쳐지고, 변화되어지고, 수정될 수 있다. 행동은 학습되어지기 때문에 교사와 부모는 새로운 행동을 가르칠 수 있고 현재의 행동을 수정시킬 수 있다.

■ 행동의 변화는 여기와 지금에 초점을 두어야만 한다. 행동주의자들은 과거의 사건에 관심을 두지 않는다. 대신 현재 행동에 대한 영향력을 규명하기 위해 학생의 환경 안에서 현재 일어난 사건에 집중한다(Walker & Shea, 1999; Zirpoli & Melloy, 1997).

행동 관리 요소

행동과 결과 사이의 관계는 행동 관리 전략의 핵심을 표방한다. **결과**는 행동에 뒤따르는 환경에서의 사건 혹은 변화이다. 행동에 대한 세 가지 기본적인 결과가 있다.

1. 즉시 보상(강화)되는 행동은 보다 자주 발생할 것이다.
2. 처벌 결과가 뒤따르게 되면 행동은 덜 자주 발생할 것이다.
3. 행동은 더 이상 강화되지 않을 때 소멸할(멈출) 것이다.

Landrum과 Kauffman(2006)은 실제적으로 행동주의 이론의 교실관리에의 응용은 긍정적 강화(positive reinforcement), 부정적 강화(negative reinforcement), 소멸(extinction), 제시형 처벌(presentation punishment), 혹은 제거형 처벌(removal punishment)과 같은 기본 활동 중 하나 혹은 그 이상의 조합을 포함한다고 언급했다. 강화는 이러한 도구 중 가장 강력한 것이며 새로운 행동을 가르치거나 현재 행동을 변화시키기 위해 사용된다. 강화는 Skinner의 조작적 조건화의 근본이다(Zirpoli & Melloy, 1997). 강화는 행동의 증대를 가져온다. 소멸은 강화의 부족으로 인해 특정 행동이 중지되는 것이다(Colvin, 2009). 강화와 소멸은 정반대의 현상이지만 처벌과 혼동되지 말아야 한다. 소멸은 한 행동이 수행된 후 강화인의 보류로 발생하지만 처벌은 부적절한 행동에 대해 부정적인 결과를 적용하는 것을 말한다. 부적절한 행동에 직면할 때 교사는 세 가지 선택을 하게 된다.

○ *현장 비결*

지난 4년 동안 나는 7학년에서 12학년을 대상으로 대안학교에서 고졸 검정고시 영어를 가르쳤다. 나는 이 집단의 학생들과 함께 하면서 아래와 같은 효과적인 전략을 발견했다.

1. 학생들을 존중하라. 대부분의 어린 남학생들은 '소년'이나 '아들' 같은 용어를 싫어한다. 그들의 이름을 불러 주어라. 훨씬 더 좋은 것은 그들을 Mr. X (성)로 부르는 것이다.
2. 당신이 본 대로 진실을 말하라. 그들은 진실을 존중의 한 형태로 이해하고 있음을 확신하라.
3. 진실하고 정직한 사죄가 무엇인지, 그것이 언제 수용될 수 있는지를 가르쳐라. 당신이 그르칠 때마다 그것을 확실하게 제시하라. 그리고 그것을 잘못한

학생 앞에서 공개적으로 시행하라.
4. 교장 선생님, 경비원, 혹은 교사가 학생들로 인해 당황스러워할 때 학생 스스로 자신을 어떻게 다루어야 하는지를 훈련시켜라(이것은 훌륭한 기술이며 위기에 빠진 학생들을 곤경에서 구출하는 데 도움을 준다).
5. 학생에게 공개적으로 항변하고, 축하하고, 사죄하라. 개인적으로 상담하고, 화를 내고, 엄하게 꾸짖어라.

Majory W. Thrash
East Central 대안학교
Union, Mississippi

- 바람직한 행동이 다시 일어날 기회를 증대시키기 위해 적절한 행동에 대해 보상하기
- 소멸을 염두에 두면서 부적절한 행동을 무시하기
- 부적절한 행동을 처벌하기

행동의 결과

강화는 행동을 강하게 하기(strengthen) 위해 결과를 활용하는 것이다. 행동에 뒤따르는 **강화**는 똑같거나 비슷한 환경에서 바람직한 행동이 반복될 것이라는 가능성하에 작동된다. 강화는 긍정적일 수도 있고 부정적일 수도 있다. 긍정적 강화 그리고 부정적 강화는 모두 행동 출현을 증대시킨다. **긍정적 강화**는 바람직한 행동이 나타난 후 학생들이 원하는 강화인을 제공하는 것을 말한다. 전형적으로 학생들은 또 다른 보상을 얻기 위해 이러한 행동을 반복한다. 긍정적 강화는 여러 가지 유형으로 나타난다. 예를 들어 다음과 같은 사례가 있다.

제니퍼의 고등학교 영어 선생님은 첫 번째 과제의 밑에 짧은 글을 남겼다. "나는 학생의 작문을 정말로 즐겼어요. 나는 학생의 다음번 작문을 읽을 때까지 더 기다릴 수가 없어요." 제니퍼는 정말로 기뻐서 그다음 과제가 완벽하다고 확신할 때까지 많은 시간을 투자했다.

훌리오의 교장 선생님은 점심 먹고 돌아오는 길에 그를 세웠다. 그리고 그가 식판을 떨어뜨린 친구를 도와준 것에 대해 교장 선생님이 얼마나 자랑스러워하는지를 말해 주었다. 교장 선생님은 그에게 선한 시민증을 수여했다. 이 증서는 6주 말에 주어지는 상을 탈 수 있는 가능성에 보다 가까이 다가갈 자격을 부여한다.

브라이언의 선생님은 그의 책상 위에 박하사탕을 하나 놓았다. 왜냐하면 그가 수학 문제를 열심히 풀고 있었기 때문이다.

포스터 씨는 학급 학생들이 회의 시간에 아주 잘 행동했기 때문에 모두에게 운동장에 가서 놀 수 있는 시간을 15분 줄 것임을 발표했다.

베이더 씨의 교장 선생님은 토론 클럽에서의 그의 활동으로 인해 그를 그달의 교사로 명명했다. 그 타이틀과 함께 그는 한 달 동안 식당에서 점심을 무료로 제공받을 수 있다.

불행하게도 긍정적인 강화가 항상 바람직한 효과를 가져오는 것은 아니다. Walker와 Shea(1999)는 강화가 다음과 같은 상황일 때 행동을 유지하거나 증대시킴에 있어 가장 효과적임을 강조했다.

- 학생이 바람직한 행동을 보여 줄 때만 강화가 주어진다. 만약 학생들이 보상을 얻지 못할 상황에서 보상을 받는다면 앞으로 바람직한 행동을 수행할 기회가 줄어든다.
- 보상은 특정 아동들에 따라 개별화되어진다. 어떤 보상은 다른 아동들보다 몇몇 아동들에게 보다 효과적이다. 아동들에게 물어보고 다양한 강화를 검증해 본 후 교사는 강화 메뉴를 만든다. 이전에 주어진 예에서 브라이언이 만약 박하사탕을 싫어했다면 그는 박하사탕을 보상으로 얻지 못했을 것이다.
- 바람직한 행동은 그 행동이 나타난 직후 강화되어진다. 행동과 보상 사이의 간격이 커질수록 강화의 상대적인 효과는 줄어든다. 초기 효과적인 강화 프로그램은 바람직한 행동 직후에 강화를 준다. 후기에 가면 그 행동과 강화 사이의 시간이

길어질 수도 있다.
- 언어적 칭찬이 강화와 함께 주어진다. 바람직한 행동과 강화 사이의 연결을 아동에게 상기시키는 것은 중요하다.
- 목표로 삼은 행동은 보여질 때마다 강화한다. 목표로 하는 행동이 학생에게 일상이 되면 그 행동은 간헐적으로 강화될 수 있다. 하지만 모든 강화가 멈추게 되면 그 행동은 마찬가지로 끝날 수 있다.
- 아동이 사랑하고 좋아하거나 존경하는 사람이 강화를 준다.

부정적 강화 또한 행동을 강하게 한다. 사실 부정적 강화라는 용어는 긍정적인 강화에서 관찰된 것과 똑같은 효과를 언급한다. 행동은 강하게 나타나고 반복될 가능성도 더 많다. 하지만 긍정적인 강화와 달리 부정적 강화는 바람직한 행동에 수반되는 혐오적 자극의 제거를 포함한다. 이 정의 속에는 두 가지 핵심적인 단어가 있다. 하나는 제거이다. 긍정적 강화에서와 같이 학생에게 무엇인가 제공하기보다 혐오감을 주는 어떤 것을 제거한다. 두 번째는 **바람직한 행동**이다. 부정적 강화에서는 바람직한 행동이 성취될 때까지 혐오감을 주는 자극이 계속된다. 혐오감을 주는 자극이 제거될 때 주어지는 안도감으로 학생들은 보상된다. 그로 인해 바람직한 행동이 재현될 가능성이 증가한다. 교실에서는 부정적 강화의 예가 그리 많지 않다. 대부분의 교사들은 교실에서 혐오감 있는 자극을 주는 것을 그리 좋아하지 않기 때문이다. 부정적 강화의 예는 다음과 같다.

학급이 너무 시끄러워지면 에번스 씨는 소란스러움이 잦아들 때까지 호루라기를 분다. 학생들은 호루라기 소리가 그다지 좋은 소리가 아님을 알고 있으므로 에번스 씨가 호루라기 불기를 중지하도록 떠드는 것을 멈춘다.

시몬과 데이나는 수업시간 중 서로 속삭이기를 좋아한다. 모리스 씨는 둘이 속삭이는 것을 보게 되면 속삭이는 것을 멈출 때까지 그 뒤에 서 있는다. 그리고 자리로 돌아온다.

학급 아이들이 점심을 먹으려고 줄을 설 때 너무 시끄러우므로 해리스 씨는 학생들이 하던 일을 멈추고 조용히 줄을 설 때까지 점심을 먹으러 가지 않을 것이라고 말한다. 학생들은 모든 일을 멈추고 조용히 줄을 설 때까지 교실에 있어야 한다.

부정적인 강화는 혐오감 있는 자극을 사용하므로 교사들은 이를 적용함에 있어 조심해야만 한다. 방금 전 예에서처럼 해리스 씨가 점심시간 내내 학생들을 교실에 붙잡아 두어서 학생들이 그날 점심을 먹지 못한다면, 부정적 강화를 효과적으로 사용한 결과로 인해 교사는 학부모와 행정가들로부터 항의받을 수도 있음을 알아야 한다.

부정적인 강화는 처벌이 아니라는 사실을 기억하는 것이 중요하다. 강화와 처벌의 주요 차이는 강화가 행동을 **강하게** 하는 반면 처벌은 행동을 **억제한다**는 사실이다(Morris, 1996). 예를 들어 만약 스미스 씨가 마이클에게 과제를 완성하지 않았기 때문에 쉬는 시간을 주지 않겠다고 말한다면 스미스 씨는 마이클을 처벌한 것이다. 스미스 씨는 마이클이 과제를 바로 끝낼 것일지 보증하지 못한다. 사실 마이클은 이미 쉬는 시간을 뺏겼기 때문에 숙제를 할 필요가 없다고 판단할 수도 있다. 반면 만약 스미스 씨가 마이클에게 과제를 다할 때까지(바람직한 행동) 쉬는 시간이 없다(마이클이 혐오스러워하는 것)고 말한다면, 마이클은 쉬는 시간을 얻기 위해서는 과제를 마쳐야만 한다는 사실을 깨달을 수 있다. 이 사실은 마이클로 하여금 5분 안에 과제를 마치도록 만들 수 있다. 그리고 그는 운동장에 나가 친구들과 어울릴 수 있다. 혹은 이 사실은 마이클이 주어진 과제를 완성할 때까지 여러 날 동안 쉬는 시간을 뺏길 수도 있음을 의미한다.

처벌은 어떤 반응을 약화시키기 위해 불유쾌한 자극을 주거나 유쾌한 보상을 축소시키는 것을 의미한다. 처벌은 학생들이 바람직한 행동을 **결코** 하지 않을 수도 있다는 점에서 부정적인 강화와 다르다. 처벌은 여러 가지 형태가 있지만 대표적으로 두 가지 유형으로 나타난다. 첫 번째 처벌은 **제시형 처벌**이다. 이것은 부적절한 행동을 감소시키기 위해 혐오적인 자극을 제공하는 것을 포함한다. 예를 들면 다음과 같다.

점심시간 규율부 학생이 헨더슨 씨에게 그녀의 학급이 식탁을 너무 지저분하게 하고 식당을 나갔다고 말했다. 헨더슨 씨는 학급 학생을 식당으로 데리고 와서 모든 식탁을 깨끗이 치우도록 했다.

할아버지가 필립에게 할아버지가 어렸을 때 선생님에게 말대꾸하다가 채찍으로 맞았다고 말했다.

넬슨 씨의 교장 선생님은 넬슨 씨가 학부모와의 상황을 잘못 처리했다고 생각했다. 그래서 그녀의 함에 견책의 편지를 넣어 두었다.

처벌의 두 번째 유형은 **제거형 처벌**이다. 제거형 처벌에서는 즐거운 자극이나 긍정적 강화를 얻을 자격이 박탈된다. 예를 들면 다음과 같다.

애덤스 고등학교 최고의 축구 선수 중 2명이 수업을 빼먹고 맥도날드 가게에 가서 점심을 먹다가 들켰다. 코치와 교장 선생님은 수업을 빼먹은 것에 대한 벌로 그들이 다음번 게임부터 뛰지 못하도록 결정했다.

리처즈 씨는 매주 30분 동안 그녀의 학생들에게 컴퓨터를 할 수 있도록 허용한다. 그 시간 동안 학생들은 컴퓨터게임도 할 수 있고 인터넷도 할 수 있다. 하지만 대니얼은 친구에게 고무 밴드를 쏘았기 때문에 그 시간을 가질 수 없다.

매일매일 스미스 씨의 학생들은 옷에 2개의 붕붕거리는 벌 모양의 옷핀(학교 마스코트)을 착용한다. 하나는 "나는 바쁜 벌이에요."라고 말하는 것이고, 다른 하나는 "나는 항상 착한 벌이 될 거예요."라고 말하는 것이다. 하루가 끝날 때까지 핀 2개를 끝까지 착용하고 있는 학생은 보물 상자에서 상을 뽑게 된다. 잘못 행동한 학생은 핀을 떼서 상자 안에 넣어야만 한다. 핀 2개를 모두 잃은 학생은 상받을 기회를 상실한다.

방과 후 학교에 남기, 정학, 타임아웃 등은 급우로부터 긍정적인 자극을 받지 못하도록 하기 때문에 제거형 처벌의 예에 해당된다(Eggen & Kauchak, 2001). Alberto와 Troutman(2002)이 설명했듯이 타임아웃은 긍정적인 강화로부터 벗어나는 단기간 동안 행해진다. 타임아웃 동안 학생은 활동에 참여하는 것과 같은 강화를 얻을 기회를 거부당한다. 타임아웃에는 세 가지 유형이 있다.

1. **비격리**(nonseclusionary) : 학생은 교실에 남아 있다. 하지만 완전히 조용히 있어야 하거나 책상 위에 엎드려 있도록 요구된다.
2. **배제**(exclusionary) : 소란스러운 학생은 교수 영역에서 교실의 다른 부분으로 옮겨진다.
3. **격리**(seclusionary) : 소란스러운 학생은 교실에서 떠나야 한다(Smith & Misra, 1992).

Skinner(1968)는 처벌을 사용하는 것에 대해 경고했다. 즉 그는 처벌로부터 배울 수 있는 주된 학습은 앞으로 어떻게 처벌을 회피하거나 처벌로부터 벗어날 것인가임을 강조했다. 또 Skinner가 설명했듯이 아이들이 할 수 없을 때는 벌을 받아도 자신들의 신발 끈 묶는 것을 배우지 못한다. 게다가 Biehler와 Snowman(1990)이 강조했듯이 처벌의 결과는 예측할 수 없고 신뢰할 수도 없다. 그 이유는 다음과 같다.

- 온건한 처벌은 바람직하지 못한 행동을 영원히 제거하지 못한다. 학생들과 활동할 때 효과가 있으려면 처벌은 생각보다 훨씬 더 가혹해야만 한다.
- 처벌되어진 행동은 처벌자가 없을 때는 계속될 수도 있다.
- 처벌 그 자체는 오히려 강화적일 수 있다. 때때로 주어지는 주목은 학생에게 보상적인 경우가 있고 그 행동은 감소하기보다 증대된다.
- 처벌은 두려움, 정신적 상처, 학교에 대한 증오와 같은 바람직하지 못한 감정적 부수 효과를 낳을 수도 있다.
- 처벌자는 처벌자가 수용할 수 없을 행위 유형을 처벌받는 학생 앞에서 모델로 보여 주는 것이다. 만약 교사의 목적이 아동을 공격적이지 않고 평화로운 태도로 다양성을 용인하도록 만드는 것이라면 교사는 이러한 목적에 반하는 행동을 보여서는 안 된다.

손을 드는 것과 같은 바람직한 행동은 강화된다면 반복될 것이다.

그림 2.1 행동 관리 요소

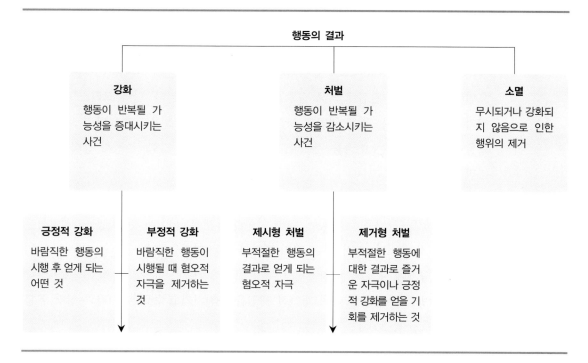

강화가 더 이상 주어지지 않을 때 반응은 점점 덜 자주 일어난다. 강화를 보류함으로써 바람직하지 못한 행동을 종결시키는 과정은 **소멸**로 알려져 있다. 교사는 행동을 무시함으로써 바람직하지 못한 행동을 중단시키기 위해 소멸을 사용할 수 있다. 예를 들어 이 장 초반부에 제시되었던 예에서 교사가 손을 흔드는 카를라가 적절한 태도로 손을 들 때까지 손 흔드는 것을 무시하고 호명하지도 않는다면 카를라의 손 흔들기는 중단될 것이다. 불행하게도 결코 보상을 받지 못하게 되면 바람직한 행동 또한 사라질 수 있다. 만약 카를라의 학급 친구 조가 손을 들고 조용히 호명될 때까지 기다렸는데도 결코 호명되지 못한다면 그는 곧 적절하게 행동하는 것을 멈출 것이다. 그리고 카를라처럼 손을 흔들기 시작할 것이다.

소멸은 또한 교사가 단념시키고 싶으나 벌을 줄 수는 없는 행동에 유용하다. 예를 들어 크리스가 피곤할 때 종종 아기같이 이야기한다면 크리스를 처벌하기보다 무시하는 것이 그 상황을 처리하는 보다 적절한 방식이다.

소멸은 빨리 발생하지는 않는다. 강화를 오랫동안 사용해 왔을 때는 보다 긴 시간이 걸린다. 강화된 반응과 소멸에 필요한 비강화된 반응의 발생 빈도가 단순한 관계에 놓여 있지 않다 할지라도 만약 무시되어지기만 하면 문제행동은 소멸될 수 있다. 그러나 불행하게도 교사는 교실에 있는 유일한 사람이 아니다. 문제행동은 또래들의 관심에 의해 지속적으로 유지되기도 하고 교사의 통제를 넘어서는 외부의 다른 요인이나 또래들의 관심에 의해 지속적으로 발생하기도 한다. 만약 크리스의 부모가 아기같이 이야기하는 것을 귀엽게 생각하고 집에서 그 행동을 강화한다면 교사가 그 행동을 중지시키기는 어려울 것이다. 그림 2.1은 긍정적 강화, 부정적 강화, 처벌과 소멸을 보여 준다.

　　전통적으로 행동적 기법은 강화와 처벌을 적용하는 교사, 부모 혹은 치료 전문가에게 달려 있었다. 초점은 행동에 대한 외면적 통제에 놓인다. 현대 행동주의자들은 자기 강화, 자기 비난, 자기 교수, 자기 평가와 같은 기법을 포함시킨다. 이 개입 방법들은 자아 규제에 대해 강한 강조점을 두고 있으며 외면적인 강화는 적거나 없다. 따라서 이 방법들은 행동에 대해 개인적 책임을 증진시키고자 하는 전략과 상당 부분 중첩된다(Brophy, 2006).

강화 계획

교사가 훈육의 일환으로 강화를 사용하고자 할 때 강화 계획은 필수적이다. 강화 계획이란 강화를 전달하는 빈도와 시기를 말한다. 강화 계획은 긍정적인 행동 패턴을 발달시키는 데 중요하다. 강화는 계속적으로 혹은 간헐적으로 발생할 수 있다. 아동들이 반응할 때마다 강화를 받게 되면 **연속 계획**(continuous schedule)이 사용된 것이다. 바람직한 행동과 강화 사이에 연관성을 형성하는 데 연속적인 계획은 중요하다.

　　아동이 바람직한 행동을 한 후 강화되지만 매번 그러하지 않을 때는 **간헐 계획**(intermittent schedule)이 사용된 것이다. 간헐 계획에는 두 가지 유형이 있다. **간격 강화 계획**(interval schedule of reinforcement)은 시간에 근거해 강화를 배분하는 것이다. 예를 들어 만약 학생들이 5분 동안 자리에서 활동을 하고 난 후 교사가 교실을 돌아다니며 학생들의 책상 위에 보상으로 노란 별, 사탕, 혹은 토큰을 놓아 준다면 교사는 간격 계획에 의거해 학생을 보상한 것이다. **비율 강화 계획**(ratio schedule of reinforcement)은 시간의 흐름보다는 반응의 수에 근거한다. 이전의 예에서 만약 교사가 다섯 가지 질문을 성공적으로 완성한 학생들의 책상 위에 보상을 놓아 주면서 교

그림 2.2 강화 계획

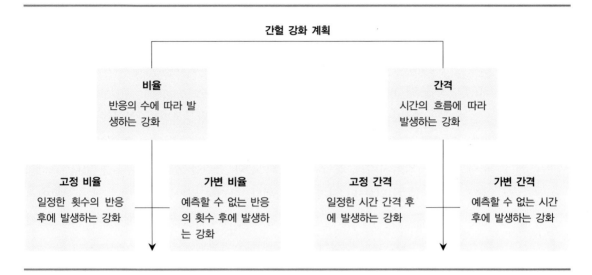

실을 돌아다닌다면 교사는 비율 계획을 사용한 것이다. 간격 계획과 비율 계획 모두 고정 계획(fixed schedule)하에 수행될 수 있다. 고정 계획하에서 학생들은 예측할 수 있으므로 보상이 주어지는 상황을 알게 된다. 성적표는 고정 간격 계획에 해당된다. 왜냐하면 학생은 성적이 주어지는 때를 정확하게 알기 때문이다. 물론 어떤 학생들은 성적표 문제가 강화가 아니라 처벌임을 주장하기도 할 것이다.

　　강화 계획의 마지막 유형은 **가변 계획**(variable schedule)이다. 가변 계획에는 보상을 주는 것이 매우 다양해서 일정한 형식이 설정될 수가 없다. 가변 간격 계획에서 학생은 보상을 받으려면 얼마나 많은 시간이 지나야 하는지 알지 못한다. 가변 비율 계획에서는 학생이 5개의 문제를 완성한 후 보상을 받을 수도 있고, 학생이 20개의 문제를 완성할 때까지 보상을 받지 못할 수도 있다(Zirpoli & Melloy, 1997). 계획의 예측 불가능성은 학생이 집중해 과제에 열중하도록 만든다. 그림 2.2는 강화 계획 유형을 설명해 준다.

강화 유형

행동주의적 전략에 대한 비판 중 하나는 외재적 보상의 강조이다. 사람들은 아동들이 행동에 주어지는 외재적 보상의 가치만큼만 적절한 방식으로 행동한다고 믿는다.

Kazdin(1975)은 외재적 보상으로 "강화되어진 사람들의 행동 속에는 '진정한 변화'가 없다. 그 사람은 특정 행동을 수행하기 위해 매매되거나 매수될 뿐이다."(p. 49)라고 말했다. 행동주의 전략 옹호자들은 외재적 강화는 모든 행동에 대한 기초적 이유이고, 행동 수정 기법을 비판하는 사람들은 자신들의 비판에 대해 외재적으로 보상받아 오지 못했음을 제시하면서 맞선다.

외재적 강화(extrinsic reinforcement)에는 일차적(무조건) 강화와 이차적(조건적) 강화 두 가지 종류가 있다. **일차적 강화**(primary reinforcement)는 학생의 생물학적 욕구나 동기를 만족시키는 것이다 이것의 강화 가치를 설명할 필요는 없다(Kazdin, 1975). 음식, 물, 수면 등이 여기에 포함된다. 그러나 일차적 강화인은 모든 상황에서 강화하는 것은 아닐 수도 있다. 낮잠을 방금 잔 학생은 수면에 대해 강화 의미를 발견하지 못할 것이다. 일차적 강화인은 학생들의 안녕에 본질적인 것이므로 많은 사람들은 교실관리의 일부로 일차적 강화인이 주어지거나 억제되지 말아야 한다고 주장한다.

교실에서 가장 자주 사용되는 강화는 **이차적 강화**(secondary reinforcement)이다. 그 자체로는 강화적이지 않아도 이차적 강화는 학생들이 그것에 부여한 의미에 의해 힘을 얻는다. 이차적 강화는 만질 수 있는 물체의 형태나 다른 사람으로부터의 승인과 주목, 혹은 좋아하는 활동 참여에 대한 허용의 형태로 나타날 수 있다. 만질 수 있는 강화인은 다른 학생들이 갖고 싶어 하는 돈, 증서, 스티커, 연필, 게임기, 개별적인 물건 같은 물체일 수 있다. 선정되어진 물체의 유형은 중요하다. 왜냐하면 스티커, 자질구레한 것, 장난감 같이 어린 아동에게 효과가 있는 것은 중학생이나 고등학생에게는 전혀 강화 가치를 가지지 않기 때문이다. 많은 교실에서 물체 강화는 토큰 수집과 같은 형태로 나타난다. **토큰 강화인**(token reinforcer)은 내면적인 강화 속성이 없다. 즉 그 자체의 가치는 만질 수 있는 물체 혹은 그것과 교환되어질 수 있는 바람직한 활동에 놓여 있다. 토큰을 통해 학생은 앞으로의 강화를 위해 교환할 수 있는 현금 교환권(check), 카드, 쿠폰 등의 형태로 즉각적인 강화를 받게 된다. 토큰 경제와 물품 강화의 사용은 학생들의 행동과 관련지어 광범위하게 연구되어 왔고, 학생의 행동을 수정하는 것이 발견되어 왔다(Skiba, 1983). 하지만 Colvin(2009)이 강조했듯이 토큰 경제는 만약 아동이 너무 어려 교환의 가치를 이해하지 못하거나 혹은 교환 시기에 토큰 잔액이 없을 경우에는 작동하지 않을 수도 있다.

　　사회적 강화인(social reinforcer)은 바람직한 행동을 증대시키는 교사, 부모, 또래, 행정가와 같은 다른 사람의 행동이다. 이것은 찬사, 칭찬, 얼굴 표정, 신체적 접촉, 주의를 포괄한다. Skiba(1983)는 사회적 강화인이 효과적이려면 바람직한 행동이 나타날 때만 주어져야 하고, 다양해야 하며, 자연스러워야 한다고 말한다. 사회적 강화인의 이점은 사용하기 쉽고, 비용이 없으며, 쉽게 이용할 수 있고, 수업의 흐름을 방해하지 않는다는 점이다.

　　활동 강화인(activity reinforcer)은 좋아하는 다른 활동에 참여하도록 허용하는 보상이다. 또한 바람직한 행동에 대해 자연스럽고 쉽게 시행할 수 있는 또 다른 보상이다. 적절한 활동 강화인에는 컴퓨터 활용 시간의 추가, 학급 활동이나 운동에서 지도자 역할 하기, 시청각 기기 작동 자격 같은 것이 포함된다. David Premack(1959)은 좋아하는 활동에 대한 참여는 다소 하기 싫어하는 활동에의 참여를 강화하기 위해 사용될 수 있다는 개념을 광범위하게 연구했다. 이 개념은 **Premack 원리**(Premack Principle)로 알려져 있다. 활동 강화인은 사회적 강화인처럼 여러 가지 같은 이점을 가지고 있다. 하지만 이것은 종종 지연되거나 학생에게 즉시 주어지지 못하므로 학생은 행동과 보상으로 주어지는 활동 사이의 연관성을 이해하지 못할 수도 있다. 특히 어린 아동에게 이러한 경우가 사실로 나타난다.

○ **현장 비결**

좋은 행동 게임(Barrish, Saunders, & Wold, 1969)은 과제에 열중하는 학생들에게 적절하게 보상함으로써 교실관리 행동으로 활용될 수 있다. 게임은 학생들이 조용하게 활동하도록 기대되거나 혹은 독립적으로 좌석에 앉아 활동하는 경우 유용하다. 학급은 두 팀으로 나누어지고 팀 구성원 중 하나가 부적절한 행동을 할 때마다 점수가 주어진다. 게임의 끝에 가장 적은 점수를 얻은 팀이 집단 보상을 획득한다. 보상은 이긴 팀에게 점심시간에 먼저 줄을 서거나 수업시간이 끝났을 때 교실에서 먼저 나가

기, 주말에 교육 관련 활동으로 재미있는 시간 가지기 등을 허용하는 것으로 나타난다. 게임은 하루에 최고 한두 시간 정도 계획되어서 게임의 효과가 과도하지 않도록 하고, 학생들이 편안하고, 친구들과 어울리며, 또한 '어린이다워질' 시간을 가지도록 허용하는 것이 중요하다.

Jim Wright
학교 심리학자
Syracuse, New York

학생들과 개별적 활동하기

행동주의자들이 행동과 강화 사이의 연관성을 연구하기 시작할 때 연구의 초점은 집단보다 개개인에게 주어졌다. 행동주의적 전략은 개인에게 가장 효과적이다. 조성과 행동 수정 같은 두 전략은 교사로 하여금 개개 학생들의 행동을 수정하도록 돕는 데 특히 유용하다.

조성(shaping)은 새로운 행동과 기술을 가르치기 위해 사용되며, 도달점 행동에 대한 점진적 접근을 강화하는 것을 말한다. 예를 들어 한 아동이 알파벳을 배우고 있는 중이라고 하면 어른은 강화를 주기 전에 아동이 알파벳 전체를 암송하도록 마냥 기다리지 않을 것이다. 대신 부모와 교사는 어린 아동이 첫 번째 몇 개의 낱자들을 기억하려고 하면 손뼉을 친다. 아이는 점점 더 자신감을 얻어 가고, 보상은 더 많은 낱자들이 암송될 때까지 지속된다. 격려, 포옹, 미소 짓는 얼굴 혹은 칭찬과 같은 강화는 마침내 알파벳을 모두 암송할 때까지 지속된다. 근사 행동에 대한 보상이 알파벳을 학습하는 과정에 작동하듯이 보상은 아동이 새로운 행동을 학습할 때도 또한 작동할 수 있다. 만약 이민이 자리를 떠나지 않고 학급에서 한 시간 보내는 것을 결코 조정하지 못했다면, 선생님은 그녀가 10분 동안 자기 자리에 앉아 있으려고 시도할 때마다 이민을 칭찬할 수 있다. 이후 이민이 조금 더 오랜 시간 자리에 앉아 있을 수 있을 때까지 강화는 지속되어야만 한다. 마침내 조성을 통해 이민의 행동은 급우

들의 행동과 일치되어진다.

행동 수정은 개인의 특정 행동을 변화시키기 위한 노력 속에서 행동주의적 원리를 보다 체계적으로 적용함을 말한다. Eggen과 Kauchak(2001)은 **행동 수정**이라는 용어가 부정적 함축 의미를 가지기 때문에 그 대신에 **응용 행동 분석**(applied behavior analysis)이라는 용어가 보다 자주 사용되어짐을 언급했다. 두 용어 모두 관찰 가능하고 측정 가능한 행동에 대해 빈번하고 반복적인 평가를 엄격하게 적용하고, 독립변수와 종속변수 사이의 기능적 관계를 설정하는 목적과 함께 행동주의적 원리를 적용함으로써 긍정적 방식으로 행동을 변화시키기 위한 체계적 접근을 말한다(Landrum & Kauffman, 2006). 응용 행동 분석의 목적은 학생 행동의 장기적 변화를 꾀하는 것이다. 초기의 목적은 프로그램이 종료된 후에도 변화를 유지한다는 궁극적 목적과 함께 즉각적인 행동 변화를 꾀하는 것이다.

어려운 학생 다루는 전략

어려운 학생을 다루는 것은 항상 교사 생활의 고뇌이다. 문제행동을 가진 학생들은 수업을 소란스럽게 하고, 다른 학생의 학습을 방해하며, 교사들을 지치게 만들고, 학급의 모두에게 긴장감을 유발한다. 이와 같은 학생들을 다룸에 있어 도움을 요청하면서 교사 휴게실에서 교사들 사이에 토론이 끝없이 발생하는 것은 바로 이러한 이유 때문이다. Colvin(2009)은 대부분의 교사는 즉시 문제를 해결할 '은 총알(묘책)'을 추구한다고 말했다. 하지만 Colvin은 묘책은 없음을 강조한다. 문제행동을 이해하고 교정하기 위해서는 그 행동에 대한 자세한 평가가 필요하다. 이 평가는 **기능적 행동 평가**(functional behavioral assessment)로 알려져 있다. 좋은 소식은 연구들이 기능적 행동 평가에 기초한 개입이 기능적 행동 평가의 활용 없이 개발되어진 개입보다 행동을 변화시킴에 있어 보다 효과적일 수 있음을 보여 주었다는 사실이다(Scheuermann & Hall, 2008).

1997년 장애인 교육법(Individuals with Disabilities Education Act : IDEA)에 대해 재승인이 이루어지면서 미국 의회는 교육자들이 그 법의 지원을 받는 모든 학생들에 대해 기능적 행동 평가를 실시할 것을 요구했다(Landrum & Kauffman, 2006). 명백하게도 그와 같은 평가는 일반 교실에서 만성적으로 소란스러움을 보이는 학생들의 행동을 증진시키기 위해 교실의 교사들에 의해서도 사용될 수 있다.

Wheeler와 Richey(2005)는 기능적 행동 평가를 "도전적 행동의 원인을 규명하고, 문제행동의 기능에 대해 그럴듯한 가설을 세우며, 행동의 대체를 가능하게 할 개입을 개발하기 위해 구상되는 다단계 과정"으로 묘사한다(p. 174). 기능적 행동 평가는 문제행동을 유발하는 모든 요인에 대한 정보를 수집하기 위해 구상된다. 궁극적인 목적은 학생의 부적절한 행동에 대한 가설과 행동 변화를 위한 개입을 개발하는 것이다. 만약 개입이 효과적이지 않으면, 새로운 가설과 거기에 뒤따르는 추가적인 자료 수집의 과정이 다시 시작된다. 기능적 행동 평가의 형식은 다양하지만 전통적으로 다음과 같다.

- 변화되어야 하는 구체적 행동이 무엇인가? 이 행동은 관찰, 측정, 혹은 수정의 대상이 된다. 이것은 척도 평가, 면접, 관찰을 통해 주의 깊은 분석을 요구한다 (Robinson & Ricord Griesemer, 2006). 현재 행동에 대한 기준치가 결정되며, 이것은 개입의 성공을 판단할 표준이 되고, 교사와 학생에 의한 목적 설정도 이에 준해 이루어진다.

- 부적절한 행동에 대한 배경 사건은 무엇인가? 배경 사건은 그날 이전, 혹은 훨씬 이전, 혹은 다른 맥락에서 발생할 수도 있다(Colvin, 2009). 배경 사건은 가정, 질병 혹은 건강 문제, 친구들과의 갈등, 학업 실패 혹은 교실 문제에 관련된 논쟁점일 수도 있다. 예를 들어 만약 6살 프랭클린이 아버지가 아프가니스탄으로 파견된 후 억압적 감정을 무의식적으로 나타내는 행동을 보이기 시작했다면 구체적인 교사 지도 개입보다는 상담 같은 개입이 요구된다.

- 바람직하지 못한 행동을 촉발시키는 경향이 있는 사건 혹은 행동은 무엇인가? 이것은 종종 행동의 선행 사건이라고 불린다(Scheuermann & Hall, 2008). 이러한 분석을 통해 교사들은 행동에 선행하고 문제행동의 가능성에 영향을 주는 계기를 규명한다. 교사가 이 계기를 통제할 수 있을 때 그들은 교실에서 소란스러운 행동을 최소화할 수 있다. 기능적 행동 분석을 통해 행동에 대한 계기를 이해하는 것이 증가하고 있기 때문에 교사들은 무심코 행동 문제를 강화할 가능성을 감소시키게 된다(Robinson & Ricord Griesemer, 2006). 7학년 오드리가 제4분기 초에 왜 아프기 시작했는지를 확인하기 위해 그와 같은 평가가 시도되었고, 그녀

의 선생님이 성적이 올라갈 때까지 일일 깜짝 퀴즈를 보겠다고 발표한 사실이
알려졌다. 깜짝 퀴즈에 대한 걱정이 오드리 위통의 원인이었다. 깜짝 퀴즈에 대
한 두려움이 제거되었을 때 오드리의 건강은 호전되었다.

- 현재 행동으로 인해 학생들은 어떻게 보상될 것인가? Wheeler와 Richey(2005)는
  도전적인 행동을 포함해 모든 행동은 목적이 있으며 부적절한 행동은 구체적인
  강화, 교사 및 또래로부터의 주목, 감각적 강화 및 회피를 통해 보상되어질 수
  있음을 주장했다. 따라서 적절한 행동에 대해 설정된 강화는 지속적이어야 하고,
  부적절한 행동으로 인해 학생들이 받게 되는 보상을 능가해야 한다.

- 일단 기능적 행동 평가가 완성되면 가설과 개입 계획을 개발하기 위한 단계가
  설정된다(Colvin, 2009). 개입은 배경 사건, 계기 혹은 보상을 변화시키는 것을
  포함한다. 어떤 경우에는 바람직한 행동을 증가시키고 문제행동을 감소시키는
  데 초점을 둔 행동 계약이 개발된다. 행동 계약은 학생과 교사의 진술상의 의견
  일치이다. 만약 학생이 미리 결정된 비율로 순응적 혹은 협동적 행동을 보이게
  되면 학생은 특권 혹은 강화를 제공받을 것이다. 계약은 또한 수용할 수 없는
  행동이 발생했을 때는 특권을 상실할 것을 명시한다. 이 장의 말미에 제시된 데
  이비드에 대한 사례 연구는 행동 계약을 통해 행동이 어떻게 변화되는지에 대한
  한 예를 보여 준다.

Scheuermann과 Hall(2008)은 기능적 행동 평가는 단일한 사건이 아니라 하나의
과정임을 언급한다. 만약 개입이 바람직한 결과를 낳지 못한다면 그때 그 과정은 반
복되어야 하고 새로운 가설과 개입이 개발되어야 할 것이다.

행동주의 모형의 장점과 단점

행동주의 전략은 학교에서 광범위하게 사용된다. 행동주의 기법은 아동들과 상호작
용하는 자연스러운 방식이므로 많은 경우에 있어 교사는 그들이 연구되어진 방법을
사용하고 있음을 알지 못한다. 행동주의 전략에 대한 옹호자들은 이 자연스러움이 명
백하게 행동주의에 기초한 프로그램의 장점임을 주장한다. 다른 장점들은 다음과
같다.

- 행동주의 전략은 효과가 있다. 수백 년에 걸친 연구들은 행동은 가르쳐질 수 있고, 변화될 수 있고, 수정될 수 있으며 혹은 교정될 수 있음을 보여 왔다. Doyle (1990)는 강화 조건부에 관한 실험실 연구에서 파생된 기법이 광범위하게 조사되어 왔으며, 훈육 전략으로 널리 옹호되어 왔음을 강조한다. 종종 특수 상황 속에서 이루어진 통제된 연구는 행동 분석 기법이 놀랄 만큼 성공적임을 지적해 왔다.
- 행동주의 전략의 사용은 교사로 하여금 교실 안에서 무엇이 진행되고 있는지에 대해 더 많은 것을 알게 한다. 많은 경우에 있어 교사는 학생 행동에 대해 보다 객관적이며 명확한 관찰자이다(Whitman & Whitman, 1971).
- 행동주의 프로그램은 교사로 하여금 학생들을 다룸에 있어 일관적이게 할 가능성을 증대시킨다. 이것은 교사에게 훈육 문제를 체계적으로 계획을 세워 다룰 수 있게 한다.
- 행동 관리 전략은 모든 아동에게 '착해질' 기회를 제공한다. 행동적 장애를 가진 학생에게 있어 이 방법은 지속적인 강화를 얻을 수 있는 첫 기회가 될 수도 있다(Whitman & Whitman, 1971).

행동주의 전략에 대한 비판은 그것을 사용하는 목적에 대한 철학적·실천적 이유를 인용한다. 많은 사람들은 그러한 프로그램이 조작적이고 통제적이라는 사실을 지적한다(Landrum & Kauffman, 2006). 또한 행동주의 전략은 열심히 활동하고 나서 얻게 되는 내면적 만족보다는 오히려 보상을 위해 활동하도록 아동을 가르치게 된다고 생각한다. 인용되어진 또 다른 단점은 다음과 같다.

- 바람직한 행동을 칭찬하면서 바람직하지 못한 행동을 무시하는 개념은 독립적인 관찰자와 지원 인력의 도움을 받지 못하고 많은 학생과 활동하는 교실의 개개 교사들이 실행하기에는 어렵다.
- 교사들은 학생의 비생산적 활동을 유발 가능하게 하는 요인으로 교사 자신의 교수 방법이나 다른 학급 요소들을 덜 고려할 수 있다. Savage(1999)는 행동주의 전략을 활용하는 교사는 부족한 교수 방법, 부족한 인간관계 기술 혹은 교사의 부적절한 권위 행사와 같은 교실 내 문제를 덜 비난하는 경향이 있음을 제시했다. 이 교사들은 또한 학생의 행동이 지루함, 불안, 혹은 불안에 대처하기 위한 시도라는 사실을 인식하지 못할 수도 있다.

■ 행동주의 전략은 무감각하고 비윤리적인 교사나 행정가에 의해 활용된다면 해로울 수도 있다. 결과는 학교에 대한 증오가 될 수 있다.

■ 처벌받기 때문에 어떤 행동을 회피하도록 아동을 가르치는 것은 그 행동이 나쁘고 부도덕하거나 혹은 비윤리적임을 가르치는 것과 같지 않다. Kohn(1996)은 보상은 단지 아동을 조정할 뿐임을 제시했다. 즉 보상은 아동이 친절해지거나 성인을 배려하도록 돕기 위한 어떤 것도 하지 않는다.

■ 한 아이에 대한 보상은 다른 아동에게는 처벌이 될 수도 있다. 20명 혹은 30명의 학생이 있는 교실에서 모든 학생의 마음에 드는 보상을 발견하는 것은 어려운 일이다.

교실에서의 행동주의적 조정

시나리오

3학년 교사 에이미 콜린스는 데이비드 브라우어의 행동으로 당황스러웠다. 매 순간마다 데이비드는 자리를 벗어나서 휴지통, 쓰레기통 혹은 연필깎이가 있는 곳으로 갔다. 콜린스 씨는 학생들에게 이러한 일들을 하기 위해 허락을 받을 필요는 없음을 이야기해 왔다. 그러나 유독 데이비드만 이 특권을 지나치게 남용하고 있다.

때때로 데이비드는 자기 책이나 소지품을 뒤적거리면서 자신의 책상 옆에 서 있기도 하고 어떤 때는 생각에 잠겨 자기 책상에 서 있기도 했다. 그는 콜린스 씨가 자리로 돌아가라고 하면 재빨리 자리로 돌아가며 결코 불평을 하지 않았다. 데이비드의 일상적인 배회는 콜린스 씨와 그의 행동으로 인해 주의가 산만해지거나, 그들 또한 교실을 항상 돌아다니도록 허용되어야 한다고 생각하는 학급 내 다른 학생에게 문제가 되어 가고 있었다. 한 주 내내 그녀는 데이비드에게 여분의 활동을 주고 쉬는 시간을 허용하지 않음으로써 과도한 자리 이탈 행동에 대한 처벌을 가했다. 그러나 어느 것도 영향력을 발휘하지 못했다.

콜린스 씨는 그의 행동에 대해 데이비드의 2학년 때 선생님께 물어보았다. 그러나 스미스 씨는 데이비드가 자신의 학급에서 문제가 되었음을 기억하지 못했다. 스미스 씨는 콜린스 씨의 기대가 너무 높은 것이 아닌가 질문했다. 데이비드의 문제행동에 대해 그녀가 너무 과민하다는 사실에 관심을 가지면서 콜린스 씨는 학교 상담 교사에게 자신의 학급을 관찰하고 견해를 제시해 줄 것을 요청했다. 상담 교사는 그녀가 관찰한 2시간 동안 데이비드가 27번이나 자리에서 이탈함을 보고 놀라워했다. 같은 시간 동안 다른 학생이 자리를 뜬 평균 횟수는 세 번이었다.

상담 교사와 데이비드의 어머니와 함께 상의하면서 콜린스 씨는 데이비드의 행동을 조성하기 위한 계획을 세웠다. 데이비드의 어머니 브라우어 씨는 콜린스 씨에게 데이비드가 수 주 동안 새 스케이트를 사 달라고 조른 사실을 말했다. 그들은 자리 이탈 행동을 변화시키기 위해 데이비드로 하여금 스케이트를 갖기 위해 행동하도록 허용하기로 결정했다.

방과 후 데이비드, 그의 어머니, 상담 교사, 콜린스 씨는 데이비드의 문제행동에 대해 이야기했다. 콜린스 씨가 데이비드에게 그 전날 43번이나 자리를 이탈했음을 말하자 데이비드는 그것이 너무 과도한 것임을 수긍했다. 왜 지나치게 자리를 많이 이탈하는지에 대해 물었을 때 데이비드는 어깨를 으쓱해 보였다. 콜린스 씨가 앞으로 자리에 좀 더 많이 앉아서 활동할 수 있을지에 대해 물었을 때 그는 재빨리 동의했다.

모두 함께 하나의 계획을 마련했다. 43번을 기준치로 하고 다음 주부터 하루에 35번 이상 자리를 이탈하지 않도록 하는 데 합의했다. 매일매일 콜린스 씨는 그날 데이비드가 얼마나 많이 자리를 이탈하는지를 알려 주는 메모를 집으로 보낼 것이다. 매일매일 그는 자신의 목적을 달성하고 스케이트를 얻을 수 있는 점수를 딸 것이다. 30점을 얻었을 때 그는 스케이트를 얻을 것이다. 그들은 또한 데이비드가 일단 5점을 얻은 다음 자리를 이탈하는 횟수를 축소시킬 것에 동의했다. 이 축소는 하루에 10번 이상 자리를 이탈하지 않을 때까지 계속될 것이다.

첫째 날 데이비드는 자신의 목적을 초과 달성했다. 그는 단지 30번만 자리에서 이탈했다. 그는 콜린스 씨가 자신의 부모에게 보낸 메모에 흡족해했다. 불행하게도 둘째 날에 그는 잊어버리고 자신의 목적을 달성하지 못했다. 하지만 여러 날 후 데이비드의 부모는 거의 모든 날 긍정적인 메모를 받았다. 데이비드가 자신의 목적을 달성하고 스케이트를 얻기까지 7주가 걸렸다. 이 시간 동안 데이비드는 자신의 행동을 알게 되었고 결코 교실을 일상적으로 배회하지 않게 되었다.

요약

교실관리에 대한 행동주의적 접근은 Pavlov(1849~1936), Watson(1878~1958), Thorndike (1874~1949), Skinner(1904~1990)의 업적에 뿌리를 두고 있다. 효과의 법칙으로 알려진 개념에 근거해 이 접근은 보상되어진 행동은 반복될 것이고 보상되지 않은 행동은 중지될 것임을 전제로 한다. 따라서 행동주의자에 의하면 좋고 나쁜, 적절하고 부적절한 모든 행동은 강화에 의해 학습된 것이고 유지되는 것이다. 강화를 체계적으로 적용하는 것은 행동주의 기법의 기본이며, 이 책에 제시된 많은 교실모형의 근거이다.

주요 용어

이 용어들에 대한 정의는 용어해설에 제시되어 있다.

가변 강화 계획	격리 타임아웃
간격 강화 계획	결과
간헐 강화 계획	긍정적 강화
강화	기능적 행동 평가

배제 타임아웃	제거형 처벌
부정적 강화	제시형 처벌
비격리 타임아웃	조성
비율 강화 계획	처벌
사회 강화인	토큰 강화인
소멸	행동 수정
응용 행동 분석	행동주의적 기법
연속 강화 계획	활동 강화인
일차적 강화	효과의 법칙
이차적 강화	Premack 원리

관련 활동

이론에 대한 성찰

1. 11학년 역사 교사 크리스 빌류는 다섯 번째 수업에서 문제에 봉착했다. 학기 초 소수의 학생이 지각을 했다. 그는 그 학생들을 무시하고 계속 수업을 하는 것이 최선이라고 생각했다. 지금 다섯 번째 수업인데 거의 절반 정도의 학생들이 지각을 했다. 많은 학생들은 5분 내지 10분 정도 수업에 늦었다. 당신이라면 이 상황을 어떻게 처리할 것인가? 이 문제를 해결하기 위해 이 장에 제시된 행동주의적 접근을 어떻게 사용할 수 있는가?

2. 이 장의 마지막에 제시된 시나리오에서 콜린스 씨는 데이비드의 행동을 변화시키는 데 성공했다. 아래의 질문을 생각해 보라.

   a. 만약 조성 활동이 데이비드에게 작동하지 않았다면 그 이유는 무엇일 것 같은가?

   b. 이 방법을 사용하면서 당신은 기분이 좋은가? 왜 그러한가? 혹은 왜 그렇지 아니한가?

   c. 이 방법의 결점은 무엇인가?

3. 아래 각각에 해당되는 교실 사례를 제시하라.

긍정적 강화	부정적 강화
제거형 처벌	비율 강화
가변 강화	간격 강화
소멸	고정 강화

4. 토큰 경제란 무엇을 의미하는가? 토큰 경제가 교실에서 어떻게 사용되는가?

5. 행동 관리 기법에 반응하지 않을 수도 있는 유형의 학생 혹은 특정 학년이 있는가? 이유를 설명해 보라.

포트폴리오 자료 개발하기

1. 이 장 초반의 시나리오에서 존슨 씨는 학급을 위한 보상 계획을 구상했다. 개개 학생, 전체 학급 학생들에게 보상하기 위한 당신만의 계획을 구상해 보라. 어떻게 당신은 적절한 행동에 대해 당신 학생에게 보상할 것인가?

개인 교실관리 철학 개발하기

1. 행동주의 전략에 대한 비판 중 하나는 외재적 보상에 대한 강조이다. 당신은 오늘날 교실에서도 외재적 보상을 지나치게 강조하고 있다고 생각하는가?

2. 당신은 교실관리에 대해 행동주의적 접근을 활용하면서 흡족해할 것인가? 왜 그러한가? 혹은 왜 그렇지 아니한가? 당신의 교실관리 계획에 명확하게 병합시킬 어떤 전략이 있는가?

참고문헌

Alberto, P. A., & Troutman, A. C. (2002). *Applied behavior analysis for teachers: Influencing student performance* (6th ed.). Upper Saddle River, NJ: Merrill/Prentice Hall.

Barrish, H. H., Saunders, M., & Wold, M. M. (1969). Good behavior game: Effects of individual contingencies for group consequences on disruptive behavior in a classroom. *Journal of Applied Behavior Analysis, 2,* 119–124.

Biehler, R. F., & Snowman, J. (1990). *Psychology applied to teaching* (6th ed.). Boston: Houghton Mifflin Co.

Brophy, J. (2006). History of research on classroom management. In C. Everston & C. Weinstein (Eds.), *Handbook of classroom management: Research, practice, and contemporary issues.* Mahwah, NJ: Lawrence Erlbaum Associates.

Colvin, G. (2009). *Managing noncompliance and defiance in the classroom.* Thousand Oaks, CA: Corwin.

Doyle, W. (1990). Classroom management techniques. In O. C. Moles (Ed.), *Student discipline strategies: Research and practice.* Albany: State University of New York Press.

Eggen, P., & Kauchak, D. (2001). *Educational psychology: Windows on classrooms* (5th ed.). Upper Saddle River, NJ: Merrill/Prentice Hall.

Kazdin, A. E. (1975). *Behavior modification in applied settings.* Homewood, IL: The Dorsey Press.

Kohn, A. (1996). *Beyond discipline: From compliance to community.* Alexandria, VA: Association for Supervision and Curriculum Development.

Landrum, T. J., & Kauffman, J. M. (2006). Behavioral approaches to classroom management. In C. Everston & C. Weinstein (Eds.), *Handbook of classroom management: Research, practice, and contemporary issues.* Mahwah, NJ: Lawrence Erlbaum Associates.

Morris, R. C. (1996). Contrasting disciplinary models in education. *Thresholds in Education, 22,* 7–13.

Premack, D. (1959). Toward empirical behavior laws: I. Positive reinforcement. *Psychological Review, 66,* 219–233.

Robinson, S., & Ricord Griesemer, S. (2006). Helping individual students with problem behavior. In C. Everston & C. Weinstein (Eds.), *Handbook of classroom management: Research, practice, and contemporary issues.* Mahwah, NJ: Lawrence Erlbaum Associates.

Savage, T. V. (1999). *Teaching self-control through management and discipline* (2nd ed.). Boston: Allyn & Bacon.

Scheuermann, B., & Hall, J. (2008). *Positive behavioral supports for the classroom.* Upper Saddle River, NJ: Merrill/Prentice Hall.

Skiba, R. J. (1983). *Classroom behavior management: A review of the literature.* Monograph No. 21. St. Paul: University of Minnesota Center for Research on Learning Disabilities.

Skinner, B. F. (1954). The science of learning and the art of teaching. *Harvard Educational Review, 24,* 86–97.

Skinner, B. F. (1968). *The technology of teaching.* New York: Appleton-Century-Crofts.

Smith, M. A., & Misra, A. (1992). A comprehensive management system for students in regular classroom. *The Elementary School Journal, 92,* 353–371.

Walker, J. E., & Shea, T. M. (1999). *Behavior Management: A practical approach for educators* (7th ed.). Upper Saddle River, NJ: Merrill/Prentice Hall.

Wheeler, J., & Richey, D. (2005). *Behavior management: Principles and practices of positive behavior supports.* Upper Saddle River, NJ: Merrill/Prentice Hall.

Whitman, M., & Whitman, J. (1971). Behavior modification in the classroom. *Psychology in the Schools, 8,* 176–186.

Zirpoli, T. J., & Melloy, K. J. (1997). *Behavior management: Applications for teachers and parents* (2nd ed.). Upper Saddle River, NJ: Merrill/Prentice Hall.

단정적 **훈육**

03

목표

제3장에서는 예비 교사들을 INTASC 기준 5항(동기와 관리), 9항(반성적 실천인), 10항(학교와 지역사회 관계)에 부합되도록 준비시키고자 한다. 이를 위해 다음과 같은 사항을 수행하도록 돕는다.

- 단정적 훈육 뒤에 있는 기초 원리를 이해한다.
- 교사의 권리와 학생의 권리를 평가한다.
- 규칙 집행을 지원함에 있어 행정가와 부모의 역할을 규정한다.

- 문제행동에 대해 적절한 결과를 규정한다.
- 개개 학생들과 학급 차원의 인정을 위해 적절한 보상 체계를 설정한다.
- 교실에서 단정적 훈육을 효과적으로 활용하기 위한 기법을 배운다.
- 문제행동을 다루기 위해 단정적 훈육의 원리를 활용한다.

시나리오

예비 교사 헬렌 가르시아는 5학년 교사 메릴린 코너를 관찰하도록 배정받았다. 관찰 첫날 그녀는 코너 씨의 훈육 계획에 흥미를 가지게 되었다. 그것은 그녀가 사용하고 싶어 하던 그런 것이었다. 교실 안에는 코너 씨의 규칙과 결과를 요약한 커다란 포스터가 있었다.

코너 씨의 학급 규칙

- 준비해서 학급에 오기
- 수업하는 동안 자리에 앉아 있기
- 순서가 오기 전에 이야기하지 않기
- 손과 발 그리고 물건들을 가지런히 하기
- 친구를 못살게 굴거나 괴롭히지 않기

문제행동의 결과

- 첫 번째 위반 : 경고받기
- 두 번째 위반 : 쉬는 시간/놀이 시간 10분 줄이기
- 세 번째 위반 : 쉬는 시간/놀이 시간 15분 줄이면서 동시에 행동 일지 쓰기
- 네 번째 위반 : 교사가 부모님 부르기
- 다섯 번째 위반 : 교장 선생님께 알리기

규칙과 결과의 목록 옆에 있는 화이트보드에는 작고 납작한 동그라미 위에 학급 학생들 각각의 이름이 적힌 24개의 자석 이름표가 있다. 이 이름표는 보드의 한 가장자리를 따라 정렬되어 있다. 보드의 윗부분에는 죽 가로지르면서 **첫 번째 위반, 두 번째 위반, 세 번째 위반, 네 번째 위반, 다섯 번째 위반**이라는 글자들이 있다. 불행하게도 헬렌이 코너 씨에게 이름표를 어떻게 사용하는지에 대해 묻기도 전에 수업이 시작되었다.

수업의 첫 몇 분 동안 조너선이 손을 들었고 코너 씨에게 연필을 잊고 가져오지 않았음을 이야기했다. 교수를 중단하는 일 없이 코너 씨는 화이트보드와 보드 아래 책상 위에 잘 깎인 연필이 있는 통을 가리켰다. 아무 말없이 조너선은 자신의 자석 이름표를 첫 번째 위반의 범주 아래에 붙이고 연필을 가져갔다. 조너선이 자리로 돌아가자 코너 씨는 계속해서 수업을 진행해 나갔다.

코너 씨가 2명의 여학생이 노트를 주고받는 것을 볼

때까지 오전 중반까지 모든 것이 잘 진행되어 나갔다. 여학생들로부터 노트를 회수하면서 그녀는 화이트보드를 가리켰다. 두 소녀는 그들의 이름표를 첫 번째 위반의 범주로 옮겼다.

그날 후반부에 코너 씨는 조너선이 과제를 하지 않고 그림을 그리고 있음을 알게 되었다. 코너 씨는 이름표를 두 번째 범주로 옮기라고 말했다. 후에 학급 아이들이 운동장으로 갈 때 조너선은 도서실에 남아서 과제를 마쳐야만 했다. 10분이 지나자 그는 친구들과 어울리도록 허락받았다.

그날 나머지 시간 동안 다른 두 학생이 경고를 받았다. 그러나 어느 학생도 두 번째 범주를 넘어서지는 않았다. 헬렌 또한 전체 학급이 바르게 행동하도록 강화되고 있음을 주목했다. 음악 선생님이 수업하는 동안 학생들의 바른 행동을 칭찬하자 코너 씨는 학급이 공깃돌을 얻게 되었음을 말했다. 모든 학생들은 공깃돌이 수백 개 차 있는 것으로 보이는 주머니에 새 공깃돌이 떨어지자 박수를 쳤다.

그날 마지막 즈음 헬렌은 공깃돌 주머니와 보드 위의 자석 이름표에 대해 알고 싶어졌다. "선생님 학급 관리 계획에 대해 말씀 좀 해 주시겠어요? 수업이 정말 잘 진행되는 것 같아요."

"아, 예, 이것은 사실 새로운 것은 아니에요." 코너 씨는 책상을 바로 하면서 설명했다. "교생할 때 이 절차를 처음 보았어요. 내 지도 교사는 교실관리 학술대회에서 이 방법을 배웠다고 해요. 하지만 나는 학급 관리법을 약간 변형시켰어요. 지도 교사는 학생들이 보드 위에 이름을 쓰도록 시켰지만 나는 사무용품 판매점에서 자석 이름표를 찾았어요. 이 방법은 좋은 것 같아요. 이 학교 다른 선생님들은 같은 방법을 쓰지만 모두 조금씩 달라요. 예를 들어 옆 교실 프레이저 씨는 여전히 보드 위에 학생들이 이름을 쓰도록 시켜요. 레이더 씨는 학생들의 이름을 종이 위에 써서 클립보드 위에 끼워 놓아요. 그리고 그 위에 체크를 하지요. 나는 이 방법도 마찬가지로 좋아하지 않아요. 체크를 할 때마다 학생들에게 말을 해야 하거든요."

"조너선은 내일 두 번째 범주에 이름을 올린 채 시작하나요, 아니면 새로 시작하나요?"

"나는 매일매일 이름표를 원상태로 옮겨요. 모두 깨끗

한 보드로 시작하지요. 하지만 매일 일어났던 것에 대해 기록은 해요. 보여 드릴게요." 코너 씨는 각 학생들에 대해 기록표를 담고 있는 공책을 고안했다. "각 장은 한 달 동안의 기록을 담고 있어요. 오늘 조너선이 일으킨 문제를 기록할 거예요. 만약 부모와 접촉해야 할 필요가 생기면 장시간에 걸쳐 그의 행동에 대해 부모에게 말할 수 있어요. 이 공책은 내가 학생 개개인의 행동을 정확하게 기록하고 있음을 증빙하는 거예요."

헬렌은 시계를 보았다. 그리고 그녀가 코너 씨를 붙잡고 있음을 알았다. "정말 오랫동안 붙들고 있었네요. 오늘 하루는 나에게 대단한 날이었어요. 정말 많이 배웠어요. 선생님 아이디어를 가져가도 마음 쓰지 않기를 바라요."

"천만에요. 좋은 선생님이라면 당연히 해야 할 일이지요. 언제든지 오신다면 환영할 거예요. 오늘 많이 도와주셨어요."

들어가는 말

코너 씨가 그녀의 훈육 계획의 기원이나 이름을 모른다고 할지라도 그녀는 1970년대 초 Lee와 Marlene Canter에 의해 개발된 **단정적 훈육**이라는 교실관리 프로그램의 기초 개념을 실제적으로 활용하고 있다. 그 이후 단정적 훈육은 백묵과 연필처럼 교실에 일상적인 것이 되었다. 이 모형이나 수정된 모형은 미국 전역에 걸쳐 활용되고 있다. Kizlik(2009)은 단정적 훈육이 학교에서 훈육 계획으로 가장 널리 사용됨을 언급했다.

1950년대와 1960년대 교실 밖에서 개발된 훈육 모형과 달리 단정적 훈육은 실제 교사의 문제를 해결하기 위해 개발되었다. Lee와 Marlene Canter는 교실에서 발견되는 많은 문제는 교사가 결과적으로 당혹감과 무력감을 가지면서 자신들의 욕구를 단호하게 관철시킴에 있어 실패하는 데서 비롯됨을 깨달았다. 단호함의 훈련과 행동 수정의 원리 및 이론을 활용해 Canter 부부는 단정적 훈육을 개발했는데 이 방법은 교사로 하여금 교실상황에 행동 전략을 체계적으로 적용시킴으로써 교사의 욕구를 충족시키도록 허락했다.

1989년 Canter와 그의 직원들은 75만 명의 교사들을 훈련시켰다. 그 이후로 수십만 명이 Canter와 협의회에 의해 간행된 수많은 책을 읽고 워크숍에 참여하며 단정적 훈육의 원리에 관한 비디오를 시청했다. 이러한 방법을 통해 교사들은 아래와 같은 단정적 훈육의 원리를 소개받았다.

- 교사는 가르칠 권리와 학생에게 행동하도록 기대할 권리가 있다.
- 교사는 지속적이고 확고한 규칙을 개발해야 한다.
- 교사는 학생이 문제행동을 선택했을 때 사용할 결과를 규명해야 한다.

단정적 훈육 단계

단정적 훈육을 교실에서 활용하려면 다음과 같은 것을 행할 필요가 있다.

1. 교실갈등에 대해 단정적 반응을 실천하라.
2. 교실규칙을 설정하라.
3. 규칙 위반 시 결과의 위계 순서를 설정하라.
4. 규칙 위반에 대한 기록 체계를 정하라.
5. 개개 학생과 학급 전체를 위한 보상 체계를 설정하라.
6. 학교 행정가로부터 훈육 계획에 대한 지원을 획득하라.
7. 부모와 함께 계획을 공유하고 지원을 얻어 내라.

■ 교사는 적절한 학생 행동에 대해 긍정적인 결과를 제공해야 한다.
■ 교사는 행동에 대해 부정적·긍정적 결과를 제공할 교실계획을 창안해야 한다.
■ 교사는 부모나 행정가로부터 지원을 요구하거나 기대해야 한다.

학생의 요구에 초점을 둔 많은 교육학 저서와 달리 Canter와 Canter(1976, 1992)는 교사의 욕구, 필요, 권리를 강조한다. Canter와 Canter는 교사가 다음과 같은 권리를 가지고 있음을 강조한다.

■ 수용될 수 있는 또는 수용될 수 없는 학생 행동의 한계를 명확하게 규정한 교실 구조, 규칙, 절차, 일정을 설정하라.
■ 적절한 행동을 결정하고 학생에게 이를 요구하라. 그리하여 아동의 긍정적인 사회적·교육적 발달을 격려하면서 교사의 욕구가 충족되도록 하라.
■ 부모와 학교 행정가로부터 도움과 지원을 요청하라.
■ 하루하루 또한 학년도 내내 학생으로 하여금 규칙과 지도를 지속적으로 따르도록 가르쳐라.

Canter 부부는 아동의 권리를 간과하지 않았지만 이러한 권리의 강조는 교실을 통제하고자 하는 교사의 능력을 지원하는 데 중점이 주어진다. Canter와 Canter(1976, 1992)에 따르면 학생들의 권리는 다음과 같이 나타난다.

■ 교사에 의해 그들에게 기대되는 행동을 알아야 할 권리

- 학생들이 부적절한 자기 파괴적 행동을 제거할 수 있도록 확고하고 지속적인 한계가 설정되게 할 권리
- 적절하게 상호작용할 수 있게 동기화되도록 지속적으로 격려받을 권리
- 부적절한 행동의 결과를 알 권리
- 수용될 수 있고 책임감 있는 행동을 배워야 할 권리

교사 목소리

Canter(2010)는 효과적인 교사는 학생들의 주의와 존경을 요구하는 강한 목소리를 개발한다고 언급한다. 교사 목소리의 고음, 세기, 음색은 교실의 상태를 설정하고 궁극적으로는 학생의 자아 존중감과 성공에 영향을 준다. Canter는 학생과 상호작용할 때 교사가 취할 수 있는 기본적인 세 가지 반응 양상을 비단정적, 적대적, 단정적인 것으로 규정했다. 비단정적이고 적대적인 양상은 본질상 반동적이다. 단정적 양상은 본질상 순향적이다.

비단정적 교사(nonassertive teachers)는 그의 욕구와 필요를 알리고 학생으로 하여금 자신을 활용하도록 허용하는 데 실패한다. 비단정적 교사는 시시하게 보이는데 이것은 기대하는 바가 무엇인지를 시사하지 않기 때문에 학생들을 혼란스럽게 한다. 비단정적인 교사는 위협을 가하지만 학생들은 최후까지 아무 일도 없다는 것을 안다. 따라서 공격적인 학생들은 교실을 뛰어다니고 덜 공격적인 학생은 자신들의 권리가 항상 거부되어지기 때문에 절망한다. 비단정적인 교사도 절망하며 학생들을 향해 상당한 내면적 적대감을 가지게 된다. 그는 빨리 소진되며 교직을 떠나거나 불행함으로 가득 찬 교직 생애로 고통을 겪는다.

적대적 교사(hostile teachers)는 학생들의 필요나 감정을 존중하지 않으면서 반응하고, 많은 경우에 학생들의 권리를 거부한다. 학생들에 대한 그의 반응은 부정적이고, 으스대며, 빈정대거나 적대적이다. 그는 너무도 자주 학생 면전에서, 학생들의 또래 그리고 다른 교사들 앞에서 한 학생에 대해 비전문적으로 비판한다. 행동이 교정되어야 할 때 가해지는 결과는 명백하게도 심각하거나 물리적이다. 적대적인 교사는 교실을 전쟁터로 묘사한다. 그들은 종종 전쟁에 임하며, 승리를 하고, 학생들을 두려움으로 몰아넣는다.

○ 현장 비결

일관성과 구조는 활용할 수 있는 두 가지 관리 도구이다. 어느 하루, 날을 잡아 규칙과 결과에 대해 반드시 토론해야 한다. 그리고 이 내용은 매일매일 다시 반복되어야 한다. 가끔은 학기 초 여러 날을 통해 이루어질 수도 있다. 마찬가지로 필요가 발생되면 1년 내내 그것을 반복해야 한다. 학생들은 한계 범위를 알 필요가 있다. 몇몇은 그 한계에 도전할 것이다. 그러나 확고하고 공정한 자세를 견지하면서 학생들에게 규칙을 상기시켜라. 항상 학생들이 옳은 선택을 하고 있는지, 올바른 선택을 하려면 무엇을 다르게 할 수 있는지에 대해 질문하라.

Kim Russell
7학년 교사
Vidor 중학교
Vidor, Texas

단정적 교사(assertive teachers)는 명확하고 확고하게 자신의 욕구를 표현한다. 그는 학생들에 대해 긍정적 기대를 가지며, 이것은 그의 말과 행동에 반영된다. 교사는 그가 계획한 것을 말하고, 그가 말한 것을 계획하기 때문에 학생은 교실 안에서 한계를 안다. 교사가 부적절한 행동에 반응할 때 그는 일관성이 있으며 공정하다. 학생들은 교사와 함께 추측 게임을 하도록 요구되는 것이 아니고 교사를 공정하다고 생각하고 있기 때문에 교사는 존경받으며 교사의 기대는 충족된다.

교사 마이클 콜린스의 아래 반응을 생각해 보라.

11학년 세계사 교사인 콜린스 씨의 네 번째 시간의 수업은 도전 그 자체이다. 학생들이 교실 복도를 지나 점심을 먹으러 가기 때문이다. 점심식사 후에 콜린스 씨는 학생들의 주의와 자신의 추진력을 다시 얻기 위해 투쟁하다시피 한다. 오늘 콜린스 씨가 점심을 먹고 교실로 돌아왔을 때 4명의 여학생이 그들 책상 위에 앉아 어제저녁 야구경기에서 발생한 사건에 대해 신이 나서 떠들고 있었다. 소녀들은 치어리더인 비비언이 그녀의 게임 후 로맨스에 대해 이야기하는 것에 매료되어 있었다. 교실 앞에 서서 콜린스 씨는 말한다. "아가씨들, 이제는 수업 시작할 시간이에요."

비비언은 콜린스 씨에게 최대한 매력적으로 미소 지으며 말한다. "1분만 기다려 주시면 안 되나요? 거의 끝났어요."

비단정적 교사인 콜린스 씨는 대답한다. "그래? 얼마나 더 걸릴 것 같으니?"

적대적 교사인 콜린스 씨는 대답한다. "여왕 같은 아름다움으로 나를 홀릴 생각 마라. 나는 그런 것 신경 안 쓴다. 그런 것 나한테 통하지 않아. 지금 당장 자리에 앉아 책 펴라."

단정적 교사인 콜린스 씨는 대답한다. "수업 끝난 후 이야기할 수 있잖니? 자, 점심 먹기 전 공산주의의 태동에 대해 우리 토론했던 걸로 알고 있는데."

단정적 훈육 계획

Canter(2010)는 계획이야말로 훌륭한 교수와 훈육에 본질적임을 강조한다. 계획이 없다면 교사는 문제행동의 순간마다 적절한 결과를 선택해야만 할 것이다. 그 순간 스트레스를 받으면서 교사는 부당할 수도 있고, 비일관적일 수도 있으며, 학생의 사회·경제·민족 혹은 인종적 배경에 따라 다르게 반응할 수도 있다(Canter, 1989). 계획을 세우는 것은 학생들의 권리를 보장하고, 모든 학생이 공정하고 일관성 있게 다루어짐을 보장한다.

효과적인 계획은 수업 시작 첫날에 세워져야 한다. 교사 개개인의 교실훈육 계획을 개발하도록 돕기 위해 아래 질문들이 던져질 수 있다.

- 교사는 학생들이 어떤 행동을 제거하거나 표현하기를 원하는가?
- 어떤 부정적 결과가 학생들에게 적절한가?
- 어떤 긍정적 결과가 학생들에게 적절한가?
- 적절하고 부적절한 행동을 어떻게 찾아내는가?

계획 개발 단계

훈육 개발 계획의 **첫 번째** 단계는 행정 당국으로부터 승인을 얻고 부모들에게 공지할 계획을 세우는 것이다. 이것은 매우 결정적이다. 결과의 적용은 학교 행정 당국과 학생, 부모 둘 다의 지원을 요구하기 때문이다. 그들의 지원이 없으면 계획은 실패할 것이다. 많은 교사들은 행정 당국과 부모들을 개입시키는 것을 주저한다. Canter(2010)에 따르면 유능한 교사라면 그러한 조력을 필요로 하지 않는다는 신화가 있기 때문이다. 반대로 그는 어떠한 교사도 그러한 지원 없이 각 학생 그리고 모든 학생과 활동할 수 없음을 강조한다.

두 번째 단계는 교실규칙을 설정하는 것이다. Canter와 Canter(1992)는 아래와 같은 규칙 개발 지침을 제시했다.

▫ 규칙은 준수될 수 있는 것이어야 한다. 학생이 규칙을 준수했는가, 위반했는가의 여부는 토론되어서는 안 된다. '멋있게' 혹은 '항상 최선을 다하라'와 같은 규칙은 시행함에 있어 해석상 너무 열려 있다.

▫ 규칙은 그날 내내 시행되어야만 한다. '학생은 활동 시간에 잡담하지 않는다'와 같은 규칙은 교사가 함께 활동하도록 하기 위해 학습 집단을 나눌 때 적절하지 않다. 어떤 한 상황에만 적용되는 규칙은 학생을 혼란스럽게 하고 비효과적이다.

▫ 규칙은 적절해야만 한다. '모든 휴대폰과 무선호출기는 금지된다'와 같은 규칙은 1학년 학생들에게는 부적절하다. 마찬가지로 '복도에서는 소곤소곤'은 12학년에게는 적절치 못하다.

▫ 규칙은 전형적인 훈육 상황을 포괄해야만 한다. 만약 교사가 지각한 학생을 처벌하려고 계획을 세운다면 '제시간에 수업에 오기'와 같은 규칙이 있어야만 한다.

▫ 규칙은 적절한 교실행동을 가르쳐야만 한다. '치거나, 차거나, 손과 발 혹은 물건으로 다른 사람을 건드리지 말기'와 같은 규칙은 더 어린 아동들에게 적절한 학교 행동을 가르칠 때 구상되어진다.

단정적 훈육은 종종 교사에 의해 '주머니 속 공깃돌' 계획으로 언급된다. 이 모델이 처음 도입되었을 때 Canter(1979)는 교사들에게 학급 학생들이 좋은 행동을 보일 때마다 커다란 주머니에 공기를 떨어뜨릴 것을 제안했다. 주머니가 가득 차게 되면 학급은 파티, 여분의 자유시간, 영화, 소풍과 같은 것에 의해 보상받을 수 있다. 긍정적 강화를 제공하는 데 초점을 둔 이 방법은 훈육 계획 개발의 세 번째 단계이다. Canter와 Canter(1992)는 학생 행동에 관련된 교사의 비평 중 90%가 부정적이라는 사실을 감안할 때 이와 같은 강화가 필요함을 강조한다. 긍정적인 강화는 중요하다. 왜냐하면 그것은 보다 생산적인 학급 환경을 조성하며, 문제행동의 빈도를 감소시키고, 학생에 대한 교사의 영향력을 최대화하기 때문이다.

훈육 계획은 개인적이면서 학급 전체 차원의 인정, 둘 다를 포함해야 한다. 개인적 인정은 다양한 방식에 의해 수행될 수 있다. 학생을 칭찬하는 것은 적절한 행동을 긍정적으로 인정하기 위한 가장 쉽고 기초적인 방법이다. 부모에게 주는 긍정적인 짧은 메모나 전화를 거는 것도 강화 계획의 일정 부분이 되어야 한다. 다른 강화들은

○ *현장 비결*

인격교육 프로그램의 일환으로 우리는 책임감과 시민성을 기르기 위해 학생들과 함께 활동해 왔다. 우리가 학생들에게 그들이 학교 공동체의 일원임을 가르칠 때, 우리는 또한 그들이 동료 시민으로서 책임감을 가질 것을 가르쳤다. 우리는 황금캔(황금색으로 칠해진 작은 재활용 캔)을 개발했다. 이것은 학급과 다른 영역의 보호와 청결에 대해 책임지려고 노력한 것을 인정받은 교실, 개인 혹은 집단에게 수여되었다. 가끔 캔 안에는 작은 막대사탕이나 몇 개의 스티커가 재밋거리로 들어 있을 수도 있다. 때로는 학생들을 동기화시키기 위해 학내 통화장치로 방송해 주는 영예를 부여하기도 한다. 그러나 동기가 무엇이었든 간에 그러한 시도는 우리 건물의 외관에 큰 차이를 가져왔다. 우리의 학생들은 건물을 보호하는 데 책임을 지게 되었고, 그것을 하는 동안 시민성에 대한 가치 있는 교훈을 배웠다.

Doug McBride
상담 교사
Steward 초등학교
Washington, Iowa

특권(컴퓨터 사용 시간, 교실 도우미, 숙제 면제), 상, 증명서, 혹은 물품 등으로 나타난다.

　　Canter(2010)는 학급 차원의 인정을 또한 추천하며, 그와 같은 인정은 (1) 또래 압력 때문에 잘 작동되며, (2) 특정 문제를 해결하려고 할 때 효과적이고, (3) 1년 내내보다는 필요할 때 실행되어야 함을 설명한다. 학급 차원의 인정으로 학급은 학급 차원의 보상 점수를 얻기 위해 함께 활동한다. 주머니에 공깃돌을 모으는 것에 더해 보상을 얻는 방법으로 학급은 칠판에 점수를 얻을 수도 있고, 특별한 글자가 적힌 편지를 모으거나 은행 놀이용 돈을 저축할 수도 있다.

　　훈육 계획의 네 번째 단계는 학급 규칙을 위반한 학생들에 대해 결과를 제공하는 것이다. 이러한 일이 발생할 때 Canter와 Canter(1976, 1992)는 교사가 문제행동을 조용하고 신속하게 처리할 준비가 되어야 함을 강조한다. 만약 교사가 먼저 계획을 세웠다면 준수해야 할 명백한 활동 과정이 있을 것이다. 이것은 상황에 대한 반사적 반응을 예방하고 교사로 하여금 학생들을 일관성 있게 다룰 수 있도록 한다. 결과를 효과적으로 사용하려면 적절한 결과의 선택, 규칙 위반 횟수에 따른 결과의 위계 서열 개발, 행동 기록을 위한 추적 체계 고안 등을 필요로 한다.

　　Canter와 Canter는 결과를 선택함에 있어 다음과 같은 지침을 제시한다.

- 단지 5개 정도의 결과가 있어야 한다.
- 결과는 학생들이 싫어하는 어떤 것이어야 하지만 결코 학생들에게 신체적·심리적으로 해로운 것은 안 된다. Canter와 Canter는 결코 체벌을 옹호하지 않았다.
- 결과는 효과를 위해 결코 가혹하지 말아야 한다. 70%의 학생들에게는 단순한 경고로도 충분하다. 더 많은 경고를 필요로 하는 20%의 학생들에게도 교사는 효과를 위해 가혹한 결과를 선택하지 않아야 한다. Canter와 Canter(1992)는 오직 10%의 학생들만이 실제 문제를 유발한다고 평가했다. 그리고 가혹한 결과는 이 집단을 위해서도 고안되지 말아야 한다. 대신 후에 설명하게 될 심각성 조항(Severity Clause)이 이 학생에게 사용되어야 한다.
- 부정적 결과는 학생들이 부적절하게 행동할 것을 선택할 때마다 적용되어야 한다.

결과는 일시 중단의 형태로 나타날 수도 있다. 이것은 다른 학생들로부터 고립시키는 것이다. 이 고립은 교실 안이나 교실 밖에서 발생할 수 있다. 두 번째 유형의 학생들에게 수업 후 남아 있게 하거나 또래들과 할 수 있는 재미있는 시간에 빠지게 하는 것은 효과적인 결과이다. 학생들로 하여금 행동 일지를 쓰게 하는 것도 종종 사용되는 특히 효과적인 결과이다. 행동 일지는 학생들에게 무엇을 해야 하는지, 무엇을 다르게 행할 수 있는지에 대해 초점을 가지도록 돕기 때문이다. 행동 일지에서 학생은 자신의 문제행동에 대한 설명, 규칙을 위반한 이유, 대신에 그들이 해야 하는 것 등을 기술한다. 좋아하는 활동(휴식, 컴퓨터 사용 시간)의 소거는 효과적인 결과이다. 만약 학생의 부적절한 행동이 계속되거나 고양된다면 부모 혹은 교장이 개입해야 한다. Canter 부부에 따르면 결과는 효과를 위해 가혹해질 필요는 없다. 즉 개입의 가치는 학생들로 하여금 규칙을 위반할 때마다 그들이 저지른 것을 알게 하는 데 있다.

결과는 **훈육 위계 서열**(discipline hierarchy)에 의해 적용되어야 한다. 위계 서열은 학급 혹은 학교 규칙 위반 사항 시 경고로 시작해 점점 결과의 수위가 높아진다. 위반 사항의 네 번째 서열에서 부모가 접촉된다. 만약 문제행동이 지속된다면 학생은 교장에게 보내진다.

위계 서열을 작동시킴에 있어 교사는 학생의 문제행동에 대해 추적 체계를 갖추어야 한다. 1976년 Canter 부부는 규칙이 처음 위반된 상황이라면 학생의 이름을 칠판

현장 비결

나는 각 학생의 기록표에 초록, 노랑, 빨강 훈육 카드를 가지고 있다. 하루의 시작 즈음 각 학생은 각각의 기록표에 초록색 카드가 보여짐을 알 수 있다. 만약 한 아이가 소란스러운 행동을 하면 경고로서 그의 초록 카드를 당긴다는 이야기를 듣게 된다. 그리고 노란 카드가 드러난다. 노란 카드가 나타나면 그 아이에게는 5분 동안 수업 중지가 주어진다. 빨강 카드가 나타나면 10분 동안 수업 중지가 주어진다. 만약 그 행동이 계속되면 그 아이는 그 상황을 어떻게 더 잘 처리할 수 있을지에 대해 교육 조교와 이

야기하기 위해 학교 반성실로 보내진다. 일단 반성문이 만족스럽게 완성되면 그 학생은 학급으로 돌아올 수 있다. 과제에 열중할 것을 기억하는 학생이 초록 카드 이상을 당기는 경우는 거의 없다.

Lolita Cox
6학년 교사
Museum Magnet 초등학교
St. Paul, Minnesota

에 적을 것을 제시했다. 이것은 일종의 경고이다. 규칙이 두 번째 위반된 상황이라면 혹은 다른 규칙이 위반된 상황이라면 학생의 이름 뒤에 표기를 하게 되며 두 번째 위반에 대한 결과가 적용된다. 만약 문제행동이 계속되면 표기되어진 수에 따라 결과는 적용된다. 이 상황은 학생이 교장에게 가도록 요청될 때까지 계속된다. 칠판에 이름을 적거나 이름 뒤에 표기하는 이 방법의 사용은 단정적 훈육에 있어 기본적인 것으로 간주된다. Canter와 Canter는 원래 수업을 중지시키거나 언어적으로 견책해야 하는 필요성을 없애기 위해 체크 방법을 사용했다. 하지만 몇몇 학부모와 교사는 이 방법이 학생에게 모욕적이라고 생각한다. Canter(2010)는 이제 행동을 추적하기 위해 회람판, 교실관리 일지, 혹은 색깔로 구별된 카드를 사용할 것을 제안한다. 사용되어진 방법에 관계없이 Canter는 학생들은 깨끗한 석판으로 매일매일을 시작해야 하며, 그 전날의 문제행동이 이전되지는 않을 것을 강조했다.

　교실에는 경고나 결과의 진전이 효과를 발휘하지 못하는 적은 비율의 학생들이 있기 때문에 훈육 계획에서 다섯 번째 단계는 **심각성 계획**(severity plan)이 되어야 한다. 학생들이나 교사를 위험에 빠뜨리거나 수업을 진행할 수 없는 심각한 문제행동의 경우 그 학생에게는 경고나 위계 서열에 근거한 진전된 결과를 적용하지 말아야 한다. 대신 심각한 문제행동의 경우에는 교실에서 즉각적으로 나갈 것과 학교 행정가의 도움이 요청된다. 표 3.1에는 훈육 계획의 사례가 제시된다.

표 3.1 **교실훈육 계획의 사례**

잭슨 씨의 3학년 교실관리 계획

교실규칙

교사가 이야기하는 동안, 다른 학생이 이야기하는 동안, 또한 시험 시간 혹은 퀴즈 시간에는
이야기하지 않기

복도에서 조용히 하고 질서 있게 걷기

치거나 발로 차거나 손, 발, 혹은 다른 물건으로 다른 사람 건드리지 않기

필요한 준비물 교실에 가져오기

특별히 허락되어진 경우를 제외하고 음식이나 음료수 교실에 가져오지 않기

교실규칙 위반에 대한 결과

첫 번째 규칙 위반 :	경고
두 번째 규칙 위반 :	행동 일지 쓰면서 정숙 코너에 5분 있기
세 번째 규칙 위반 :	행동 일지 쓰면서 정숙 코너에 10분 있기
네 번째 규칙 위반 :	정숙 코너에 15분 있기와 부모에게 전화하기
다섯 번째 규칙 위반 :	교장에게 보내지기

심각성 조항 : 교장에게 보내지기

긍정적 인정

개인 보상	**학급 보상**
메모와 부모에게 전화	파티 혹은 특별 소풍을 위한 점수
'숙제 면제' 통과	
시민성 증서	

단정적 훈육의 현대판

Canter(1989)는 단정적 훈육에 대한 옹호와 비판 모두 단정적 훈육의 원리를 단순하
게 들리도록 만들었으며 부정적 결과를 제공하는 데 지나치게 집중했다는 의견을 피
력했다. 2010년에 출판된 『단정적 훈육 : 오늘날 교실을 위한 긍정적 행동 관리(Assertive
Discipline : Positive Behavior Management for Today's Classroom)』에서 Canter는 그
의 원래 모형의 기본 원리를 주장하면서 그의 초점을 재구성한 최근의 연구에서 나온
요소들을 병합시켰다.

　　아이들은 이해하지 못하는 규칙을 준수할 수 없다는 사실을 깨달으면서 Canter는
이제 교사로 하여금 학기 초에 규칙과 절차를 가르치도록 격려하고 있다. Canter는

많은 훈육 문제에 대한 해결은 학생과 긍정적인 관계를 형성하면서
시작된다.

교사는 그가 '네 번째 R'이라고 부른 책임 있는 행동에 초점을 두어야 한다고 제시한
다. 그는 책임 있는 행동은 학과 과목과 똑같은 방식으로 가르쳐질 수 있다고 주장한
다. 또한 책임 있는 행동을 가르치기 위한 교육 과정이 학급 첫날 시작되어야 함을
주장한다.

    Canter의 기본 철학은 학생들이 불순종하거나 학급을 소란스럽게 할 때 선택을
하고 있다는 것이다. 그의 보다 후의 이론에서 그는 어떤 학생들에게 문제행동은 선
택이 아님을 인정했다. 이러한 변화는 어떤 아이들은 정서적·정신적 혹은 행동상의
장애 때문에 규칙을 따를 수 없음을 인정한 결과이다.

    교사가 역사, 수학, 문학을 가르치든 혹은 개인적 책임감을 가르치든 모든 수업
계획에서 중요한 점은 학생들을 참여시키는 것이다. 학생들이 참여할 때 과업 이탈

표 3.2 효과적인 질문 기법

- **전체 학급에 대해 직접적으로 질문하기.** 특정 학생이 호명되면 다른 모든 학생은 더 이상 듣지 않아도 된다고 생각한다. 전체 학급에 질문하는 것은 모든 학생을 집중하게 만든다.
- **기다리는 시간을 활용하기.** 연구들은 수 초 동안 기다리는 것은 학생들로 하여금 생각을 모으도록 허용하고, 더 많은 학생들이 대답하도록 격려함을 보여 준다.
- **학생들이 소리치며 반응하도록 허용하지 않기.** 학생들은 그들이 호명될 때까지 기다리는 것을 배워야 한다. 공격적인 학생은 학급을 지배할 것이다. 만약 소리치며 대답하도록 허용되면 수줍어하고 조용한 학생들은 반응할 차례를 결코 얻지 못할 것이다.
- **학생들이 서로서로 대조하게 하기.** 일단 학생이 대답을 하고, 만약 친구들이 그 대답이 정답이라고 생각한다면 거수로 표현하게 하라. 소수의 편에 선 사람들에게 왜 그 대답이 오답이라고 생각하는지 설명하도록 요청하라.
- **학생들을 무작위적으로 호명하기.** 한 방법은 자루에서 이름을 꺼내는 것이다. 이것은 교사로 하여금 오직 한 성만 호명하거나 교실 중앙에 있는 학생만 호명하거나 혹은 성적이 높은 학생만 호명하는 것을 막아 준다.
- **모든 학생에게 대답할 기회를 제공하기.** 한 기법은 학생들에게 대답을 쓸 수 있는 개인 화이트보드를 제공하는 것이다. 교사는 얼마나 많은 학생들이 내용을 이해했는지 알기 위해 교실을 시각적으로 대충 훑어볼 수 있다. 보다 현대화되어진 이 방법은 전자 클리커를 사용하는 것이다.

출처 : Canter(2010)

행동은 줄어들고 모든 학생은 학습할 기회를 가지게 된다. 학생들을 참여시키는 한 방법은 학급 토론이다. 하지만 만약 교사가 효과적인 질문의 전략을 이해하지 못한다면 학급 토론에서 제기된 질문은 훈육 문제를 예방하기보다 오히려 증가시킬 수 있다. 표 3.2는 학급 토론에서 학생들을 참여시킬 수 있는 Canter의 전략을 제시한다.

어려운 학생 다루는 전략

Canter와 Canter(1993)는 단지 한 학생의 소란스러운 행동도 교사의 교수와 전 학급의 학습을 방해할 수 있음을 말한다. Canter(2010)에 의해 정의된 어려운 학생이란 상당한 강도와 빈도로 소란을 피우며 과업 이탈적인 행동에 빠지는 학생을 말한다. 이러한 학생들은 교실관리 계획의 모든 단계가 자리 잡힌 후에도 순응하기를 거부한다. Canter에 따르면 어려운 학생들과 활동하기 위한 해결책은 그들과 긍정적인 관계를 맺는 것에서 시작한다. Canter(2010)는 "학생이 당신을 시험하려고 할 때 당신은 빨간 깃발을 올려야 하는데, 이것은 당신이 그들과 보다 긍정적인 관계를 형성할 모종의 일을 즉시 추진할 필요가 있음을 뜻한다."라고 언급했다(p. 78). Canter는 한 연구에 따르면 학생과의 긍정적인 관계 형성이야말로 소란스러운 행동을 50% 이상 줄일 수 있음을 명백하게 보여 준다고 진술한다. Canter는 신뢰를 형성하기 위해 아래와 같은 제안을 제시한다.

- 당신의 학생에 대해 알아라. 교사가 각 학생의 학업 능력에 대해 알 필요가 있지만 교사는 또한 교실 밖 학생의 생활에서 무엇이 진행되고 있는지에 대해서도 알아야만 한다. 이 정보를 알기 위한 한 방법은 학년도 초에 학생들에게 질문지를 배부하는 것이다.
- 학교가 시작하기 전에 학생 및 학부모와 접촉하라. 이 접촉은 양면적이다. 하나는 학생이 당신의 학급에서 환영받는다는 사실을 알게 되는 것이다. 다른 하나는 부모에게 교사를 소개하는 효과이다. 만약 그들이 훈육 문제로 나중에 접촉할 필요가 있을 때 긍정적인 관계는 이미 설정되어 있다.
- 교육 과정 이외의 활동에 참여하라. 학생이 교사를 음악회, 연극 혹은 운동경기장에서 보는 것은 중요하다. 이것은 교사와 학생 사이에 이 사건을 토론할 수 있도록 허용함으로써 소통라인을 열어 준다. 힘든 날 이후에 학생들과 접촉하라. 이것은 긴장되어진 관계를 재설정하는 장기적인 방법이다.

학생들은 교사가 자신에 대해 개인적으로 어떻게 생각하는가에 관계없이 자신이 행한 선택에 대해 책임을 져야 한다는 사실을 이해해야 한다. 따라서 부적절한 행동에 대한 결과는 일관성 있게 적용되어야 한다. Canter와 Canter(1993)는 이러한 결과의 목적은 수용될 수 없는 행동을 중단시키는 것이고 학생으로 하여금 더 나은 선택을 하도록 돕는 것임을 강조한다.

전 학급에 설정되어진 결과는 작동되지 않기 때문에 어려운 학생들에 대해서는 별개의 계획이 세워져야 한다. 개별화된 계획은 학생과 교사 사이의 일대일 만남 속에 세워져야 한다. 이 계획은 변화되어야 할 특정 행동을 규명해야 한다. 보상과 결과에 대한 별개의 목적도 이 학생들을 위해 개발되어야 한다. 일단 설정되면 개인 관리 계획은 부모들과 공유되어야 하고 그래야 그들은 그 계획을 수행하는 교사를 지원할 수 있다.

　　Canter와 Canter(1993)는 어려운 학생을 한계로 몰고 가면 대결이 발생함을 언급한다. 너무도 자주 그들은 논쟁적이고, 비판적이며, 분노하고, 욕을 잘한다. 학생에게 똑같은 방식으로 대하고 싶은 유혹이 생기지만 교사는 침착해야 하고 이 상황을 진정시키기 위해 노력해야 한다.

　　어려운 학생이 교실을 접수하거나 다른 학생의 학습을 방해하도록 내버려 둘 수 없다. 학생의 행동이 학습 과정을 혼란스럽게 한다면 그들은 교사의 수업에 순응할 것인가, 혹은 교실을 떠날 것인가라는 선택에 놓여야 한다. 이 시점에서 행정가의 지원은 결정적이다. 어떤 학생들은 학교를 떠나는 것을 거부하고 교장실에 가려고 할 것이므로 학교 행정가와 함께 학생을 수업에서 어떻게 제외시킬 것인가에 대한 계획을 준비해야 한다. 이 계획은 학교와 학교 지역구의 모든 정책을 따르는 선 안에 있어야 한다.

　　마침내 소란스러운 학생은 교실로 돌아올 것이다. 이 일이 일어나면 그 학생은 교실의 존중받는 구성원으로 다루어지는 것이 중요하다. 신뢰 형성의 과정이 다시 시작되는 것이다.

단정적 훈육의 장점과 단점

단정적 훈육이 도입된 이래 30여 년 동안 이 모델은 비판과 칭송을 모두 받아 왔다. 단정적 훈육의 주요한 장점은 단순성이다. 이 단순성은 신규 교사에게 특히 많은 도움이 되었다. 일단 계획이 개발되고 행정가에 의해 인정받으면 교사는 학생 행동에 대한 반응 방법에 대해 선택을 하도록 요구되지 않았다. 즉 그들은 훈육 상황에서 어떻게 반응해야 할지를 알고 있다. 이것은 교사로 하여금 감정적으로 반응하거나 비일관적으로 반응하는 것을 예방했다. 이 모델의 기초는 교사가 모든 학생에게 똑같은 규칙을 적용하고 모든 학생의 성공을 기대하면서 학생을 동일하게 취급해야 한다는 관념이다. 단정적 훈육의 그 밖의 장점은 다음과 같다.

- 연구들은 단정적 훈육의 효과를 보여 준다. 1989년 Canter는 교사들이 단정적 훈육을 사용함으로써 극적으로 학생 행동을 증진시켰음을 지속적으로 보여 주는

연구 결과를 언급했다. 하지만 Emmer와 Aussiker(1990)는 단정적 훈육의 효과성에 대한 연구를 검토했는데 그들에 의하면 교실에서 단정적 훈육의 사용이 학생의 행동과 태도에 영향을 미치지 않거나 영향력이 약간 있을 뿐임을 발견했다.

■ 단정적 훈육은 학생 인성보다는 학생 행동에 주어진다. 규칙이 위반되었을 때 교사는 학생의 동기나 인성에 대해 가치판단하는 일 없이 결과를 제공한다.

■ 이 계획은 행정가와 부모의 지지와 개입을 요구한다. 첫날 직무 수행 이전에 부모와 행정가에게 훈육 계획을 제공함으로써 교사는 그들이 지원할 것에 대해 확신하게 된다.

■ 단정적 훈육은 1976년 처음 개발된 이후 계속 발전되어 왔다. Marzano(2003)는 이 변화가 본질적임을 진술한다. 이 변화는 단정적 훈육을 규칙 준수와 결과 적용에 초점을 맞추었던 것과 반대되게 긍정적·부정적 결과의 균형을 도모하는 프로그램으로 변형시켰다. Brophy(2006)도 단정적 훈육이 강화를 덜 강조하고 규칙에 대한 합리적 근거를 보다 명확하게 하며, 학생의 자기 규제를 보다 지지하는 방향으로 변화되어 왔음에 동의한다.

칭찬만큼이나 단정적 훈육에 대한 비판도 많다. 단정적 훈육의 단점은 다음과 같다.

■ 몇몇 사람은 단정적 훈육이 비생산적이라고 주장한다. 예를 들어 McEwan(2000)은 "학급의 모든 학생이 한 번씩 문제행동을 일으키고 칠판에 이름이 적히며 그러고 나서 조용해지고, 어느 누구도 결과에 직면하지 않는다."라고 말한 한 학생의 말을 인용한다(p. 155). 또 다른 관심은 학생들이 매일매일 깨끗한 판으로 시작한다는 점에 주어진다. 몇몇 교사들은 똑같은 학생의 이름이 행위의 실제적 변화 없이 매일매일 칠판에 적히는 점을 불평한다. 몇몇 학생들에게는 잘못된 행동에 대한 결과가 오히려 보상이 되고 이것은 부적절한 행동의 증가를 가져오기도 한다. 이 학생들에게 있어 이름이 칠판에 적히고, 체크 표시가 되고, 카드를 돌리는 것 등은 교실 내 그들의 지위를 상징한다. 한 중등학교 교사는 자신이 맡은 학생 중 많은 수가 칠판에 자신의 이름이 적히는 것을 즐긴다고 말했다. 그녀가 지적했듯이 "학생들 일부에게 있어 칠판에 이름이 적히는 것은 좋은 일이다. 그들은 백묵을 좋아한다. 하지만 그들에게 있어 페인트를 뿌리는 일은 훨씬 더 좋

은 일이다."

▪ Covaleskie(1992)는 "훈육 문제는 단순히 학교 안에서 아동이 성가신 일을 일으키지 않도록 하는 것으로 판단될 수 없다. 다시 말해 좋은 사람이 되는 것은 그 이상의 것이다."라는 사실을 말하면서 자신의 견해를 피력했다(p. 174). 그는 단정적 프로그램이 학생에게 진실함을 가르치고, 왜 거짓말을 하지 말아야 하는지 그 이유를 가르침에 있어 실패했음을 걱정한다. Covaleskie는 학습된 교훈은 거짓말한 것을 들키지 않아야 한다는 사실뿐임을 지적한다.

▪ 단정적 훈육은 학생들이 실제로 권리를 가지지 못하고 단순히 교사의 요구를 수용하는 권위주의적 환경을 상정한다(Queen, Blackwelder, & Mallen, 1997). Kohn(1996)은 단정적 훈육이 훈육 상황에 대한 비난을 학생들의 어깨에 짐 지운다는 사실에 동의했다. "문제는 아동에게 행하도록 요구되어 온 것에 결코 있는 것이 아니라 항상 요구되어진 것을 행하지 않은 아동에게 있다."(p. 13)

▪ 단정적 훈육은 단지 행동을 일시적으로 중지시킬 뿐이며 다른 상황 혹은 영역으로 전이되지 않는다. '다른 사람이 이야기할 때 이야기하지 마라'와 같은 규칙은 학급을 위한 규칙으로 보여질 수 있으나 강당, 체육관, 도서관, 혹은 다른 교실에 적용할 수 있는 규칙은 아니다. Curwin과 Mendler(1988)는 다음과 같은 규칙에 초점을 두고 관심을 표현한다. "예를 들어 원칙에 근거해 규칙이 개발되어질 때 학생들은 책임 있는 학습 습관의 중요성을 이해하지 못한 상태에서 종이 울리면 제자리에 앉아야 한다는 사실을 학습한다."(p. 68) 따라서 단정적 훈육의 효과성은 교사의 목적에 달려 있다. 단정적 훈육은 학급에서 한순간 동안 행동을 변화시키기 위한 교사의 목적을 충족시킨다. 그러나 평생에 걸쳐 행동을 변화시키는 목적을 충족시키지는 못한다.

▪ 문제행동의 원인을 발견하고자 하는 시도가 없다. Bromfield(2006)는 단정적 훈육이 증상을 다루며 행동의 원인은 다루지 않는다고 주장했다. 왜냐하면 행동의 중요 원인을 규명하거나 다루고자 하는 어떤 시도도 없기 때문이다. 그녀는 문제행동의 모든 가능한 원인인 아동 학대, 약물 오용, 영양 부족, 거부, 불안정, 고독, 정서적 스트레스가 문제이며 이것은 많은 경우에 배려심이 있고 유능한 교사에 의해 다루어질 수 있음을 강조한다. Bromfield에 따르면 만약 행동의 원인이 밝혀지지 않는다면 그 행동은 지속될 것이다. 유일한 질문은 그 행동이 언제, 어디

에서, 어느 정도로 발생할 것인가이다.

- 교사의 재량에 대해 자유가 제한되어 있다. 이것은 규칙 위반 시 오직 하나의 반응만을 제공하며 동기나 이유에 대해서는 설명하지 않는다(Curwin & Mendler, 1988).

단정적 훈육의 성공은 어쩌면 어느 정도는 그 자체 실패의 원인일 수도 있다. Canter(1989)가 설명했듯이 단정적 훈육은 일반적 용어이다. 많은 교사와 행정가들은 단정적 훈육의 모든 원리를 사용하지 않거나 강조하지 않는 개인들에 의해 훈련받아 왔다. 불행하게도 Canter에 따르면 어느 누구도 원래 의도되었던 계획을 따르지 않는다.

교실에서의 단정적 훈육

시나리오

준 웡이 헨더슨초등학교 교장으로 임용되었을 때 그녀는 학교를 체계 속에서 가장 잘 훈육되어지는 곳으로 만들겠다고 맹세했다. 단정적 훈육의 워크숍에 참여한 후 그녀는 여름 내내 학교의 훈육 계획을 개발했다. 학년도가 시작되기 전 그녀는 계획을 설명하기 위해 전 교사 모임을 주선했다. 계획의 내용은 다음과 같았다.

- 교실 이외의 상황에 대한 학교 차원의 규칙
- 각 교사에 의해 설정되어지는 개개 교실의 규칙
- 규칙 위반 시 개개 교실별 결과
- 개인 보상과 학급 보상
- 학교 차원의 포상 제도
- 교실별 교사의 규칙과 학교 차원의 훈육 정책에 대해 학부모 공지

웡 씨가 설정한 학교 규칙
- 복도에 그려진 노란 줄을 따라 일렬로 걷기
- 성인에 의해 요구되어지는 경우를 제외하고 복도에서 말하지 않기
- 식당에서는 작은 목소리로 말하기
- 훈련과 경보 시 교사의 모든 지시 따르기
- 친구를 괴롭히거나 못살게 굴지 않기

규칙 위반 시의 결과

- 첫 번째 위반 : 경고
- 두 번째 위반 : 10분간 방과 후 학교에 남아 있기 및 행동 일지 쓰기
- 세 번째 위반 : 20분간 방과 후 학교에 남아 있기 및 행동 일지 쓰기
- 네 번째 위반 : 30분간 방과 후 학교에 남아 있기 및 부모 소환
- 다섯 번째 위반 : 교장 선생님께 보내기

학교 안의 어떤 성인도 결과를 적용할 수 있었다. 결과를 적용하는 성인은 학교 규칙 위반에 대해 학급 교사에게 공지해야 했다. 학교 규칙에 더하여 각 교사는 각 학급 규칙의 목록과 결과를 설정하도록 교육을 받았다.

바른 행동을 한 학생들에게 보상하기 위해 6주 단위의 수업 마지막 날 오후마다 게임과 재미있는 행사가 계획되어졌다. 6주 동안 학생들은 바른 행동에 대한 '행사 쿠폰'을 얻을 수 있다. 어떤 성인이든 '행사 쿠폰'으로 학생들의 바른 행동에 대해 보상할 수 있었다. 훌륭한 행동을 한 학생은 식당 지배인, 수위, 혹은 학교 사무원으로부터 '행사 쿠폰'을 받을 수도 있다. 친구를 도움으로써 좋은 시민성을 보인 학생은 학급 교사, 수위, 사서, 혹은 버스 기사에 의해 '행사 쿠폰'을 수여받았다. 교사 역시 학급에서 바른 행동을 보인 학생에게 '행사 쿠폰'을 수여할 수 있었다.

6주 동안 방과 후 학교에 남아 있었던 적이 있는 학생은 오후의 보상에 참여하도록 허용되지 않았다. 대신에 그들은 한 교실에 가서 계속해서 공부를 하도록 요구되었다. 허락받은 학생들은 게임도 할 수 있고 '행사 쿠폰'으로 상품도 살 수 있고, 지역회사에서 기증하는 추첨권 상품을 얻을 수도 있었다.

첫 보상이 이루어진 오후 윙 씨는 문제가 있음을 깨달았다. 첫째, 오후의 보상에 참여하는 학생보다 교실에 남아 있는 학생이 더 많았다. 어떤 교실에서는 단 1명의 학생도 그 오후의 보상에 참여하도록 허용받지 못했다. 둘째, 한 교사는 그녀의 학생들을 늘 보상해 왔다. 그녀의 학생들은 다른 모든 학생의 것을 합친 것보다 더 많은 '행사 쿠폰'을 얻었다.

다음 날 윙 씨는 훈육 계획에 대해 토론하고 이를 보다 정련화하기 위해 직원들을 소집했다. 첫째, 교사들은 오후의 보상에 참여할 기회를 잃지 않게 하려면 학생들이 '6주 동안 2번 이상 방과 후 학교에 남아 있기'에 처하는 경우에 한하는 것으로 완화해야 함에 동의했다. 그들은 또한 어떤 행동이 보상받을 가치가 있는 것인지에 관해 토론하고 합의점을 구했다.

두 번째 6주의 끝에 윙 씨는 자신의 훈육 계획에 만족했다. 두 번째 오후의 보상은 80%의 학생들이 참여함으로써 대성황을 이루었다. 학생들은 복도에서 일직선을 따라 조용히 걸었다. 그녀가 교실을 방문 했을 때 그녀는 학생들이 자리에 앉아 바르게 행동하고 있음을 알 수 있었다. 식당은 거의 소란함이 없는 조용한 곳이 되었다. 어느 오후 학교 주위를 돌다가 그녀는 사무실로 돌아와서 학교 사무원에게 말했다. "학교가 너무 조용해요. 이 건물에 과연 아이들이 있는지 거의 잊어버릴 지경이야. 우리가 해낸 것을 보니 정말 감개무량하네."

요약

1970년대와 1980년대를 거쳐 가장 많이 활용되어진 교실관리 모형은 명백하게도 Lee 와 Marlene Canter의 **단정적 훈육**이다. 이 모형과 수정된 모형은 여전히 미국 전역의 학교에서 사용되고 있다. 단정적 훈련과 행동 수정에 근거한 이론 및 원리를 활용하면서 단정적 훈육은 교실에서 학생 행동에 대한 기준을 규정하고 기준을 집행할 교사의 권리를 전제로 한다. 단정적 훈련은 학생 행동에 대해 명확하게 상술된 기대를 향해 방향 지어진 일련의 행동들이다.

주요 용어

이 용어들에 대한 정의는 용어해설에 제시되어 있다.

단정적 교사　　　　　　　　　심각성 계획
단정적 훈육　　　　　　　　　적대적 교사
비단정적 교사　　　　　　　　훈육 위계 서열

관련 활동

이론에 대한 성찰

1. 8학년 교사 나탈리 켄슬러는 그녀 학생 중 케리 커비로 인해 문제에 봉착했다. 케리는 매일 요구되어지는 준비물을 가지고 오지 않았다. 어떤 날은 자신의 연필을 잊고 오기도 했다. 또 다른 날은 교과서를 잊고 오기도 했다. 매일매일 그는 잊어버린 물건을 가지러 로커에 가게 해 달라고 요구했다. 켄슬러 씨는 승산이 없는 상황에 놓이게 되었음을 알게 되었다. 만약 케리에게 로커에 갔다 오게 하면 중요한 수업 내용을 놓치게 된다. 만약 거절하면 그는 과제를 못하고 시간을 보내게 된다. 케리의 행동을 교정하려면 단정적 훈육의 원리를 어떻게 활용해야 할 것인가?

2. 이 장의 서두에 소개한 시나리오에서 코너 씨는 조너선이 연필을 가지고 오지 않은 것에 대해 벌을 가했지만 그에게 잘 깎인 연필을 통에서 가져가도록 허락했다. 조너선에게 연필을 가져가도록 허용한 것이 앞으로도 연필을 잊어버리도록 촉진할 것인가? 당신이라면 조너선에게 연필을 주겠는가, 아니면 연필 없이 공부하도록 할 것인가? 왜 그러한가?

3. 당신이 '단정적'이라고 생각하는 교사를 떠올려 보라. 그 교사가 보여 주는 행동은 무엇인가?

4. 단정적 훈육 기법에 반응하지 않을 수도 있는 학생의 유형 혹은 학년이 있는가? 그 이유를 설명해 보라.

5. 이 장의 끝에 헨더슨초등학교의 훈육 상황이 제시되어 있다. 헨더슨초등학교 같은 훈육 방식을 채택한 학교에서 당신이 근무한다면 만족할 것인가? 왜 그러한가 혹은 왜 그러하지 않은가?

포트폴리오 자료 개발하기

1. Canter와 Canter는 교사가 규칙 위반에 대한 결과를 미리 결정해 놓을 것을 제안한다. 부적절한 행동에 대해 당신은 어떠한 결과를 준비할 것인가? 당신은 훈육 위계 질서를 설정할 것인가? 왜 그러한가?

개인 교실관리 철학 개발하기

1. 교실관리 접근으로 단정적 훈육을 사용하면서 당신은 만족할 것인가? 왜 그러한가 혹은 왜 그러하지 않은가? 당신의 교실관리 계획에 명백하게 접목시킬 단정적 훈육의 전략이 있는가? 왜 그 전략을 선택하는가?

2. Canter와 Canter는 학생이 문제행동을 하기로 선택한다고 주장했다. 당신은 동의하는가? 문제행동을 일으키는 학생은 규칙 위반을 선택하는가, 혹은 학생의 행동에 영향을 줄 수 있는 또 다른 요인이 있는가? 만약 그렇다면 그 요인은 무엇인가?

후속 연구 자료

단정적 훈육에 대한 추가적인 정보, 교실에서 활용할 자료를 구하고자 한다면 아래 주소로 연락하라.

Solution Tree Press
Bloomington, IN
800-733-6786
812-336-7700

참고문헌

Bromfield, C. (2006). PGCE secondary trainee teachers and effective behaviour management: An evaluation and commentary. *Support for Learning, 21,* 188–193.

Brophy, J. (2006). History of research on classroom management. In C. Evertson & C. Weinstein (Eds.), *Handbook of classroom management: Research, practice, and contemporary issues.* Mahwah, NJ: Lawrence Erlbaum Associates, Inc.

Canter, L. (1979). Taking charge of student behavior. *National Elementary Principal, 58,* 33–36.

Canter, L. (1989). Assertive discipline: More than names on the board and marbles in a jar. *Phi Delta Kappan, 71,* 57–61.

Canter, L. (2010). *Assertive Discipline: Positive behavior management for today's classroom* (4th ed.). Bloomington, IN: Solution Tree Press.

Canter, L., & Canter, M. (1976). *Assertive Discipline: A take charge approach for today's educator.* Santa Monica, CA: Canter and Associates.

Canter, L., & Canter, M. (1992). *Assertive Discipline: Positive behavior management for today's classroom.* Santa Monica, CA: Canter and Associates.

Canter, L., & Canter, M. (1993). *Succeeding with difficult students: New strategies for reaching your most challenging students.* Bloomington, IN: Solution Tree Press.

Covaleskie, J. F. (1992). Discipline and morality: Beyond rules and consequences. *Educational Forum, 56,* 173–183.

Curwin, R. L., & Mendler, A. N. (1988). Packaged discipline programs: Let the buyer beware. *Educational Leadership, 46,* 68–73.

Emmer, E. T., & Aussiker, A. (1990). School and classroom discipline programs: How well do they work? In O. C. Moles (Ed.), *Student discipline strategies.* Albany: State University of New York Press.

Kizlik, B. (2009). *Assertive discipline information.* ADPRIMA Education Information for New and Future Teachers. Retrieved May 11, 2010, from http://www.adprima.com.

Kohn, A. (1996). *Beyond discipline: From compliance to community.* Alexandria, VA: Association for Supervision and Curriculum Development.

Marzano, R. J. (2003). *Classroom management that works: Research-based strategies for every teacher.* Alexandria, VA: Association for Supervision and Curriculum Development.

McEwan, B. (2000). *The art of classroom management.* Upper Saddle River, NJ: Merrill/ Prentice Hall.

Queen, J. A., Blackwelder, B. B., & Mallen L. P. (1997). *Responsible classroom management for teachers and students.* Upper Saddle River, NJ: Merrill/Prentice Hall.

긍정적 **교실훈육**

04

목표

제4장에서는 예비 교사들을 INTASC 기준 5항(동기와 관리), 6항(상호작용과 기술), 9항(반성적 실천인)에 부합되도록 준비시키고자 한다. 이를 위해 다음과 같은 사항을 수행하도록 돕는다.

- 긍정적 교실훈육의 기초 원리를 이해한다.
- 교실의 제한을 설정함에 있어 비언어적 의사소통의 영향력을 이해한다.

- 교실에서 긍정적 훈육의 효과적 사용에 대한 기법을 배운다.
- 적절한 교실통제를 유지하기 위해 교실 자리 배열을 평가한다.
- 교수와 교실관리 사이의 관계를 평가한다.
- 문제행동을 다루기 위해 긍정적 교실훈육의 원리를 활용한다.

시나리오

후안 모랄레스는 교실이 보통 조용하다는 사실을 알게 되면 친구 디옹에게 속삭인다. 그는 학급을 향해 몸을 돌리면서 맥애덤스 씨가 설명하는 것을 멈추고 자신에게 '응시'를 부여하고 있음을 알게 된다. '응시'는 밀러고등학교 전교에서 유명하다. 맥애덤스 씨는 강렬하게 쳐다보면서 학생들이 무엇을 하든지 간에 즉시 멈추도록 만드는 능력을 완벽하게 구사한다. 맥애덤스 씨와 눈 마주침을 지속할 수 없어서 후안은 연필을 꺼내서 책상 위의 과제를 해결하는 데 자신의 주의를 집중시키게 된다. 후안이 의자에 앉아서 주어진 과제에 몰두함을 확신하게 되면 그는 돕기 위해 다른 학생 쪽으로 향한다.

6학년 담당 고참 교사 제임스 에번스의 학급이 역사책의 한 단원을 읽고 있을 때 교실 뒤 두 여학생이 쪽지를 돌린다. 더그가 다음 문단을 읽고 있을 때 에번스 씨는 교실 뒤로 이동한다. 그리고 두 여학생 앞에 똑바로 선다. 그는 두 여학생이 그의 얼굴을 보고 자신들의 책을 조용히 읽기 시작할 때까지 거기에 서 있는다. 더그가 문단의 마지막 부분까지 읽었을 때 그는 "잘 읽었어요, 더그."라고 말한다. 그러고 나서 읽어야 할 부분을 손으로 짚으면서 쪽지를 돌리던 두 여학생 중 하나에게 다음 문단을 읽도록 시킨다. 그 여학생이 읽으면 그는 그 여학생들을 떠나서 과제에 집중하도록 상기시켜 줄 필요가 있는 다른 학생 뒤로 자신의 위치를 옮긴다.

매주 메리언 보이드의 5학년 학급 학생들은 보이드 씨가 선호 활동 시간(Preferred Activity Time : PAT)이라고 부르는 시간을 얻을 수 있다. 월요일 보이드 씨는 그 주에 주어진 30분의 자유시간을 유지하는 만큼 금요일에 그 시간을 선호 활동 시간으로 활용할 수 있음을 발표했다. 많은 토론 후에 학급은 선호 활동 시간에 그들이 좋아하는 회상 게임(review game)을 하기로 결정했다. 흥분되어서 학생들은 선호 활동 시간을 기대하며 공부하기 시작했다. 오후에 보이드 씨는 학생들에게 사전을 치우고, 수학 숙제를 꺼내고, 연필을 깎는 데 2분을 주었다. 2분이 지났을 때 보이드 씨는 스톱워치를 꺼내고 모두 자리로 돌아가 수학 수업 준비를 하는 데 걸리는 추가적인 시간을 재었다. 그러고 나서 그녀는 금요일 선호 활동 시간을 위해 허용된 30분으로부터 과제를 완성하는 데 걸렸던 여분의 시간을 공제했다. 다음 날 보이드 씨는 점심식사를 하고 돌아왔을 때 화장실에 가도록 하기 위해 5분을 학생들에게 주었다. 두 여학생이 2분 이상 추가로 시간을 들였을 때 이 시간은 선호 활동 시간에서 공제되었다. 주 후반에 가서 자멜이 자리에 앉아 과제를 끝내는 것 대신에 만화책을 보았다. 아무 말 없이 보이드 씨는 스톱워치를 꺼내서 자멜이 소비한 시간을 재기 시작했다. 여러 학생이 이 상황을 보았고 그들은 자멜에게 빨리 만화책을 치우고 과제를 하라고 말했다. 주말에 학급은 선호 활동 시간을 위해 남겨진 25분을 얻었다. 행복하게도 학급은 가장 좋아하는 회상 게임을 하면서 그 시간을 보냈다.

들어가는 말

위에 기술된 3명의 교사들은 두 가지 공통적인 사항을 나타낸다. 첫째, 각각은 학급을 관리하기 위해 부정적 강화를 사용한다는 점이다. 각 경우에 있어 교사는 학생이 과제로 돌아올 때까지 학생에게 혐오감을 주는 것(쳐다보기, 학생들의 영역 안에 있기, 좋아하는 활동을 위한 시간 잃기)을 사용하고 있다. 두 번째로 세 교사는 Fredric Jones의 **긍정적 교실훈육**의 접근에 기초한 기법을 사용하고 있다.

Fredric Jones(2007b)는 1970년대 초 효과적인 교실관리 기법을 조사하기 시작했다. 효과적이고 비효과적인 학급 관리자들을 관찰하며 수천 시간을 보내면서 Jones는 교수는 잘 통제된 교실에서만 발생할 수 있으며 교실통제를 잘하지 못하는 교사는 수업시간의 50%를 상실할 수 있음을 발견했다. 교사가 훈육을 선택하든가, 혹은 교수를 계속해야만 하는 각 경우에 있어 Jones(1987)는 교사가 항상 훈육을 선택해야만 한다고 강조한다.

　Jones(1979)는 교실의 주요 훈육 문제는 소수의 학생에 의한 적대적 반항이 아님을 주장한다. Jones에 따르면 가장 큰 훈육 문제는 대다수 학생들에 의해 막대한 양의 시간이 소모된다는 점이다. 평균적인 교실에서 모든 혼란의 80%는 단지 옆 사람과 이야기하는 학생들 때문이다. 교실을 돌아다니는 학생들은 혼란의 15%를 유발시킨다. 나머지 문제들은 대부분 연필을 톡톡 치거나, 쪽지를 돌리거나, 물건을 가지고 노는 것과 같은 작은 혼란들이다. 이러한 혼란은 심각하지는 않고 중요하게 보이지도 않는다. 하지만 문제행동을 하는 1명의 학생을 관리하는 것도 충분히 힘들다. 문제행동을 하는 학생들이 2명일 때 교사의 기술과 에너지의 고갈은 두제곱이 된다. 만약 세 번째 학생이 포함된다면 이 기술과 에너지의 고갈은 세제곱이 된다. 동시에 20명이 있는 학급에서 질서를 유지하면서 교수하는 것은 어마어마한 기술과 에너지를 요구한다. 기술 혹은 에너지의 부족은 교사에게 스트레스를 남기며 교수 시간의 엄청난 상실을 가져온다.

　근접 통제, 부정적 강화, 격려, 좋은 몸짓언어를 사용하면서 Jones는 교실통제는 유지될 수 있으며 학습이 이루어질 수 있음을 제시한다. Jones의 이론은 행동주의 이론과 모든 학년에 걸친 교실연구에 근거를 둔다. Jones(2007b)는 학생들의 행동을 통제하기 위해서는 효과적인 행동 관리 프로그램이, 바람직하지 못한 행동을 약화시키면서 바람직한 행동을 체계적으로 강화해야만 함을 강조한다. **바람직한 행동을 강화함은 바람직하지 못한 행동을 소거함**과 같이 나란히 진행되어야만 한다. 너무도 자주 교사들은 바람직한 행동을 증대시키기 위한 계획 없이 바람직하지 못한 행동을 제거하는 데 초점을 두어 왔다. 하지만 바람직한 행동을 증대시키기 위한 계획 없이는 부적절한 행동을 대체하기 위한 것이 무엇이든지 간에 운에 맡겨지게 되며 실제로 또 다른 훈육 문제가 될 수도 있다. 바람직한 행동을 획득하거나 강화하기 위해 Jones는 긍정적이고 부정적인 훈육의 사용을 옹호했다. 부적절한 행동을 중단시키기 위해 Jones는 본질상 처벌적인 보완 체계를 사용하기도 한다.

긍정적 훈육 단계

교실에서 긍정적 훈육을 사용하기 위해서는 아래와 같은 것을 행할 필요가 있다.

1. 근접 통제가 최대한 가능하도록 교실을 정렬하라.
2. 교실규칙을 설정하라.
3. 행동을 통제하기 위해 비언어적 방법을 사용하는 제한 설정을 활용하라.

4. 제한 설정이 비효과적일 때 대체재를 제공하라.
5. 책임감 훈련을 통해 학생들이 스스로와 다른 사람에 대해 책임을 지도록 훈련시켜라.
6. 집단행동에 대한 보상으로 선호 활동 시간을 제공하라.
7. 교실기준을 따르지 않는 학생에 대해 생략 훈련을 활용하라.

Jones의 모델에서 학습을 최대화하고 혼란을 최소화하기 위해 교실기준의 집행과 협동적 행동의 발달이 연합되어 Jones(2007b)는 효과적인 교실관리 체계는 다음과 같아야 함을 강조한다.

- 긍적적일 것. 학생을 긍정한다.
- 경제적일 것. Jones는 실천적이고, 단순하며, 지필 과제를 거의 요구하지 않고, 활용하기가 용이한 체계를 표현하기 위해 저렴한이라는 용어를 사용한다. 저렴한 체계는 교사의 업무 부담을 경감하는 방향으로 구상된다.
- 자체 소멸적일 것. 효과적인 체계는 궁극적으로 필요하지 않아야 한다. 왜냐하면 학생은 적절하게 행동하도록 훈련될 것이기 때문이다. 만약 계획이 자체 소멸되어 가지 않을 경우 그것은 잘못된 계획이거나 혹은 자체 영속적인 계획이다. 자체 영속적인 계획은 내재된 결점을 가지고 있다. 즉 그것은 실제로 원하지 않는 행동을 강화하거나 문제를 키운다.
- 절제적, 지지적 그리고 거의 비가시적일 것.

긍정적 교실훈련은 집단행동의 관리에 초점을 둔다. 이 모델은 네 가지 주요 구성 요소로 형성된다.

1. 교실구조
2. 제한 설정

3. 책임감 훈련

4. 보완 체계

교실구조

Jones(2007b)는 교실구조를 교실관리의 중심으로 보았다. 교실구조를 준비한다는 것은 교실혼란의 대부분을 예방할 수 있는 사전 단계이다. 구조를 제공함에 있어 고려되어야 할 문제는 가구를 배열하는 일과 교실규칙 및 절차를 생성하는 일이다. 아래의 예를 고려해 보라.

첫 6주의 마지막에 헤더 드레이퍼는 남편에게 교실에 와 줄 것을 요구했다. 그들은 가구를 재배치할 예정이었다. "내 책상을 옮기고 싶어요." 그녀는 설명했다. "나는 교실 앞에서 가장 멀리 앉은 학생과 내 사이가 2m 50cm 이상 떨어지는 것을 원치 않아요." 그들은 함께 교사의 책상을 옮기고 학생들의 책상을 재배열했다. 일을 끝냈을 때 헤더는 책상 하나하나로 걸어가 보았다. 그녀는 각 책상 앞에 서 보기도 하고 빙 돌아 책상 뒤에 서기도 했다. 2초 안에 어떤 학생의 영역에든 설 수 있음에 만족해하면서 그녀는 힘든 일을 해 준 남편에게 고마운 마음으로 저녁을 사기로 했다.

교실에 있었던 짧은 시간 동안 드레이퍼 씨는 훈육 문제를 예방할 수 있는 가장 쉬운 방법 중 하나는 위치, 위치, 위치라는 사실을 학습했다. 대부분의 교사는 교사 가장 가까이에 있는 학생이 가장 반듯하게 행동한다는 사실을 알고 있다. 적절한 통제력을 유지하기 위해 교사는 항상 교실을 이리저리 이동하면서, 모든 학생의 책상 앞으로 왔다 갔다 하면서 일해야만 한다. 교실통제의 이 방법은 '돌아다니는 관리법' 혹은 **근접 통제**(proximity control)로 인식된다.

교실배열은 교사의 이동성, 학생에 대한 물리적 접근, 순간순간 학생의 책임성을 최대한 허용해야만 한다. 교실에는 통로가 있어야만 한다. 그래야 교사가 신속하게 각 학생에게 도달할 수 있다. 가장 좋은 교실배열은 교실 안에서 교사와 학생 사이에 가장 짧은 거리를 보장하고 장애물은 가장 적은 배열이다. 그림 4.1은 효율적인 교실배열과 비효율적인 교실배열의 예를 보여 준다.

대부분의 교실에서 주된 문제는 가구의 배열이다. 교사 책상이 교실 앞에 위치한

그림 4.1   효과적이고 비효과적인 교실배열

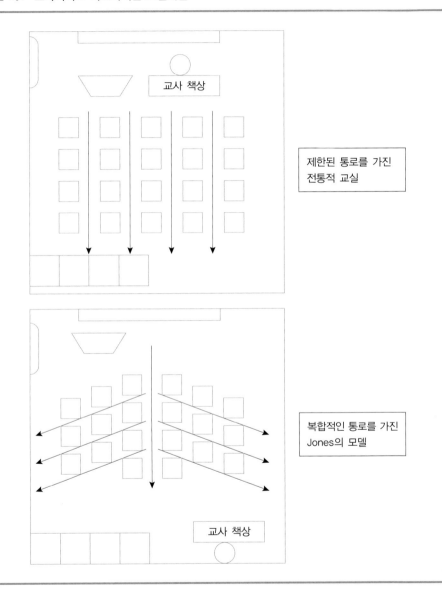

전통적인 배열에서 칠판과 교실 앞줄에 앉은 학생 사이의 거리는 어느 곳이든 2.5m 내지 3.5m 정도이다. 교사 책상을 구석이나 교실의 뒷면으로 옮기게 되면 학생은 앞으로 나오기가 쉽고 교수 영역에 보다 가까이 갈 수 있다. 학생들 책상 사이사이, 책상 앞, 책상 뒤에 통로를 만들면 교사와 학생 사이의 접근이 보다 용이해진다. 드레이퍼 씨처럼 교사는 각 학생에게 도달하는 데 걸리는 시간을 측정해 보아야 한다.

오버헤드의 위치나 컴퓨터, 모니터 등의 교사 영역은 추가적인 문제를 발생시킨다. 모든 학생이 최대한 볼 수 있는 중심 위치에 이 기구들이 배치되어야 할 필요성 때문에 이 기구들은 전형적으로 교실 앞면에 위치되어진다. 어떤 경우에는 교사가 전기기구가 있는 탁자 뒤에 갇히게 되는 경우도 있다. Jones(2007b)는 교사가 탁자 밖으로 이동하고 학생에게 이 기구들을 조작하도록 허용해야 함을 제안한다. '오버헤드/컴퓨터 작동가'가 되어 봄은 그 책상에 오도록 선발되어진 학생에게는 보상이 된다. 그리고 이럴 경우 교사는 교실 뒷면에서 학생들과 활동하는 것이 가능해진다.

교사가 교실을 조직할 수 있는 가장 사전적 행동 중 하나는 교실규칙과 절차를 설정하는 것이다. Jones(2007b)는 일반적인 규칙을 교실의 광범위한 행동을 다루는 것으로 묘사한다. 이것은 부정적 언어보다 긍정적 언어로 가장 잘 진술되어진다. 효과적인 교실규칙은 보통 많아야 5~8개로 수에 있어 제한적이며, 신속하고 지속적으로 집행 가능하고, 단순하고 명확하며, 모두가 볼 수 있도록 게시된다.

절차와 일정은 학교에서의 하루 일과 동안 정상적으로 발생하는 일들을 예측 가능하게 하는 기법이다. Jones(2007a)는 절차는 다른 수업처럼 철저히 가르쳐져야 하고, 그 수업은 연습을 하고 숙달될 때까지 반복하는 것을 포함한다고 말했다. 학기의 거의 2주는 대부분 절차와 일정을 가르치는 데 보내져야 한다. 아래의 예에서 브리짓 캠벨이 3학년 교실에서 매일매일 일과 시작 즈음에 효과적인 일정을 제시하는 것을 볼 수 있다.

브리짓 캠벨이 하루 동안 사용할 자료를 배열할 때 학생들이 도착하기 시작한다. 각 학생들과 수 초 동안 인사를 나눈 후 캠벨 씨는 개별적인 질문에 응답하면서 연필 상자에 잘 깎인 연필이 가득한지를 확인하고 체크한다. 학생들이 들어올 때 그들은 그들의 이름이 적힌 봉투에서 카드를 꺼낸다. 이 봉투는 문 옆 게시판에 있는 커다란 게시물 중 일부이다. 그들은 2개의 상자 중 하나에 카드를 넣는다. 한 상자는 '점심 사 먹기'라는 표시가 되어 있고 다른 하나는 '집에서 도시락 가져오기'라고 표시되어 있다. 학생들은 그러고 나서 외투와 배낭을 벗어 놓은 후 즉시 자기 책상에 가야 한다는 것을 알고 있다. 일단 앉으면 학생들은 오른편에 자신들의 숙제를 놓는다. 그리고 그날의 아침 자습을 시작한다. 아침 자습을 하는 동안 캠벨 씨는 누구의 카드가 봉투에 있는지 확인하면서 출석을 체크한다. 그리고 나서 교사는 '점심 사 먹기' 상자에 있는 카드를 헤아리고 학교 사무실

○ **현장 비결**

교실에서 파워포인트를 사용하기 시작했을 때 나는 컴퓨터를 사용하는 것이 나를 한자리에 가두어 놓으며 근접 통제를 통해 행동을 통제할 내 능력을 줄여 버린다는 사실을 재빨리 깨달았다. 나는 매일매일 '클릭하는 사람'을 배당함으로써 이 문제를 해결했다. 선발된 학생은 컴퓨터 앞에 앉아서 해야 될 일이 주어지면 마우스를 클릭했다. 이것은 나로 하여금 필요할 때 교실을 돌아다니는 것을 허용했다. 그 학생은 학습 자료를 프린트되어진 복사본으

로 제공받음으로써 그 일에 대해 보상받았다. 나는 결코 '클릭하는 사람'이 되려는 자원자를 확보하는 데 실패하지 않았다.

Michael Mosley
7학년 사회 교사
Kenwood 중학교
Clarksville, Tennessee

에 출석과 점심 보고 사항을 이메일로 보낸다. 일을 끝냈을 때 교사는 각 책상으로 걸어다니며 숙제가 완성되었는지 여부를 살펴보며 체크한다. 몇 분이 지나지 않아 캠벨 씨가 아침 자습에 대해 이야기하면서 수업이 시작된다.

제한 설정

"규칙은 제한을 규정하지만 제한을 정착시키지는 않는다."(Jones, 1987, p. 81) 규칙의 제정은 단지 효과적인 교실관리를 위한 시작일 뿐이다. 교실에서 제한을 생성하기 위해서 Jones는 **제한 설정**(Limit Setting)이라는 한 방법을 제시했다. 제한 설정을 통해 교사는 그들이 몸짓을 통해 의미하는 것을 체계적으로 가르치게 된다. 교사의 상호작용상의 힘, 물리적 존재, 감정적 음조를 통해 교사의 규칙은 실제적이라는 메시지가 학생들에게 주어진다. Jones에 따르면 제한 설정은 학급에 규칙을 이야기하는 것을 넘어선다. 그것은 학생들로 하여금 규칙을 따르도록 훈련시키는 것이다.

제한 설정은 규칙 집행이다. 이것은 기본적인 교실규칙의 지속적 위반을 허용하지 않는다. 하지만 Jones(2007b)는 제한 설정이 입이 아니라 몸으로 실행되어질 것을 주장한다. Jones(2007b)는 몸짓언어는 교사가 단호함을 전달할 수 있는 가장 중요한 매개체임을 강조한다. 그리고 "몸짓언어는 교사에게 얼빠진 것에서 벗어나도록 효과적으로 다루면서 학생을 당황하지 않도록 만드는 우아함을 사용하게 한다."(p. 35)라고 말했다. 제한 설정의 목적은 학생을 조용하게 하는 것이고 학생을 과제로 돌

아오도록 만드는 것이기 때문에 제한 설정에서 교사는 단호하지만 결코 공격적이지는 않다.

Jones(1979)의 연구들은 제한 설정의 기법을 통해 학생을 훈련시키게 되면 정규 교실의 혼란 중 70~95%를 제거할 수 있음을 보여 준다. 제한 설정은 아래 여섯 단계로 시작된다.

1단계 : 머리 뒤의 눈　첫 번째 단계는 Kounin(1970)에 의해 묘사된 '장악력'을 요구한다. 교사는 항상 교실에서 일어나고 있는 모든 일을 알고 있어야만 한다. 교사는 혼란이 시작되자마자 이를 알아채야 하며 즉시 반응해야 한다. 옆 사람과 떠들기 같은 소란스러움은 재미있고 또 자기 보상적이다. 이 행동을 무시하면 이것은 사라지지 않을 것이다. 그 학생은 또래에 의해 문제행동에 대한 보상을 받을 수도 있기 때문이다.

2단계 : 수업 중단　교사는 소란스러운 행동을 다루기 위해 수업을 즉시 중단해야만 한다. 만약 교사가 그렇게 하지 않는다면 학생은 교사가 훈육보다는 교수에 더 큰 중요성을 두고 있음을 학습하게 될 것이라고 Jones는 강조한다. 만약 교사가 행동을 취하지 않는다면 부적절한 행동의 양은 교사가 교수를 중단하지 않을 수 없을 때까지 계속될 것이다.

3단계 : 돌아서서, 보고, 이름 부르기　돌아선다는 것은 부적절한 행동에 대한 교사의 감정적 반응이다. 돌아서기 전에 교사는 숨을 고르게 쉬어야만 한다. 침착해지는 것은 효과적인 제한 설정에 있어 핵심임을 Jones는 강조한다. 침착하고 편안해 보이기 위해 손은 옆으로 가지런히 내리고 입꼬리는 편안하게 다문다. 손을 흔드는 것은 좌절을 보여 주며, 입이 만약 편안하게 다물어져 있지 않으면 괴로움을 드러낼 것이다. 학생의 얼굴을 정면으로 바라보라. 그리고 엄격한 어조로 이름을 호명하라. 학생의 눈을 보라. 그리고 동요하지 않으면서 눈 마주침을 유지하라.

소란스러운 행동은 중단되고 학생이 과업에 복귀했는가? 교사는 학생이 순응했는지를 확인하기 위해 무릎과 발을 보아야 한다. Jones에 따르면 무릎과 발은 상당히 많은 것을 이야기한다. 만약 학생이 교실의 정면을 보고 있다면 교사는 부적절한 행동이 중단되었음을 가정할 수 있다. 만약 발과 무릎이 의자에서 정면을 향하고 있지 않다면 학생은 단지 거짓으로 순응한 척하고 있는 것이다. 만약 학생이 책상에서 정면을 향하고 있지 않다면 학생은 교사가 등을 돌리자마자 했던 것을 다시 하려고 할 것이다. 여타의 거짓 순응 기법은 읽는 척하거나 쓰는 척하는 것으로 나타난다.

4단계 : 학생의 책상 가장자리로 걸어가기　만약 학생이 자리에서 정면을 향하지 않는다면

○ 현장 비결

나는 '표정'의 힘을 믿는다. 내 학급에서 학생들은 '눈썹이 치켜 올라가면, 거칠어진다'는 표현을 한다. 다행스럽게도 각 학급은 바로 다음 학급에게 이 표현을 전한다. 따라서 학생들이 문제행동을 할 때마다 내가 할 필요가 있는 모든 일은 눈썹을 아치형으로 만드는 일이다. 학생들은 그들이 하던 것을 즉각 멈춘다. '표정'은 교실관리에

있어 중요한 기술이다.

Larry Bader
5학년 교사
Putman카운티(군) 초등학교
Eatonton, Georgia

Jones는 교사의 다리가 학생의 책상 가장자리에 닿을 때까지 차분한 걸음걸이로 학생을 향해 다가가라고 조언한다. 그리고 편안하고 차분한 태도로 교사는 눈 마주침을 시도한다. Jones는 학생이 책상에서 정면을 향할 때까지 교사는 책상 가장자리에 있어야 한다고 강조한다. 학생이 과업에 복귀하면 교사는 잠시 지켜보다가 고맙다는 인사를 하며 자리를 뜬다.

5단계 : 주의 교사가 수 분 동안 학생의 책상 옆에 서 있었던 이후에도 학생이 과업에 복귀하지 않으면 교사는 한 손바닥을 책상에 짚으면서 옆으로 비스듬히 기댄다. 학생과 눈동자를 마주치면서 교사는 주의, 즉 학생이 다음에 무엇을 해야 할 것인가에 대한 메시지를 준다. 주의는 이미 수행한 과업을 지적하면서, 혹은 과업에 복귀하거나 시작할 것을 이야기하면서 학생 앞에서 해결하고 이동하는 것일 수도 있다. 일단 학생이 순응하면 교사는 고맙다고 인사를 하고 자리를 뜬다.

6단계 : 손바닥 짚기 만약 학생이 5단계에서도 순응하지 않으면 교사는 학생 책상의 양면을 손바닥으로 짚고, 책상을 가로지르며 천천히 학생 가까이 다가간다. 교사는 학생이 순응할 때까지 눈동자를 마주친다. 학생이 순응하면 교사는 고맙다는 인사를 하고 자리를 뜬다.

만약 학생이 제한 설정 동안 떠들거나 혹은 두 학생이 관련되었을 경우에는 아래의 단계가 과정에 추가된다.

7단계 : 앞에서 야영하기 만약 학생이 이 대면 기간 동안에도 떠든다면 6단계가 계속되어야 한다. 또한 교사는 학생들이 순응할 때까지 '앞에서 야영'해야 한다. Jones(2007b)는

떠들기를 다루는 황금률을 '아무것도 못하게 하기'—학생을 '가만히 있게 하기'로 묘사했다. 학생이 떠드는 것을 멈출 때 교사는 주의를 주어야 하고 학생이 순응할 때까지 기다려야 하며, 그리고 나서 자리를 떠야 한다. Jones는 학생이 과업을 시작한다고 확신할 때까지 교사는 절대로 자리를 떠서는 안 됨을 강조한다.

8단계 : 뒤에서 야영하기 만약 1명 이상의 학생이 떠든다면 뒤에서 야영하기가 보다 효과적이다. 교사는 넓은 통로를 활용하며 학생들 사이에 즉시 서기 위해 책상 주위를 돌아다녀야만 한다. 5단계에서처럼 첫 번째 학생의 책상에 기대면서 두 번째 학생의 시야를 차단한다. 교사는 전적으로 두 번째 학생을 무시한다. 그리고 첫 번째 학생과 눈 마주침을 시도한다. 그리고 나서 교사는 첫 번째 학생이 목표로 돌아올 때까지 기다린다. 첫 번째 학생이 과업을 행할 때만 두 번째 학생에게 초점을 맞춘다.

제한 설정은 왜 작동하는가? 제한 설정은 학생이 교사가 그들 영역 밖에 있기를 원하기 때문에 작동한다. 교사가 자리를 뜨도록 하기 위해 거의 모든 학생은 부적절한 행동을 멈추고 과업으로 복귀한다. 제한 설정은 부정적 강화가 바람직한 행동을 증가시킴을 보여 주는 행동주의 연구에 기초하고 있다.

Jones(1987)은 제한 설정이 1년 내내 필요로 되어서는 안 된다고 강조한다. Jones가 **획득 단계**(acquisition phase : 학생이 교실규칙을 처음으로 학습하는 시기)라고 부르는 이 시기 동안 교사는 하루에도 여러 번 제한 설정을 사용할 필요가 있다. 그러나 Jones는 일단 학생이 교사가 규칙을 집행하려고 하며 이 집행이 지속적이라는 사실을 깨닫게 되면 제한 설정은 점점 덜 필요하게 될 것임을 전망했다.

제한 설정에도 한계가 있다. Jones(1987, 2001)는 제한 설정이 모든 상황에서 작동하지는 않을 것임을 인지한다. Jones는 제한 설정의 한계점을 아래와 같이 제시한다.

- 만약 교사가 침착하지 않고, 화를 내며, 좌절감을 보인다면 제한 설정의 효과는 약화된다. 침착함은 제한 설정의 힘이다.
- 만약 교사와 학생들과의 관계가 좋지 않을 때 학생들은 교사의 권위에 대한 도전으로 과업에 복귀하지 않을 수도 있다. 제한 설정이 효과적이려면, 그들이 과업에 복귀하기만 하면 교사가 바로 자리를 뜰 것이라는 사실을 학생들이 믿어야 한다.

○ 현장 비결

나는 내 모든 학급에 선호 활동 시간(PAT)을 사용했지만 각 집단의 아동들에게 그 사용 방법을 적합하게 맞추는 것은 중요하다. 각 학급이 그들의 선호 활동 시간을 어떻게 보낼 것인가(그리고 그 시간을 어떻게 얻는가)는 각 학급의 역동성이 다르기 때문에 종종 똑같지 않다. 각 학급에 적절한 방법이 무엇인가를 정확하게 어림잡는 데는 한 달 혹은 그 이상의 시간이 걸린다. 그래서 만약 무엇인가 잘 되지 않으면 나는 선호 활동 시간 모두를 폐기하고 그 것을 제대로 알 때까지 단순하게 그 밖의 다른 어떤 것을 시도한다. 예를 들어 나의 일반 학급 그리고 Pre-AP 학급은 지난해 선호 활동 시간을 보내는 방법으로 아주 다른 것을 선택했다. 나의 일반 학급 학생들은 종종 'Heads-Up Seven-Up'이나 그 비슷한 것을 선택한다. 하지만 나의 우수반 학생들은 '그 교수(The Professor)'라고 불리는 게임을 좋아한다. 나는 5명의 학생들을 선정해 교실 앞으로 나오도록 하고 그들은 그 교수의 뇌가 된다. 청중이 된 학생이 교수에게 질문을 하고(이것은 학문적일 수도 있고 평범하게 우스꽝스러울 수도 있다), '그 교수'는 하나의 단어를 각각 말하면서 대답해야만 한다. 마지막 학생이 마침표를 제시할 때 그 문장은 완성된다. 예를 들어 누군가가 "텍사스의 주도가 어디지요?"라고 질문을 하면 '그 교수'는 다음과 같이 대답한다. 학생 1번 – "텍사스.", 학생 2번 – "의.", 학생 3번 – "주도.", 학생 4번 – "는.", 학생 5번 – "오스틴.", 학생 1번 – "입니다.", 학생 2번 – "마침표." 학생들이 다음에 어떤 단어가 와야 하는지를 계산하지 못할 때 이 게임은 아주 재미있어진다.

Stephanie Gilbert
7학년 국어 교사
McAdams Jr. 고등학교
Dickinson, Texas

- 만약 교사가 아주 빨리 자리를 뜬다면, 학생들은 교사를 자신들의 영역 밖으로 나가게 하기 위해 오직 거짓 순응이 필요하다는 사실을 학습할 수도 있다.
- 만약 교사가 책상이나 교사 영역에 갇혀 있다면 학생 가까이 신속하게 움직일 수 없을 것이다. 그러면 학생들은 교사가 오기 전에 과업에 복귀할 시간을 확보할 수 있음을 알고 있다.
- 만약 수업이 지루하거나 학생들이 너무 오랫동안 앉아 있었다면 제한 설정 사건에 의해 발생하는 중단은 보상이 될 수도 있다. 그러면 학생들은 학급의 단조로움을 깨뜨리기 위해 서로서로 과업에서 이탈할 것을 격려할 수도 있다.
- 만약 교사가 교실에서 무엇이 발생하고 있는지를 알지 못한다면 제한 설정에 의해 해결될 수 있는 많은 행동이 무시될 것이다. 학생들은 어느 누구도 보고 있지 않음을 깨닫기 때문에 부적절한 행동이 증가할 것이다.
- 만약 전체 학급이 과업에서 이탈하면, 상황을 해결하기 위해 한 책상 옆에 서는 것은 아무런 제재도 안 될 것이다.

- 만약 학생이 선동적이거나 신체적으로 공격적인 경우 학생의 공간으로 이동하는 것은 위협으로 보여질 수도 있다. 교사는 제한 설정이 작동하고 작동하지 않을 때를 알기 위해 학생들에 대해 아주 충분히 알고 있을 필요가 있다.

책임 훈련

이름이 시사하듯이 교실관리는 학급에 대한 관리이다. 효과가 있기 위해서 보상이나 격려는 개인 격려 체계의 집합이기보다는 집단 체계이어야만 한다(Jones, 2007b). 모든 학급 구성원의 훌륭한 행동을 지속적으로 창출하기 위해서 Jones는 교사가 보너스와 벌점을 활용해 복합적이면서 형식적인 격려 체계를 고안할 것을 제안했다. 집단 보상과 집단 책임은 필수적인 것이다. **책임 훈련**(Responsibility Training)은 집단 격려 프로그램으로 그 안에는 '모두를 위한 하나, 그리고 하나를 위한 모두'라는 철학이

Jones는 교사의 비언어적인 행동은 학생들에게 명확한 메시지를 전달하고 많은 문제행동이 악화되는 것을 예방한다고 강조한다.

있다. 책임 훈련의 중심에는 학생들이 스스로 그리고 서로서로에 대해 져야 할 책임
이 있다. 책임 훈련은 교사로 하여금 집행자 혹은 잔소리하는 부모의 역할에서 벗어
나게 한다.

책임 훈련에 기초적인 것은 격려이다. 격려는 생산성을 증가시키고 학생들이 교
실규칙을 따르도록 용기를 주기 위해 사용된다. 21세기에 들어와서 격려와 보상이 뇌
물로 보여지기도 하기 때문에 이에 대한 비판이 있어 왔다. Jones(2007b)는 책임 훈련
과 같은 사전 격려 체계는 우선적으로 설정되어지는 하나의 교환이므로 뇌물이 아니
라고 말한다. 그것은 하루의 정상적 부분으로 계획된 것이다. 하지만 순간의 흥분으
로 반동적 체계가 설정된다면 이것은 뇌물로 고려되어야 한다.

격려 체계는 단순할 수도 있고 복잡할 수도 있다. 단순한 격려 체계는 특정 행동
에 대한 교환으로서 강화를 제공한다. Jones(1979)는 격려 체계는 세 부분 즉 과업,
보상, 책임 체계를 가져야만 함에 주목했다. Jones(2007b)가 가장 선호하는 격려 프로
그램 중의 하나는 그가 **할머니의 규칙**(Grandmama's Rule)이라고 부르는 것이다. 할머
니가 손자들에게 디저트를 먹기 전에 저녁식사를 모두 해야 한다고 말하듯이 책임
훈련에서 학생은 **선호 활동 시간**(PAT)을 벌기 위해 요구되는 과업을 완수해야만 한다.
할머니의 규칙은 두 활동 즉 (a) 학생들이 해야만 하는 것 (b) 학생들이 하기를 원하는
것의 병렬이다.

선호 활동은 학생들이 하기 좋아하는 교육적인 활동이다. Jones(2001)는 이 활동
은 즉시 이용할 수 있어야 하고, 사용하기가 쉬우며, 교사에게 합당할 정도의 준비
시간을 주는 활동이고, 교육적 목적에 기여해야 할 것을 제시했다. 선호 활동 시간은
학생들이 좋아하는 활동은 무엇이든지 가능하며 센터, 게임, 비디오 등을 포함할 수
있다.

선호 활동 시간의 성공은 선호 활동 시간을 벌기 위해 함께 활동하는 학생들에게
달려 있다. 학급 구성원 모두가 생산적일 때 집단은 선호 활동 시간을 벌게 된다. 학
급의 구성원 중 누군가가 과업에서 이탈하면 집단은 시간을 잃는다. Jones(2007b)는
대부분의 교실에서 또래 집단은 일탈 행동을 강화함을 제시한다. 책임 훈련으로 인해
교사는 이 또래 집단의 힘을 학급 행동을 통제하기 위해 활용하게 된다.

20년 이상 Jones는 학생 행동을 변화시키기 위해 교사가 책임 훈련과 생략 훈련
을 성공적으로 활용하도록 훈련시켜 왔다. 대부분의 교실에서 이 체계는 잘 작동하고

있다. 하지만 그는 몇몇 교실에서 학급 도당들이 일탈적인 행동을 강화시키고, 또한 또래 압력에서 벗어나 있는 경우가 있음을 발견했다. 그는 또한 선호 활동 시간이 종종 변화되어야 함을 강조한다. 왜냐하면 강화에 대한 싫증은 어떤 격려 체계에는 치명적 독이기 때문이다.

보완 체계

Jones(1987, 2001)는 가장 부적절한 행동도 제한 설정과 책임 훈련을 통해 중단될 것임을 주장하지만 그럼에도 불구하고 소수의 학생들은 부정적 제재를 활용하도록 압박함을 주장한다. Jones의 **보완 체계**(Backup System)는 부정적 제재의 체계적이면서도 위계적인 조직이다. 그는 제한 설정이나 책임 훈련에 반응하지 않는 반복적인 분열자나 불쾌한 일이 있을 때 보완 체계를 활용하게 된다고 한다.

보완 체계는 세 가지 차원으로 구성된다. 소보완 반응, 중보완 반응, 대보완 반응이 그것이다. 표 4.1은 각 수준의 결과의 예를 보여 준다. 학생이 단계를 올라갈수록 결과는 보다 심각해지고 보다 전문적인 조력이 개입된다.

소보완 반응은 교실에서의 일차적 방어선이다. 이것들은 개인적으로 행해지며 많은 경우에 다른 학생은 이것이 집행되어진 것을 알지 못한다. 소보완 반응은 제재라기보다는 상호작용이다. 소보완 반응의 목적은 학생에게 그들이 보완 체계에 들어왔음을 알려 주는 것이며 다시 과업에 복귀하도록 학생을 초대하는 것이다.

중보완 반응은 보다 공개적이다. 이것은 타임아웃에 보내거나 학교 게시판에 이

표 4.1 Jones의 보완 체계 반응의 예

소보완 반응 개인-학생과 교사	중보완 반응 학급 안에서 공개적임	대보완 반응 공개적이고 두 전문가 개입
학생에게 개인적으로 이야기하기 학생 쳐다보기 입에 손가락 대기 부모의 주소 카드 꺼내기	교실에서 타임아웃 부과하기 다른 교사실에서 타임아웃 부과하기 공개적으로 학생 경고하기 복도로 학생 내보내기 부모와 함께 하는 회의 개최하기 방과 후 학생에게 남도록 요구하기	사무실로 학생 보내기 학교 차원의 정학 부과하기 토요학교 출석 요구하기 경찰 부르기 방과 후 학교에 남기기 학생 추방하기

름을 적는 것을 포함한다. 중간 반응은 교정적이기보다는 보다 처벌적이다.

대보완 반응은 교실 외부의 도움과 적어도 2명의 전문가 개입을 요구한다. 학생을 사무실에 보내기, 방과 후 학교에 남기기, 정학의 부과는 가장 일반적인 예이다.

Jones는 결코 신체적 처벌을 옹호하지 않았다. Jones(1987)는 현존하는 모든 훈육 기법 중에서 육체적 처벌은 가장 적은 이점과 가장 큰 책임성을 가지고 있다고 말한다.

네 단계 모형의 요약

Jones(2007b)는 교실구조, 제한 설정, 책임 훈련, 보완 체계를 포함하는 네 구성 요소의 모형을 제시했다. 그는 교사는 교실규칙과 절차를 통해 제한을 설정함으로써 사전 행동적이 될 것을 제안했다. 이러한 규칙과 절차가 도전받을 때 제한 설정은 교실의 전형적 혼란에 대한 첫 번째 방어선이다. 하지만 제한 설정은 온건한 사회적 처벌이며 불완전하다. 보상 체계가 바람직한 행동을 증진시키기 위해 설정되어야만 한다. 책임 훈련은 그와 같은 보상 체계를 설정함으로써 균형을 제공한다. 이 세 구성 요소로 부적절한 행동을 중지시키지 못하는 경우에 보완 체계가 설정되어야만 한다. 하지만 Jones(1987)는 교사들에게 처벌적인 보완 반응으로 이동하기 전에 교실구조, 제한 설정, 책임 훈련에서 가능한 한 많은 관리법을 이끌어 내도록 경고했다.

어려운 학생 다루는 전략

Jones(2007b)는 교육에서 가장 오래된 신화 중 하나는 어려운 학생을 다루기 위한 해결책이 교장실에 있다는 사실임을 제시했다. 이 대신에 그는 해결책은 교사와 함께 교실에 있음을 강조한다. Jones에 따르면 어려운 학생을 다루는 해답은 일관성이다. 만약 교사가 제한 설정에 요약된 단계를 일관성 있게 따른다면, 작은 혼란은 큰 소요로 커지지 않는다. 교사가 일관성이 있을 때 행동을 관리하기 위한 결과는 점점 적게 요구된다. 교사가 비일관적일 때 문제행동을 제어하기 위해 점점 더 큰 결과가 필요할 것이다.

어려운 학생들이 유발하는 혼란의 유형은 보통 친구나 혹은 교사와의 부적절한 상호작용 주위에서 맴돈다. 첫째, 어떤 상황에서는 한 학생의 행동이 전체 학급 보상을 잃게 만들기도 하며 그 결과 친구들의 분노를 사게 만든다. 이러한 일이 발생할 때, Jones(2007b)는 교사가 책임 훈련에서 이 학생을 제외시키고 학생의 행동을 변화시키기 위해 **생략 훈련**(Omission Training)에 돌입할 것을 제안한다. 생략 훈련은 원하지 않는 행동의 생략, 혹은 회피를 보상하기 위한 격려 프로그램 체계에 주어진 이름이다. 생략 훈련에서 교사는 일정한 시간 동안 적절하게 행동한 개인 학생을 보상한다. 성공의 가능성을 증가시키기 위해 학급 또한 그 학생이 과업에 임하게 될 때 보상받는다. 따라서 그 학생은 학급에 수용되어 학급 영웅이 될 기회를 가진다. 학급은 그 학생이 새로운 행동을 배우도록 돕는다.

생략 훈련 프로그램을 설정하기 위해 교사에게는 다음과 같은 것을 하도록 요구된다.

- 책임 훈련에서 일탈적인 학생을 제외시켜서 학급이 더 이상 그 학생의 부적절한 행동으로 인해 처벌받지 않도록 하라.
- 학생의 행동에 대해 비공개적인 장소에서 이야기하라.
- 그 학생에 대해 개별적인 보상 프로그램을 설정하라.
- 그 학생이 현재 개별 프로그램에 놓여 있음을 학급에 공지하라. 하지만 학생이 시간이나 보상을 얻게 될 때 그 보상은 전체 학급과 공유하게 된다.
- 그 학생이 적절한 행동을 학습하고 집단에 의해 더 잘 수용되어지면 생략 훈련에서 학생을 철수시켜라.

수용될 수 없는 행동의 두 번째 유형은 교사와 학생의 상호작용에서 나온다. 여러 경우에 학생은 부적절한 말 혹은 행동과 같은 부정적 방식으로 교사의 요구에 반응한다. Jones(2007b)는 호전적인 학생들과 대결하게 될 때 교사는 어떤 것도 하지 말아야 함을 추천한다. 만약 교사가 화를 내거나 거친 말로 반응하게 되면 학생은 성공한 것이다. 따라서 의심할 여지없이 어떤 것도 해서는 안 된다.

Jones(2007b)는 교사가 조용히 기다리고 머물러 있는 것은 처벌적인 행동이 일어나지 않을 것임을 의미한다고 강조한다. 기다리는 것은 간단하게 말해 교사에게 행동하기 전에 생각하고, 전문성을 유지할 시간을 부여한다. 교사의 침착성과 기술에 따라 위기는 생산적인 결과를 가지고 올 수도 있다(Jones, 2008). 일단 학생이 침착해지면 그때 교사는 친구들이 보지 않는 상황에서 그 학생과 대화를 해야 한다. 많은 경우에 향후 혼란을 피하기 위해 필요한 것은 Jones가 임상 대화라고 부른 것이다. 하지만 대화 이후에 그 교사는 표 4.1에 제시된 대보완 반응 중 하나를 사용하는 것이 필요한지에 대해 여전히 생각할 수 있다. 이러한 결과는 교장실이나 소년 사법제도(juvenile justice system) 같은 교실 밖에서 일어난다.

Fredisms

Jones가 1987년 처음으로 책을 집필한 이래 교사들은 그의 교실관리 체계에 대해 감사한 것만큼이나 많이 교실관리에 대해 Jones가 이야기한 것에 대해 감사해 왔다. 그의 인용문들은 유명해졌고 'Fredisms'라고 불린다. 아래에 아주 좋은 몇 개의 Fredisms가 있다.

> 뒤에서 떠드는 것은 어리석다. 그것에 대해 대화를 시도하는 것은 더 어리석다(Jones, 2007b, p. 224).
>
> 훈육 관리 기법을 동물에 비유한다면, 신체적 처벌은 확실하게 당나귀 끝(역주 : 최악)이다(Jones, 1987, p. 344).
>
> 거의 모든 형태의 교실혼란은 그 자체가 보상적이다. 자기 강화적일 때 혼란은 자기 영속적이 된다(Jones, 1987, p. 33).
>
> 당신 학급의 모든 학생은 교사 관리에 관한 한 박사학위 소지자들이다(Jones, 1987, p. 34).
>
> 훈육 관리는 실내운동이다. 농구선수는 거짓으로 공격하는 법(feint)을 안다. 포커 게이머는 허세 부리는 법을 안다. 학생은 이 둘 모두를 동시에 행하는 법을 안다(Jones, 2001, p. 193).
>
> 실수로 엉망이 되게 하는 것은 그 자체가 보상적이다. 실수로 엉망이 되게 하는 것은 당황스러워지는 것에 대한 쉽고 즐거운 대안이다(Jones, 1987, p. 241).
>
> 실제 교실에서 가장 널리 퍼진 관리 절차는 잔소리, 잔소리, 잔소리이다(Jones, 2007b, p. 7).
>
> 교실 가득한 학생들은 교사가 가지고 있는 한 자루의 책략보다도 더 많은, 언제라도 쓸 수 있는 책략들을 항상 준비해 놓고 있다. 나에게 있어 한 자루의 책략은 경험에 기초한 전문적 활동 기법을 가진, 현대 전문직과는 정반대되는 것을 보여 준다(Jones, 1987, p. 320).

긍정적 훈육의 장점과 단점

아마도 긍정적 교실훈육의 가장 큰 장점은 행동주의적 연구에 근거하고 있다는 사실일 것이다. 제2장에서 진술했듯이 행동주의 이론은 학생의 행동이 보상과 처벌에 의해 변화될 수 있다는 사실을 보여 주는 100년에 걸친 연구에 의해 뒷받침된다.

추가적인 장점은 Jones가 훈육 문제를 다룰 때 따라야 할 일련의 단계 혹은 활동을 명세화하고 있다는 점이다. 이것은 교사들의 행동에 대한 구조를 제시해 준다. Jones(1987)는 '아는 것'에 더하여 '방법을 아는 것'이 교실을 통제함에 있어 교사의 성공에 결정적임을 강조했다.

Morris(1996)는 추가적인 장점은 Jones가 교사, 행정가, 학부모들이 훈육 문제에 대해 싸우기 위해 함께 활동하도록 격려했다는 점임을 제시한다.

하지만 Jones의 훈육에는 많은 단점도 있다. 이러한 단점은 다음과 같다.

- 중학교, 고등학교 학생들은 '얼굴 가까이' 접근에 대한 반응에 있어 공격적일 수 있다. 이 접근은 교사와 학생 모두 원치 않는 대결을 낳을 수도 있다.
- 학생 독립성은 격려되지 않는다. Jones의 모형은 학생의 선택이 거의 없는 절대적인 교사 통제 유형 중 하나이다(Morris, 1996). 그와 같은 절대적 통제는 Jones가 책임 훈련이라고 정의한 것에서 보여진다. "책임 훈련이란 교사가 단지 한 번 생각한 결과의 기준에 맞추어 어떤 행동이 행해지기를 원할 때 교사가 원하는 거의 어떤 것이든 거의 모든 학생으로 하여금 행하게 만드는 진보된 유형의 시간 격려책이다."(Jones, 1987, p. 160)
- 동료 급우에게 규칙을 지키도록 하기 위해 학생을 활용하는 것은 문제를 해결하기보다 문제를 생성할 수 있다. 원한, 복수가 그 결과이다.
- 훈육 문제가 발생할 때 수업을 중단해야만 한다는 Jones의 주장은 실제로 어떤 교실에서는 문제를 생성시킬 수 있다. 어떤 학생들은 교수가 중단되도록 서로서로 혼란을 일으키도록 격려할 수도 있다.

교실에서의 긍정적 교실훈육

시나리오

학급의 일부 학생들이 수학 연습 문제를 풀고 있는 동안 5학년 교사 제이니 얀드로코비치 씨는 어휘와 씨름하고 있는 몇몇 학생들에게 컴퓨터로 가서 공부하도록 요청했다. 한 학생이 컴퓨터 프로그램 여는 것을 도와주다가 그녀는 잭이 개릿에게 CD를 주는 것을 보았다. 하던 것을 멈추고 얀드로코비치 씨는 두 소년에게로 얼굴을 돌렸다. 들키자 개릿은 CD를 책상 아래로 넣었다. 그리고 수학 문제를 푸는 척하고 있었다. 개릿이 자신의 CD를 가지고 있는 것에 열 받아서 잭은 그를 밀치면서 말했다. "돌려줘."

개릿은 잭이 자리로 돌아가 학습할 것을 바라면서 그에게 얀드로코비치 씨가 보고 있음을 알리기 위해 손짓했다. 아쉽게도 잭은 교사보다는 자신의 CD에 대해 더 관심이 많았다. "내가 말했어, 돌려 달라고." 그는 다시 말했다.

얀드로코비치 씨가 두 소년에게 걸어왔다. 그리고 개릿과 잭의 뒤에서 왔다 갔다 하다가 두 소년 사이에 섰다. 그녀는 개릿에게 CD를 내놓을 것을 지시하면서 몸을 구부리고 손을 내밀었다. 이것을 보자 잭이 소리쳤다. "어, 선생님이 그것을 가져가면 안 돼요. 그건 내 거예요. 돌려줘요."

잭을 무시하면서 얀드로코비치 씨는 잭의 시야를 가린 채 두 소년 사이에서 계속 몸을 구부렸다. 일단 CD를 압수한 후 그녀는 개릿에게 수학 문제를 풀도록 손짓했다. 개릿을 다루는 내내 잭은 계속 불평했다. "내 CD 돌려줘요. 선생님 자녀들에게 CD를 허용하지 않는다고 해서 내 것을 압수하는 것은 말이 안 돼요. 내가 아빠한테 말할 때까지 기다리세요. 내 것을 가져가는 것은 옳지 못해요."

얀드로코비치 씨는 개릿이 학습할 때까지 수 분 동안 잭을 무시했다. 개릿의 어깨에 손을 얹으면서 그녀는 말했다. "고마워, 개릿." 그러고 나서 잭을 보면서 그녀는 그의 책상에 자신의 팔을 기대면서 눈을 마주 보았다.

"가족들이 선생님이 내 CD를 가져갔다는 것을 알게 될 때까지 꼭 기다리세요. 아이, 선생님, 정말 곤란한 상황에 놓일 거예요. 내 것을 가져갈 수는 없다고요." 잭은 계속 불평했다. 얀드로코비치 씨가 맞받아 논쟁하지 않을 것이고, 계속 그를 쳐다볼 계획이 있음을 깨닫자 잭은 포기하고 연필을 꺼내 들었다.

얀드로코비치 씨는 잭이 항의하는 것을 멈추고 수학 문제를 3개 풀 때까지 잭의 책상 옆에 계속 서 있었다. 그러고 나서 잭이 학습에 복귀한 것에 대해 고맙다고 인사를 한 후 컴퓨터 프로그램 여는 문제를 마치기 위해 컴퓨터 영역으로 돌아갔다.

몇 시간 후 학급 학생들이 체육관에서 돌아왔을 때 얀드로코비치 씨는 잭을 옆으로 끌었다. 모든 학생이 교실로 들어갔을 때 얀드로코비치 씨는 잭에게 말했다. "내가 네가 체육관에 가 있는 동안 CD에 대해 이야기하려고 너의 어머니에게 전화를 했다. 오늘 오후 어머니가 학교에 오실 거야. 그래서 우리 셋이서 너의 행동에 대해 이야기해 볼 거야. 너는 오늘 교실에 남아 있도록 하거라. 학교가 끝나자마자 어머니가 우리를 만나게 될 거야."

요약

Fredric Jones의 훈육 모형인 **긍정적 교실관리**는 수업이 잘 통제된 교실에서만 이루어질 수 있음을 제시한다. 따라서 그는 훈육이 수업 시작되기 전 반드시 먼저 이루어져야 함을 주장했다. 근접 통제, 부정적 강화, 격려, 좋은 몸짓언어를 사용함으로 인해 Jones는 교실통제는 유지될 수 있고 학습이 이루어질 수 있음을 제시한다. Jones의 이론은 행동주의 이론과 모든 학년 수준에서 이루어진 교실연구에 근거하고 있다. **긍정적 교실훈육**은 교실구조, 제한 설정, 책임 훈련, 보완 체계라는 네 가지 주요 요소로 구성된다.

주요 용어

이 용어들에 대한 정의는 용어해설에 제시되어 있다.

근접 통제	제한 설정
긍정적 교실훈육	책임 훈련
보완 체계	할머니의 규칙
선호 활동 시간	획득 단계
생략 훈련	

관련 활동

이론에 대한 성찰

1. 5학년 교사 안젤라 프루잇은 교실의 가장 일반적인 문제 중 하나를 다루고 있는 중이다. 3명의 여학생이 떠들어서 항상 교실을 소란스럽게 한다. 프루잇 씨는 세 소녀에게로 가서 그들이 서로서로 떨어져 앉도록 한다. 그러나 그들은 여전히 떠들면서, 쪽지를 돌리며, 그들 중 하나가 이야기한 것에 대해 낄낄대면서 시간을 보내려고 한다. Fredric Jones는 프루잇 씨에게 이 상황을 어떻게 다루도록 이야기할 것인가?

2. Canter와 Jones는 모두 규칙 형성에 대한 제안을 했다. 그 접근은 어떻게 비슷한가? 그것들은 어떻게 다른가?

3. 제2장 행동주의 접근에서 기술된 기법과 비교해 Jones의 접근은 어떠한 유사점과 차이점을

가지는가?

4. 당신은 얀드로코비치 씨가 잭과 개릿의 상황을 다루던 방식에 동의하는가? 당신이라면 무엇을 다르게 다룰 것인가?

포트폴리오 자료 개발하기

1. Jones는 교실배열이 교실관리의 성공에 중요함을 믿었다. 아래의 내용에 준해 당신이 관찰한 교실을 분석해 보라.

    a. 교사 이동성
    b. 학생에 대한 물리적 접근성
    c. 순간순간의 학생 책무성
    d. 통로와 복도
    e. 교실에서의 교사와 일부 학생 사이의 장애물

개인 교실관리 철학 개발하기

1. Jones의 모형은 '얼굴 가까이' 접근이라고 불린다. Jones의 기법에 반응하지 않을 수도 있는 학생의 유형 혹은 학년이 있는가? 이 방법을 사용한다면 당신은 편안할 것인가? 그 이유는 무엇인가?

2. Jones는 훈육이 필요할 때는 교수가 중단되어야 함을 제안한다. 만약 교사가 훈육과 교수 중 하나를 선택해야만 한다면 훈육이 먼저 와야만 한다. 당신은 이에 대해 동의하는가 아니면 동의하지 않는가? 그 이유는 무엇인가?

3. Jones의 접근에 의하면 모든 학급 구성원이 생산적일 때 선호 활동 시간을 얻게 된다. 학급의 구성원 중 어떤 구성원이라도 과업을 하지 않으면 그 시간을 잃게 된다. 당신은 이 철학에 동의하는가? 그 이유는 무엇인가?

후속 연구 자료

긍정적 교실훈육에 대한 추가적인 정보, 교실에서 활용할 자료를 구하고자 한다면 아래 주소로 연락하라.

Fredric H. Jones & Associates, Inc.

103 Quarry Lane

Santa Cruz, CA 95060

(831) 425-8222

(831) 426-8222

http://www.fredjones.com

참고문헌

Jones, F. (1979). The gentle art of classroom discipline. *National Elementary Principal, 58,* 26–32.

Jones, F. (1987). *Positive classroom discipline.* New York: McGraw-Hill.

Jones, F. (2001). *Tools for teaching.* Santa Cruz, CA: Fredric H. Jones & Associates, Inc.

Jones, F. (2007a). Teaching rules and routines. *Education World.* Retrieved June 16, 2010, from http://www.educationworld.com/acurr/columnists/jones/jones028.shtml.

Jones, F. (2007b). *Tools for teaching* (2nd ed.). Santa Cruz, CA: Fredric H. Jones & Associates, Inc.

Jones, F. (2008). Nasty backtalk. *Education World.* Retrieved May 15, 2010, from http://www.educationworld.com/acurr/columnists/jones/jones033.shtml.

Kounin, J. S. (1970). *Discipline and group management in the classroom.* New York: Holt, Rinehart and Winston.

Morris, R. C. (1996). Contrasting disciplinary models in education. *Thresholds in Education, 22,* 7–13.

논리적 **결과**

05

목표

제5장에서는 예비 교사들을 INTASC 기준 2항(학생 발달), 5항(동기와 관리), 8항(평가), 9항(반성적 실천인)에 부합되도록 준비시키고자 한다. 이를 위해 다음과 같은 사항을 수행하도록 돕는다.

■ 교실관리 전략을 개발하기 위해 Adler, Dreikurs, Albert, Nelsen의 연구에 근거한 인간 행동에 대한 지식을 활용한다.

■ 학생 행동에 대한 동기를 이해한다.

■ 전통적인 처벌에 대한 대안으로서 결과를 활용하는 것에 관한 연구를 평가한다.

■ 교실에서 당연한 결과와 논리적 결과를 적용하는 전략을 배운다.

■ 논리적 결과의 기본적 원리를 이해한다.

■ 문제행동을 다루기 위해 논리적 결과의 이론을 활용한다.

시나리오

교사로서의 첫 학년도 말에 3학년 교사 사라 프라부는 다음 해에는 어떻게 다르게 할 것인가를 생각하면서 수일을 보냈다. 교실의 물리적 배치를 변화시키고 여러 개의 교수 전략을 고안하는 계획을 세웠음에도 불구하고 가장 큰 발전을 필요로 하는 영역은 교실관리 계획이었다.

교수 초기에 사라는 예비 교사로서 실습을 할 때 지도교사가 사용했던 훈육 계획을 적용했다. 이 계획은 교실규칙과 결과의 설정을 요구했다. 매일매일 학생들은 자신들이 교실규칙을 위반하게 되면 카드를 넘겼다. 카드가 더 많이 넘겨질수록 결과는 더 가혹해졌다. 하지만 1년 동안 이 방법을 사용하면서 사라는 절망했고 이 계획에 많은 결함이 있음을 느끼게 되었다. 가장 결정적인 결함은 결과가 문제행동 혹은 문제행동의 동기와 연결이 되지 않는다는 점이었다. 행동과 결과 사이에 관련성이 적음을 사라는 보았기 때문에 그녀는 그녀의 학생들도 그 관련성을 보는 데 실패했다고 확신했다.

여름에 사라는 그녀의 교수 방식과 개인적인 철학에 보다 적합한 교실관리 계획을 발견해 보려고 결심했다. 그녀는 교실관리에 관한 수많은 책과 논문을 읽었다. 그리고 마침내 1970년대 초기에 쓰여진 논리적 결과의 사용에 관한 논문 하나를 발견했다. 호기심이 생겨 그녀는 Rudolf Dreikurs의 연구들을 읽었다. 문제행동에 대한 결과가 문제행동에 직접적으로 연결되었기 때문에 Dreikurs의 모형은 그녀의 뜻에 맞았다. 그녀는 논리적 결과를 사용함으로써 그녀의 학생들은 자신들의 행동과 처벌 사이의 관련성을 알게 될 것임을 확실하게 느꼈다.

개학했을 때 사라는 교실규칙을 개발하기에 앞서 학급 학생들과 이야기를 나누기로 했다. 무엇이 학급이 순조롭게 흘러가도록 만들 것인가에 대해 토론한 후 학급 학생들은 일련의 규칙에 동의했다. 그들은 결과는 설정하지 않았다. 왜냐하면 결과는 행동과 그 행동의 동기에 근거하고 있기 때문이다. 며칠 후 점심시간, 식당 관리자가 사라에게 그녀 학급의 학생들 중 일부가 식탁을 깨끗하게 하지 않고 너무 더럽혀 놓아서 다른 학생들이 사용할 수 없을 정도였음을 이야기했다. 그러한 행동에 대한 적절한 논리적 결과를 생각한 결과 그녀는 몇몇 학생들을 식당으로 보내 식탁을 깨끗하게 치우도록 하고 식당 관리인에게 용서를 구하도록 시켰다. 그 후 수 주 동안 사라는 각 행동마다 적절한 논리적 결과를 연구하느라 종종 애를 써야만 했다. 그러나 그녀는 학생들이 단순하게 처벌받는다고 생각하기보다 결과로 인해 무엇인가를 배우고 있는 중임을 확신했다.

들어가는 말

1부 훈육으로서의 교실관리에 관한 마지막 장은 Rudolf Dreikurs의 초기 연구에 근거를 둔다. 1960년대와 1970년대 이래로 사라 프라부와 같이 많은 교사들은 Dreikurs의 모형인 **논리적 결과**를 채택했다. 개발되었을 당시 논리적 결과는 훈육 계획을 개발할 때 학생 행동의 동기와 목적을 고려해야 한다는 개념을 사용함으로써 훈육에 대한 행동주의적 초점을 보다 인간주의적 접근으로 이동시켰음을 표방했다. 하지만 행동 뒤의 동기를 이해한다고 해서 문제행동에 대한 적절한 결과의 필요성을 거부하는 것은 아니다. 따라서 논리적 결과의 주요 초점은 학생들로 하여금 자신들의 결정에 의한 결과를 인지하도록 도우면서 학생 행동을 통제하는 것이다.

Dreikurs의 훈육 개념을 확장시키면서 Linda Albert와 Jane Nelsen은 Dreikurs의 초기 이론에 보다 현대적인 요령을 제공했다. Albert(1996)와 Nelsen(2006)은 학생들이 왜 특정한 방식으로 행동하는지를 이해하는 것이 중요함을 강조했다. 이러한 이해를 통해 교사는 특정 문제를 다룰 전략을 개발할 수 있다. 하지만 논리적 결과 뒤에 있는 전제는 행동을 통제하는 것뿐만 아니라 학생들로 하여금 그들의 행동과 활동에 책임을 지도록 돕는 것이다.

논리적 결과의 개념 중 많은 것은 비엔나 정신의학자인 Alfred Adler(1958)의 연구에 근거한다. 그는 모든 행동은 목적을 가지고 있음을 말한다. Adler에 따르면 학생에 의한 개별적인 각 행동은 목적 지향적이다. 행동주의적 이론가들과 달리 Adler는 학생을 그에게 일어난 것에 대해 수동적으로 반응하는 존재로 보지 않았다. Adler는 학생은 환경과 적극적으로 상호작용하며, 훨씬 더 중요하게도 학생의 행동은 학생이 상황을 지각하고 평가한 산물임을 제시했다. 불행하게도 이러한 평가는 종종 주관적이며, 편견에 치우치고, 부정확하다. 그러나 학생에게 있어 지각과 가정은 사실이고 따라서 의문의 여지가 없는 것이다. 아래의 예를 고려해 보라.

신시아의 9학년 교사는 학생들에게 칠판에 문제를 풀게 했기 때문에 그녀는 수학교실에 가는 것이 항상 두려웠다. 그녀는 너무 뚱뚱하고, 그녀의 급우들이 모두 응시하고 있음을 알기 때문에 칠판 앞에 서는 것을 싫어했다. 오늘 그녀는 지난밤 풀 수 없었던 문제를 풀라고 요구되었다. 칠판 앞에 서서 문제와 씨름하면서 그녀는 자신의 얼굴이 붉어지는 것을 느꼈다. 그녀는 계속 칠판에 얼굴을 고정시킨 채 제발 답이 나와 줄 것을 기도했다. 그때 그녀는 교실 뒤에서 들려오는 웃음소리를 들었다. 급우들이 자기 때문에 웃는다고 생각한 그녀는 돌아서서 소리쳤다. "너희들 모두 싫어. 이 학급이 싫어." 그녀는 급우들이 사실은 늦게 와서 교사에게 들키지 않고 교실에 몰래 들어온 학생 때문에 웃었다는 사실을 알기도 전에 교실 밖으로 뛰어나갔다.

Adler는 모든 사람이 사회적 존재이며, 소속되고 수용되고자 하는 욕구는 기본적인 인간 동기라는 점을 가정했다. 학생의 모든 행동은 교실 안의 사회적 구조 속에서 위치를 찾고자 하는 노력이다. 이상적이게도 학생들은 집단의 복지에 기여하는 것이 다른 사람으로부터의 인정을 얻고 이를 유지할 수 있는 가장 좋은 방법임을 알고 있다. 이것은 불행하게도 항상 가능한 것은 아니다. 너무도 자주 학생들은 어떠한 행동

논리적 결과의 단계

교실에서 논리적 결과를 적용하기 위해 당신은 아래와
같은 일을 행할 필요가 있다.

　1. 문제행동의 원인이 무엇인지를 파악하라.

　　■ 주의 끌기
　　■ 권력 추구하기
　　■ 복수 추구하기

　　■ 실패 회피하기
　2. 목적에 근거해 개입하라.
　3. 규칙이 와해되고 문제행동이 발생할 때는 당연한
　　　혹은 논리적 결과를 부과하라.
　4. 학생들이 서로서로 그리고 당신과 관계 맺는 것을
　　　돕기 위해 교실에 공동체를 형성하라.

이 그들로 하여금 학급에 수용되어지도록 도움을 줄지 이해하지 못한다. 학급에서,
궁극적으로는 사회에서 자신의 자리를 찾도록 학생을 도우려면 교사가 다음과 같은
사항을 이해해야만 함을 Albert(1996)는 언급했다.

　■ 학생은 그들의 행동을 선택한다. 교사는 학생들의 선택을 통제하는 것이 아니라
　　영향을 줄 권력을 가지고 있다. 몇몇 학생들은 신체적, 혹은 학습적 장애보다는
　　선택 장애를 가지고 있다.
　■ 학생 행동의 궁극적 목적은 심리적 · 정서적으로 소속되고자 하는 욕구를 충족시
　　키기 위한 것이다.
　■ 학생은 네 가지 목적 중 하나를 성취하기 위해 문제행동을 한다.

문제행동의 목적

오직 교사가 행동 뒤의 이유를 이해할 때만 학생 행동의 의미가 파악되어진다. Nelsen,
Lott, Glenn(2000)은 학생들이 항상 교실에서 그들 경험에 의한 지각에 근거해 무의식
적인 결정을 하게 됨을 제시했다. 그들의 결정은 행동의 근거가 된다. 학생이 소속되
지 못하고, 권력도 없고, 모욕을 당하고, 성취할 수 없다고 느낄 때 그들은 삶의 균형
을 회복하기 위해 행동을 한다. 이러한 행동을 다루기 위해 교사는 그러한 행동을 통
해 학생들이 성취하고자 하는 목적을 이해해야만 한다고 Albert(1996)와 Nelsen(2006)

은 강조한다. Adler의 초기 이론에 근거해 Albert와 Nelsen은 네 가지 학생들의 목적을 규명했다.

1. 주의 끌기
2. 권력 추구하기
3. 지각되어진 불공정성에 대해 복수 추구하기
4. 실패 회피하기

학생에게 가장 흔한 목적은 **주의 끌기**(attention seeking)이다. 학생은 종종 주의가 그들에게 주어질 때만 자아 가치감을 가지게 된다는 잘못된 생각을 한다. 모든 학생들이 관심을 원하고 필요로 함에도 불구하고 주의 끌기는 학습하거나 협력하기 위한 목적이 아니라 학생의 개인적인 권력을 향상시키기 위한 목적일 때 문제가 된다. 이 학생에게 있어 무시당하는 것은 참을 수 없는 일이다. 교사나 동료들에 의해 주목받기 위해 학생은 기꺼이 처벌, 고통, 혹은 모욕을 감수하려고 한다.

주의 끌기는 건설적이거나 파괴적인 다양한 방법을 통해 행사된다. 주의 끌기의 수동적인 형태로 학생이 모범적인 아동, 경우에 따라서는 교사의 총아로 나타날 수도 있다. 불행하게도 주의에 대한 요구는 점점 더 강해진다. 적은 양의 주의로 더 이상 만족하지 못할 때 학생은 성가신 존재, 과시, 혹은 학급 광대가 된다. 주의 끌기를 시도하는 학생은 항상 질문을 하는데 질문은 정보를 위해서가 아니라 주의를 끌기 위해서이다. 이러한 모든 행동은 교사나 동료 학생으로 하여금 주의를 끌고자 하는 학생에게 집중하도록 고안된다.

Albert(1996)는 학생이 교사와의 관계를 원한다는 사실에 있어 주의 끌기 행동에는 희망이 있음을 언급한다. 따라서 교사는 부적절한 행동의 방향을 선회시켜 그 학생이 보다 적절한 방식으로 관심을 얻도록 할 수 있다.

Albert(1996)는 "젊은이들은 그들의 기질을 잃지 않는다. 즉 그들은 그것을 활용한다"(p. 41)라고 말했다. 이것은 정확하게 **권력 추구**(power seeking) 학생을 묘사한다. 교사가 이 학생을 중지시키거나 방향 선회시키려고 하면 교사와 학생 사이에 권력 싸움이 발생할 수 있다. 이러한 상황에서 학생은 주의를 얻기보다 오히려 성인을 통제하려고 시도한다. 권력 추구의 학생은 우두머리가 되기를 원하며, 반박하거나, 거짓말하고, 분노 발작을 일으키거나, 교사의 능력에 의문을 표시한다. 나이 많은 학생은 종종 언어적으로 짜증을 내거나 마치 교사가 증인석에 있는 양 교사를 몰아세운다는 의미에서 '변호사 증후군'이라고 Albert(1996)가 지칭한 것을 활용한다. 몇몇 권력 추구 학생은 보다 수동적이다. 그는 말로는 어떤 것을 표현하나 행동으로는 다른 것을 행한다는 점에서 '음험'하다.

교사가 신체적으로나 직업적으로 위협을 느낄 수 있음에도 불구하고 교사가 학생과의 권력 싸움에 끼어들지 않는 것이 중요하다. Albert(1996)는 권력 추구 학생이 교사에게 극도의 좌절감을 줄 수 있음에도 불구하고 이 학생은 지도자의 능력, 단호함, 독립적인 사고방식이라는 긍정적 특징을 가지고 있으며, 이것은 보다 적절한 행동으로 방향 선회되어질 수 있음을 강조한다.

복수 추구(revenge seeking) 행동은 일련의 오래 누적된 낙담의 결과이다. 이 학생은 주의나 원하는 권력을 얻을 방법이 없다고 판단을 내린다. 그리고 소속감의 결여를 복수로 보상한다. 교사와 다른 학생이 분노 혹은 고통의 목표가 될 수 있다. 그러나 이 분노와 고통의 원인은 실제적으로는 파괴된 가정, 부모의 실직, 혹은 인종적 편견 같은 인간적 환경의 결과이다(Albert, 1996).

복수 추구의 학생은 모든 사람이 자신에 대해 적대적이라고 생각한다. 그는 교사와 동료 학생들이 자신에게 불공정하고, 자신의 감정을 존중하지 않으며, 자신에게 상처를 준다고 생각한다. 그는 어느 누구도 자신을 좋아하지 않는다고 확신하며 이러한 믿음 때문에 다른 사람을 교사든 급우든 관계가 파괴될 정도로 화나게 만든다.

짓밟혔다고 느끼는 학생은 복수를 추구한다. 복수 추구의 학생은 너무도 깊게 낙담해서 그는 오직 다른 사람에게 상처를 줌으로써 학교의 사회적 분위기에서 자기의 자리를 찾을 수 있다고 믿는다. 이 학생은 종종 교사와 급우들을 위협한다. 이 학생은 불량배의 희생자가 될 수도 있고 그가 불량배가 될 수도 있다. 많은 사람들은 그들 스스로나 다른 사람에 대한 폭력적 감정을 감추고 있다.

복수 추구 학생은 교사가 소중하게 여기는 것이 무엇인지, 규칙을 위반했을 때 취하는 것이 무엇인지를 알고 있다. 개인적으로 공격받고 있음을 느끼면서 교사는 그 학생으로 인해 상처를 받고, 실망하며, 그 학생을 싫어하게 된다. 이러한 학생의 행동은 종종 병리적인 경계선에 놓이게 되며 전문가의 개입을 요구한다. 따라서 교사는 복수하거나 정서적으로 당황하지 않는 것이 중요하다. 오직 이해와 조력의 태도를 통해서만 이 학생을 도울 수 있다.

실패 회피(failure avoiding)의 학생은 단지 실패와 패배만을 기대하며 얼마 지나지 않아 쉽게 포기한다. 이 학생은 학업 면에서 성취할 수도 없고 학급의 사회구조에서도 자리를 발견할 수 없다고 느끼면서 움츠러든다. 마침내 그는 혼자 앉고, 돕고자 하는 교사의 시도를 무시해 버린다. Dreikurs, Grunwald, Pepper(1982)는 이 학생을 극도로 낙담되고 패배되어진 학생으로 묘사한다. 그는 아래와 같은 이유로 시도 자체를 거부할 수도 있다.

- 그는 분명히 의욕적이며, 원하는 만큼 잘할 수 없음을 두려워한다.
- 그는 경쟁적이며, 다른 사람이 하는 만큼 잘할 수 없음을 두려워한다.
- 그는 부모와 교사의 압력과 그들의 기대를 만족시킬 수 없음을 느낀다.
- 그는 노력하면 실패할 것이라고 두려워한다.

Albert(1996)는 실패를 회피하는 학생은 거의 교실을 이탈하지도 않고 소란스럽게도 하지 않음을 언급했다. 대신에 이 학생은 수업시간 내내 자거나 조용히 공상에 잠긴다. 교사는 이 학생이 학업을 할 수 없는 것인지, 학업을 하지 않으려고 하는 것인지 판단하는 것에 어려움을 발견한다. 불행하게도 학생의 낙담은 전염성이 있어 교사도 곧 그 학생에게 다가가는 것이 도움이 되지 않는다는 것을 느낀다. 종종 이 학생은 교사와 다른 급우로부터 더욱더 움츠러들어 혼자 남게 된다.

Nelsen(2006)은 잘못된 목적을 규명함에 있어 2개의 실마리를 밝혔다. 첫째, 교사는 학생의 문제행동에 대한 자신의 반응을 평가해야 한다. 만약 교사가 귀찮다거나 성가시다고 느끼게 되면 학생의 목적은 관심을 얻는 것이다. 만약 교사가 위협을 당한다고 느낀다면 학생은 권력 추구 행동을 행사한 것이다. 만약 교사가 학생 행동에 의해 상처를 받는다면 그 학생은 아마도 복수를 추구하고 있는 것이다. 마지막으로 만약 교사가 학생을 돕기 위해 준비한 것이 부적절한 것임을 느낀다면 그 학생은 실패 회피를 행사하고 있는 것이다.

두 번째 실마리는 교사의 개입에 대한 학생의 반응이다. 주의 끌기 학생은 만약 교사로부터 주의를 받게 되면 잠시 동안 성가신 행동을 중단할 것이다. 권력을 추구하는 학생은 계속해서 문제행동을 일으킬 것이며 언어적으로 교사를 거부할 수도 있다. 복수를 추구하는 학생의 문제행동은 교사가 그 행동을 중단시키고자 할 때 강화될 것이다. 실패 회피 학생은 반응하기를 거부하며 혼자 남겨지기를 희망하면서 더욱 더 움츠러든다. 아래의 예에서 학생의 반응을 고려해 보라.

브래트너 씨가 학급을 지도한 후 그녀는 수업의 마지막 15분 동안 학생들에게 숙제를 시작하도록 허락했다. 모두 자신의 지도를 이해했는지 확인하기 위해 교실을 돌아다니다가 그녀는 개릿이 자리를 막 뜨려고 하는 것을 보았다. 학생의 어깨에 손을 얹으면서 그녀는 "개릿, 숙제를 시작해야 돼."라고 말했다.

주의 끌기를 하는 개릿은 브래트너 씨를 쳐다보고 미소 지으며 숙제를 시작한다.

권력을 추구하는 개릿은 큰 소리를 지르며 반응한다. "이건 바보 같은 짓이에요. 어제 했던 것하고 똑같은 내용이란 말이에요. 왜 우리는 똑같은 것을 계속 다시 반복해야 하는 거지요?"

복수를 추구하는 개릿은 격렬하게 브래트너 씨의 손길을 홱 뿌리치면서 소리친다. "그 냄새나는 손 치워 주세요. 나는 선생님의 도움 따위는 필요하지 않아요."

실패 회피 개릿은 자신의 머리를 떨구며 책상 위 종이를 본다. 그는 거의 속삭임에 가깝게 말한다. "저는 할 수 없어요. 저는 이걸 어떻게 해야 하는지 몰라요."

학생 행동에 대한 반응

Dinkmeyer와 Dinkmeyer(1976)는 학생들과 효과적으로 활동하기 위해서 교사는 학생 행동의 목적을 이해할 필요가 있음을 강조한다. 이것을 위해 교사는 행동 뒤에 숨겨진 실제 문제를 확인해야만 한다. 표 5.1은 이러한 목적을 확인하는 방법을 좀 더 설

표 5.1 학생들의 네 가지 잘못된 목적

잘못된 목적	학생의 믿음	학생 행동의 예	행동에 대한 교사의 반응	교사의 개입에 대한 학생의 반응
주의 끌기	학생은 교사나 다른 학생들로부터 주의를 얻을 때만 교실의 일원임을 느낀다.	항상 주의를 요구한다. 교사의 총아가 되기를 희망한다. 과시한다. 학급 광대가 된다.	성가시고 짜증 난다.	순간적으로 중단하지만 다시 시작한다.
권력 추구하기	학생은 교사와 다른 학생을 통제할 때 학급의 일원임을 느낀다.	반박한다. 거짓말한다. 분노 발작을 일으킨다. 교사의 권위와 지식에 의문을 표한다.	전문적으로 위협당한다.	언어적으로 혹은 신체적으로 계속 교사를 거부한다.
복수 추구하기	학생은 사회구조로부터 배제되었다고 느끼며 급우들 혹은 교사에게 충돌을 야기한다.	교사 혹은 급우들에게 공격적이다. 불량배가 된다. 교사 혹은 급우들을 위협한다.	상처를 입는다.	행동을 강화한다.
실패 회피하기	학생은 사회적 혹은 학문적으로 성취할 수 없다고 느낀다. 그리고 더 이상의 시도도 하지 않는다.	수업시간 내내 자거나 혹은 공상한다. 눈에 띄지 않도록 시도한다.	학생을 돕는 것이 부적절하다.	교사 혹은 급우들로부터 더욱 움츠러든다.

출처 : Dreikurs, Grunwald, & Pepper(1982); Nelsen(2006).

명해 준다.

교사의 문제행동에 대한 반응은 그 행동의 목적과 관련되어야 한다. 주의 끌기 학생에 대해 강화는 이 학생이 적절히 행동할 때만 발생되어야 한다. 종종 이 학생들은 그의 익살스러움이 얼마나 성가신지를 모르며, 교사가 그 상황에 대해 이야기할 때에야 자신의 행동을 고치려고 한다. 몇몇 경우에 교사는 그 행동이 중지될 필요가 있음을 지적하는 신호를 보낼 수도 있다. 불행하게도 교사와 주의 끌기를 시도하는 학생은 교실에 둘만 있는 것이 아니며, 급우들이 그 학생에게 주의를 보일 수도 있다. 이러한 상황이 발생하면 그 학생은 교사의 주의를 얻기 위한 시도를 그만두고 급우들의 주의를 끌고자 더욱더 심하게 행동할 수도 있다.

권력을 추구하는 학생을 다룰 때 첫 번째 요구되는 사항은 개입하지 않는 것이다. 만약 권력이 겨루어지지 않는다면 그 학생에 대한 강화는 없는 것이다. 그러므로 교사가 학생과의 권력 싸움에 휘말리지 않는 것이 결정적으로 중요하다. 교사는 직접적인 대면을 피해야만 한다. 학생도, 교사도 체면을 잃는 것을 원하지 않기 때문에 학생의 행동에 대한 논의는 사적으로 이루어져야 한다. Albert(1996)는 이 방법이 교사, 학생 모두 체면을 살리면서 과열된 상황을 피할 수 있음을 제시했다.

교사의 권력이 위협을 당할 때 냉각기를 가지는 것이 가장 좋은 방법이다. 교사, 학생 모두 조금 더 냉정해진 다음에 그들은 학생의 문제행동에 대해 토론할 수 있다. 학생에게 자신의 이야기를 하도록 허용해 주는 것이 중요하다. 많은 경우에 있어 이것은 그 상황의 위험을 해소해 준다. 많은 학생들에게 있어 자신의 이야기를 한다는 것은 자기 마음대로 되는 것만큼이나 중요하다.

Albert(1996)는 권력 추구는 학생이 학급 안에서 목소리를 낼 때 줄어들 수 있음을 강조한다. 그녀는 학생으로 하여금 결정 과정에 개입하게 함으로써 정당한 권력을 허용하는 것을 옹호했다. 학생이 선택할 수 있을 때 그들은 권력을 행사함을 느낀다. 학생이 진정으로 책임감을 가질 때 그들은 파괴적인 방식으로 권력을 획득하려고 노력할 가능성이 더 적어진다.

복수 추구의 학생을 다룸에 있어 교사는 배려하는 관계를 형성하도록 노력하는 것이 중요하다. 이것은 학생의 행동에 대해 이야기하면서 시작된다. 몇몇 경우에 있어 학생은 교사에게 좌절감을 주었는지에 대해 모를 수도 있다. 또 다른 경우에 학생은 그들이 한 행동을 알고 있고, 다른 학생들이나 교사를 신체적·심리적으로 상처 주지 말아야 한다는 사실을 명확하게 알기도 한다. 그 행동의 동기 혹은 이유와 관계없이 복수 추구의 학생에게 손상시킨 대상을 회복시키거나, 보상하거나, 보충하도록 요구되어야 한다(Albert, 1995).

실패 회피를 추구하는 학생을 다룸에 있어 교사는 그 문제의 원인을 파악하기 위해 노력해야 한다. Albert(1995)는 교사는 교수 방법을 변경하거나, 추가적인 지도를 제공하거나, 학생으로 하여금 긍정적인 자기 대화(self talk)를 활용하도록 격려하거나, 학생이 노력하는 것을 그만두고자 할 때 새로운 전략을 사용하도록 가르칠 것을 제안한다.

문제행동의 결과

Dreikurs는 처벌의 사용을 반대했다. 그는 학생들이 처벌을 자신의 행동이 아니라 처벌자의 행동과 연관시킨다는 것을 알았기 때문이다(Queen, Blackwelder, & Mallen, 1997). Nelsen(2006)은 너무도 자주 처벌은 원한(resentment), 복수(revenge), 반항(rebellion), 퇴보(retreat)를 초래한다고 말한다. 그녀는 이를 4개의 R이라고 지칭했다.

Nelsen(2006)은 처벌보다는 사회질서를 향상시키는 방법을 옹호했다. 교실이 학생들이 학습하고 성장할 수 있는 배려 있는 장소가 되기 위해 사회질서는 학습되고 지켜져야 할 다수의 규칙으로 구성된다. 책임감을 배우고자 하는 학생들은 '사회질서'를 준수하기 위해 행위의 결과를 경험해야 한다. 교사는 사회질서의 대리인이며, 설정된 규칙을 존중함에 있어 실패한 것에 대해 결과를 부과하는 사람이다.

따라서 학생이 교실규칙을 어기거나 부적절하게 행동하게 될 때 결과가 뒤따라야 한다. 모든 행동은 결과를 가진다. 즉 어떤 것은 당연하게 발생하지만 어떤 것은 교사가 부과한다. 당연한 그리고 논리적 결과라고 불리는 이 결과들의 목적은 학생들에게 실제 세계에서 그들 행동의 결과에 기초해 이해하고, 예측하고, 결정을 내리도록 가르치는 것이다(Nelsen, Lott, & Glenn, 2000).

당연한 결과(natural consequences)는 경솔한 행동의 결과이다. 당연한 결과는 사건의 점진적 변화의 결과이며 성인의 간섭 없이 발생한다. Meyerhoff(1996)는 교사가 당연한 결과를 제공할 필요는 없다고 언급했다. 왜냐하면 이것은 교사 개입이 없을 때조차도 발생할 것이기 때문이다. 하지만 학생 행동의 당연한 결과가 학생에게 신체적 혹은 심리적으로 해가 없음을 확인하는 것은 교사의 일이다.

논리적 결과(logical consequences)는 학생 행위의 명백한 결과라기보다는 교사에 의해 결정되는 결과이다(Meyerhoff, 1996). 논리적 결과는 문제행동이 본질적으로 다른 사람에게 영향을 주거나 잠재적으로 당연한 결과가 너무 심각할 때 필요하다.

논리적 결과는 표적행동을 줄이기 위해 사용된 부과된 자극이라는 점에서 처벌의 부분집합이다(Elias & Schwab, 2006). 학생들이 종종 논리적 결과를 처벌로 받아들이는 것이 바로 이 이유 때문이다. 따라서 결과는 학생의 행동과 연결되고, 학생과 함께 토의되는 것이 결정적으로 중요하다. 만약 결과가 학생에 의해 이해되지 못하고, 수용되지 못한다면 그 학생은 결과를 자신의 행동에 대한 논리적 결과라기보다는 처벌로 생각할 수 있다. 결과가 처벌로 인식되는 것을 피하기 위해 Dreikurs와 Loren (1968)은 처벌과 논리적 결과를 구분하는 아래와 같은 기준을 제시했다.

- 논리적 결과는 한 사람이 법 혹은 규칙을 위반할 때 사회 안에서 발생하는 실재를 표현한다. 논리적 결과는 모든 인간이 사회 안에서 기능하기 위해 배워야만 하는 생활양식의 규칙을 나타내므로 사회질서에 연결되어 있다. 한편 처벌은 단지 교사의 개인적인 권력, 교사가 학생에 대해 가지는 권위를 표현한다.
- 논리적 결과는 문제행동에 직접적으로 연결되어 있다. 처벌은 거의 그렇지 않다.
- 논리적 결과는 도덕적 판단의 어떤 요소도 포함하지 않는다. 처벌은 불가피하게 그러하다. 논리적 결과는 행위와 행위자를 구별한다.
- 논리적 결과는 지금 발생한 것에만 관심을 둔다. 처벌은 과거에 매여 있다.
- 논리적 결과는 비위협적인 방식으로 적용된다. 종종 처벌에는 분노가 수반된다.
- 논리적 결과는 학생들에게 선택권을 제시한다. 처벌은 순응을 요구한다. 교사가 논리적 결과의 접근을 취할 때 학생들에게는 부적절한 행동을 중단하거나 문제행동의 결과에 직면하는 것과 같은 선택권이 주어져야 한다(Dinkmeyer & Dinkmeyer, 1976).

오직 주의 깊고 적절하게 처리되어진 당연한 그리고 논리적 결과만이 내면적 동기, 자기 통제, 개인적 책임감을 증진시킨다. 희망하는 긍정적 효과를 지닌 이 기법에 있어 본질적인 것은 이 기법이 교사와 학생 사이의 배려하는 관계에 뿌리를 둔다는 점이다. 불행하게도 논리적 결과는 항상 명확하거나 수월하게 고안되지는 않는다. 그러나 적절하게 사용될 때 논리적 결과는 학생들로 하여금 자신의 선택에 대해 책임감을 배우도록 도움을 주는 어마어마한 힘을 가질 수 있다(Nelsen, Lott, & Glenn, 2000). 통제의 측면을 최소화하면서 논리적 결과의 정보적 가치를 최대화하기 위해서 다섯 가지 요소가 필요하다. 효과적이려면 논리적 결과는 연관성이 있어야 하고(related), 합리적이며(reasonable), 존중하며(respectful), 신뢰성 있게 시행되고(reliably enforced), 드러나는 것이어야 한다(revealed). 논리적 결과의 다섯 가지 R은 표 5.2에 제시되어 있다.

표 5.2 논리적 결과의 다섯 가지 R

연관되기	결과는 행동과 논리적으로 연결되어야 한다. 결과에 밀접하게 연결될수록 행동은 학생에게 보다 가치 있다.
합리적이기	결과는 문제행동에 대한 비율과 강도에서 공평해야 한다. 결과의 목적은 학생들로 하여금 고통을 당하게 하는 것이 아니라 행동과 결과 사이의 연관성을 보도록 하는 것이다.
존중하기	결과는 학생의 자존감을 유지하는 방식으로 진술되고 실행되어야 한다. 결과는 학생의 인성이 아니라 행동을 다룬다.
신뢰성 있게 시행되기	결과는 문제행동 뒤에 잇달아 일어나야 한다. 행동이 없는 위협은 비효과적이다. 일관성이 중요하다.
드러내기	결과는 규칙 위반과 같은 예측할 수 있는 행동에 선행해 드러나야(알려져야) 한다. 예측되지 않은 문제행동이 발생할 때 그 문제행동에 연결된 논리적 결과가 설정되어야 한다.

출처 : Albert(1996); Nelsen, Lott, & Glenn(2000).

학생 연결 돕기

Dreikurs와 Albert의 연구에서 결정적 차이 하나는 Albert가 보다 최근에 교실관리에 대해 더 지지적이고 관계적인 공동체에 대한 견해를 제시했다는 점이다. 그 안에서 학생들은 자신들의 힘으로 생각하면서 위기에 대처할 수 있고, 학습에 대한 책임감을 가지며, 필요할 때 교사의 도움을 구하고, 동료와의 상호작용으로부터 인지적 수혜를 추구할 수 있다. Albert가 주장하는 교실관리에 대한 견해는 학생들의 심리적 욕구와 오늘날 복잡한 학습법을 지원해 주는 교실환경을 조성하는 것이다. Albert(1996)는 만약 결과가 격려 기법을 수반해 자존감을 형성하고, 협력하며 학습하고자 하는 학생들의 동기를 강화하지 못한다면 앞으로 학생들의 문제행동을 예방하지 못할 것임을 충고한다. Albert에 따르면 학생들이 유능하고, 연결되어 있으며, 공헌할 수 있다고 느끼는 환경을 조성함으로써 학생들이 교실 공동체의 일원임을 느끼도록 만드는 것이 중요하다.

실수가 용납될 수 있는 교실을 조성하면 학생들은 유능함을 느낄 수 있다. 교사는 다양한 학습 방식과 기술 수준에 적절한 과업을 제공함으로써 모두가 성공할 수 있도록 보장할 필요가 있다. 강조점은 만족스러운 태도로 과업을 완수하고 지속적으로 증진되어 가는 데 주어져야 한다.

학생들은 그들이 교사 및 동료 급우들과 긍정적 관계를 형성할 수 있음을 확신할 필요가 있다. 학생 연결을 돕기 위해 Albert(1995)는 교사에게 다음과 같은 것을 제시한다.

- 모든 학생을 수용하고 다양성을 허용하라.
- 교실 밖에서 귀를 기울이고 학생들의 활동에 관심을 보임으로써 학생들에게 주의를 기울여라.
- 칭찬, 부모에게 전화, 혹은 메모 전달 등을 통해 학생들의 친절과 착실한 활동에 대한 감사함을 나타내라.
- 학생의 긍정적 자질에 대해 명확하게, 확신적으로 이야기하라.
- 작은 친절로써 애정이 깊은 관계를 형성하라.

교사는 학생들이 급우들의 복지와 학급의 긍정적 분위기에 기여할 필요가 있음을 깨닫도록 도와야 한다. 학급에서 지도자 역할을 가지도록 학생들에게 허용하는 것은 이러한 인식을 증진시킬 수 있다. Nelsen, Lott, Glenn(2000)은 이러한 목적을 위해 학급 회의의 활용을 주장한다. 그들은 학급 회의는 진정한 대화와 문제해결을 시작할 수 있는 기회임을 제시했다. 학급 회의는 학급 전체가 관심을 가질 수 있는 문제와 의제들을 토론하기 위해 열려야 한다.

전통적인 교실규칙을 활용하기보다, Albert(1996)는 교실행동 강령을 활용할 것을 주장했다. 그녀는 학생들이 교실규칙을 성인 지향적인 것으로 보고 있음을 제시한다. 행동 강령은 **교사를 포함해** 교실에 있는 모두가 어떻게 상호작용하고 서로서로 어떻게 대해야 할지에 대한 구조를 제시한다. 행동 강령과 함께 학생들은 항상 자신들의 행동에 대해 책임을 진다. 행동 강령은 학생들로 하여금 학급이 운영되어야 할 방법에 대해 목소리를 내게 됨을 느끼게 한다.

어려운 학생 다루는 전략

Nelsen(2006)은 어려운 학생을 다루는 첫 번째 단계는 행동 뒤에 숨겨진 이유를 이해하는 것이라고 언급했다. 초등학교 수준에서 대부분의 문제 학생은 모두가 자신에게 적대적이라고 생각하는 복수 추구의 학생이다. 그는 교사와 친구들이 그에게 불공정하고, 자신의 감정을 무시하며, 그에게 상처를 준다고 믿는다. 그 결과 그는 행정가, 교원, 학생들을 비난한다.

Nelsen(2006)은 학생들이 사춘기 초기에 진입한 이후에는 행동의 목적을 발견하는 것이 훨씬 더 어려움을 언급한다. 10대들은 어린 학생보다 권력 추구 혹은 복수 추구의 잘못된 목적을 더 많이 행사하지만, 다른 요소 또한 작동한다. 또래 압력은 10대들에게 특히 중요하다. Nelsen은 또래들의 승인을 추구하는 것이 학생들에게 부가적인 목적임을 제시했다. 10대들은 또한 자극이라는 잘못된 목적을 가지고 있으며 '단지 재미'를 위해 종종 문제행동을 한다.

아래와 같은 중요한 논점 안에서는 약물, 조기 임신, 범죄, 갱, 혹은 만성적 학업 문제와 같은 행동 건강상의 문제에서 위기에 놓인 학생들을 찾기는 어렵다.

- 생활의 도전을 다룰 수 있는 자신감
- 사회에 의미 있게 공헌할 수 있다는 신념
- 자신의 개인적 선택에 대해 책임진다는 신념
- 감정을 관리하는 능력

- 다른 사람과 효과적으로 상호작용하고, 협상하며, 감정이입할 수 있는 능력
- 융통성과 통합성을 가지고 적응할 수 있는 능력
- 타당하게 판단하고 통합성을 가지고 결정할 수 있는 능력(Glenn and Nelsen, 2000)

어려운 학생들은 자신들의 생활을 통제하지 못한다고 생각한다. 위의 일곱 영역에서의 기술을 개발하기 위한 개입이 제공될 때, 학생들은 그들에게 힘과 생활의 도전에 직면할 지식을 주는 강한 인간적 기초를 발달시킬 수 있게 된다.

논리적 결과의 장점과 단점

교사와 학생 사이의 상호작용과 존경을 증진시키는 한 긍정적 방법으로 많은 사람이 Dreikurs의 논리적 결과를 알고 있고, 이후 Albert와 Nelsen에 의한 Dreikurs 이론상의 변화도 알고 있다. 그들은 이 모형이 학생에게 자신들의 행동과 선택에 대해 책임을 지도록 허용함으로써 자율성을 증진시킴을 제시한다. 하지만 이 모델에 비판이 없는 것이 아니다.

하나의 비판은 1학년 교사들은 문제행동에 대한 학생들의 동기를 규명하고 이해

하기가 어려울 수 있다는 점이다. 어린 학생들은 종종 잘못되거나 혹은 혼합되어진 신호를 보내기 때문이다(Morris, 1996). Queen, Blackwelder, Mallen(1997)은 교실의 맥락 속에서 각 학생들의 행동 목적을 파악하는 것은 숙련된 교사라 할지라도 불가능함을 주장한다.

Kohn(1996) 또한 학생들의 행동이 선택이라는 Dreikurs의 생각에 의문을 표시한다. 그는 "어린 학생들이 문제행동을 선택한다고 경솔하게 주장하는 성인은 오히려 가난에 대해 비난받아야 할 사람들은 바로 그들 자신임을 주장하는 정치가와 같다."(p. 17)고 말한다. 그는 더 나아가 그와 같은 개념은 문제 학생의 발생에 대해 교사가 자신의 결정과 교실의 요구사항을 생각해 볼 필요성을 제거하게 된다고 말한다.

교사가 문제행동의 동기를 설정한 이후라 할지라도 부적절한 행동에 대해 어떻게 반응해야 할지 아는 것은 여전히 어렵다. 불행하게도 문제행동에 적합한 당연한 혹은 논리적 결과가 항상 있는 것은 아니다.

Kohn(1996)은 논리적 결과를 '처벌의 아류'라고 부른다. 그는 처벌과 논리적 결과를 구분 짓는 것이 어렵다고 말한다. 그리고 Dreikurs의 모형과 문제행동에 대한 처벌을 개선시킨 다른 모델 사이에 실제 차이가 있는지를 의문시한다.

Nelsen(2006)은 한때 논리적 결과에 대한 옹호자였다. 그러나 더 이상 그 실행을 지지하지 않는다. 왜냐하면 논리적 결과의 기본 개념이 잘못 이해되어졌기 때문이다. 그녀는 너무도 자주 학생들이 감당해야 한다는 신념하에 모욕감이 논리적 결과에 더해졌음을 제시한다. 이러한 일이 일어날 때, 처벌은 논리적 결과로 위장을 하게 되며 결과는 비효과적이 된다.

교실에서의 논리적 결과

시나리오

에리카 맥캐슬린이 브레이시중학교에서 6학년을 가르치며 교직 생애 첫해를 시작했을 때 그녀는 교실관리 모형으로 협동적 훈육을 사용하기로 결심했다. 일련의 교실규칙을 설정하기보다 오히려 그녀는 학생들에게 교실강령을 설정하면서 첫 며칠을 보내도록 허용했다. 학급을 소집단으로 나누면서 각 집단은 그들이 생각하는 강령을 작성했다. 칠판에 모든 강령을 붙인 후 여러 강령의 부분들은 합쳐졌고 학급은 아래와 같은 교실강령에 동의했다.

우리, 맥캐슬린 씨의 6학년 학급은 모든 학생이 존엄과 예의를 가지고 다루어져야 함을 믿는다. 우리는 모두가 학습하도록 도울 책임을 가지고 있으며, 맥캐슬린 씨가 가르치는 것을 방해하거나, 어느 누구라도 학습하는 것을 방해할 어떠한 것도 하지 않을 것임을 믿는다. 우리는 서로서로에게, 우리의 교사에게, 우리의 교실, 학교에 존경을 표할 것이다.

교실의 모든 학생은 행동 강령에 날인을 했으며 복사본은 화이트보드 위에 게시되었다.

학급 학생들은 만약 학생과 맥캐슬린 씨 사이에 문제가 발생되면 맥캐슬린 씨가 그 상황을 다룰 것이며 문제행동에 대해 결과를 제공할 것임에 동의했다. 만약 두 학생 사이에 문제가 발생되면 그 학생은 교실 법관에게 보내지며 그가 결과를 결정할 것이다. 모든 학생은 교실 법관으로 봉사할 기회를 가질 것이며 3명의 학생이 매달 법관으로 봉사하도록 뽑혔다. 모든 학생이 봉사할 기회를 가질 때까지 어떤 학생도 두 번 봉사할 수는 없다.

첫 번째 달, 맥캐슬린 씨는 자신의 계획이 얼마나 잘 작동하고 있는지를 살펴볼 여러 번의 기회를 가졌다. 베다니가 자신의 과제를 끝내지 못했을 때 맥캐슬린 씨는 베다니는 회합에 참여할 기회를 잃을 것이며, 자신의 과제를 끝낼 때까지 교실에 남아 있을 것을 결정했다. 자말이 자신의 의자에 앉아 뒤로 기대다가 수족관을 깨뜨렸을 때 법관은 그가 수족관을 대체하도록 경비를 지출할 것을 결정했다. 자말의 부모도 자말이 수족관을 교체하도록 그의 용돈 중 일주일에 3달러씩 기부할 것에 동의했다. 닉이 크리스틴 아래에서 의자를 잡아당겨 마룻바닥에 떨어지게 했을 때 법관은 닉에게 크리스틴에게 사과의 편지를 쓰도록 1시간 동안 타임아웃 시간을 가지도록 했다.

때때로 맥캐슬린 씨는 각각의 문제행동에 대해 적절한 결과를 발견하는 것이 어려움을 알았음에도 불구하고 이 계획은 학생들로 하여금 자신들의 행동과 그 행동의 결과 사이에 연결성을 만들도록 돕는다는 사실을 느꼈다.

학생들을 학급 도우미로 임명하는 것은 공동체의 느낌을 증가시킨다.

요약

Rudolf Dreikurs의 논리적 결과와 Linda Albert의 협동적 훈육은 통제에 초점을 두고 제시된 마지막 모형이다. 개발되어졌을 때 논리적 결과는 훈육에 대한 행동주의적 초점에서 보다 인간주의적인 접근으로의 이동을 표방했다. 인간주의적 접근은 훈육 계획을 개발함에 있어 학생 행동의 동기와 목적이 고려되어야 한다는 개념에 기초한다. Dreikurs의 훈육 개념을 확장시키면서 Linda Albert는 학생들을 연결시키고, 기여하고, 유능하게 느끼도록 돕기 위해 협동적 접근을 제안했다. Adler의 초기 이론에 근거해 Dreikurs와 Albert는 학생들의 목적을 (1) 주의 끌기, (2) 권력 얻기, (3) 몇몇 지각되어진 불공정성에 대해 복수하기, (4) 실패 회피하기의 네 가지로 규명했다. 모든 행동은 결과를 가진다. 어떤 것은 당연하게 발생하기도 하고 어떤 것은 교사가 부과하기도 한다. 결과는 저지른 일에 적합해야만 한다는 생각은 그들 이론에 있어 핵심이다.

주요 용어

이 용어들에 대한 정의는 용어해설에 제시되어 있다.

권력 추구하기	복수 추구하기
논리적 결과	실패 회피하기
당연한 결과	주의 끌기

관련 활동

이론에 대한 성찰

1. 혼슈마이어 씨가 그의 7학년 교실을 떠나려고 준비할 때 그는 누군가가 책상 위에 'JK'라는 글자를 새겨 놓은 것을 알아차렸다. 잭 켈리가 6분기에 그 책상을 차지했으므로 혼슈마이어 씨는 누가 그 책상에 손상을 가했는지 짐작하기가 어렵지 않았다.

   지금 혼슈마이어 씨는 무엇을 해야 하는가? 그는 이 상황을 해결하기 위해 논리적 결과의 원리를 어떻게 적용할 수 있는가?

2. 행동 계획을 공개하면서 프라부 씨는 문제행동에 근거한 결과와 그것들에 대한 학생 동기

를 구상했다. 당신은 문제행동에 대해 적절한 결과를 결정하는 이 방법에 동의하는가? 교실에서 이 방법이 생성시킬 수 있는 문제는 무엇인가?

3. Kohn은 논리적 결과는 바로 '처벌의 아류'이고 덜 거슬리는 이름을 가진 처벌임을 제시했다. 당신은 이에 동의하는가, 혹은 논리적 결과는 처벌과 다른가?

포트폴리오 자료 개발하기

1. 전형적인 5개의 교실 문제행동을 기술해 보라. 5개 각각의 문제행동에 대해 사용할 수 있는 당연한 결과, 논리적 결과, 전형적 처벌을 기술해 보라.

2. 세 학생들의 행동을 관찰하라. 이 학생들의 행동을 기술하라. 교사는 그들의 행동에 어떻게 반응하는가? 학생들은 교사의 개입에 어떻게 반응하는가? 당신의 관찰에 기초해 학생들의 행동을 주의 끌기, 권력 추구, 복수 추구, 실패 회피로 분류해 보라.

개인 교실관리 철학 개발하기

1. 당신의 교실관리 접근으로 논리적 결과를 사용하면서 편안할 것인가? 왜 그러한가? 왜 그렇지 아니한가? 당신의 교실관리 계획에 명확하게 결합시킬 어떤 전략이 있는가?

2. 많은 사람들은 단정적 훈육의 장점으로 처벌이 일관성 있게 시행되는 점을 생각한다. 논리적 결과는 훈육에 대해 보다 개인적인 접근을 제공한다. 당신은 어느 것이 보다 결정적이라고 생각하는가? 일관성이 있는 것인가, 혹은 개인으로 학생들을 다루는 것인가?

후속 연구 자료

논리적 결과에 대한 추가적 정보와 교실에서 활용할 자료를 구하고자 한다면 아래 주소로 연락하라.

Dr. Linda Albert
8503 N. 29th Street
Tampa, FL 33604
813-931-4183(Phone)
813-935-4571(Fax)

Dr. Jane Nelsen
Empowering People, Inc.
P.O. Box 1926
Orem, UT 84059-1926
1-800-456-7770(Phone)

참고문헌

Adler, A. (1958). *What life should mean to you.* New York: Capricorn.

Albert, L. (1995). Discipline: Is it a dirty word? *Learning, 24,* 43–46.

Albert, L. (1996). *Cooperative discipline.* Circle Pines, MN: American Guidance Service.

Dinkmeyer, D., & Dinkmeyer, D., Jr. (1976). Logical consequences: A key to the reduction of disciplinary problems. *Phi Delta Kappan, 57,* 664–666.

Dreikurs, R., Grunwald, B. B., & Pepper, F. C. (1982). *Maintaining sanity in the classroom.* New York: HarperCollins.

Dreikurs, R., & Loren, G. (1968). *A new approach to discipline: Logical consequences.* New York: Hawthorn Books.

Elias, M. J., & Schwab, Y. (2006). From compliance to responsibility: Social and emotional learning and classroom management. In C. Evertson & C. Weinstein (Eds.), *Handbook of classroom management: Research, practice, and contemporary issues.* Mahwah, NJ: Lawrence Erlbaum Associates, Inc.

Glenn, H. S. & Nelsen, J. (2000). *Raising self-reliant children in a self-indulgent world.* Roseville, CA: Prima Publishing.

Kohn, A. (1996). *Beyond discipline: From compliance to community.* Alexandria, VA: Association for Supervision and Curriculum Development.

Meyerhoff, M. K. (1996). Natural and logical consequences. *Pediatrics for Parents, 16,* 8–10.

Morris, R. C. (1996). Contrasting disciplinary models in education. *Thresholds in Education, 22,* 7–13.

Nelsen, J. (2006). *Positive discipline.* New York: Ballantine Books.

Nelsen, J., Lott, L., & Glenn, S. (2000). *Positive discipline in the classroom* (3rd ed.). Rocklin, CA: Prima Publishing.

Queen, J. A., Blackwelder, B. B., & Mallen, L. P. (1997). *Responsible classroom management for teachers and students.* Upper Saddle River, NJ: Merrill/Prentice Hall.

제2부

체계로서의 교실관리

제2부에서는 교실관리에 대한 체계적 접근을 강조하는 네 가지 모형이 제시된다. 체계로서의 교실관리 제6장은 Richard Curwin과 Allen Mendler의 모형인 존엄스러운 훈육을 제시한다. Carolyn Evertson의 연구는 교실조직 관리 프로그램(COMP) 모형의 기초이다. 이 모형은 제7장에 제시된다. 제8장은 공동체 형성에 초점을 두며 Alfie Kohn의 철학을 제공한다. Marvin Marshall의 상벌 스트레스 없는 훈육은 제9장의 초점이다. 제2부에 제시된 모형들은 다음과 같은 특징들을 공유한다.

- 교실관리는 체계적이다.
- 교실관리와 교수는 서로 얽혀 있다.
- 교사와 학생은 교실행동을 관리하는 책임을 공유한다.
- 규칙 개발은 학생과 교사 사이의 공동 노력이다.
- 결과의 범위는 학생들의 다양한 욕구를 만족시켜 주기 위해 제공되어야만 한다.
- 학생들은 적절한 행동을 교육받아야만 한다.
- 초점은 훈육 문제에 **반응**하기보다 문제행동을 **예방**하는 것이다.
- 계획은 효과적인 교실관리에 필수적이다.
- 교사는 학생들이 그것의 의미를 알고 있다고 가정하기보다 교실규칙과 절차를 가르쳐야만 한다.
- 교실 공동체는 안정되고 배려하는 학습 환경을 제공한다.

존엄스러운 **훈육**

06

목표

제6장에서는 예비 교사들을 INTASC 기준 4항(다양한 교수 전략), 5항(동기와 관리), 9항(반성적 실천인)에 부합되도록 준비시키고자 한다. 이를 위해 다음과 같은 사항을 수행하도록 돕는다.

- 존엄스러운 훈육 이면의 기초 원리를 이해한다.
- 훈육 상황을 다루면서 학생의 존엄성을 유지한다.
- 교실관리에 대한 체계적 접근을 배운다.

- 교사와 학생의 욕구를 평가한다.
- 훈육에 대한 교수 양식과 전략의 영향을 평가한다.
- 문제행동에 대한 적절한 결과를 결정한다.
- 훈육을 필요로 하는 상황의 발생을 예방한다.
- 폭력과 공격 잠재성이 있는 학생을 다루는 전략을 배운다.
- 문제행동을 다루기 위해 존엄스러운 훈육의 원리를 활용한다.

시나리오

웨스트크리크초등학교에서는 뜨거운 논쟁이 진행 중이다. 학교 차원의 훈육 계획을 설정하도록 임무를 부여받은 위원회가 매일 열리고 있지만, 회합은 의견의 합치보다는 더 많은 불일치와 함께 끝나고 있다. 웨스트크리크의 교장 선생님은 학교에서 각 교사들에 의해 지속적으로 사용되어질 규칙과 결과의 목록을 설정하도록 지시했다. 불행하게도 훈육 위원회는 어떤 규칙이 설정되어야 하며 규칙 위반 시 어떠한 결과가 주어져야 하는지에 대해 의견의 합치를 보지 못하고 있다.

"좋습니다." 위원회 의장인 헤더 저먼이 말했다. "마침내 우리는 첫 번째 규칙 '모든 숙제는 내준 이후 정해진 날짜까지 해야 된다'에 동의했다고 나는 생각해요."
의자에 기댄 채, 드루 오스틴이 물었다. "그러면 우리는 '모든 교사들은 숙제가 제출된 이후 정해진 날짜까지 점수가 매겨진 숙제를 돌려주어야 한다'라는 규칙을 설정해야 하나요?"

일주일 동안 위원회 의장직을 맡아 아무것도 성취한 것이 없다는 사실에 좌절하면서 헤더는 급히 가로막았다. "아니요, 드루. 우리 일은 교사에 대한 규칙을 만드는 것이 아닙니다. 우리 일은 학생에 대한 규칙을 만드는 거예요. 이 일을 성사시키는 데 당신의 도움이 필요해요. 자, 숙제를 해 오지 않은 것에 대해 어떠한 결과를 주어야 할까요?"

보다 심각한 목소리로 드루가 제안했다. "숙제를 제때 제출하지 않으면 영점을 줄 수 있어요."

베테랑 교사인 셸비 깁슨이 한숨을 지었다. "우리 반에는 **절대로** 숙제를 해 오지 않는 학생들이 있어요. 이 학생들은 이미 영점을 받고 있고, 숙제에 신경을 쓰지 않습니다. 영점을 주는 것이 이 학생들을 동기화시킬 거라고 생각하지 않아요. 그들이 원하는 어떤 것을 빼앗는 것이 필요해요. 쉬는 시간 같은 거요."

"좋아요, 내 의견을 수정하지요. 숙제를 해 오지 않은 것에 대한 결과는 '학생은 숙제를 완성하기 위해 쉬는 시간을 반납해야 한다'입니다."

5학년 교사 에밀리 칼다렐리가 거침없이 말했다. "만약 내가 우리가 이야기한 것을 이해한 것이 이렇다면 모든 학생들은 동일한 결과를 가져야 한다는 것입니다. 만약 내게 숙제를 해 오지 않은 두 학생이 있다면 그들은 모두 쉬는 시간을 반납해야만 할 거예요. 만약 한 학생은 숙제를 **절대로** 해 오지 않는 학생이고, 다른 학생은 어떤 피치 못할 사정 때문에 처음으로 숙제를 해 오지 않은 학생이라고 하면 어떻게 하지요? 그들은 똑같은 방식으로 처벌되어야 하나요?"

"네, 물론 그들 모두는 쉬는 시간을 반납해야 합니다. 그들은 규칙을 어겼습니다. 당신은 우리의 책임을 알고 있나요? 에번스 씨는 모든 학급과 모든 학생에게 적용할 일관성 있는 규칙과 결과를 원합니다. 당신은 학생들을 다르게 취급할 수 없어요."

믿을 수 없다는 듯 머리를 흔들며 에밀리가 반박했다. "그러나 나는 아동들을 매일매일 다르게 다룹니다. 학습 장애가 있기 때문에 교수 방법을 개조시켜 적용하는 아동들이 있어요. 나는 다양한 학습 양식을 적용하려고 노력합니다. 사실 내가 얼마나 잘 개별화해서 교수하고 있는지 평가 받아야 하지만, 그러나 훈육 상황에서 나는 마치 쿠키 커터로 찍어 내는 것처럼 아동들을 동일하게 다루어야만 한다고 들어 왔어요. 우리가 하고 있는 것이 옳게 보이지 않는데요."

들어가는 말

훈육 상황에서 아동들은 마치 쿠키 커터로 찍어 내는 것처럼 다루어진다는 생각은 에밀리 칼다렐리 혼자만 한 것이 아니다. 거의 20년 동안 Allen Mendler와 Richard Curwin은 교실관리에 있어 '널리 적용되도록 만든(one size fits all)' 정책은 비효과적이고 본질적으로 공정하지 못함을 강조한다. 1980년 첫 번째 저서 『훈육서(The Discipline Book)』를 집필한 후 Curwin과 Mendler는 1988년 『존엄스러운 훈육』을 발행함으로써 전국적인 인지도를 얻었다. 학생들과 교사들의 변화하는 욕구들을 충족시키기 위해 저서를 부단히 개정하고 연구를 갱신함으로써 최신의 기조를 유지하면서 Curwin과 Mendler는 효과적인 훈육은 개개 교사들의 가슴과 영혼에서 나오며 '널리 적용되도록 만든' 일반적 프로그램이 되어서는 안 된다는 자신들의 신념을 충실히 이행하고 있다.

　　존엄스러운 훈육 이면의 이론에는 몇 가지 중심적인 원칙이 있다(Curwin & Mendler, 1988a). 이 원칙의 가장 기초적인 것은 학교 상황에 있는 모든 사람은 존엄성 있게 다루어져야 한다는 생각이다. 이것은 학생들도 교사, 행정가, 직원들에게 승인된 것과 똑같은 존엄성을 가지고 다루어져야 함을 의미한다. Curwin과 Mendler는 효과적인 훈육이란 학생의 행동 관리에 관한 결정이 범학교 차원의 핵심적인 가치 체계, 즉 모든 상황에서 각 학생의 존엄성을 유지하고자 하는 가치 체계에 근거할 때 발생할 수 있음을 제시한다.

　　존엄성 있게 학생들을 다루는 데 있어 중요한 것은 학생과 교사의 욕구가 만족되어지는 학교 환경을 창안하는 것이다. Curwin과 Mendler(1980)는 학생과 교사의 욕구는 네 가지 중 하나에 해당된다고 말한다.

1. 개인적 정체성, 이것은 긍정적인 자아 이미지를 통해 만족되어질 수 있다.
2. 연결성, 이것은 다른 사람들과 긍정적인 유대감을 통해 만족되어질 수 있다.
3. 힘, 이것은 자신의 생활에 대한 통제감을 가짐으로써 만족되어질 수 있다.
4. 성취, 이것은 학업적으로 성취할 수 있음으로 인해 만족되어질 수 있다.

　　교실 안의 훈육 문제는 개개 학생, 학생 집단 혹은 교사의 욕구가 충족되지 않을 때 발달한다. Curwin과 Mendler(1980)는 훈육 문제는 진공상태에서 발생하지 않음을 강조한다. 교실 문제는 전체 교실환경의 부분이며, 최소한의 갈등과 함께 교실이 개인과 집단의 욕구 모두를 만족시키는 환경일 때 예방될 수 있다.

　　많은 경우에 Curwin과 Mendler(1988a)는 훈육 문제는 교실에서 무엇인가 잘못되고 있음을 교사에게 전달하는 수단임을 주장한다. 그들은 훈육 문제가 발생할 때 교사는 그 문제의 생성과 관련된 자신의 역할을 검토해 볼 것을 제안한다. 문제는 교사

존엄스러운 훈육의 단계

교실에서 존엄스러운 훈육을 활용하기 위해서 당신은 아래 사항들을 행할 필요가 있다.

1. 학생들과 함께 당신이 바라는 교실유형에 부합되는 교실원칙을 창안하라.
2. 당신의 교실에서 요구하는 '기 규칙'을 결정하라.
3. 학생들과 함께 교실규칙을 설정하라. 이것은 기 규칙들을 포함한다.

4. 규칙 위반 시 적용할 결과의 범위를 설정하라.
5. 문제행동이 발생할 때 당신이 그것을 유발시켰는지를 평가하라.
6. 그 학생의 개인적 요구에 근거한 선택 목록으로부터 결과를 제공하라.
7. 전통적인 결과로 효과를 볼 수 없는 학생에 대해서는 개인적 계약을 맺어라.

가 학생들과 상호작용하는 방법의 결과일 수도 있고, 교사가 학급을 경영하는 방식에 있을 수도 있다.

많은 교사들은 학생들의 주의력 기간을 무시함으로써 혹은 정보 제공 방식의 다양화에 실패함으로써 자리 이탈하기, 발 구르기, 연필 톡톡 치기, 떠들기와 같은 사소하게 성가신 훈육 문제를 초래한다. 존엄스러운 훈육에서 교사는 학생들의 행위를 보듯이 자신들의 행위를 비판적으로 보도록 격려된다.

Curwin과 Mendler(1980)는 교실관리를 특정 교사와 학생들의 욕구에 기초해 각 교실에서 전개되는 하나의 과정으로 보았다. 그들은 교실관리에 대한 하나의 체계를 지지하거나 특정 접근을 옹호하지 않는다. 오히려 그들은 하나의 틀을 제시하는데 그 안에서 교사들은 감정을 인식하고 수용하며, 자신과 학생들에 대한 자각을 발달시키고, 훈육 문제에 부합되는 교실구조를 설정하도록 도움을 받음으로써 자신만의 교실관리 방식을 개발할 수 있다.

마침내 Curwin과 Mendler(1988b)는 교사라는 직업이 교과를 가르치는 것뿐 아니라 학생 행동도 함께 다루는 직업임을 제시했다. 학생들은 제한을 시험할 기회를 필요로 하기 때문에 교사의 목적은 모든 형태의 문제행동을 제거하는 것이어서는 안 된다. 오히려 교사의 목적은 학생으로 하여금 적절한 선택과 결정을 하도록 돕는 것이어야 한다.

사실 그들은 훈육이 결정적 논점이 아님을 제시한다. 이것은 그들이 **70-20-10의**

법칙(70-20-10 Principle)이라고 부른 것 때문임을 많은 사람들은 믿고 있다. Curwin, Mendler와 Mendler(2008)는 각 교실에 세 집단의 학생이 있음을 제시한다. 첫 번째 집단인 70%의 학생들은 거의 규칙을 범하거나 원칙을 위반하지 않는다. 두 번째 집단은 다소 일상적인 근거에 의해 규칙을 범하는 20%의 학생들로 구성된다. 마지막 10%의 학생들은 만성적인 규칙 위반자들이고 일반적으로 대부분의 시간에 통제를 벗어난다. Curwin과 Mendler에 의하면 좋은 훈육 계획의 비결은 거의 규칙을 위반하지 않는 70%의 학생을 소외시키거나 과도하게 규제하지 않으면서, 또한 10%의 만성적 규칙 위반자를 곤경에 처하게 하는 일 없이 정기적으로 규칙을 위반하는 20%의 학생들을 통제하는 것이다.

삼차원 계획

모든 학생의 요구를 충족시키기 위해 Curwin과 동료들(2008)은 훈육 문제가 발생하는 것을 예방하는 데 초점을 둔 삼차원의 훈육 계획을 창안하도록 권고했다. 이 계획은 문제가 발생했을 때를 대비해 행동들을 제시하며 만성적 훈육 문제를 야기하는 10% 학생들의 보다 심각한 훈육 문제를 해결한다. 삼차원 계획은 많은 훈육 접근의 통합이며 Skinner, Jones, Dreikurs, Canter와 Glasser의 요소들을 포괄한다. 하지만 Curwin과 Mendler의 초점은 학생의 존엄성을 유지하며 책임 있는 행동을 가르치는 데 주어진다.

　복종을 가르치는 데 초점을 두는 모형과 달리 Curwin과 Mendler 모형의 기초는 개인적 책임감을 가르치는 것이다. 이 모형의 목적은 안전한 환경에서 학생들에게 선택하고 실수하는 것을 허용함으로써 현명한 결정을 내리도록 가르치는 것이다. "책임감을 가르치는 것은 학생으로 하여금 변화하고 싶어 하도록 동기유발하는 것, 의사결정하는 기술을 가르치는 것, 더 나은 행동을 위한 새로운 기술을 제시하는 것을 요구한다."(Curwin & Mendler, 2000, p. 17) Curwin과 Mendler의 삼차원 계획에서 교사와 학생들은 이 훈육 계획을 발전시키기 위해 함께 활동한다.

예방

Curwin과 Mendler의 삼차원 계획에서 예방 요소는 매일매일 발생하는 문제를 조절하면서 교실 안에 구조와 지도 방향을 제시함으로써 교실 문제 발생을 최소화하거나

○ **현장 비결**

가장 어려운 교실관리 상황은 전 학급이 규칙을 지키지 않으면서 누가 그 문제를 일으켰는지 콕 집어내기가 어려울 때다. 이러한 상황에서 나는 다음과 같은 사항들이 중요하다고 생각한다.

1. 당신 자신을 보라 : 당신은 당신이 가르치고 있는 자료를 충분히 이해하고 있는가? 학생들이 느낄 수도 있는 그 문제를 예상했는가? 당신은 너무 어렵게 자료를 제시했는가? 너무 쉽게 제시했는가? 당신은 당신 학생들과 연결되어 있는가? 당신은 충분한 구조를 가지고 있는가? 당신은 스스로를 엄격하지만 배려심 있는 교사로 나타냈는가? 당신은 당신이 자신이 없음을 드러내는 매너리즘에 빠져 있

는가?

2. 당신은 새로운 자료를 설명할 시간을 허용하는가? 혹은 당신은 항상 대부분의 시간을 꼼꼼하게 숙제를 점검하는 데 보내며, 그래서 새로운 단원을 제시할 시간을 가까스로 마련하고, 마지막 순간에 새로운 숙제를 부과하며, 이와 같이 학생들을 정말로 좌절시키는 순환을 만들고 있는가? 당신의 시간 조절은 적절치 않다. 단원을 명확하게 제시할 시간을 가져라. 학급에서의 실제적 활동을 허용하라.

Terri Husted
Boynton 중학교
Ithaca, New York

혹은 예방하도록 고안되어진다. 예방 차원의 핵심은 사회계약의 설정과 실행이다. **사회계약**(social contract)은 교실을 관리하기 위한 체계이며 교실 안에서 인간 상호작용을 고양하기 위해 구상되어진다. 사회계약은 학생들에게 교실규칙과 규정을 창안하는 데 개입하게 함으로써 주인의식을 부여한다. Curwin과 Mendler(1988a)는 학생을 교실정책 형성에서 제외시키는 교사는 학생들이 임의적이고 불공정하다고 받아들이는 규칙과 함께 편만되어진 불만족의 위험을 감수해야 함을 강조한다. 학생들이 자신들이 생활할 지침을 창안하는 데 동참하게 될 때 그들은 자신들이 권한이 있음을 느낀다.

성공적인 계약은 교실의 가치 체계를 표현하는 **교실원칙**(classroom principles)을 설정하면서 시작된다. 규칙과 달리 원칙은 시행되어질 수 없다. 원칙은 장기간에 걸친 행동 성장에 대한 태도와 기대를 규정한다(Curwin & Mendler, 1988b). 학생들이 교실원칙의 창안 과정에 참여해야만 함에도 불구하고 그 과정은 원하는 교실관리 방법, 학생 다루는 법, 학생 상호 간에 서로 대하는 법 등을 결정하기 위해 자신의 가치를 주의 깊게 고려하는 교사와 함께 시작된다. 이 자아 분석은 본질적이다. Curwin과 Mendler(1988b)는 허용적, 권위주의적, 온건한 교사들 사이에서 효과성의 차이가 거

의 없음을 발견했다. 차이는 교사들이 교실관리 방법에 대한 자신의 신념에 대해 어떻게 지각하고 있는가에 놓여 있다. 각 교사는 시끄러움, 움직임, 우스갯소리, 교실활동에 대해 다양한 허용성을 가진다. 교사의 인성과 선호하는 방식에 일치하지 않은 방법으로 교실을 지휘하기 위해 애쓰는 것은 불안과 학생 및 교사 모두의 분노를 증대시키는 결과를 가져온다.

일단 교실원칙이 설정되면 그 원칙들에 근거해서 상세한 규칙이 개발되어야 한다. 교사는 협상의 여지가 없는 **기 규칙**을 제시함으로써 시작한다(Mendler, 2007). 이 규칙들은 교사의 가치 체계를 나타낸다. 일단 기 규칙이 제시된 후 학생들은 서로서로에 대해 그리고 교사에 대해 규칙을 개발한다. Mendler와 Curwin(1983)은 규칙은 성공적인 교실관리에 결정적임을 진술한다. 불명확한 제한은 훈육 상황을 유발하기 때문이다.

사우스해밀턴중학교 6학년 팀 교사들의 인성과 교수 방식이 얼마나 다양한지 살펴보라.

사우스해밀턴중학교 브롱크 팀 교사들은 매우 다양하다. 7학년 사회 교사 조디 브런디지는 활발하고 역동적인 교실을 즐긴다. 그녀는 주로 협동 학습법을 활용하면서 교사라기보다는 촉진자로서 활동한다. 카트린 도브로볼스키는 자신의 교실을 매우 구조화한다. 항상 하얀 실험실 가운을 입고 그녀는 학생들에게 실험을 할 때 그녀가 조용한 전문성이라고 부르는 것을 사용하도록 격려한다. 수학 교사 게리 기어는 전통적인 교수법을 선호한다. 교실에서 학생들은 정해진 의자에 앉으며 매시간 오버헤드프로젝터를 사용해 자료를 제시하며 설명하는 기어 씨의 이야기를 듣는 데 많은 시간을 보낸다. 마지막으로 언어 교사 가브리엘 킨테로는 자신의 교실을 무대로 간주하고 학생들을 관객으로 생각한다. 매번 그는 그들이 공부할 주인공에 걸맞은 옷차림을 하고, 연극의 긴 대사를 암송하며, 학생들의 주의를 집중시키기 위해 필요한 어떠한 일이라도 하면서 학생들을 매혹시킨다. 각 교사가 인성과 교수 방식에 있어 서로 다르다 할지라도 브롱크 팀에 소속된 100여 명의 학생들은 이 교사 저 교사를 따라 이동하면서 쉽게 적응한다. 왜냐하면 브롱크 팀의 모든 교사는 각 교실마다 명확한 규칙과 규정이 있음에 동의하기 때문이다. 교실마다 규칙은 다를 수 있지만 학생들은 제한과 문제행동의 결과를 알고 있다.

학생들이 규칙 목록을 개발하면 학급은 그 규칙들에 대해 투표한다. 제시된 규칙이 학급 규칙이 되기 위해서는 적어도 75%의 동의를 얻어야 한다. 이 과정은 학급 모두에게 규칙에 대한 주인의식을 심어 주기 때문에 중요하다.

학급에 의해 설정된 각 규칙에는 그에 합당한 결과를 설정하는 것이 중요하다. 이 결과의 집행이 비록 삼차원 계획의 두 번째 단계 행동에 해당되기는 하지만 결과를 창안하는 것은 예방 단계에서 일어나야 한다(Curwin & Mendler, 1980). Mendler와 Curwin(1983)은 교사들이 너무도 자주 규칙이 위반되고 나서야 결과를 생각한다고 언급했다. 학생들은 각 규칙을 위반하기 전에 결과를 알 필요가 있다. 그래야 그들은 적당한 선택을 하거나 효과적인 의사 결정자가 될 수 있다.

Curwin과 Mendler(1988a)는 각 규칙에 대해 **결과 범위**(range of consequences)를 설정할 것을 제안했다. 적용에 있어 결과가 순차적일 것을 제안하는 이론가들과 달리 Curwin과 Mendler는 결과는 개개 학생들의 요구에 근거해 설정된 목록으로부터 선택되어질 것을 권고한다. 규칙을 의도적으로 위반한 학생은 우발적으로 규칙을 위반한 학생보다 더 가혹한 결과를 당할 수 있다. Curwin과 Mendler(1984)는 모든 학급에서 결과는 처벌적이기보다 교훈적이어야 하고 규칙의 자연스럽고 논리적인 확장으로 간주되어야 함을 강조한다.

결과의 목적은 학생들을 처벌하는 것이 아니라 학생들로 하여금 책임을 지고 보다 나은 선택을 하도록 돕는 것이다(Curwin et al., 2008). 궁극적으로 교사는 학생들이 문제행동에 응분의 결과가 뒤따름을 이해하기를 원한다. 효과적인 결과는 명확하고 상세하며, 다양한 대체재를 가지고 있고, 자연스러우며 논리적이고, 학생의 존엄성을 유지하고, 규칙과 관련되어 있어야 한다(Curwin & Mendler, 1988b). 브롱크 팀의 조디 브런디지가 그녀 학급으로 하여금 결과를 설정하도록 어떻게 도움을 주었는지 살펴보라.

"규칙을 설정했기 때문에 이제 우리는 규칙을 위반했을 때 적용할 결과 목록을 만들 필요가 있어요. 우리는 다양한 대체재를 필요로 해요. 예를 들어 만약 어떤 학생이 처음으로 규칙을 위반했다면 계속해서 규칙을 위반했을 때보다 결과는 덜 가혹해질 수 있어요. 좋아요, 첫 번째 규칙을 생각해 보아요. '우리는 허락 없이 서로서로 건드리지 않는다' 이 규칙에 대해 어떤 결과가 적합하다고 생각하나요?"

로런이 손을 들었다. "만약 친구들이 누군가와 우연히 부딪히는 것처럼 우발적인 일이 발생한다면 나는 그 학생이 반드시 사과를 해야 한다고 생각해요."

"맞아요. 그러나 만약 친구들이 일부러 그런 일을 했다면 그 이상의 일이 발생한 것이고 그들은 처벌되어질 필요가 있다고 생각해요." 드마리가 강조했다.

"아마 그들은 사무실에 가야만 할걸요." 다른 학생이 거들었다.

몇 가지 제안이 제시된 후 학급은 그들이 첫 번째 규칙에 대해 가장 합당하다고 생각하는 결과를 투표했다. 브런디지 씨는 "그래서 우리는 첫 번째 규칙 위반의 결과에 대해 다음과 같은 목록을 만들었어요."라고 말했다.

학생은 급우에게 사과한다.

학생은 사무실로 보내진다.

학생의 부모가 소환된다.

학생에게 수업 중단이 내려진다.

"모두 동의하나요?"

일단 학생들이 규칙과 결과의 목록을 창안하고 75%의 학생들이 그에 동의하면 학급은 오해의 여지가 없도록 모든 규칙과 결과를 검토한다. 이것은 다양한 방법으로 행해질 수 있다. 그러나 Curwin과 Mendler는 효과적인 한 방법으로 이해했는지 실제로 테스트해 볼 것을 제시한다. 일단 설정되면 학부모와 행정가에게 교실규칙을 공지한다. Curwin과 Mendler(1988a)는 설정된 규칙과 결과의 목록은 효과적으로 작동하고 있는지, 학급의 변화하는 요구를 충족시키기 위해 변경될 필요성이 있는지를 검토하면서 1년 내내 개정되어질 필요가 있음을 강조한다.

행동

Curwin과 Mendler의 삼차원 계획에서 행동 차원은 두 가지 목적을 가진다.

1. 훈육 문제가 발생했을 때, 그 문제를 중단시키기 위한 무언가가 행해져야 한다.
2. 그 문제를 신속하고 효과적으로 다루는 것은 사소한 문제가 확대되는 것을 예방한다.

행동 차원의 첫 번째 단계는 규칙 위반과 연관된 결과를 이행하는 것이다. 하지만 Curwin과 Mendler(1988a)는 결과가 어떻게 이행될 것인가는 적어도 결과 그 자체만큼 중요함을 강조한다. 목소리의 어조, 학생에 대한 근접성, 몸짓, 접촉 사용, 다른 비언어적인 몸짓들이 결과의 실제적인 내용보다 훨씬 더 많이 결과의 효과성을 결정한다. Curwin과 Mendler는 결과 이행을 도와줄 아홉 가지 원칙을 제시한다.

1. 일관성을 유지하라. 승인된 목록에서 나온 결과는 규칙이 위반되어질 때마다 이행되어야만 한다. 결과는 규칙을 단순하게 환기시킬 수 있다. 그러나 학생들은 교사가 규칙 위반 사실을 알고 있음을 깨달아야만 한다. 일관성은 학급에서 질서와 예측 가능성을 만들며, 교사가 사회계약을 존중하고 학생들에게 이를 잘 준수하도록 기대함을 보여 준다.

2. 학생에게 위반된 규칙을 상기시켜라. 훈계, 꾸짖음, 학생에게 죄의식을 느끼게 하는 것은 모두 불필요하다. 이러한 기법들은 단지 분노와 적대감을 유발함으로써 문제를 확대시킨다.

3. 근접 통제의 힘을 사용하라. 교사는 학생을 향해 움직여야 한다. 전형적으로 이 방법은 학생의 주의를 끌고 부적절한 행동을 중단시키기에 충분하다. 이것은 모든 학생들에게 교사가 교실 안에서 일어나는 모든 일을 알고 있음을 확인시켜 줄 것이다. 그러나 근접 통제 시 학생의 연령이나 인성이 고려되어야 한다. 어떤 학생들에게는 개인적 공간의 침해가 위협으로 간주되기도 하며 이 경우 상황을 점감시키기보다 확대시킬 것이다.

4. 결과를 가할 때 직접적으로 눈을 마주쳐라. 이 말 없는 메시지를 통해 많은 것이 전달될 수 있다. 하지만 교사는 문화적 차이를 알고 있어야만 한다. 어떤 문화에서는 눈길을 내리는 것이 존경의 상징이다. 학생들은 그들 문화적 규범에 상반되거나 불편한 태도로 행동하도록 강요받지 말아야 한다.

5. 부드러운 목소리를 사용하라. 소리를 치거나 고함을 지르는 것은 통제력 상실의 증거이다. 어조가 부드러울수록 학생들에게 미치는 영향력은 더 크다.

6. 적절한 행동을 인정해 주어라. 너무도 자주, 교사의 관심을 끌고 싶은 학생들은 과도하게 행동한다. Mendler(1997)는 교사들이, 적절하게 행동하는 95%의 학생들을 인정해 주는 데 실패함을 보여 주는 한 연구를 인용했다. 따라서 교사가 주의를 기울임으로써 바람직한 행동을 인정해 주는 방법을 발견하는 것이 괴로운 일이 되어서는

안 된다.

7. 동료들 앞에서 학생을 당황하게 하지 마라. 존엄성을 가지고 학생을 다루는 것 중 하나는 그들로 하여금 동료들 앞에서 체면을 살리도록 허용하는 것이다. 조용하게 이야기하거나 교실 밖으로 학생을 나오도록 하는 것은 공개적인 대면을 강요하지 않음으로 인해 상황의 확대를 예방할 수 있다.

8. 화가 날 때 결과를 적용하지 마라. 침착하고, 감정적으로 격화되어진 상황을 다룸에 있어 적절한 방법을 본보기로 보여 주는 것이 중요하다. 과도하게 공격적인 전달은 적대감, 원한, 두려움을 낳는다. 자기 통제력을 상실한 교사는 학생들에게 그들이 바라는 바로 그 행동에 대한 본보기를 보여 주는 데 실패한다.

9. 변명, 거래, 애처로움을 허용하지 마라. 결과는 가능한 한 직접적이고 신속하게 이행하라.

결과가 전달되는 방식이 효과성에 영향을 주지만 Curwin과 Mendler(1988a)는 교사들이 적절한 결과를 제공하는 데 실패하는 다른 이유들을 언급했다. 가장 일반적인

○ 현장 비결

교생 시절 나는 떠들고 쪽지 돌리기를 좋아하는 4학년 여학생 집단을 맡았다. 이 소녀들을 데리고는 어떠한 것도 할 수 없는 듯이 보였다. 나는 전통적인 보상과 처벌의 방법을 시도했다. 이 학생들은 매우 사교적인 어린 소녀들이므로 나는 보상으로 댄스를 활용하기로 결정했다. 나는 학생들에게 매주 금요일마다 새로운 댄스 스텝을 가르쳐 줄 것임을 약속했다. 6주 끝에 나는 배웠던 모든 댄스 스텝을 적용한 댄스 파티를 열 예정이었다. 매일매일 나는 개인과 집단행동을 평가했다. 만약 학생들이 그 주 내내 주요 훈육 문제를 야기하지 않을 경우 그들은 금요일에 새 댄스 스텝을 배우도록 허락되었다. 그 주에 훈육 문제가 하나 이상 발생되면 그들은 댄스 교실로부터 축출되어졌고 과업을 계속하기 위해 다른 장소로 이동해야만 했

다. 원래 무용수가 아니었기 때문에 나는 매 금요일 댄스 학습을 위해 댄스 동작을 연구해야만 했다. 따라서 금요일에 내가 학생들에게 새 동작을 가르치려고 시도할 때마다 킬킬거리는 웃음소리가 넘쳐났다. 내가 내 실수에 대해 학생들이 웃는 것을 허용했기 때문에 학생들도 스스로에 대해서 웃는 것이 승인되어졌다. 모두들 우리가 함께 보낸 그 시간을 좋아했다. 시간이 흐를수록 모든 학생들의 행동은 놀랄 만큼 향상되었다.

Rachel Ann Meeks
1학년 교사
Montgomery Central 초등학교
Clarksville, Tennessee

이유 중 하나는 결과가 교사 혹은 학생에 의해 설정되지 않고 대신 학교 차원의 위원회에 의해 설정되는 경우이다. 교사는 그 결과가 너무 가혹하거나 혹은 교사의 신념 체계와 합치하지 않음을 발견한다. 교사에 의해 가치를 부여받지 못한 규칙이나 결과는 이행되지 않을 것이다.

두 번째 이유는 규칙 위반이 불편한 시간이나 장소에서 자주 발생한다는 것이다. 학생들은 교사가 바쁘거나 혹은 주의가 산란할 때를 알고 있으며 이러한 시기에 교사를 시험하려 한다. 만약 교사가 부적절한 행동을 다루는 데 실패한다면 이러한 시기 동안 사건은 점점 더 자주 발생할 것이다.

교사는 종종 경찰관 노릇을 해야 함을 아주 싫어한다. 교사는 복도를 감시하는 일 없이 점심을 즐기기 위해 휴게실로 가고 싶어 한다. 교사들은 문제행동을 하는 학생들에 대해 경계심을 가지는 대신 학교 대항 시합 전에 이루어지는 집회나 모임을 보고 싶어 한다. 불행하게도 부적절한 행동을 재연하거나 중단함에 있어 학생들은 학교의 성인들에게 기대하거나 의존한다. 그들은 교사가 경계해 주기를 원한다. 이러한 경계는 모두에게 학교를 보다 안전한 곳으로 만든다.

해결

교사는 규칙을 준수하지 않고, 설정된 결과에 반응하지 않으며, 그들 스스로와 다른 사람에게도 위험이 되는 10% 학생들을 다룰 방법을 알아야 한다. Curwin과 Mendler의 삼차원 계획에서 해결의 차원은 교사들에게 이러한 학생들과 함께 활동할 기법을 제공한다.

삼차원 계획에서 해결의 측면은 사회계약이 교실에서 실패할 때 **개인 계약** (individual contracts)을 설정할 것을 포함한다. 그림 6.1은 그와 같은 계약의 예를 보여 준다. 그와 같은 계약은 행동의 원인, 향후 문제행동의 예방 수단, 교사에 의해 해결될 수도 있는 학생의 요구사항을 확인하며 학생과 함께 협상하여 만들어진다. 많은 경우에 있어서 학교의 다른 직원(사회사업가, 상담 교사, 행정가), 학생의 부모가 해결 단계에 포함되어진다(Curwin & Mendler, 1988a).

개인 계약의 목적은 학생들로 하여금 그들이 필요로 하는 것, 혹은 학급으로부터 원하는 것, 교실의 사회계약을 위반하는 소란스러운 행동에 의존하지 않고도 자신들의 요구를 충족시킬 수 있는 방법을 규명하도록 돕는다. 개인 계약의 설정은 교사가

그림 6.1 행동 계약의 예

행동 계약의 예

나는 다음과 같은 것을 함으로 인해 행동을 변화시킬 것이다.

_____
_____
_____

만약 내가 내 목적을 달성하고, 수용될 수 없는 행동을 더 이상 하지 않는다면 이 계약이 끝날 때까지 매주 금요일 다음과 같이 보상받을 것이다.

_____
_____
_____

만약 내가 내 목적을 달성하지 못하고, 수용될 수 없는 행동을 한다면 나는 다음과 같은 결과를 감수할 것이다.

_____
_____
_____

이 계약은 _____ 까지 재평가될 것이다.

_____   _____
학생의 날인   교사의 날인

다음과 같은 것을 행하도록 촉구한다.

- 사회계약을 따르는 데 어려움을 가진 학생을 규명하기
- 학생과 인간적인 감정을 가지고 접촉하기. 그 학생에 대해 어떤 선입견이나 편견을 없애도록 노력하기
- 학생과 개인적 대화를 나누기 위해 시간 안배하기
- 학생의 요구, 성숙도, 요구되어지는 행동을 준수할 수 있는 능력에 기초해서 계

○ **현장 비결**

어려운 상황을 발산시키기 위해서 유머를 사용하라. 아동들은 교사가 딱딱거리는 것 대신에 미소를 띠고 상황에 접근해 갈 때 덜 방어적이며, 실제로 교사의 기대에 기꺼이 부응하려고 한다(이것은 행정가를 다룰 때도 잘 작동된다).

Tracy Callard
4~6학년 교사
Horace Mann 초등학교
Wichita, Kansas
2002년 Kansas 올해의 교사

획 세우기

■ 학생이 결정되어진 것을 이해하도록 계획을 문서화하기

■ 만약 계획이 이행되어질 수 없다면 계획을 수정하기 위해 학생과 만나기

■ 계획이 작동하도록 도움을 주기. 무엇이 잘못되고 있는지를 판단하기. 어떠한 개입이 필요한지 결정하기

■ 추가적인 도움이 필요할 때 상담 교사, 부모, 행정가 및 기타 사람들로부터 외부 도움을 요청하기

Curwin과 Mendler(2000)는 학생들이 가장 중요한 'R[책임감(responsibility)]'을 배울 때까지 'the three R's[역주 : Reading, Writing, Arithmetic(읽기, 쓰기, 셈하기)]'를 배울 수 없음을 말한다. 삼차원 계획은 학생들로 하여금 제한 속에서 선택을 하고, 그들 선택의 결과에 직면하도록 허용함으로써 책임감을 가르친다.

어려운 학생 다루는 전략

1980년 그들의 첫 책을 저술한 이래 Curwin과 Mendler(2007)는 이전보다 더 많은 학생들이 문제행동을 보이고 있음을 인식했다. 그들은 도전적 행동을 보이는 학생이 학생 수 중 5~10% 정도 증가했다고 평가했다. 교사들도 문제행동을 보이는 학생이 증가했을 뿐 아니라 그 위반의 심각성도 변화했음을 강조한다. 21세기에 와서 교사들은 싸움, 무기, 괴롭히기, 모욕적인 언어, 성인에 대한 심각한 무례, 규칙에 대한 총체적 경시에 대해 걱정한다. 이러한 유형의 문제행동은 어린 시기에 시작되며, 이 많은 것

표 6.1 어려운 학생에 대한 전략

전략	위기관리	단기 관리 전략	장기 관리 전략
전략 의도	학생에 의해 행동이 표출될 때 교실질서 회복	문제행동의 중지와 학생과 교사의 존엄성 유지	행동의 표출 예방
전략 목적	모든 학급의 안전과 생존을 지키는 것	학급의 에너지를 교수로 되돌리기 위한 것	학생이 취하는 태도에서 학생 행동의 이유를 이해하는 것
기법	<ul><li>행정가의 조력을 받도록 계획 세우기</li><li>위기 동안 학생들이 어디로 갈 것인지 그리고 무엇을 할 것인지에 대한 계획 세우기</li><li>위기 대처법의 효과를 평가하고 차기 사건을 예측해 조정안 만들기</li></ul>	<ul><li>위반 학생 행동에 대해 존엄성 있게 반응하기</li><li>자신의 존엄성 유지하기</li><li>가능한 한 위반 학생을 교실에서 관리하기</li><li>공격성에 대한 대안을 모델링하기</li><li>학생에게 이야기할 때 '나' 메시지 사용하기</li><li>PEP[Privacy(비밀), Eye Contact(눈 마주침), Proximity(근접)] 사용하기</li><li>이후의 시간까지 상호작용 연기하기</li></ul>	<ul><li>문제학생의 긍정적 행동 인식하기</li><li>문제학생을 포함해 협동적 학습활동 구조화하기</li><li>개입을 필요로 하는 학교 밖 논쟁점 확인하기</li><li>학생들에 대한 지원망 구축하기</li></ul>

출처 : Mendler & Curwin(2007).

들에 대한 보상과 처벌은 단지 일시적인 결과만을 낳을 뿐이다.

많은 학교들은 그들 학교에서 무관용 정책을 실행함으로써 다루기 어려운 학생들의 증가에 대응하고자 한다. Curwin과 Mendler(1999)는 그와 같은 정책의 효용성을 거부한다. 그리고 그러한 정책들이 무관용에 대한 무관용성을 가짐을 말한다. 그들은 교사, 행정가, 부모는 모든 학생을 똑같은 방식으로 다루려는 생각에 대해 무관용성을 가져야만 한다고 강조한다. 그들은 1997년 『필요한 만큼 끈기 있게』를 저술했는데 이것은 강함과 공정함 사이의 균형을 제공함으로써 무관용에 대한 대안을 제시하려는 것이었다. 『필요한 만큼 끈기 있게』의 메시지는 폭력은 관용되지 않을 것이지만 학생들은 쿠키 커터 방식으로 다루어지지 말아야 한다는 것이다. 하지만 Curwin과 Mendler(1999)는 어떤 경우에는 무관용적인 접근이 필요함에 동의하고 모두에게 안전한 환경을 제공하기 위해 어떤 학생들은 학교에서 제거되어야만 함에 동의한다.

대부분의 경우에 무관용은 정답이 아니다. Mendler와 Curwin(2007)은 "우리는 우리 학급에서 어려운 학생들을 제거할 수 있지만 우리의 생활에서 그들을 제거할 수는 없다."라고 강조했다(p. xx). 그들은 상호작용이 학교, 지역사회, 혹은 법정이든 어디에서 일어난다 해도 우리는 이러한 학생들을 다루어야 할 것이라고 강조한다. 따라서 그들은 학교 상황에서 어려운 학생들을 다루기 위해 모종의 전략들이 자리 잡아야 함을 제안한다.

어려운 학생을 다루기 위한 훈육 전략을 선택할 때 교사는 위기, 단기, 장기와 같은 세 가지 유형의 전략을 고려할 수 있다. 위기 전략은 모든 학생의 안전을 지키기 위해 무법천지 상태가 발생할 때 질서를 회복하는 데 관심을 둔다. 단기 전략은 교실 확전을 누그러뜨리고 어려운 학생과 교사 사이의 권력 투쟁을 종식시키기 위해 구상된다. 장기 전략은 교원 팀이 보다 영구적인 차원에서 행동을 변화시키기 위해 개개 학생들과 함께 활동할 때처럼 예방적인 초점을 더 많이 가진다. 표 6.1은 각 전략에 대한 구체적인 기법을 제시한다.

존엄스러운 훈육의 장점과 단점

아마도 존엄스러운 훈육의 가장 큰 장점은 교사들에게 교사의 가치와 학생들과의 상호작용, 훈육 상황에 대한 교사의 기여, 교사의 교수 방법을 고려하도록 요구했다는 점일 것이다. 또 다른 장점은 Curwin과 Mendler가 학급을 담당하는 교사들로부터 얻은 반응을 활용해 그들의 모형을 학생과 교실의 변화에 맞추어 최신의 내용으로 유지했다는 점이다.

하지만 존엄스러운 훈육에 대한 비판도 있다. Blumefeld-Jones(1996)는 Curwin과 Mendler가 Lee Canter의 단정적 훈육 프로그램을 비판했을 때 깜짝 놀랐다. 왜냐하면 Blumefeld-Jones는 두 모형 사이에 어떠한 차이도 발견할 수 없었기 때문이다. 그는 "교사의 통제가 Curwin과 Mendler에게 덜 주요한 것이 아니다. 그러나 그들이 그와 같은 복종에 대해 명백하게 반대함을 주장하고 있기 때문에 또한 보다 미묘하다."(p. 14)라고 강조했다. Kohn(1996)은 존엄스러운 훈육이 학생들로 하여금 그들이 해야만(should) 하는 것에 대해 생각하도록 하기보다 하기로 한(supposed) 것을 하도록 만

Curwin과 Mendler는 계속해서 학급의 사회계약을 위반하는 학생들에게는 개인적 계약을 사용하는 것을 옹호한다.

드는 데 너무 많은 강조점을 두었다고 지적한다.

존엄스러운 훈육에 대한 또 다른 비판은 학생들의 규칙 개발에 대한 강조 부분이다. 많은 교사들은 규칙 개발을 교사의 역할로 보며 교사를 위해 규칙을 개발하는 학생들의 생각에 의문을 가진다. 어떤 사람들은 어린 학생들이 발달적으로 규칙을 개발할 수 있는지에 대해 의문을 가진다. 많은 고등학교 교사들은 규칙과 결과를 개발하는 과정이 너무 초보적이어서 나이 든 학생들에게는 사용할 수 없음을 지적한다.

교실에서의 존엄스러운 훈육

시나리오

학교 첫날 학생들과 인사한 후 맥브라이언트 씨는 말했다. "나는 궁금해요. 우리 교실에 어떤 규칙도 게시되지 않은 사실을 여러분 중 얼마나 많이 알고 있나요? 그렇기 때문에 여러분이 우리 교실규칙과 절차를 정할 수 있도록 도와주길 원해요. 앞으로 몇 주에 걸쳐 여러분이 지킬 규칙을 설정하도록 합시다. 마찬가지로 내가 지켜야 할 규칙들을 여러분이 만들어 주세요. 자, 우선 세세한 규칙보다도 보다 큰 것을 생각할 필요가 있어요. 다시 말해 우리 교실을 이끌고 갈 몇 개의 일반적인 원칙을 생각할 필요가 있어요."

학생들 얼굴에 스치는 혼란을 주목하면서 맥브라이언트 씨는 설명했다. "예를 들어 우리 학급을 위해 내가 원하는 원칙 중 하나는 모든 학생이 자신의 잠재력을 발휘하는 것입니다. 이에 대한 규칙을 기록할 수는 없지만 이 원칙이 이 교실에서 내가 하고자 하는 것에 대한 지침입니다. 자, 이것이 내가 여러분이 해 주기를 원하는 것입니다. 책상을 옮겨서 네 집단을 만드세요. 그리고 집단별로 우리 교실을 이끌어 줄 원칙을 2개 혹은 3개 정도 생각하기 바랍니다. 질문 있나요?"

후에 각 집단은 그들이 개발한 원칙의 목록을 제시했다. 그 목록은 다음과 같은 내용을 포함했다.

모든 학생은 존중받는다.
모든 의견은 존중받는다.
어느 누구도 학급에서 조롱당하지 않는다.
모든 학생은 안전해야 한다.
모든 학생은 인정받는다.

모든 제안을 검토한 후 학급 학생들은 학급 원칙을 요약한 아래와 같은 문장에 동의했다.

맥브라이언트 씨의 교실에서 모든 학생은 존중받는다. 이것은 모든 의견이 존중되고, 학생들은 서로 학습하는 것을 도우며, 서로의 물건을 존중한다는 것을 의미한다.

다음 날 맥브라이언트 씨는 학급 학생들에게 학급 원칙을 강화할 규칙을 설정하도록 준비시켰다. "자, 여러분. 우리는 우리 교실원칙을 설정했지요. 그러면 이번에는 이 원칙들이 집행될 수 있도록 규칙을 개발 할 차례예요. 곧 여러분은 우리 학급을 위한 규칙의 목록과 여러분이 생각할 때 내가 따라야 한다고 생각 되는 규칙의 목록을 개발할 거예요. 그렇지만 내게 선생님으로서 임무 수행을 방해한다고 생각되는 그런 규칙에 대해서는 거부권을 행사할 권리가 있음을 알아주었으면 해요. 그리고 협상할 여지가 없는 두 가지 규칙이 있어요. 이 규칙은 우리 교실원칙들이 작동하는 데 필요한 것들입니다. 첫째는 '우리는 허락 없이 서로를 건드리지 않는다', 두 번째는 '우리는 적절한 목소리로 이야기한다'예요. 자, 집단으로 모여서 규칙 목록을 설정해 봅시다."

각 집단이 규칙의 목록을 개발하고, 학급이 그들이 채택할 규칙에 대해 투표를 한 후 맥브라이언트 씨는 말했다. "좋아요. 여러분, 나는 우리 학급 규칙에 여러분 모두 동의했다고 생각해요. 여러분에 대한 목록과 나에 대한 목록을 함께 묶어 보았어요. 여러분에 대한 규칙입니다.

우리는 허락 없이 서로 건드리지 않는다.
우리는 적절한 목소리로 이야기한다.
우리는 서로 욕하지 않는다.
우리는 허락 없이 자기 것이 아닌 것을 가지지 않는다.

여러분이 결정한 나에 대한 규칙입니다.

주말이나 방학에는 숙제를 내주지 않는다.
학생들에게 소리치지 않는다.

나는 여러분이 매우 자랑스러워요. 여러분은 우리 학급이 순조롭게 잘 운영될 수 있는 규칙을 만들었 어요."

요약

존엄스러운 훈육에서 Richard Curwin과 Allen Mendler는 '교실관리에 있어 널리 적용되도록 만든' 정책은 비효과적이고 본질적으로 불공정함을 주장한다. 그들은 학교에 있는 모든 사람이 존엄성 있게 다루어져야 함을 주장함으로써 학교 환경은 각 학생과 교사의 욕구를 충족시켜야 함을 강조했다. 존엄스러운 훈육은 훈육 문제가 발생하는 것을 예방하는 데 초점을 둔 세 차원의 훈육 계획이다. 이 모형의 세 요소는 예방, 행동, 해결이다. Curwin과 Mendler가 『존엄스러운 훈육』을 집필한 이래 20여 년 동안 그들의 이론은 교사와 교실의 변화하는 욕구를 충족시키는 방향으로 발전되어 왔다. 1997년 Curwin과 Mendler는 보다 폭력적인 학생을 다루고자 하는 교사들의 필요에 부응해 『필요한 만큼 끈기 있게』를 집필했다.

주요 용어

이 용어들에 대한 정의는 용어해설에 제시되어 있다.

개인 계약	사회계약
결과 범위	존엄스러운 훈육
교실원칙	70-20-10의 원칙
기 규칙	

관련 활동

이론에 대한 성찰

1. 제3장에서 아래와 같은 시나리오가 제시되었다.

   8학년 교사 나탈리 켄슬러는 학생들에 관한 한 문제를 가지고 있다. 케리 커비가 요구한 자료를 챙기지 않고 매일 학교에 오는 것이다. 어떤 날은 연필을 잊어버리고 다른 날은 교과서를 잊어버린다. 매일 그는 잊어버린 물건들을 가지러 개인 물품 보관함에 갔다 온다. 켄슬러 씨는 그녀가 이길 상황이 아님을 알고 있다. 만약 케리에게 개인 물품 보관함으로 가도록 허용하면 그는 중요한 수업시간을 빼먹는다. 만약 그녀가 거절한다면 그는 자신의 과업을 할 수 없는 상태에서 시간을 보낸다.

Curwin과 Mendler는 켄슬러 씨가 어떻게 케리의 행동을 다루도록 제안할 것인가? 그들의 전략은 Lee와 Marlene Canter의 방법과 어떻게 다른가?

2. Curwin과 Mendler는 훈육 상황이 교실의 교사에게 근본적인 업무 중 하나임을 제시한다. 그리고 다음과 같이 말했다. "학생들은 제한을 시험할 기회를 필요로 하기 때문에 교사의 목적은 모든 문제행동을 제거하는 것이 아니라 학생으로 하여금 적절한 선택과 결정을 하도록 돕는 것이어야만 한다." 당신은 이 의견에 동의하는가 아니면 동의하지 않는가? 그 이유는?

3. Curwin과 Mendler는 교사로 하여금 훈육에 대한 '쿠키 커터'식 접근을 피하도록 격려했다. 학생 개개인의 욕구를 충족시키면서 일관적일 수 있는 방법이 있는가? 그 이유를 설명해 보라.

4. Curwin과 Mendler는 학생과 교사의 욕구 모두를 동일한 것으로 간주했다. 당신은 교실의 교사로서 당신의 역할을 수행함에 있어 정체성, 연결성, 힘, 성취의 욕구를 어떻게 충족시킬 것인가?

포트폴리오 자료 개발하기

1. 당신의 교수 방식을 기술하라. 당신의 교실에서 어떠한 교수 전략이 일반적으로 행사되는가? 당신의 방식 혹은 전략의 결과로 어떠한 훈육 문제가 발생할 수 있는가? 당신은 당신이 선호하는 교수 방식을 유지하면서 이러한 문제를 어떻게 제거할 수 있는가?

2. 제1장 말미에서 당신의 학급을 위해 설정할 규칙 목록을 개발하도록 격려되어졌다. 그 목록을 검토하라. 그리고 필요할 때 변경시켜라. 이 규칙들 각각에 대해 다양한 결과를 개발하라.

개인 교실관리 철학 개발하기

1. 마지막 시나리오에서 맥브라이언트 씨는 자신이 학급에 대해 원하는 원칙 중 하나는 모든 학생이 각자의 잠재력을 발휘하는 것임을 진술했다. 당신은 어떠한 원칙으로 교수, 학생과의 상호작용, 교실관리 계획을 이끌어 가는가?

2. 당신의 '기 규칙'은 무엇인가? 당신은 왜 이러한 규칙들이 협상의 여지를 가지지 않는다고 생각하는가?

3. 존엄스러운 훈육 모형의 전략 중 어떠한 전략을 당신의 교실관리 계획에 병합시킬 것인가?

후속 연구 자료

존엄스러운 훈육에 대한 추가적인 정보, 교실에서 활용할 자료를 구하고자 한다면 아래 주소로 연락하라.

Solution Tree Press

Bloomington, IN

800-733-6786

812-336-7700

참고문헌

Blumefeld-Jones, D. S. (1996). Conventional systems of classroom discipline. *Journal of Education Thought, 30,* 5–21.

Curwin, R. L., & Mendler, A. N. (1980). *The discipline book.* Reston, VA: Reston Publishing.

Curwin, R. L., & Mendler, A. N. (1984). High standards for effective discipline. *Educational Leadership, 41,* 75–76.

Curwin, R. L., & Mendler, A. N. (1988a). *Discipline with dignity.* Alexandria, VA: Association for Supervision and Curriculum Development.

Curwin, R. L., & Mendler, A. N. (1988b). Packaged discipline programs: Let the buyer beware. *Educational Leadership, 46,* 68–71.

Curwin, R. L., & Mendler, A. N. (1997). *As tough as necessary: Countering violence, aggression, and hostility in our schools.* Alexandria, VA: Association for Supervision and Curriculum Development.

Curwin, R. L., & Mendler, A. N. (1999). Zero tolerance for zero tolerance. *Phi Delta Kappan, 81,* 119–120.

Curwin, R. L., & Mendler, A. N. (2000). Six strategies for helping youth move from rage to responsibility. *Reaching Today's Youth, 4,* 17–20.

Curwin, R. L., Mendler, A. N., & Mendler, B. D. (2008). *Discipline with dignity* (3rd ed.). Alexandria, VA: Association for Supervision and Curriculum Development.

Kohn, A. (1996). *Beyond discipline: From compliance to community.* Alexandria, VA: Association for Supervision and Curriculum Development.

Mendler, A. N. (1997). Beyond discipline survival: Reclaiming children and youth. *Journal of Emotional and Behavioral Problems, 6,* 41–44.

Mendler, A. N. (2007). *What do I do when . . . ?* Bloomington, IN: Solution Tree.

Mendler, A. N., & Curwin, R. L. (1983). *Taking charge in the classroom.* Reston, VA: Reston Publishing.

Mendler, A. N., & Curwin, R. L. (2007). *Discipline with dignity for challenging youth.* Bloomington, IN: Solution Tree.

교실조직 관리 프로그램 (COMP)

07

목표

제7장에서는 예비 교사들을 INTASC 기준 1항(내용 교수법), 3항(다양한 학습자), 4항(다양한 교수 전략), 5항(동기와 관리), 7항(계획), 9항(반성적 실천인), 10항(학교와 지역사회 관계)에 부합되도록 준비시키고자 한다. 이를 위해 다음과 같은 사항을 수행하도록 돕는다.

- 교실조직 관리 프로그램(COMP) 이면의 기초 원리를 이해한다.
- 교수 활동의 변화를 지원함에 있어 병합의 중요성을 인

식한다.
- 교실규칙과 절차를 교수할 때 사용되어지는 적절한 교수 전략을 결정한다.
- COMP의 여섯 가지 구성 요인에서 제시되는 기술을 활용한다.
- COMP의 기초인 효과적인 교실관리에 대한 연구 근거를 평가한다.
- 효과적인 교실관리자의 특징과 행동을 결정한다.
- 관리와 교수는 절대적으로 연관되어 있음을 인식한다.

▫ 교사들이 개인적인 교실관리 계획을 개발할 때 학생들이 주의집중 시간, 학습 양상, 지능에서 차이가 있음을 고려한다.

▫ 과목 영역의 내용이 어떻게 교실관리 전략에 영향을 주는지 평가한다.

▫ 문제행동을 다루기 위해 Carolyn Evertson의 연구를 활용한다.

시나리오

5학년 교사 닉 나폴리타노와 모니크 매티스는 학교 개학 전에 수업과 교실환경을 준비하면서 수 주를 보냈다. 아침 내내 일한 후 닉은 점심을 같이 할 생각으로 모니크의 교실에 들어섰다. "피자 먹고 싶어요? 기억하건대 그 일이 그렇게 오래 걸리지 않아서 점심 먹으러 갈 수 있다면서요." 그는 모니크에게 상기시켰다.

"그럼요. 이 일을 다할 때까지 5분만 기다려 주세요." 모니크는 커다란 포스터 판을 책상으로 옮기면서 말했다. 포스터 판 중 하나를 들여다보면서 닉은 그것이 네 칸, 즉 교사의 과업, 학생의 과업, 규칙, 절차로 나누어져 있음을 알았다. 혼란스러워져 그는 물었다. "이게 다 뭡니까? 뭐하고 있는 거예요?"

"아, 예. 교실규칙을 개발하기 시작했어요. 우리가 하게 될 활동 하나하나마다 일련의 다른 규칙과 절차가 필요하다는 생각이 떠올랐어요. 예를 들어 컴퓨터 공부를 할 때 학생들이 필요로 하는 규칙과 절차는 개별 학습을 할 때 필요한 규칙, 절차와 달라요. 그래서 보시다시피 각 활동마다 생각을 해 오고 있는 중이에요." 완성된 포스터 판을 보여 주면서 그녀는 말했다. "이것들은 컴퓨터 영역에 대해 내가 작동시켜 온 규칙과 절차입니다. 나는 이 영역 활동이 잘 이루어지도록 하기 위해 해야만 할 것들에 대해 곰곰이 생각해 왔어요. 나는 컴퓨터 영역에서 학생들이 해야 할 과업을 목록화했지요. 그리고 컴퓨터 사용에 대한 규칙을 개발했습니다. 또 필요하다고 생각되는 절차도 개발했습니다."

"이거 일이 너무 많은데요. 나는 어떤 문제가 발생되는지 기다려서, 보고, 그리고 나서 그 문제를 다루려고 생각했어요."

지갑을 집으면서 모니크는 말했다. "교사 교육 프로그램에서 들었던 것을 계속 기억하고 있는 중이에요. 교수님은 말씀하셨지요. 주의 깊은 계획은 1,000%의 보답으로 돌아온다고요. 나는 그녀가 옳았기를 바라요. 자, 피자 먹으러 가요. 무척 배고프네요."

들어가는 말

비록 첫 교수 과업을 막 시작하고 있는 중이기는 하지만 모니크는 이미 효과적인 교실관리자의 특징을 보여 주고 있다. 모니크는 학생들의 혼란과 문제행동을 예방하는 방법을 계획함으로써 사전 행동적 모습을 보여 주었다. 그리고 그녀는 관리와 교수가 상호 얽혀 있음을 이해하고 있다. 이와 똑같은 두 요소가 교실관리 계획, 즉 Carolyn Evertson에 의해 창안된 **교실조직 관리 프로그램**(COMP)의 부분들이다. COMP는 5,000시간 이상의 교실관찰을 포함하며 Evertson과 그녀의 동료들에 의한 30년 연구의 결과이다. COMP는 원래 국가교육협회(National Institute of Education)의 재정 지원을 받은 일련의 관련 연구를 통해 개발되어졌고, 오스틴의 텍사스대학교 교사교육연구

교실절차의 생성은 효과적인 교실계획의 기초적 요소이다.

개발센터(the Research and Development Center for Teacher Education)와 리틀록의 아칸소 일반교육국(Arkansas Department of General Education)을 통해 수행되었다 (Evertson & Harris, 1995). 1989년 이래 COMP는 미국 영토 안에 있는 수천 개의 학교에서 이행되어 왔다.

COMP는 성공적인 관리 실천과 전략의 핵심을 발견하기 위해 구상된 서술적이고, 상호관련적이며, 실험적인 연구들에 근거해 개발되었다. 30년 이상 Evertson과 Edmund T. Emmer, Julie P. Sanford, Barbara S. Clements, Linda M. Anderson, Catherine H. Randolph, Alene H. Harris, Jere Brophy 같이 국가적으로 인지도가 높은 학자들은 성공적인 교실관리 실천을 검토해 왔다. 그들의 연구는 성공적인 교실관리자의 특징으로 아래와 같은 내용들을 규명했다.

- 지속적으로 성취해 나가는 학생들의 교사는 최소한의 시끄러움을 유지한 채 학생들을 순조롭게 이끌어 가는 방식으로 교실을 조직한다(Brophy & Evertson, 1976).
- 잘 관리되어지는 교실의 교사는 학생들이 성공적인 활동에 요구되어지는 절차와

교실조직 관리 프로그램(COMP)의 단계

교실에서 COMP를 활용하기 위해서는 아래와 같은 것이 필요하다.

1. 학습 기회를 최대화하고 문제행동을 예방할 수 있게 교실을 조직하라.
2. 교실규칙을 설정하라. 그 과정에 학생들을 동참시켜라.
3. 학습과 바른 행동을 증진할 수 있는 교실절차를 설정하라.
4. 교실규칙과 절차에 대한 학습을 계획하라. 학생들이 어떻게 규칙과 절차를 준수해야 하는지를 가르쳐라.
5. 학생들이 활동하도록 관리하고, 학생들에게 책무성을 제공하라.
6. 행동에 대한 긍정적, 부정적 결과를 모두 제공함으로써 좋은 행동을 유지시켜라. 학생들의 행동을 다른 수단으로 지도할 필요가 있을 때는 교정적 결과를 이행하라.
7. 학습을 고양시키는 데 필요한 절차에 초점을 두고 교수를 계획하고 조직하라.
8. 교수 도중에는 추진력을 유지하라.

기대를 결정하기 위해 교실과업을 명확하고 세세하게 분석한다(Emmer, Evertson, & Anderson, 1980; Evertson & Anderson, 1979).

▪ 잘 관리되어진 교실의 교사들은 학생들의 눈을 통해 교실을 본다. 따라서 그들은 정보에 대한 학생들의 욕구를 분석할 수 있다(Emmer et al., 1980; Evertson & Anderson, 1979).

▪ 효과적인 교실관리자인 교사들은 소란스러운 행동과 체제에 대한 잠정적 위협을 신속하게 처리하기 위해 학생들의 행동을 감독한다(Emmer et al., 1980; Evertson & Anderson, 1979; Evertson & Emmer, 1982).

▪ 효과적인 교실관리자인 중·고등학교 교사들은 필요한 정보를 명확하게 상호교환하며, 중요한 단계에서 복잡한 과업을 줄이고, 학생 실력 수준에 대해 잘 이해하고 있다(Evertson & Emmer, 1982).

▪ 보다 효과적인 교실관리자인 교사들은 교수를 조직함으로써 학생들로 하여금 학업에 참여하도록 만든다(Evertson & Emmer, 1982).

▪ 효과적인 교실관리자인 교사들은 첫날부터 작동할 수 있는 관리 체계를 창안할 뿐 아니라 학생들에게 그 체계를 가르친다(Emmer et al., 1980). 이것의 중요성은 Evertson, Emmer, Sanford, Clements(1983)의 이후 연구에 의해 증명되었는데 이

들은 학기 시작 이후에는 교실 양상이 정착되고, 학기 중 변화는 더 강하고 강력한 개입을 요구함을 밝혔다.

- 학문적 기술과 사회적 기술을 혼합하는 데 성공한 교사의 학생들은 과업에 열중하고, 적절한 행동으로 처신하며, 보다 높게 성취하는 경향이 있다. 이러한 교사들은 그들이 학문적·사회적 기술 모두를 가르치며, 학문적·사회적 기술 모두 발달적이라는 사실을 인지하고 있다(Evertson & Harris, 1996).

학생들의 성취를 증진시키고 부적절하며 소란스러운 학생들을 감소시키는 데 중요한 것으로 규명된 모든 변인은 COMP에 병합된다. Evertson이 1970년 그녀의 연구를 시작한 이래 교실은 보다 다양해졌고 학생들의 요구를 만족시키기 위해 학업 활동에 있어 더 많은 다양성이 필요하게 되었다. 이러한 복잡성의 증대는 교실관리에 있어 훨씬 더 큰 전문성을 요구하며, 교실의 변화하는 요구에 부응한 전략들이 COMP에 병합되었다(Evertson & Harris, 1995).

교실의 변화하는 복잡성은 교실관리에 대한 정의가 오늘날의 변화하는 교실 역동성을 보다 자세하게 반영할 것을 요구한다. Marchant와 Newman(1996)과의 면접에서 Evertson은 말했다. "오랫동안 교실관리는 통제, 훈육, 그리고 학생들을 순응하게 할 최적의 방법에 대한 질문과 연합되어 왔고 여전히 그러고 있습니다. 관리에 대한 이러한 관념은 우리가 만들고자 하는 유형의, 즉 학생들이 자신들의 학습과 공동체에 관여하는 학습 공동체의 형성과는 양립하지 못합니다."(p. 31)

전통적인 교수 방법에서 공동체 형성을 위한 방법으로 이동함에 따라 교사들은 교실관리를 위한 전통적인 방법에서도 이동해야 한다. 종종 교사들은 협력 집단, 학습 영역, 공동 학습활동을 관리하기 위해 애쓰면서 학습 중심 교실(learning-centered classrooms)을 위해 가외로 힘을 들여야 한다는 사실을 알게 된다(Evertson and Neal, 2005). 대부분의 효과적인 교실환경에서 교수와 교실관리는 이러한 유형의 활동을 지원하기 위해 이음매 없이 섞여 있다.

Evertson과 Harris(1999)는 교실관리에 대한 보다 광범위한 정의가 필요함을 제시했다. 교실관리는 교사가 교실에서 학습을 촉진하기 위해 시도하는 모든 것을 조직화한다는 점에서 교사의 행동에 대한 전체적인 설명어로 조견되어야 함을 제시했다. 이 것은 예측 가능하고 질서가 있는 교실의 생성, 규칙의 설정, 과업에서 학생들의 협동심 습득, 교실절차상 요구의 충족을 포함한다. 교실관리에 대한 전체적인 정의는 교실관리를 문제행동에 대한 반응같이 협의적으로 접근하기보다 교사의 지속적인 선택과 활동을 강조하는 것이다. 오늘날 교실관리에 대한 견해는 "교실의 학습을 촉진하기 위해 시도해야만 하는 모든 것, 즉 학습을 촉진하고, 낭비되는 시간을 줄이는 교실환경을 사전 행동적으로 구성하는 것을 포함하면서, 또한 학생들의 참여를 증진시키고 유지하는 방식으로 교수를 조직화하는 모든 것이다."(p. 251)

교실관리가 교실에서 진행되는 모든 것을 조직화하는 것으로 비칠 때 교실관리의 체계가 요구되어진다. COMP는 교사들에게 그러한 체계를 제공하기 위해 개발되었다(Evertson & Harris, 1995). COMP의 주요 목적은 효과적인 교실실천을 계획, 이행, 유지하게 함으로써 교사로 하여금 전반적인 교수 및 관리 기술을 향상시키도록 돕는 것이다. 추가적인 목적은 학생들의 과업 참여 증진, 부적절하고 소란스러운 행동의 감소, 학생들의 학업과 행동에 대한 책임감 촉진, 학생들의 학업 성취 향상이다. Evertson과 Harris(1996, 1999)는 COMP의 핵심 원리를 아래와 같이 기록한다.

- 효과적인 교실관리는 문제가 발생한 이후 그것을 다루기보다 문제를 예방한다.
- 관리와 교수는 절대적으로 연관된다.
- 학생들은 학습 환경에서 적극적인 참여자이고 교실관리는 학생들의 주의집중 시간, 학습 양상, 지능의 차이를 고려해야만 한다.
- 전문적인 공동 협력은 교수 실천에서의 변화를 지원한다.

COMP는 교사들에게 단순히 효과적인 관리에 대한 '비법'을 제공하기보다 각 교실상황의 독특성을 제공하며, 교실관리의 결정에 대한 사고를 증진시키고자 한다. COMP는 여섯 가지의 주요 요인, 즉 교실조직, 규칙 및 절차의 계획과 교수, 학생 활동 관리, 훌륭한 학생 행동 유지, 교수 계획과 조직, 교수 수행 및 추진력 유지로 구성된다(Evertson & Harris, 1997). 이 요인들 중 어느 것도 교사에게 새로운 것은 아니다. 하지만 Evertson(1985)이 말했듯이 이러한 요인의 순서화와 사용에 대한 이론적 근거는 개념적 틀을 제공하며 이로부터 교사들은 일상의 기준을 가르침에 있어 중요한 결정을 내릴 수 있다.

○ *현장 비결*

나는 학생들에게 교실상황에서 사용할 단순한 형태의 손짓 언어를 가르쳤다. 학생들이 적절한 상징적 신호를 사용함으로써 교수 상황은 화장실/물/연필깎이 그리고 그 밖의 요구들로 인해 결코 방해받지 않았다. 대신 나는 적절한 상징적 신호 언어를 통해 그들의 요구를 알아차렸다. 나는 '박자는 계속된다(The Beat Goes On, 역주 : Beady-Eye 그룹의 노래)'처럼 수업 상황에서 흐름을 잃지 않았다.

Samuel Bennett
5학년 교사
Garner 초등학교
Winter Haven, Florida
Florida 2006년 올해의 교사

COMP의 주요 요인

효과적인 교실관리에 대한 연구에서 개발되어진 COMP의 이론적 근거와 마찬가지로 COMP의 여섯 요인들은 효과적인 교실관리자의 특징에 대한 수년간의 연구 산물이다. 여섯 요인 각각에 대한 이론적 근거와 핵심적인 요소들은 다음과 같다.

교실조직

많은 경우 교사에 대한 첫인상은 교사와 학생 혹은 교사와 학부모의 상호작용에서가 아니라 교사가 교실을 준비하는 방식에서 온다. 교실에서의 모든 것―가구를 배치하는 방법, 자료가 진열되어지는 방식, 벽이나 게시판의 색깔 선택, 잡동사니의 혼재 혹은 부재―은 학생과 부모들에게 교사에 대한 말 없는 메시지를 전달한다.

교사는 교실이 전달하고 있는 메시지를 알아야 하며 이 메시지가 그들의 가치 및 목표와 일치한다는 사실을 확신해야 한다. 예를 들어 Evertson과 Harris(1997, 1999)는 교실설계가 학생들에게 교실에서 상호작용하고 학습하는 방식에 대한 신호를 보내고 있다고 말한다.

만약 책상이 붙어 있거나 학생들이 탁자 주위나 의자에 집단으로 앉게 되면 그 배열은 공동 학습이나 협동 학습이 진행될 것이라는 신호이다. 만약 책상이 전통적인 열을 갖춰 배열되거나 단독으로 놓인다면 그 메시지는 학습이 개별적으로 이루어질 것임을 전달한다. 쉽게 접근할 수 있는 학습 코너나 컴퓨터 영역은 그것들이 학생들에 의해 사용되어질 것임을 나타낸다. 독서 영역의 안락한 의자 혹은 쿠션은 좋아하는 책을 천천히 보아도 됨을 제시한다.

문제는 교실의 배열에 의해 주어진 메시지가 교사의 교수 방식과 일치하지 않을 때 발생한다. 만약 학생이 집단으로 앉아 있다면 그들은 서로 이야기할 것이다. 만약 이것이 교사의 희망사항이 아니었다면 전통적 책상 배열이 보다 적절한 것이다. 만약 자료가 학생에 의해 사용되어서는 안 된다면, 그러나 이 자료들이 호기심 많은 손에 접근 가능하도록 놓여 있을 때 교사는 문제를 불러들인 것이다. 교사는 자신의 교수 목적과의 일치를 위해 다양한 배열을 분석해야 한다(Evertson & Harris, 1997).

불행하게도 이상적인 교실은 거의 없다(Evertson, 1987). 사용하게 될 공간을 교실로 설계할 수 있을 정도로 충분히 행운이 있는 교사도 거의 없다. 대부분의 교사들 특히 신규 교사들은 그들에게 할당된 공간을 취하며, 그것을 기능적으로 만들기 위해 노력한다. 하지만 주어진 공간의 제한성과 관계없이 교사들은 효과적인 교실조직을 위한 세 가지 요소, 즉 가시성, 접근성, 산만성을 고려해야 한다.

가시성(Visibility) 모든 학생은 교사 주도의 수업, 설명, 소개를 볼 수 있어야 한다. 실물 화상기, 화이트보드, 혹은 모니터를 통해 제시되는 어떠한 교수 자료라도 의자를 옮기거나, 책상을 돌리거나, 목을 빼는 일 없이 모든 학생들에게 보여져야 한다 (Evertson & Harris, 1997). 학급 첫날 이전에 교사는 학생들이 교사 주도의 수업을 보고 들을 수 있는지를 알기 위해 각 학생들의 책상에 앉아 보아야 한다.

교사가 모든 학생, 학생들의 활동 영역, 학습 영역을 보는 것도 똑같이 중요하다. Emmer, Evertson(2009)이 기록했듯이 만약 학생들을 볼 수 없다면 학생들이 도움을 필요로 하는지를 결정하거나 과업 이외의 행동을 예방하는 것이 어렵게 된다.

접근성(Accessibility) 근접 통제에 의해 필요한 도움을 제공하고, 과업 중 행동을 유지하기 위해 교사는 다른 학생에게 방해를 주지 않으면서 교실에 있는 모든 학생에게 신속하게 접근할 수 있어야 한다. 통행량이 많은 곳은 깨끗하고 분리되어야 한다. 연필깎이, 쓰레기통, 실내 음용대 주변의 통행 양상을 주의 깊게 보아야만 한다. 만약 자료 보관 영역이 부적절하게 배치되면 학생들이 필요한 것을 가지러 가거나 돌아올 때 주의산만함이 발생할 수 있다. 교수 자료 영역에 쉽게 접근하거나 교수 자료를 효율적으로 보관하는 것은 수업 추진력을 유지하면서 낭비되는 시간을 최소화한다. 하지만 학생들이 만지도록 허용된 교수 자료만이 학생들이 갈 수 있는 장소에 배치되어야 한다.

산만성(Distractibility) 첫 학생이 오기 전에 교사는 교사의 신경을 건드리고 과업 이외 행동을 부추길 수 있는 산만한 것에 대해 교실을 꼼꼼하게 조사해야 한다. 교사들이 매력적이고 유혹적인 교실을 원한다 할지라도 그들은 가끔 과도한 장식이 시각적으로 일부 학생들을 과잉자극할 수 있다는 사실을 망각한다. 주의산만한 것들은 진열품, 놀이감, 동물 상자, 제시된 자료보다 학생들이 더 흥미로워할 수 있는 수많은 것들을 포함한다. 교사나 어떤 학생들에게 산만하지 않은 것이 다른 학생을 산만하게 할 수 있음을 기억하라. 그러한 산만한 것들을 교실의 다른 곳으로 치워야 하거나 혹은 개인 학생의 시야에서 벗어나게 해야 한다. 교실 전체를 소란스럽게 만드는 산만함은 교실에서 제거되어야 한다.

Evertson과 Randolph(1999)는 교실공간이 활용되는 방식은 학생들의 학급 활동 참여 방법, 교사와 다른 학생과 상호작용하는 방법에 중요한 시사점을 준다고 강조한다. 교실이 보여지고 느껴지는 방식은 학급 활동을 방해하거나 지원해 주기도 한다는 사실을 기억하는 것이 중요하다. 시나리오에 나왔던 닉이 컴퓨터 영역의 설치로 인해 스스로 문제를 유발해 왔음을 어떻게 발견했는지 살펴보라.

모니크와의 점심식사 후 닉은 컴퓨터 영역에 대한 자세한 규칙과 절차가 필요하다고 생각했다. 그는 그 영역이 매우 창의적이며 유용하다고 생각했고 그 사실을 마음에 들어

했다. 하지만 학생들이 그 영역을 사용한 첫날 그는 실망했다. 학생들이 컴퓨터 영역에서 활동하고 나서야 그는 연필 깎는 학생들이 컴퓨터를 하기 위해 앉아 있는 학생에게 기대 야만 한다는 사실을 깨달았다. 연필 깎는 학생들 혹은 컴퓨터에 앉아 있는 학생들 간의 싸움과 불평을 겪은 후 닉은 그 문제를 해결하기 위해 연필깎이나 컴퓨터 영역을 옮겨야 한다는 사실을 깨달았다.

규칙 및 절차의 계획과 교수

Evertson과 Randolph(1999)는 규칙과 절차가 수업의 흐름, 지속성, 학생들의 학업 참 여를 유지시키는 데 필수적임을 강조한다. 주의 깊게 계획되고 체계적으로 가르쳐진 규칙과 절차의 체계는 학생들에게 행동적 기대를 전달하고 또한 교사의 목적이 충족 되어지는 것을 보장하기 위해 필요하다(Evertson & Harris, 1977). 효율적인 절차와 작 동 가능한 규칙은 혼란과 시간 낭비를 최소화함으로써 주어진 시간에 교실에서 수행 될 수 있는 행위의 다양성, 심지어는 여러 가지 활동을 허용한다.

Evertson과 Harris(1997)는 규칙은 일반적 행동에 대해 기대되는 규범임을 말한 다. 규칙은 '교실의 헌법'을 구성한다(p. 2.05e). 규칙들은 특정 행동을 예방하거나 혹 은 격려하는 기능을 한다. 교실의 요구에 맞추어 변화하는 절차와 달리 규칙은 변하 지 않는다.

Evertson과 Harris(1997)는 규칙과 절차의 개발을 교사의 책임으로 간주한다. 교 사는 일련의 교실규칙과 절차가 적절하고 적합한지를 확인해야만 한다. 하지만 학생 들에게 규칙에 대한 소유의식을 증진시키고 학생으로 하여금 자신들의 행동에 대해 책임감을 가지도록 격려하기 위해 규칙과 절차의 개발 과정에 학생들을 동참시키기 도 한다. 규칙 형성에 학생들을 동참시킬지의 결정은 학생들의 성숙 수준, 그리고 학 생과 책임을 공유하면서 느낄 교사의 만족 수준에 달려 있다.

교실규칙의 수를 간단하고, 관리 가능하도록 설정하는 것이 중요함에도 불구하 고 규칙의 실제적인 수는 규칙이 개발되어지는 방법처럼 결정적이지는 않다. 규칙 개 발에 대한 자세한 지침은 표 7.1에 나타난다.

규칙이 기초적 행동 기대를 전개하는 반면 **절차**(procedures)는 종종 학생들에게 성공적 규칙 준수의 방법을 단계적으로 보여 주는 명확한 '방법'이다(Evertson, 1987). 절차는 과업의 일정을 만들며, 특정 활동에서 학생들에게 기대하는 바를 전달

표 7.1 규칙 개발 시 고려할 점

- 규칙은 기대가 명확하도록 진술되어야 한다.
- 규칙에 대한 이유가 제시되어야 한다.
- 긍정적 교실환경을 촉진하는 규칙이 선택되어야 한다.
- 규칙 목록은 가능한 한 짧아야 한다.
- 교실규칙은 학교 규칙 및 정책과 일치해야 한다.
- 학생들은 규칙 개발에 동참해야 한다.
- 규칙을 설명하기 위해 예가 제시되어야 한다.
- 규칙은 다른 내용과 똑같은 방식으로 가르쳐져야 한다.

출처 : Evertson, C. M. (1987). Managing classrooms-A framework for teachers. In D. Berliner and B. Rosenshine(Eds.), *Talk to Teachers*. New York : Random House.

하고, 한 활동에서 다른 활동으로의 전이를 도와주는 기능을 한다. 규칙과 달리 발생되는 필요에 따라 절차는 변화하며, 수에 있어 규정되지 않는다(Evertson & Harris, 1997).

Evertson과 Harris(1999)는 규칙과 절차가 학생들에게 가르쳐져야 하고 규칙과 절차의 가르침은 다른 내용을 가르치는 것과 다르지 않음을 주목한다. 규칙과 절차는 규칙과 절차에 대한 이유를 개발하고, 학생들에게 자기 조정의 실마리를 제공하는 것에 대한 강조와 함께 가르쳐져야 한다. 교사는 이를 숙련시켜야 하며, 절차를 단 한 번 제시하는 것은 학생들의 이해 혹은 지속적인 절차의 활용에 적절하지 않음을 기억해야 한다. 모니크가 어떻게 학생들에게 교실규칙과 절차를 가르쳤는지를 살펴보라.

"여러분, 어제 우리는 우리의 두 번째 규칙을 살펴보았지요. '우리는 다른 사람의 것을 사용할 때 허락을 구한다.' 오늘 우리는 우리의 세 번째 규칙, '우리는 적절한 목소리를 낸다'를 토론할 거예요. 누가 이것이 무슨 뜻인지 말할 수 있나요?"

몇몇 손이 올라가고 모니크는 머리를 시킨다. "나는 이것이 우리가 조용히 해야 하고, 다른 사람을 방해하지 않는다는 뜻이라고 생각해요."

"자, 맞아요. 우리가 조용히 해야 할 때가 여러 번 있지요. 그런데 이것이 언제나 우리가 조용히 해야 한다는 것을 의미하나요? 우리가 크게 소리를 낼 수 있는 시간이 있나요? 데이나, 소리를 내도 되는 때가 언제지요?"

머뭇거리면서 데이나가 말한다. "나는 운동장이나 체육관에서는 소리를 크게 내도

된다고 생각해요."

"데이나, 정말 대답 잘했어요. 물론 운동장에서 우리는 소리를 크게 내도 되지요. 사실…" 그녀는 녹음기 곁으로 다가가면서 말했다. "나는 어제 쉬는 시간에 여러분의 소리를 녹음했어요. 여러분이 어떤 소리를 냈는지 들어 봅시다." 모니크가 운동장에 있는 아이들의 음성을 녹음한 소리를 틀자 몇몇 아이들은 소리치고 누군가를 부르는 자신들의 목소리를 듣고 웃었다.

"와, 여러분이 크게 소리 내고 있네요. 하지만 규칙을 위반한 것은 아니지요. 여러분이 운동장에 있을 때는 소리 내도 된다는 것이 내 생각이에요. 내가 말하는 것 모두 이해하나요?" 모니크는 교실을 둘러보았다. 그리고 모든 학생이 이해하고 있는 것으로 인지했다. "자, 나는 여러분이 절차를 개발해서 언제 소리를 내도 되는지 언제 소리를 내지 않아야 하는지 알기 바라요. 나는 우리가 숫자로 단계를 만들 수 있다고 생각해요. 1에서 5까지 단계를 만들어 봅시다. 1은 가장 조용히 해야 하는 단계이고 5는 가장 큰 소리를 낼 수 있는 단계예요. 자, 여러분이 운동장에 있을 때처럼 정말로 시끄러울 수 있을 때가 가장 큰 소리를 낼 수 있는 수준이에요. 내가 만약 다섯 손가락을 펼쳐 보인다면 여러분은 원하는 대로 크게 소리를 낼 수 있어요. 이 내용을 칠판에 써 봅시다."

모니크는 칠판에 5라고 썼다. 그리고 그 옆에 '크게 고함치기, 소리 지르기, 웃기-운동장이나 체육관에서 적절함'이라고 기록했다.

"자, 5하고 정반대되는 것을 생각해 봅시다. 여러분은 만약 내가 손가락 하나를 펼쳐 보인다면 어떻게 소리 내야 하는지 설명할 수 있나요?" 모니크는 모든 학생이 정숙해지면서 아주 조용해지는 것을 보았다. "와, 정말 조용하네요. 언제 우리는 지금처럼 조용히 해야 할까요?"

그다음 시간 동안 학생들과 모니크는 그들 학급을 위해 적절한 소리의 단계에 대해 이야기했다. "좋아요, 우리의 절차를 연습해 봅시다." 모니크는 손가락 하나를 올렸다. 모두 아주 조용해졌다. 그녀가 손가락 2개를 보였을 때 학생들은 옆 사람과 소곤거렸다. "아주 잘했어요. 5단계는 우리가 운동장에 나갈 때 연습해 보기로 해요. 모두 우리의 절차를 잘 이해했지요? 질문 있나요?"

표 7.2는 절차 교수법을 상세하게 제시한다.

학생 활동 관리와 책무성 증진

Evertson과 Harris(1997, 199)는 효과적인 교실관리 체계의 궁극적 목적은 학생들에게 책임감을 가르치는 것임을 제시한다. 불행하게도 많은 학생들은 그들의 노력과 그 결

표 7.2 교실규칙과 절차 교수 단계

1단계 : 설명

- 구체적인 용어로 규칙 혹은 절차를 정의하라. 이것은 규칙이 이해할 수 없거나 존경과 같이 여러 가지 해석의 여지를 가지고 있는 말들을 내포할 때 특히 중요하다.
- 말과 활동으로 수용될 수 있는 행동을 묘사하라.
- 규칙과 절차가 필요한 이유를 제시하라. 이것은 학생들이 자신의 필요와 욕구를 마음속에 그려 보도록 돕는 과정으로 시작한다.
- 규칙 혹은 절차가 행동으로 어떻게 보여지는지를 모본으로 보여 주어라. 몇몇 학생들에게 규칙과 절차가 지켜지는 방법을 설명하게 하라.
- 절차 실행을 위해 단계별 지시사항을 제시하라. 이 단계들은 기록되고 또한 언어화되어야 한다.

2단계 : 예행연습

- 모든 학생이 올바르게 절차를 이행할 수 있을 때까지 절차를 단계적으로 연습해 보게 하라.
- 학생들이 규칙을 위반하거나 절차를 따르지 못할 때, 단계를 재검토하고 학생들로 하여금 적절한 행동의 모본을 보이도록 하라.

3단계 : 규칙과 절차에 대한 지식 검증

- 학생들에게 지필식 검사나 구두 설명으로 규칙과 절차에 대한 지식을 나타내도록 하라.
- 그들 지식과 기술의 정확성에 대해 피드백을 주어라.
- 학생들로 하여금 학교나 운동장에서 이동할 때 학생들을 관찰하게 하고 규칙이나 절차를 따르지 않았을 때를 기록하게 하라. 규칙과 절차를 따르지 않은 것에 대한 결과를 토의하라.

4단계 : 강화

- 규칙과 절차가 이행되었을 때 인정해 주어라.
- 규칙과 절차를 따른 것에 대해 칭찬과 보상을 제공하라.

5단계 : 필요할 때 재교수

- 학교 단기 방학 이후나 교실에 장기간 있지 않았을 경우 규칙과 절차를 재검토하도록 계획을 세워라.
- 규칙과 절차가 이행되지 않을 때 학생들이 이를 생각하도록 시간을 주어라.
- 필요할 때는 재교수하고 예행연습하라.

출처 : Wong and Wong(1998)과 Everston and Harris(1997)로부터 각색함.

과 사이의 연관성에 대해 이해하지 못한다. 따라서 효과적인 교사는 학생들로 하여금 그들 자신의 학업과 행동에 대해 책임을 견지하도록 할 뿐만 아니라 어떻게 책임질 수 있는지에 대해서도 가르친다(Evertson & Randolph, 1999).

책무성은 학생들에게 명확하게 소통되어진 기대의 체계를 설정하고, 가능한 한 학생들에게 책임감을 많이 부여함으로써 고양되어진다. Evertson과 Harris(1997)는 효과적인 학생 책임 체계는 계획되고 관리되어야 하는 두 가지 요소로 구성됨을 언급한다. 한 요소는 학생들이 성공하기 위해 해야만 하는 것에 대해 명확한 설명을 제시함으로써 학생 책임을 설정하는 것이다. 두 번째 요소는 학생에 대한 점수 매기기나 학생에 대한 반응에서 언행일치를 보여 줌으로써 교사에게 책임 있는 행동의 모본이 될 것을 요구한다. 독립적인 학습자로의 성공적인 발달을 촉구하기 위해 교사는 두 요소와 관련하여 다음과 같은 사항을 이행해야만 한다.

- 과제의 전반적인 요구사항에 대해 명확하고 상세한 지시를 제공하라. Evertson과 Harris (1997)는 과제나 중요한 지시는 화이트보드, 실물 화상기, 궤도 위에 제시하고, 상세한 지시사항이 주어지는 과제물은 구두와 동시에 문서로 제공되어야 함을 추천한다.
- 과제와 지시를 전달하라. 그래서 모든 학생이 이해하도록 하라. 교사는 학생들이 지시에 대해 이해하고 있는지 질문을 하고 기대되는 활동의 예를 제시하면서 학급 학생들과 함께 구두로 지시사항에 대해 점검해야 한다. 큰 프로젝트나 과제일 경우에는 명확한 기한과 함께 세부 단계가 개발되어야 하고 각 세부 단계의 목적도 개발되어야 한다.
- 학생들의 활동을 지도하라. 학생들이 하고 있는 것을 계속 파악하라. Evertson과 Randolph (1999)는 효과적인 교실관리자는 학생 혼란의 징후에 대해 학급과 학생들을 지도함을 강조한다. 지도란 과제의 중요성과 적절성을 지적하는 것이다. 학생을 발전시키는 지도란 어려움을 겪고 있는 학생을 찾아내도록 돕는 것이며, 또한 교사로 하여금 계속 활동 중인 다른 학생들을 격려하도록 허용하는 것이다.
- 과제 제출 일정을 정하라. 누가 과제를 완성했는지 교사가 정확하게 기록하도록 하기 위해 학생들은 언제, 어디에 과제를 제출할 것인지를 알아야 한다.
- 학생들에게 정식으로 학업에 관한 피드백을 제시하라. 그들의 활동을 점검하라. 학생들의

활동은 피드백과 수정사항을 제공하기 위해 점검되어야 한다. 그리고 학생들이 개념을 정확하게 학습하고 있는지를 확인하기 위해 재점검해야 한다(Evertson, 1987). Evertson과 Harris(1997)는 교사가 상세하게 계획을 세워야 함을 제시했다. 즉 미리 그들이 학생 활동을 어떻게 다룰 것인지, 그들이 과제를 어떻게 점검할 것인지, 시험과 매일매일의 과제물 및 숙제 그리고 특별 프로젝트에 따라 어떠한 비율로 학생들의 성적을 낼 것인지를 계획해야 한다.

■ **추가 활동을 위한 일정을 정하라.** 학생들이 결석을 하면 학생 책무성은 종종 실패한다. 결석한 학생은 과제에 대한 지시나 지도사항을 모른다. 추가 활동 일정을 정하는 것은 효과적인 교수에 결정적이다. 닉이 추가 활동의 문제를 어떻게 해결했는지 살펴보라.

어느 날 아침 닉은 모니크가 학교에 오기를 기다리고 있었다. "아, 모니크. 내 방으로 좀 오세요. 내가 주말에 했던 것을 보여 드리고 싶네요. 분명 깊게 감동받을걸요."

웃으면서 모니크는 닉을 따라 그의 방, 그의 컴퓨터 책상으로 갔다. "좋아요, 기다릴게요. 나를 감동시켜 보세요."

"보세요." 닉은 학급을 위해 개발한 새 웹사이트를 열었다.

"닉, 정말 감동받았어요. 이거 개발하는 법을 어떻게 알았나요?"

"아, 예. 나는 몇몇 베이직을 알고 있었고, 막 나머지를 이해했어요. 그러나 나는 당신이 가장 좋은 부분을 보길 바라요. 당신이 숙제를 클릭하면 당신은 매일매일의 숙제를 볼 수 있을 뿐 아니라 그 과제를 실제로 프린트할 수도 있어요. 만약 학생이 결석을 하면 학생이나 학생 부모가 웹사이트에 와서 그들이 모르고 있는 것이 무엇인지를 볼 수 있어요. 만약 학생 집에 컴퓨터가 없다면 그들은 컴퓨터 센터에 가서 그들의 과제를 프린트할 수도 있어요. 그들이 모르는 것에 대해 공지해야 한다는 것을 일일이 기억하지 않아도 돼요. 학생은 숙제해 오지 않은 것에 대해 변명할 여지가 없습니다. 자, 당신도 어떻게 할 수 있는지 보여 줄게요."

훌륭한 학생 행동 유지

불행하게도 가장 효과적인 교사에게도 교실규칙과 절차에 도전하는 학생들이 있기 마련이다. 어떤 경우에 이러한 도전들은 교실을 소란스럽게 하고 다른 학생 혹은 학급 활동을 방해한다(Evertson, 1989). 또 어떤 경우에 이 도전은 다른 학생에게 소란스럽지는 않지만 과업 이외의 활동을 낳는다. 각 경우에 교사는 학생들의 행동에 개입해야 하고 다시 지도해야 한다. 하지만 Evertson과 Harris(1997)가 주목했듯이 처벌이 아니라 가르침이 목적이다.

훌륭한 학생 행동을 유지하는 것은 결과, 개입 전략, 소통의 연합을 요구한다. 규칙과 절차에 대해 일련의 합리적인 긍정적·부정적·교정적 결과를 확보하고, 적절할 때 이것을 일관성 있게 활용하는 것은 학생들이 교실 기대를 예측할 수 있도록 하고 학생들로 하여금 자아를 통제할 수 있도록 격려한다. 여러 가지 결과를 준비하는 것은 두 가지 이유 때문에 중요하다. 첫째, 여러 가지 결과는 교사로 하여금 문제행동을 수준에 따라 적절하게 다루는 것을 허용한다. 둘째, 한 학생에게 처벌일 수 있는 것이 다른 학생에게는 보상이 될 수도 있다. 사전에 계획된 결과와 개입 전략은 교실을 관리하는 교사의 능력을 증대시킬 것이다(Evertson & Harris, 1999).

긍정적 결과(positive consequences)는 외재적인 장려와 보상의 형태로서 행동에 뒤따르거나 행동을 증대 혹은 유지하는 데 기여한다. 장려와 보상은 정서적·심리적 혹은 학문적이다. 선별되어진 장려와 보상은 학생들의 연령, 흥미, 성숙 수준에 좌우된다.

교정적 결과(corrective consequences)는 학생들이 자신들의 행동을 관리하도록 돕는 특별한 전략이다. 교정적 결과를 활용함으로써 교사는 학생이 바람직한 행동이나 과정을 연습하도록 만든다. 어떤 경우에는 학생들이 그들이 하고 있는 것을 이해하도록 확인하기 위해 절차를 재교수하는 것이 필요하다. 교정적 결과의 목적은 학생이 의식적으로 자신들의 행동에 대해 생각하도록 돕는 것이다. Evertson과 Harris(1997)는 자기 기록과 자기 교수라는 두 가지 교정적 결과를 제시한다. 자기 기록은 학생이 바람직한 행동을 드러낼 때 매번 기록함으로써 책임감을 가지는 것이다. 자기 교수는 학생이 하고자 하는 것을 말로 표현하는 것이다.

부정적 결과(negative consequences)는 행동 뒤에 따르는 바람직하지 못한 결과이며 원하지 않는 행동을 감소시키기 위해 사용된다. 하지만 Evertson과 Harris(1992)는 처벌 혹은 부정적 결과는 바람직한 행동을 가르치지도 못하고 바람직하게 행동하고자 하는 욕구를 주입시키지도 못함을 언급했다. 그들은 부정적 결과와 처벌은 반복적인 문제행동에 반응할 필요가 있을 때만 사용되어야 함을 권고했다. 활용 가능한 부정적 결과는 특권이나 바람직한 활동의 보류, 고립 혹은 학생 격리, 방과 후 학교에 남아 있기 부과, 혹은 학교 내 정학 같은 학교 차원의 결과를 포함한다. Evertson과 Harris(1997)는 교사들에게 "당신들의 궁극적 목적은 소란스럽고 부적절한 행동을 중지시키는 것이 아니라 학생들에게 적절한 행동을 가르치는 것이며, 그 행동을 증대시키고(거나) 유지시키는 것이다."(p. 4.25e)라는 사실을 상기시킨다.

개입 전략(intervention strategies)은 싹트려 하는 학생 문제행동을 재지도하는 것이다. 개입 전략은 문제행동을 중지시키며, 수업에 학생들을 다시 동참시키고, 교실의 환경을 긍정적으로 유지하며, 교수 상황을 조용하게 한다. 개입 전략을 활용하기 위한 최적의 시간을 선택하는 것은 문제의 원인에 대한 교사의 확신에 달려 있다. 활용 가능한 개입 전략으로는 눈 마주치기, 근접 통제 사용하기, 규칙과 과정을 상기시키기, 학생 행동에 대해 질문하기 등이 있다.

학생들의 문제행동을 다룰 때 항상 주의해서 학생과의 투쟁을 선택하는 것이 중요하다. 과업 이외의 상황이나 혹은 부적절한 행동에 모두 반응하는 것은 불가능하다. 어떤 행동은 무시되어질 수 있고, 또 다른 행동은 결코 무시되어서는 안 된다. 게다가 투쟁은 교사마다 다르다. 어떤 교사가 통제해야 할 만큼 중요하다고 간주하는 것이 다른 교사에게는 중요하지 않을 수도 있다. 예를 들어 모니크와 닉은 투쟁해야 할 행동에 대해 서로 의견이 다름을 발견했다.

모니크가 점심시간 교직원 휴게실에서 닉과 합류했을 때 그녀는 그가 보통 때와 달리 조용하다는 사실을 알아챘다. "이봐요. 무슨 일 있어요? 오전 시간이 괴로웠어요?"

"아니요, 그렇지는 않았어요. 실코프스키 씨가 오늘 아침 나를 평가했어요. 그는 나를 교실관리를 제외하고 모든 부분에서 높게 평가했지요. 그는 내 학생들이 자주 너무 시끄럽다고 이야기하더군요. 나는 내 학생들이 그렇게 시끄럽다고 생각하지 않거든요. 당신은 어때요?"

눈 마주침을 피하면서 모니크가 말했다. "글쎄요…."

"모니크, 당신도 그와 같은 생각인가요? 나는 내 학생들을 당신 학생들처럼 조용하게 하지 않았다는 사실을 알고 있어요. 그러나 그게 내게는 문제가 되지 않거든요. 왜 그것이 실코프스키 씨를 불편하게 한 거지요?"

"닉, 나는 그 시끄러움이 당신에게는 문제가 아니지만 다른 교사들을 괴롭힐 수 있다고 생각해요. 가끔 당신 학생들이 게임을 하거나 혹은 토론을 할 때 내 반 학생들이 당신 학생들의 소리를 들을 수 있었음을 인정하지 않을 수 없네요. 그러면 내 반 학생은 왜

쟤네들은 조용히 하지 않는 것인지 궁금해해요. 또 다른 문제도 있어요."

"무슨, 또 다른 무슨 문제?"

"아, 예. 당신 학생들이 집으로 갈 때 당신 학생들에게 어떤 일이 일어나는지 생각해 보셨나요? 나는 대부분의 교사들이 당신처럼 관대할지 의심스러워요. 당신 학생들은 얼마만큼 시끄럽게 해도 되는 건지 혼란스러워하지 않을까요?"

닉은 모니크가 이야기한 것에 대해 생각했다. "아마도. 당신이 말한 것에 대해 생각해 봐야 할 것 같네요. 그렇지만 모니크, 나는 당신처럼 1~5단계를 쓰고 싶지 않아요. 그런 방법은 내게 맞지 않아요. 나는 학습하느라 활발한 내 학생들을 처벌하고 싶지 않아요."

"그렇다면 그들을 처벌하지 마세요. 대신 그들을 칭찬해 주세요. 학생들이 적절한 수준으로 이야기를 할 때 당신이 줄 수 있는 어떤 보상을 정하세요. 교실관리는 단지 처벌하는 것에 관한 것만은 아니에요. 당신도 알다시피."

교수 계획 및 조직

너무도 자주 전통적인 교실모형은 교수와 관리 사이의 결정적 관계를 간과한다. Evertson과 Randolph(1999)는 전형적으로 효과적인 교실관리가 교수를 위한 선행 조건으로 간주되어 왔음을 제시한다. 하지만 현실에 있어 관리가 내용과 분리되어진다는 개념은 잘못된 것이다. 왜냐하면 관리는 내용의 가치에 대한 메시지를 지니고 있기 때문이다. 계획과 활동이 개발되어짐에 따라 특정한 학습활동 중에 교실이 관리되어지는 방식은 내용과 함께 고려되어야 한다. Evertson과 Randolph(1999)는 좋은 교실관리 실행은 좋은 교수 실행과 분리될 수 없는 것으로 보았다. COMP의 결정적 요소는 관리와 교수 사이의 상호작용에 대한 계획이다.

교사가 어떻게 가르치는가는 교실이 교사 중심에서 학생 중심의 초점으로 이동해 옴에 따라 변화했다. Evertson과 Randolph(1999)가 주목했듯이 "일직선 줄로 앉아 있는 조용한 아동들은 미국 교육의 역사를 묘사한다, 미래가 아닌."(p. 249) 교사들은 현재 대집단 교수, 교사 주도 집단, 협동 집단, 2인조 학습, 영역 및 장소, 컴퓨터화되어지거나 온라인상의 교수, 개별 지도를 포함하는 충분히 다양한 교수 전략을 사용하면서 내용을 제시한다. 이러한 교실에서 요구되는 관리는 교사 중심 교실에서 요구되어지는 것과 심각하게 다르다(Randolph & Evertson, 1994).

모든 교실과업에 있어 학문적인 차원과 사회적인 차원이 있다(Evertson & Harris,

1997; Randolph & Evertson, 1994). 각 상황에서 학생들은 그들이 학습해야만 하는 것 뿐 아니라 그들이 학습에 참여하는 방법까지 결정해야만 한다. 교사 중심 활동은 학 생 중심의 활동과 비교해 학생과 교사 모두에게 다른 요구를 하게 한다. 교수가 복잡 해지면 질수록 교사가 교수와 관리를 위해 계획하는 것은 더욱더 중요해진다. 교수 방법과 무관하게 교사와 학생 모두의 과업에 초점을 두고 학습 과정을 깊게 생각하는 것은 교사의 직업이다. 학습 영역을 활용한 학급 활동을 준비하면서 모니크가 학급을 어떻게 관리했는지 살펴보라.

> 학생들이 아침 자습을 마친 후 모니크는 학생들에게 독서 영역 카펫 주위로 모이라고 말 했다. "오늘 아침 교실이 다르게 보인다고 누구 생각하나요?" 모니크는 모든 손이 올라갈 때까지 기다렸다. "오늘 우리는 남동부에 대해 공부하려고 해요. 자, 교실을 둘러보아요. 나는 6개의 학습 영역을 만들었어요. 각 영역은 우리가 공부할 주 중 하나에 초점이 주어 져 있어요. 각 영역에는 여러분 팀 구성원들이 하게 될 활동들이 있지요. 여러분은 각 영역에서 이틀을 보낼 거예요. 그리고 나서 그다음 영역으로 옮길 거예요. 여러분은 이전 에는 협동 집단으로 활동해 왔지요. 여러분이 영역에서 활동할 때는 우리의 집단 활동에 대한 절차가 적용됩니다. 카틀린, 우리에게 집단 활동 절차에 대해 이야기해 주겠어요?"
>
> 카틀린이 절차 이야기를 마쳤을 때 모니크가 말했다. "잘했어요. 자, 나는 오늘 영역 에서 활동할 때의 규칙과 절차를 복습하려고 해요. 나는 각 영역에서 여러분이 무엇을 하도록 기대되는지에 대해서도 복습하려고 해요. 내일 여러분은 여러분의 영역에서 실제 로 활동할 겁니다. 좋아요, 우리 첫 번째 영역은 플로리다 주에 초점을 두었어요. 지니, 이 영역에 대해 쓰여진 지시사항을 읽어 줘요."

교수 수행과 추진력 유지

COMP의 첫 다섯 요소는 학년 초부터 잘 관리되어진 교실을 설정하기 위해 계획되어 진다. 마지막 요소인 교수 수행과 추진력 유지는 관리 체계를 유지하는 일관성을 제 공한다. Evertson과 Harris(1997, 1999)는 잠정적인 행동 문제를 감소시키고, 교수 활 동에 학생들의 참여를 유지시키기 위해 교사는 다음과 같은 사항을 수행해야 함을 말했다.

- **명확하게 지시하라.** 명확하고 이해할 수 있는 방식으로 정보와 지시사항을 전달하 는 것은 중요한 교수 기술이다. 이것은 교사가 적절한 목적을 설정하고 학생들로

하여금 그들이 학습하는 것과의 관련성을 이해하도록 돕는 것으로 시작한다. 명확성은 학생들로 하여금 해야 할 것과 그 과업 수행 방법에 대해 알 수 있도록 명확하게 절차상 지시사항을 제공하는 것이다.

■ 그들이 하고 있는 것에 대한 학생들의 이해를 체크하라. 과제에 대한 지시는 명확하게 주어져야 한다. 교사는 학생들의 질문에 이해할 수 있는 설명으로 반응할 수 있어야 한다. 이것은 또한 질문을 하거나 학생으로 하여금 그 단계를 설명하게 하거나 학습 자료와 함께 잠정적 문제를 탐색하는 등의 방법을 활용하면서 학생들이 이해하는 것을 체크하는 것이다.

■ 학생들의 행동을 감독하라. 감독이란 혼란의 징후들을 감시하기 위해 학급 혹은 집단을 정기적으로 조사하는 것이다. 교사는 학생들을 일상적으로 체크하고, 실수가 자행되거나 재강화되기 전에 문제를 잡아내기 위해 비언어적 단서를 주목하는 실제적 행동을 수행해야 한다.

■ 순조로운 전환을 제공한다. 학생들이 가장 자주 시간을 소모하거나, 과업에서 이탈하거나, 부적절한 행동에 참여하는 것은 전환 시기이다. 교사는 그들이 교수에 대해 계획을 세우는 것만큼 주의 깊게 전환을 계획해야 한다.

긴 하루의 끝에 모니크는 닉이 그의 학습 계획대로 잘하고 있는지 알고 싶어서 그의 교실로 갔다. "내일을 준비하고 계셔요?"

"아니요. 막 기록을 하고 있던 참이었어요. 오늘은 재앙이었어요. 학생들은 오늘 사회 프로젝트를 할 참이었지요. 나는 내가 교수에 있어 명확했다고 생각했어요. 그러나 아무도 내가 그들에게 하기 원하는 것을 이해하지 못한 듯했어요. 그래서 다시 설명했지요. 그러자 일은 더 꼬였어요. 그래서 지금 기록을 하고 있는 중이에요. 당신도 알다시피 만약 이것을 내년에 다시 가르치게 된다면 똑같은 실수를 되풀이하고 싶지는 않거든요. 가끔 새로 계획을 세우기보다 잘되지 않았던 것에 대해 생각하면서 더 많은 시간을 보낸다고 생각은 해요."

"어떻든 너무 늦게 있지는 마세요. 희망적으로 내일은 일들이 더 잘 풀릴 거예요." 계획을 다시 세우면서 닉이 말했다. "오늘 밤 모든 것을 자세하게 해 볼 참입니다. 그렇게 하면 내일은 오늘보다 더 잘되리라고 확신합니다. 안녕히 가세요."

○ 현장 비결

32년간 중등학교에서 가르쳐 온 숙련된 교사로서 나는 짐작건대 반듯하게 행동하고, 다소 동기화되어 있고, 학부모들에 의해 지원받던 청소년들로 가득 찼던 교실들이 행동적으로 힐난받고, 비참여적이며, 종종 자기밖에 몰라서 지도를 필요로 하는 학생들이 가득 찬 교실로 강하게 이동하는 것을 보아 오고 있다. 결과적으로 바람직한 행동을 모본으로 보여 주기, 실천하기, 가르치기와 같은 초기 전략이 내 교실에 실제적으로 자리 잡고 있다. 단순한 것(쓰레기통 활용, 발언에 대한 허락 구하기, 혹은 교실 떠나가기)에서부터 복잡한 것(활동 구성 관리와 매일의 교실조약)에 이르기까지 대부분의 학생들은 지도와 교실구조를 원한다는 사실을 나는 발견한다. 그들이 비록 지도와 교실구조에 대한 매료를 언어로 표현할 수 없다 할지라도 내 학생들은 그들이 효과적으로 활동할 수 있고, 활동하는 영역이 공평하며, 그들의 생각이 가치 있게 평가되는 장소를 원한다. 나는 학생들이 가르치는 대로 학습하고 수행함을 확고하게 믿는다.

Bridget Kay Call
Matewan 고등학교
Matewan, West Virginia
2006 West Virginia 올해의 교사

어려운 학생 다루는 전략

Evertson과 Harris(1999)는 때때로 학생들이 부적절한 행동을 하게 됨을 제시한다. 이러한 상황을 어떻게 다루는가는 아래 요소에 달려 있다.

- 교사의 허용 수준
- 행동의 심각성
- 다른 학생에 대한 영향
- 교수 시간의 상실과 같은 개입의 대가
- 교사 개입의 경우 성공할 가능성

COMP에 대한 한 비판은 어려운 학생들을 어떻게 다루어야 할지에 대한 정보를 많이 제공하지 않는다는 점이다. COMP는 어려운 학생들을 다루는 방법에 대해 구체적으로 명시하지 않는다. 왜냐하면 이 프로그램은 문제행동에 반응하는 전략보다는 훈육 문제를 예방하기 위한 방법을 제공하기 위해 구상되었기 때문이다. 하지만 Carolyn Evertson은 그녀의 교실관리에 대한 저서에서 두 가지로 이 문제를 다룬다.

Evertson과 Emmer(2009)는 문제학생에게 사용되어 왔던 개입은 교사의 목적에 좌우될 것임을 강조한다. 첫 번째 목적은 문제행동을 중단시키고 교실의 질서를 회복시키는 것이다. 두 번째 목적은 앞으로 그 행동이 일어나지 못하도록 하는 것이다. 이상적인 개입은 이 두 가지 목적을 충족시킨다.

Evertson과 Emmer(2009)는 이 두 가지 목적을 적용해 작은, 보통, 광대한 개입 세 가지로 분류한다. 먼저 유용한 작은 개입은 다음과 같다.

- 눈 마주침 같은 비언어적인 신호를 활용하기
- 한 행동에서 다른 행동으로 바꿀 때 매끄럽고 효과적으로 전환하기
- 근접 통제 활용하기
- 행동을 재지도하기
- 학생이 지도에 대해 혼란스러워하면 추가적인 교수 제공하기
- 확고한 목소리로 중지하도록 하기
- 학생에게 선택하도록 하기
- 그 행동과 교실에 대한 영향을 기술하는 '나' 메시지 사용하기

아래와 같은 보통 개입은 교사의 시간과 노력을 더 많이 요구한다.

- 특권이나 하고 싶은 활동 유보하기
- 활동에서 학생을 고립시키거나 제외시키기
- 벌금 혹은 벌점 활용하기
- 방과 후 학교에 남도록 하기
- 학생을 사무실에 보내기

학생이 작은 혹은 보통의 개입에도 반응하지 않고 그들의 행동이 계속되면 보다 광대한 개입이 필요하다. 이 개입은 보다 더 개별화되어지며, 그 학생을 위한 개별적인 행동 계획이 세워진다. 이것은 종종 제2장에서 기술한 기능적 행동 분석 과정과 연계해 이루어진다.

COMP의 장점과 단점

아마도 COMP의 가장 큰 장점은 연구 기반에서 나왔다는 점이다. COMP는 효과적인 교실관리자의 특징과 행동을 규정하기 위해 설계된 연구로부터 창안되었다. 그리

고 창안된 이후 그 프로그램의 성공이 광범위하게 연구되어 왔다. 이러한 연구는 프로그램에 대한 신뢰성을 제공한다.

프로그램 결과는 관찰 중심의 현장 연구, 교사들의 자기 평가 보고서, 관찰한 교실에 대한 행정 보고서, 교사 그리고 학생의 변화에 의해 측정되어 왔다(Evertson & Harris, 1995, 1999). 이 연구들의 세 가지 주요 발견은 다음과 같다.

1. COMP에 참여한 교사의 학생들은 표준화 점수에 의해 측정된 학업 성취에서 이 프로그램에 참여하지 않은 교사의 학생들보다 더 높은 점수를 얻는다.
2. COMP에 참여한 교사들은 학생들의 학습에 보다 도움이 되는 학급 환경이라는 결과를 가지고 오도록 교실활동을 구성한다.
3. COMP를 활용하도록 훈련된 교사들의 학생들에게 있어 부적절하고 소란스러운 행동은 의미 있게 감소되며, 학업 성취는 의미 있게 증대된다.

Weinstein(1999)은 COMP의 추가적인 장점은 단순히 부적절한 행동에 반응하기보다는 부적절한 행동을 예방하는 데 강조점을 둔 것임을 제시했다. COMP는 교사에 의한 사려 깊은 결정을 요구하는 지식의 체계와 일련의 실천 행동을 제공한다.

교실에서의 COMP

시나리오

그들의 교직 생활 첫해 끝에 닉과 모니크는 그들의 성취에 대해 자신감을 가지게 되었다. 그들은 그들 성공의 일부는 그들의 우정과 협력의 결과임을 깨달았다. 그해 내내 그들은 아이디어, 훈육 문제, 성공한 경험들을 공유했다. 닉은 모니크의 영향으로 보다 훌륭한 교실관리자가 되었다. 닉은 모니크가 학급 웹사이트를 만들도록 도왔고, 컴퓨터 활동을 교수에 병합시키는 전략을 가르쳤다. 닉이 창립자 기념일을 성대한 의식으로 치르는 데 동의했을 때 모니크는 의상을 디자인하고 만듦으로써 도왔다. 그들의 협동을 통해 닉과 모니크가 성취해 낸 것을 인정하면서 실코프스키 씨는 교사의 첫 1년을 위한 상담 프로그램을 만들었다.

요약

Carolyn Evertson에 의해 창안된 **교실조직 관리 프로그램(COMP)**은 30년 연구의 결과이다. COMP는 성공적인 관리 실천과 전략의 핵심을 발견하기 위해 설계된 기술적, 상호작용적, 실험적 연구들로부터 개발되어졌다. 사전 행동적 접근인 COMP는 교사들로 하여금 계획, 실행, 효과적인 실천을 유지함으로써 전반적인 교수 관리 기술을 증진시키도록 돕기 위해 설계되었다. COMP는 학기 초 사전 행동적 계획을 통해 교실관리 체계를, 그리고 1년 내내 사려 깊은 의사 결정을 제공한다. 이 체계는 긍정적 학습 환경을 조성하기 위한 수단으로 관리와 교수의 통합을 강조한다.

주요 용어

이 용어들에 대한 정의는 용어해설에 제시되어 있다.

가시성	부정적 결과
개입 전략	산만성
교실조직 관리 프로그램	절차
교정적 결과	접근성
긍정적 결과	

관련 활동

이론에 대한 성찰

1. 부커 씨는 자신의 교수 전략을 재검토하고 있는 중이다. 그녀는 초기 교수 전략으로 협동 학습법을 사용하기를 희망했다. 하지만 그녀는 학급의 소음 수준으로 인해 불편해짐을 발견했다. 그녀는 학생들에게 더 낮은 소리를 내도록 말하고 있고, 모두 특히 자신이 괴로워하고 있음을 알았다.

    부커 씨는 교실의 문제를 해결하기 위해 COMP에서 제공된 전략을 어떻게 사용할 수 있는가?

2. COMP의 가장 기초적 원리 중 하나는 교실관리와 교수가 절대적으로 연결되어 있다는 점이다. 당신은 이에 동의하는가? 그 이유는 무엇인가? 그렇지 않은 이유는 무엇인가?

3. 이 장을 통해 볼 때 닉과 모니크는 교수와 교실관리를 증진시키기 위해 함께 활동했다. 그들은 서로로부터 어떠한 교훈을 배웠는가? 당신은 그러한 협력이 대부분의 학교 상황에서 발생한다고 생각하는가? 당신의 입장을 설명하라.

4. Evertson의 연구는 관리와 학업 성취 사이의 상관성을 명백하게 보여 준다. 무엇이 그와

같은 상관성의 이유가 될 수 있는가?

포트폴리오 자료 개발하기

1. 당신의 교실에서 필요한 교실절차 하나를 생각해 보라. 이 절차를 분석하라. 그리고 당신 학생들에게 기대되는 행동 목록을 제시하라.

2. Evertson은 교실이 보여지고 설계되어지는 방식이 부모와 학생들에게 메시지를 전달함을 주장했다. 다음과 관련해 교실이 보내고 있는 메시지가 무엇인지 당신이 관찰하고 있는 교실을 분석해 보라.
   - 교사의 교수 방식
   - 교사의 개인적 가치
   - 교사의 조직적 기술
   - 교사의 교실관리

3. 질문 2에 있는 교실을 근접성, 산만성, 가시성의 차원에서 분석해 보라.

4. Evertson은 모든 교실과업에는 학업적이고 사회적인 차원이 있음을 주장한다. 왜냐하면 학생들은 그들이 학습해야 하는 것뿐만 아니라 그들이 학습 과정에 참여하는 방법에 대해서도 결정해야 하기 때문이다. 당신이 가르치고 있는 과목의 내용을 생각해 보라. 그 내용을 학습함에 있어 사회적 차원은 무엇인가? 그 내용을 학습하기 위해 학생들은 어떻게 학습 과정에 참여해야 하는가? 당신 과목의 내용은 교실관리 방법에 어떻게 영향을 주는가?

개인 교실관리 철학 개발하기

1. Evertson과 Randolph는 "일직선 줄로 앉아 있는 조용한 아동들은 미국 교육의 역사를 묘사한다, 미래가 아닌."이라고 말했다. 이 인용문에 대한 당신의 반응은 무엇인가?

2. 당신 교실에서 교실관리 계획으로 COMP를 활용하면 편안할 것 같은가? 왜 그러한가? 왜 그러하지 않은가? 당신의 교실관리 계획에 확실하게 병합시킬 약간의 전략이 있는가?

후속 연구 자료

교실조직 관리 프로그램에 대한 추가적인 정보, 교실에서 활용할 자료를 구하고자 한다면 아래 주소로 연락하라.

Dr. Carolyn Evertson

Dr. Alene H. Harris

Classroom Organization and Management Program

Vanderbilt University

Box 541

Peabody College

Nashville, TN 37203

(615) 322-8050

참고문헌

Brophy, J. E., & Evertson, C. M. (1976). *Learning from teaching: A developmental perspective.* Boston: Allyn & Bacon.

Emmer, E. T., & Evertson, C. M. (2009). *Classroom management for secondary teachers* (8th ed.). Upper Saddle River, NJ: Pearson Education.

Emmer, E., Evertson, C. M., & Anderson, L. (1980). Effective management at the beginning of the school year. *Elementary School Journal, 80,* 219–231.

Evertson, C. M. (1985). Training teachers in classroom management: An experimental study in secondary school classrooms. *Journal of Educational Research, 79,* 51–58.

Evertson, C. M. (1987). Managing classrooms: A framework for teachers. In D. Berliner & B. Rosenshine (Eds.), *Talk to teachers.* New York: Random House.

Evertson, C. M. (1989). Improving elementary classroom management: A school-based training program for beginning the year. *Journal of Educational Research, 93,* 82–90.

Evertson, C., & Anderson, L. (1979). Beginning school. *Educational Horizons, 57,* 164–168.

Evertson, C. M., & Emmer, E. (1982). Effective management at the beginning of the school year in junior high classes. *Journal of Educational Psychology, 74,* 485–498.

Evertson, C. M., & Emmer, E. T. (2009). *Classroom management for elementary teachers* (8th ed.). Upper Saddle River, NJ: Pearson Education.

Evertson, C. M., Emmer, E. T., Sanford, J. P., & Clements, B. S. (1983). Improving classroom management: An experiment in elementary school classrooms. *The Elementary School Journal, 84,* 173–188.

Evertson, C. M., & Harris, A. H. (1992). What we know about managing classrooms. *Educational Leadership, 49,* 74–78.

Evertson, C. M., & Harris, A. H. (1995). *Classroom organization and management program: Revalidation submission to the program effectiveness panel, U. S. Department of Education.* Nashville, TN: Vanderbilt University. (ERIC Document Reproduction Service No. ED403247.)

Evertson, C. M., & Harris, A. H. (1996). *COMP: Classroom organization and management program: An inservice program for effective proactive classroom management.* Washington, DC: National Diffusion Network.

Evertson, C. M., & Harris, A. H. (1997). *COMP—A workbook manual for elementary teachers* (5th ed.). Nashville, TN: Vanderbilt University.

Evertson, C. M., & Harris, A. H. (1999). Support for managing learning-center classrooms. In H. Jerome Freiberg (Ed.), *Beyond behaviorism: Changing the classroom management paradigm.* Boston: Allyn & Bacon.

Evertson, C. M., & Neal, K.W. (2006). *Looking into learning-centered classrooms— Implementations for classroom management.* Washington, DC: National Educational

Association.

Evertson, C. M., & Randolph, C. H. (1999). Perspectives on classroom management in learning-centered classrooms. In Hersholt C. Waxman & Herbert J. Walberg (Eds.), *New Directions for teaching practice and research.* Berkeley, CA: McCutchan.

Marchant, G. J., & Newman, I. (1996). Mentoring education: An interview with Carolyn M. Evertson. *Mid-Western Educational Researcher, 9,* 26–28.

Randolph, C. H., & Evertson, C. M. (1994). Images of management for learning-centered classrooms. *Action in Teacher Education, 16,* 55–63.

Weinstein, C. S. (1999). Reflections on best practices and promising programs: Beyond assertive classroom discipline. In H. Jerome Freiberg (Ed.), *Beyond behaviorism: Changing the classroom management paradigm.* Boston: Allyn & Bacon.

Wong, H. K., & Wong, R. T. (1998). *How to be an effective teacher: The first days of school.* Mountain View, CA: Harry K. Wong Publications.

공동체 형성

08

목표

제8장에서는 예비 교사들을 INTASC 기준 4항(다양한 교수 전략), 5항(동기와 관리), 6항(상호작용과 기술), 9항(반성적 실천인)에 부합되도록 준비시키고자 한다. 이를 위해 다음과 같은 사항을 수행하도록 돕는다.

- 학생 행동을 통제하는 한 방법인 외적 보상의 활용을 평가한다.
- 생산적인 칭찬과 평가적인 칭찬의 구별을 배운다.

- 훈육에 대한 교사와 학생 상호작용의 영향을 평가한다.
- 훈육에 대한 교수 방식과 훈육 전략을 평가한다.
- 교실 안에서 공동체 의식을 계발하는 것을 배운다.
- 교실 문제를 해결함에 있어 학생들을 동참시킨다.
- 교육 과정, 절차, 학급 문제를 토론함에 있어 학생들을 동참시킨다.
- 문제행동을 다루기 위해 Alfie Kohn의 제안을 활용한다.

예비 교사 켈리 게인즈는 병가 중인 대니얼 에레라를 대신해 가르치도록 고용되었다. 그녀는 에레라 씨와 약간의 시간을 같이 보냈으며 자신이 그의 교실관리 계획에 익숙하다고 생각했다. 하지만 점심 먹고 돌아올 때 학생 하나가 교실로 조용히 돌아오게 되면 학급이 공깃돌을 얻을 수 있는지를 질문했을 때 놀랐다.

"잘 모르겠는데. 공깃돌을 얻는다는 것이 무슨 말이지요?"

한 학생이 설명했다. "에레라 선생님은 우리가 식당에서 조용히 줄을 지어 걸어오면 주머니에 공깃돌을 넣어 주었어요. 주머니가 가득 차면 우리는 공부하지 않고 오후를 보낼 수 있어요."

혼란스러워져 게인즈 씨가 물었다. "그러나 다른 학급을 방해하지 않기 위해 복도를 조용히 걸어오기로 작정한 것 아니었나요? 옳은 일을 했는데 왜 공깃돌을 얻어야 하나요?"

학생들은 이 질문에 혼란스러워져 서로 얼굴을 바라보았다. 마침내 케빈이 설명했다. "예. 우리는 규칙을 준수한 것에 대해 **항상** 보상을 받아요. 우리가 규칙을 지켜야 하는 **그 밖의 이유가** 무엇인가요?"

들어가는 말

켈리 게인즈는 교실 내 상과 벌의 사용에 대해 의문을 가진 첫 번째 사람이 아니다. 1996년 Alfie Kohn은 근본을 흔드는 책, 『훈육을 넘어서 : 순응에서 공동체로(Beyond Discipline : From Compliance to Community)』에서 교실관리에 대한 행동주의적 접근에 의문을 표했다.

이 책에서 Kohn은 교사들에게 강요와 보상으로 행동상의 문제를 다루는 현행의 실천 행동들을 포기하도록 요구했다. 그리고 참여를 촉구하는 교육 과정과 배려심 있는 공동체를 제공함으로써 문제를 해결하도록 요구했다. Kohn은 교실관리의 궁극적 목적은 단순한 복종에 있어서는 안 되며, 학생들로 하여금 적절하게 행동하게 하는 데 있어야 함을 강조했다. 왜냐하면 학생들은 그것이 해야 할 올바른 일임을 알고 있고, 또한 그들의 행동이 다른 사람에게 어떻게 영향을 미치는지를 이해할 수 있기 때문이다.

Kohn은 교육의 목적은 좋은 **학습자**가 아니라 좋은 **사람**을 육성하는 것임을 제시했다. 그와 같은 목적은 행동주의적 기법으로는 성취될 수 없음을 그는 강조한다. 칭찬, 특권, 처벌은 학생 행동을 변화시킬 수는 있다. 그러나 그것들은 학생을 변화시킬 수는 없다. Kohn은 행동주의적 조정이 배려심 있고 책임감 있는 사람으로 발달시킨다는 보장을 하지 못한다고 주장한다. 훌륭한 행동에 대한 보상은 그 행동을 함으로써 더 이상 어떤 보상이 주어지지 않을 때는 지속적으로 적절하게 행동할 동기를 제

공동체 형성을 위한 단계

당신의 교실에서 공동체를 형성하려면 아래 사항들을 수행할 필요가 있다.

1. 당신 학생들과의 상호작용을 평가하라. 당신의 상호작용은 긍정적인가 혹은 부정적인가? 교실 안에서 당신이 갈등의 진원인지 여부를 생각해 보라.
2. 교육 과정을 평가하라. 당신은 학생들의 욕구를 충족시키고 있는가? 학생들이 과업에서 벗어날 때 "무슨 일이냐?"라고 물어라. 그것은 적절하고 고무적인가?
3. 처벌자에서 문제해결자로 변신하라. 처벌 방법에 초점을 두기보다 교실혼란에 대한 해결책을 강구하기 위해 학생들과 함께 공부하라.
4. 바람직한 행동을 촉구하기 위해 당신과 당신 학생들의 외재적 보상에 대한 의존성을 줄이거나 혹은 제거하라.
5. 학생들이 서로서로 가치 있게 여기고 협동해 함께 공부하는 교실 공동체를 형성하라.

공하지 못한다. 사실 Kohn은 교사가 그의 학생들을 보상 체계로 통제하면 할수록 학생들이 스스로에 대해 생각하고, 다른 사람을 배려하는 도덕적 인간이 되는 것은 점점 더 어려워짐을 주장한다(Kohn, 1991, 2006).

따라서 Kohn은 교실의 초점은 부정적 행동의 억제에 대한 강조에서 긍정적 행동을 증진시키는 강조로 변화되어야 함을 주장한다. Ginott도 비슷한 견해를 가진다. 1972년 초기 그는 책임감, 존경, 성실, 정직, 관용, 자비와 같은 윤리적 개념들은 직접적으로 교수되어질 수 없고, 존경하는 사람으로부터 구체적인 생활 상황을 통해 가르쳐짐을 언급했다. Kohn과 Ginott에 의하면 학생들이 윤리적인 사람이 되도록 돕기 위한 유일한 방법은 들은 것을 단지 행하기만 하는 사람과는 반대되게 그들로 하여금 도덕적 의미를 형성하게 하는 것이다. Kohn(1991)은 만약 목적이 아동들이 자신의 행동에 대해 책임감을 지게 하는 것이라면, 교사는 학생으로 하여금 무엇이 옳고 그른지를 결정하도록 허용해야 함을 제시했다. Kohn은 교실관리가 모든 교실활동을 포괄한다고 주장하기 때문에 그의 개념은 체계로서의 교실관리에 포함되어진다. 그는 효과적인 교실관리는 공동체 형성을 요구한다고 강조한다. 그렇게 하기 위해서 교사는 그들이 학생들과 상호작용하는 방식을 평가하고, 전통적 처벌에 대한 대안을 발견하며, 상과 벌에 대한 초점을 제거해야만 한다.

학생-교사 상호작용 보기

Kohn(2006)은 효과적인 교실관리에 중심적인 것은 교실에서 교사가 무엇을 중요하게 생각하는지, 교사는 학생들과 어떻게 상호작용하는지, 학생들에게 하도록 요구하는 것은 무엇인지에 대해서 자기 평가하는 것임을 제안했다. 문제가 커졌을 때 너무도 자주 교사는 그 문제에 있어 자신의 역할을 평가하지 않고, 무의식적으로 학생들을 원인으로 생각한다. Kohn은 교사가 항상 우선적으로 문제를 생성하는 자신의 책임에 대해 생각해야만 함을 언급한다. Kohn(2006)은 필요한 것은 또 다른 훈육 계획이 아니라 전체적으로 새로운 교육 과정임을 제안한다. 왜냐하면 환영받지 못하는 행동의 막대한 부분은 학생들이 학습하도록 요구받는 것과 관련된 문제로 밝혀질 수 있기 때문이다. 과거에는 교사가 학생들에게 하도록 요구하는 것이 무엇인가보다는 오히려 요구되어지는 것을 하지 않는 학생은 누구인가에 초점을 두었다. 학생들이 끝없는 연습 문제지를 완성하면서 하루하루를 보내도록 요구받을 때 문제는 발달하며, 학생들은 시간을 보다 빨리 가도록 만들고 지루함을 없애기 위해 문제행동을 할 것이다.

보상과 칭찬 사용의 배제

1972년 Ginott는 교사와 학부모에게 교실 칭찬의 과용에 대해 경고했다. 그는 몇몇

○ 현장 비결

나는 시골학교에서 가르치고 그래서 학생들은 그들 고등학교 수학시간 거의 모두를 내 교실에서 보낸다. 7학년 학생들은 상호작용에 대해, 그리고 이것이 생산적인 학급 분위기를 조성함에 있어 가지는 중요한 역할에 대해 이야기하면서 나와 함께 시작한다. 나는 내 학생들에게 내가 매일매일 모든 학생과 상호작용할 작정임을 말한다. 즉 만약 내가 그들 중 어느 누구와 상호작용하지 않을 경우 그들은 나에게 알려 주어야만 한다(이것은 그 자체가 그들을 나와 상호작용하도록 격려한다). 7학년 수학시간에 내 학생과 나 사이에 생겨나는 상호작용은 내게 듣는 나머지 고등학교 수학시간의 분위기를 설정한다.

Fred P. Strand
수학 교사
Hatton 고등학교
Hatton, North Dakota
2006년 North Dakota 올해의 교사

아동은 칭찬에 실제적으로 갈고리 모양으로 걸려 있음을 제시했다. Kohn(1993a, 1993b)도 교사들에게 보상과 칭찬에 대한 과잉의존에 대해 주의를 주었다. Brandt (1995)와의 인터뷰에서 Kohn은 적어도 70개의 연구들이 성적, 칭찬, 물질적 보상과 같은 외재적 동기 요인은 윤리적이고 책임감 있는 개개인을 육성하는 데 비효과적일 뿐만 아니라 실제적으로 반생산적임을 보여 주었다고 말했다. 아직도 칭찬과 보상의 사용은 많은 교사들에게 너무도 당연한 것으로 보여지므로 그러한 실천 행위에 대해 심지어 의문을 가지는 자체가 그들에게는 놀라운 것이다. 결국 보상과 칭찬은 실시되고 있다. 수많은 교사들은 학생들이 지루해하면서도 단지 스티커, 사탕, 혹은 언어적 칭찬을 얻기 위해 싫어하는 과업을 수행한다는 사실을 증명할 수 있다.

Kohn(1991, 1995)은 몇 가지 이유로 칭찬의 사용을 반대한다. 첫째, 보상과 칭찬은 단지 단시간 작동하며 궁극적으로는 효과를 상실한다. 불행하게도 보상을 더 많이 사용할수록 더 많은 보상이 요구되어진다. 둘째, 많은 학생들은 보상을 위해 공부하면서 그들이 학습하는 가치를 결코 모를 수 있다. 학습은 보상을 얻기 위해 하는 것이 된다. Kohn은 아무것도 기대하지 않는 사람뿐 아니라 단순히 과업을 마친 것에 대해 보상을 기대하는 사람도 마찬가지로 과업을 잘 수행하지 못함을 보여 주는 24개의 연구들을 확인했다. 셋째, 아마 가장 중요하게도, Kohn(Brandt, 1995)은 교사가 한 학생에게 이야기하는 척하지만 실제적으로는 다른 학생의 행동을 지적하거나 혹은 비판하기 위해 그 학생을 이용한다는 점에서 교사에 의해 사용되는 칭찬의 많은 것이 근본적으로 기만임을 제시했다. 예를 들어 대부분의 교사는 만약 교장이 "나는 당신이 시간에 맞추어 직원 회의에 오는 그 태도를 좋아해요. 당신은 항상 준비되어 있지요."라고 말한다면 당혹스럽고 모욕감을 느낄 것이다. 그러나 그러한 상호작용은 매일매일 교실에서 일어난다.

Kohn과 달리, Ginott(1972)는 만약 칭찬이 평가적이기보다 인정하는 방식으로 주어진다면 약간의 가치가 있음을 발견했다. 교사의 진술이 학생들의 공부, 활동 혹은 성취를 묘사할 때 학생들의 자기 평가는 긍정적이고 생산적이 된다. **인정적 칭찬** (appreciative praise)은 인성을 평가하거나 인격을 판단하지 않는다.

학생들은 **평가적 칭찬**(evaluative praise)을 받게 될 때 그들 스스로에 대해 또한 결론을 내린다. 불행하게도 이러한 결론은 전형적으로 부정적이거나 파괴적이다. 평가적 칭찬은 종종 위협으로도 보여지고 불만족과 두려움을 가져온다. Ginott(1972)는

표 8.1 효과적인 칭찬의 특징

- 학생을 칭찬하지 말고 오직 학생들이 한 것만 칭찬하기
- 가능한 한 구체적으로 칭찬하기
- 거짓 칭찬을 피하기
- 경쟁을 유발하는 칭찬 피하기
- 개인적으로 칭찬하기
- 학생 인격에 대한 칭찬 피하기
- 비교하거나 생색내는 칭찬 피하기

출처 : Ginott, H. G. (1972). *Teacher and Child : A book for parents and teachers.* New York : Collier Books; Kohn, A. (1993a). Punished by rewards. New York : Houghton Mifflin Company.

교사들이 학생들의 인격에 부가적으로 부여되는 칭찬을 피할 것을 경고했다. 학생의 인격 혹은 인성에 대해 판단을 가하지 않는 칭찬만이 교실을 학생들이 실수에서 자유로운 안전한 장소로 만든다. 표 8.1은 칭찬의 활용에 대한 Ginott와 Kohn의 제안을 요약하고 있다.

처벌에 대한 대안

Kohn(2006)은 교사들에게 처벌에 대한 대안을 찾도록, 그리고 지원적인 교실에서 함께 해결할 수 있는 문제로 부적절한 행동을 다루도록 격려한다. 그와 같은 환경에서 훈육 문제는 가치를 전달하고, 통찰력을 제공하며, 자아 존중감을 강화시킬 수 있는 기회가 된다.

따라서 Kohn(2006)은 처벌에 초점을 둔 전통적 훈육 프로그램에 대해 비판적이다. 그는 그러한 프로그램이 일시적으로 행동을 변화시킬 수는 있지만 학생을 도덕적 성인이 되도록 도울 수는 없다고 주장한다. 덧붙여 그는 전통적 훈육 프로그램의 목적은 아동들의 사회적·도덕적 성장을 지원하거나 촉진하기보다는 아동을 특정한 방법으로 행동하도록 만들고, 성인들의 요구에 순응하도록 만든다고 말한다(Brandt, 1995). 너무도 자주, 전통적 프로그램에서 학습되어진 교훈은 성인을 만족시키지 못하면 고통 혹은 당혹스러움이라는 대가를 치러야 한다는 사실이다. Kohn은 신체적 처벌은 전통적 훈육의 영향 중에서 가장 나쁜 예임을 제시한다. 왜냐하면 그것은 아

동들에게 공격성이 수용될 수 있음을 가르치기 때문이다.

보다 최신의 훈육 프로그램은 단순히 처벌에 초점을 두기보다 결과와 선택을 강조한다. 하지만 Brandt(1995)와의 인터뷰에서 Kohn은 **결과**와 **선택** 같은 용어의 사용은 잘못되었음을 말한다. Kohn은 대부분의 경우에 결과는 단지 **처벌 아류**(punishment lite)임을 주장한다. 왜냐하면 그 초점이 여전히 학생들을 통제하는 데 놓여 있기 때문이다. 이 훈육 계획을 창안한 사람은 학생들이 행동을 선택한다고 말하지만, Kohn은 학생들은 실질적으로 선택하지 못함을 걱정한다. 왜냐하면 학생들은 교사가 원하는 것을 선택할 것인가, 혹은 처벌을 선택할 것인가라는 2개의 유해성 사이에서 결정을 해야 하기 때문이다. 새로운 훈육은, 미끼와 위협의 사용에 대해 불편함을 느끼는 교육자들에게 호소하기 위해 고안된 새로운 요령을 지닌 낡은 훈육이라고 Kohn은 주장한다.

전통적이거나 보다 최신의 훈육 프로그램 모두에 대해 Kohn이 제기한 첫 번째 문제는 그것들이 교사가 원하는 것을 성취시키는 데 실패하고, 교실에서 교사가 성취하고자 하는 것을 실제로 방해할 수 있다는 점이다. 그의 주장의 중심은 처벌이란 단지 처벌자가 주변에 있는 경우에만 그 효과가 작동한다는 것이다. Kohn은 전통적 훈육이 교사와 학생의 배려적인 관계를 손상시키는 결과를 낳으면서 처벌자와 처벌 대상자의 관계를 삐뚤어지게 한다는 점을 걱정한다. 아마도 가장 불안한 점은 학생들이 그들의 행동 결과를 생각해 보라는 이야기를 들을 때 그들은 결코 다른 사람이 아닌, 그들 자신에 대한 결과에만 초점을 둔다는 사실이다. Kohn은 전통적 훈육은 학생들에게 인정이 많거나 배려심이 있는 개인으로 가르치는 데 실패했다고 주장한다. 전통적 훈육이 교육자가 학생들에게 바라는 것을 성취하는 데 어떻게 실패했는지를 보여 주는 아래 예를 살펴보라.

네이선은 수업 내내 집중하지 못하면서 시간을 보내고 있다. 버스를 탈 때 그는 우연히 친구를 밀었고 그날 "오후에 버스를 타게 될 때 두고 보자."라는 경고를 받았다. 네이선이 궤도 일탈을 하고 창문 너머를 응시하면서 오전 시간 대부분을 보내는 것을 보고 가메즈 씨는 경고했다. "네이선, 수업에 집중하지 않으면 어머니를 부를 거예요. 하던 일을 마칠 때까지 방과 후에 학교에 남아 있어요." 갑자기 버스 타고 집에 가는 것을 피할 방법을 발견하자 네이선은 계속해서 창문 너머를 응시했다.

저스틴과 카슨이 교실에 돌아왔을 때 그들은 보관실 문이 열려 있는 것을 보았다. 안을 들여다보았을 때 그들은 기금 조성 모임에서 학교 야구팀이 판매할 사탕 상자를 발견했다.

"와, 이것 좀 봐, 집어." 저스틴은 외투 주머니에 사탕 봉지를 쑤셔 넣으면서 카슨에게 말했다.

"이러면 안 돼. 우리 야단맞을 거야."

"잡히지만 않으면 돼. 상자마다 한 봉지씩만 빼내. 그러면 사람들이 어떤 것이 빠졌는지 눈치채지 못할걸. 들키지만 않으면 문제될 것 없어."

라우라 오말리는 깊은 한숨을 내쉬었다. 그리고 교직원 휴게실 소파에 털썩 주저앉았다. "당신은 오늘 아침 내가 당한 일을 믿지 못할걸요. 새 훈육 계획을 세워야 해요."

크리스탈 매티스는 자판대에서 고개를 돌렸다. "왜요? 무슨 일이 있었어요?"

"내가 정한 규칙 옆에 결과의 목록들이 기록되어 있어요. 처음 학생들이 규칙을 위반했을 때 경고만 받아요. 만약 다시 규칙을 위반하면 행동 기록장에 내용을 남겨야 해요. 그런데 카먼은 매일 규칙을 하나씩 위반하는 거예요. 오늘도 그런 일이 있었고요. 나는 그 애에게 물어보았지요. 왜 매일매일 똑같은 일을 저지르느냐고요. 그 애가 뭐라고 했는지 아세요?" "나는 항상 카운트하기 전에 경고를 먹네요. 그렇지요?"

사례에서 보듯이 처벌자가 제시할 때 순응을 요구하기만 하는 훈육은 가치가 없다. 따라서 Kohn은 훈육은 처벌 훨씬 그 이상이 되어야만 한다고 생각한다. 그가 제시하기를 효과적인 교실훈육은 학생을 배려심 있고, 도덕적인 개인이 되도록 도와주는 방법이어야 한다.

교실 공동체의 형성

많은 교사들은 교실관리의 전통적 접근이 교실 문제를 다룸에 있어 선택사항이 되면 교사들은 무력해질 것이라는 점을 두려워한다. 하지만 전통적 훈육 전략에 대해 하나의 대안만이 있는 것이 아니라 교사들에게 유용 가능한 무제한적인 선택의 수가 있음을 Kohn(2006)은 강조한다. 이러한 대안적 접근은 교사 행동에서 변화 그 이상을 요구한다. 그것들은 교사와 학생이 새로운 생각을 시도하고 심지어 실패하는 것조차 안심할 수 있는 학습 공동체의 형성을 요구한다. 그러므로 Kohn(2006)에 따르면 목적은 다른 훈육 계획을 발견하는 것이 아니라 학생 상호 간에 배려가 이루어지고, 또한 교

○ 현장 비결

집단 활동을 할 때 나는 '활동 반장'을 임명한다. 이 사람은 집단의 지도자이며 제기될 수 있는 질문에 답하고, 학생들을 과제에 임하도록 독려하며, 잘된 활동을 칭찬하고, 나에게 보고도 하는 임무를 맡는다. 1년 동안 지도자는 돌아가며 하게 되고 모두에게 차례가 돌아간다.

Mary Schlieder
Norris 고등학교
Firth, Nebraska
2008년 Nebraska 올해의 교사

사와 학교를 배려할 수 있는 교실 공동체를 창안함으로써 현재의 교육 구조를 변형시키는 것이다.

학생들이 학년 첫날 함께 올 때는 공동체가 아니라 집단이다. 교실 안에서 공동체를 형성하기 위해서는 배려심 있는 교사의 개입과 시간을 요구한다.

교실 공동체(classroom community)의 형성은 학생들을 존중하고 배려하는 성인, 그리고 그 성인과 긍정적인 관계를 맺고 있는 학생들과 함께 시작된다. Kohn(2006)은 공동체란 지속적으로 같이 활동하도록 허용되어진 학생들과 더불어 하루 종일 협동한 기초 위에 세워짐을 강조했다. 교실에서는 학급 전체 차원의 활동이 이루어져야 한다. 그 안에서 학생들은 공동 목적을 향해 함께 공부할 기회를 제공받는다. 학생들은 의미 있는 활동을 하고, 그들 자신의 교육에 적극적인 참여자가 됨으로써 의미감을 획득한다. 최종적으로 학습적인 교수 활동이 공동체를 형성하기 위해 활용될 수 있다. 공동체 형성은 학생들이 학습하는 것과 분리되지 말아야 한다. 학생들은 **관점 취하기**(perspective taking)를 연습해 볼 수 있는 명확한 기회를 제공받아야 한다. 그것을 통해 그들은 다른 사람의 관점으로부터 세상 보는 법을 상상할 수 있다(Kohn, 1997). 다른 사람이 생각하고 느끼는 법에 대해 이해를 증진시키는 활동은 학생들을 보다 도덕적이고 인정이 많아지도록 도우면서 지적인 성장을 촉진한다.

문제해결 및 공동체 형성 방법에 대한 논의의 대부분은 학급 회의에서 이루어진다. Kohn(2006)은 "가치 없는 사회적·윤리적 영향력은 차치하고, 학급 회의는 학생들이 가능성을 분석하며 해결책에 대해 협상하면서 문제를 통해 길을 추론해 내는 것을 배우듯이 마찬가지로 지적인 발달을 촉진한다."고 말했다(p. 90). 학생들이 학급 회의에 참여할 때 그들은 그들의 목소리를 낼 수 있다는 긍정적 메시지를 얻으며, 공

협동적 학습은 교실 공동체 형성에 있어 핵심이다.

동체 감정을 경험하고, 문제를 해결하고 결정하는 것을 배우며, 추론하고 분석하는 능력을 발달시킨다(Kohn, 1994).

Kohn(2006)은 규칙 개발 옹호자가 아니다. 거기에는 몇 가지 이유가 있다. 첫째, 그는 규칙이 아동을 말로 빠져나갈 구멍이나 방법을 탐색하는 어린 변호사로 변모시킴을 알았다. 두 번째, 규칙은 교사를 학습보다는 실행을 강조하는 경찰 관리자로 변모시킨다. 마지막으로 규칙이 위반될 때 전형적 반응은 결과를 제공하는 것이다. 따라서 강조점은 학생을 자기 훈육화되어진 개인으로 성장하도록 돕기보다 처벌하는 데 주어지게 된다.

Kohn은 규칙을 만들어 내기보다 학생들이 교실에 관해 어떠한 유형의 공동체를 원하는지 대화할 것을 제안한다. 그는 아주 어린 아동들이라 할지라도 서로 어떻게 다루어야 하는지에 대해 명확한 생각을 가지고 공동체를 시작할 수 있음을 주장한다. 중요한 것은 토론으로부터 도출되어지는 규칙이 아니라 딜레마와의 씨름이며 갈등하는 관점에 대한 논의이다. 규칙을 만들 때는 과정이 주안점이 된다. Kohn에게 있어 규칙 그 자체가 가치로운 것이 아니라 그들에게 생동감을 주는 대화가 가치로운 것이다.

Kohn(2006)은 현재 대부분의 교실구조가 학습자의 공동체를 설정하기에 어렵다는 점을 걱정한다. 그는 많은 교실, 특히 중학교나 고등학교의 시간적 제약이 공동체의 느낌을 만드는 데 어려움을 초래한다는 사실에 주목한다. 공동체는 45분의 시간 분절 속에서는 형성될 수 없다. 20명에서 30명에 이르는 대규모 교실은 또한 각 학생을 개별적으로 알게 하는 교사의 능력을 제한한다. 하지만 교실 공동체 형성의 이익은 장애물들보다 더 가치 있다. Schaps와 Lewis(1997)는 공동체를 형성함으로써 얻을 수 있는 이익이 다음과 같음을 발견했다.

- 의미 있게 더 커진 학업 동기와 학업 수행
- 학교를 좋아함
- 감정이입과 다른 사람을 돕고자 하는 동기
- 갈등 해결 능력
- 학급의 더 큰 즐거움
- 핵심적 민주 가치의 더 강한 수용
- 더 높은 효능성
- 이타적 행동의 증대

표 8.2 교실 공동체 형성을 위한 15가지 생각

1. 교실 공동체의 중요성을 신뢰하라. 교사들은 그들 신념하에 행동한다. 만약 교사가 그 개념을 신뢰한다면 그들의 행동은 학생들에게 똑같은 메시지를 전달할 것이다.
2. 문에서 학생들에게 인사하라. 그들 삶에서 무엇이 진행되고 있는지 알기 위해 매일매일 학생들을 점검하라. 관심을 가지고 있는 것처럼 행동하지 마라. 관심을 가져라.
3. 조직화되어 서로 돕도록 '동료 학습'을 부과하라. 프로젝트를 시켜라. 서로 격려하게 하라. 문제를 해결하게 하라. 동료 피드백을 제공하게 하라.
4. 학생 하나하나의 유일무이성, 그들이 공동체에 가지고 오는 가치를 인정하라. 이것은 성취가 아니라 공동체 안의 일원임에 근거한다.
5. 관점 취하기를 가르쳐라. 학생들을 논쟁점의 양면, 다른 사람이 그렇게 생각하는 이유를 이해하도록 그리고 다른 사람이 행하는 방식대로 느끼도록 도와라.
6. 토론과 논쟁에 대한 기회를 제공하라. 살아 있는 토론과 논쟁은 민주주의의 초석이다.
7. 게임을 하라. 좋은 관계를 맺는 가장 좋은 방법 중 하나는 즐거움을 느끼는 것이다. 게임은 또한 학급 자료를 검토하는 우수한 방법일 수 있다.
8. 학생들에게 공통적 맥락을 발견하도록 도와라. 학생들이 서로서로에 대해 학습하고, 비슷한 점과 다른 점을 발견하는 것은 중요하다. 게임과 활동들은 학생들이 다른 사람과 공유하고 있는 특징을 발견하도록 돕기 위해 개발되어야 한다.
9. 공동체를 형성하기 위해 문학작품을 활용하라. 책에 나오는 주인공들이 가지고 있는 공통되는 문제와 특징을 찾아내게 하라.
10. 학급 회의를 개최하라. 회의는 뉴스를 공유하고 학업 문제를 토론하거나 학급 문제를 해결하기 위해 활용되어질 수 있다.
11. 봉사 프로젝트에 참여하게 하라. 학생들이 그들이 더 큰 지역사회의 일원이며 지역사회를 위해 할 수 있는 기여에 대해 인식하도록 도와라.
12. 교실에 업무를 설정하라. 교실의 다양한 업무를 책임진 학생들은 지역사회 안에서 사람들이 어떻게 협동하며 서로 의존하고 있는지를 학습하게 된다.
13. 협동적 학습을 활용하라. 함께 공부할 기회를 제공하는 것은 학습뿐 아니라 공동체 의식을 증진시킨다.
14. 의식과 전통을 활용하라. 모두가 참여하는 의식과 전통을 개발하는 것은 안정감과 소속감을 촉진하는 데 도움이 된다.
15. 재능을 공유하라. 공동체 활동을 하기 위해서는 다양한 재능과 기술이 필요함을 가르쳐라. 각 학생들의 장점과 재능을 발굴하고 이 재능들을 교실 공동체의 선을 위해 활용할 기회를 제공하라.

출처 : Obenchain, Abernathy, and Lock(2003); Wolk(2003).

표 8.2는 교실 안에서 공동체를 형성하도록 구상된 활동의 목록을 제시한다.

어려운 학생과 함께 활동하는 전략

혼란과 불화는 20~30명의 학생들이 있는 교실에서 불가피한 것이다. Kohn(2006)은 교사가 이 혼란과 불화를 어떻게 다루는가보다 더 중요한 것은 교사가 훈육 상황을 어떻게 보는가라고 언급했다. 교실갈등과 불화는 학생들이 문제를 해결하고 성장하도록 도울 수 있는 기회로 보여져야 한다. 그것들은 학생들이 사회적 · 도덕적 발달에 있어 적극적인 참여자가 되도록 돕는 기회로 보여져야 한다. Kohn은 갈등이 학생으로 하여금 다른 사람의 감정에 대해 생각하고, 전체 학급의 요구사항에 초점을 두도록 돕는 기회로 사용되어질 때 전반적인 문제행동은 감소될 것이라고 주장했다. Kohn은 이러한 상황을 조견하는 보다 가치 있는 방법이 이 상황을 학생, 교사 모두 문제를 함께 해결하기 위한 기회로 보는 것임을 제시한다.

　문제해결의 성공은 여러 가지 요인에 달려 있다. Kohn은 어려운 학생을 다루기 위한 10가지 제언을 아래와 같이 제공한다.

1. 학생과 긍정적인 관계를 형성하라. 이러한 관계는 계속 유지되어야 하고 그래야 교사가 학생과 상호작용할 때 학생은 교사를 믿고, 교사의 마음속에 있는 학생에 대한 많은 관심을 인식하게 된다. Kohn(2005)은 가장 효과적인 부모 됨의 도구가 무조건적인 사랑이듯이, 가장 효과적인 훈육 도구는 무조건적인 가르침임을 제시한다. 학생들은 그들 행동에 관계없이 배려되어지고, 가치 있게 존중되어짐을 알아야 한다. 교사는 문제행동을 싫어할 수는 있다. 그러나 결코 학생들의 가치를 떨어뜨리지 말아야 한다.

2. 학생들이 주의 깊게 듣고, 스스로 조용히 하며, 제안할 거리를 만들어 내고, 다른 사람의 관점을 이해하는 데 필요한 기술을 학습하도록 도와라. 많은 경우에 학생들은 그렇게 하는 기술을 가지고 있지 못하므로 적절하게 반응하지 못한다. 학생들이 이러한 가치 있는 기술을 개발하도록 돕는 것은 교사의 책임이다.

3. 무슨 일이 일어나고 왜 일어나는지를 진단하라. 이것은 교사에게 많이 질문하고 또 주의 깊게 들을 것을 요구한다.

4. 문제가 생성되어짐에 있어 교사의 책임은 무엇이었는지 분석하라. 교사는 자기 자신의 실천적 행동에 의문을 제기해야 한다. 때때로 상황은 교수 전략 혹은 비현실적 교실 요구사항에 변화를 줌으로써 해결될 수 있다.

5. 상황 해결 방법을 결정함에 있어 학생들의 참여를 최대화하라. 이 과정은 학생들에게 다음과 같이 질문함으로써 시작된다. "너희들은 이 문제를 해결하기 위해 무엇을 할 수 있다고 생각하니?" 교사는 학생들이 적절한 선택과 각 선택의 가능한 결과를 고려하도록 도와야 한다.

6. 학생들이 문제에 대해 믿을 만한 해결책을 개발하도록 도와라. 너무도 자주 학생들은 교사가 듣기 원한다고 생각하는 해결책을 제시한다. 꼭 맞는 대답을 수용하지 말고 각 상황에 독특한 해결책을 개발하도록 학생들을 독려하라.

7. 학생들로 하여금 원상회복하고 배상하는 방법을 결정하도록 도와라. 이로 인해 학생들은 물건들을 제자리에 다시 두고, 파손된 것은 수선하며, 그들이 저지른 더러움은 깨끗하게 하고, 잘못한 사람에게는 용서를 구할 수 있다.

8. 그 계획이 어떻게 추진되었는지 나중에 체크하라. 학생들은 문제를 해결하는 그 이상의 일을 하도록 요구될 수도 있다. 교사가 학생들이 얼마나 그 상황을 잘 처리했는지를 이야기할 기회를 가지는 것은 가장 좋은 일이다.

9. 상황을 다룸에 있어 융통성을 발휘하라. 때때로 학생과 교사 모두가 침착하게 그 상황을 반성할 시간을 가질 때까지 토론이 연기되어질 필요가 있을 수도 있다.

10. 문제해결에 대한 '함께 일하기' 접근은 교사에 의해 전형적으로 취해진 '하기' 접근보다 더 많은 시간을 소모한다. 하지만 학생들이 그들의 인생 전반을 통해 혜택을 입게 될 문제해결 기술을 배우므로 그 소산은 훨씬 더 크다.

모든 교사는 도전적인 학생들을 다루어야만 한다. 하지만 Kohn(2006)은 교사들에게 학생들이 더 도전적이 될수록 학생들과 신뢰 있는 관계를 형성하는 것이 더욱더 중요함을 상기시킨다.

공동체 형성의 장점과 단점

아마도 교실관리에 대한 Kohn의 생각 중 가장 큰 장점은 교사에게 학생과의 상호작용을 고려하도록 요구했다는 점이다. 그들은 교사가 학생들에게 이야기하는 방식과 그에 화답해 학생들이 행동하는 방식 사이의 강한 연계를 강조했다. Morris(1996)는 또 다른 중요한 특징으로 학생과 교사 사이의 긍정적인 관계 형성에 대한 강조를 생각했다.

　많은 사람들이 철학적으로 Kohn의 생각에 동의하지만 그들은 Kohn의 생각들이 실제적으로 어떻게 전형적인 훈육 문제를 다룰지에 대해 의문을 표했다. Kohn은 교실관리에 대한 종합적 모델을 제시하지 않았다. 그의 생각의 많은 것은 훈육이 아니라 교육 과정과 교수에 초점을 두고 있다. 많은 교사들에게 있어 이 전략들은 너무도 광범위해서 매일 부딪히는 문제를 다룸에 있어 사용할 수가 없다. 게다가 Manning과 Bucher(2001)는 Kohn에 의해 제시된 생각의 많은 것들은 중학교나 고등학교 학생들에게는 적절하나 더 어린 아동들에게는 부적절할 수 있음을 제시한다.

　몇몇 교사들은 전통적인 훈육 방식에 익숙한 아동들이 있는 교실에서 Kohn의 생각을 작동시키는 방법에 대해 의문을 표한다. 전통적인 교실행동에서 자기 책임감과 자기 훈육에 초점을 둔 것으로의 이전은 학생들에게는 매우 어렵고, 교사들에게는 시간을 요하는 것일 수 있다.

교실에서의 공동체 형성

시나리오

5학년 교사 퍼트리샤 사가스타는 그녀가 학생 때 경험했던 선생님들과는 다른 선생님이 되리라 결심했다. 그녀는 학생들이 단지 처벌을 피하기 위해 규칙에 복종하는 것 대신에 왜 특정 방식으로 행동하고 행동하지 말아야 하는지 이해하기를 원했다. 그래서 학년 초에 학생들에게 학생들을 위한 규칙 목록을 설정하지 않을 예정이라고 이야기했다. 그러나 문제가 발생되면 학생들이 그 상황을 다룰 것임을 이야기했다. 학년 첫 4주 그리고 대부분의 시간 동안 놀라울 정도로 일이 잘 진행되었고, 퍼트리샤는 자기 학생들이 행동하는 방식에 대해 매우 자랑스러워했다. 이것은 교실에 대리 교사가 올 때까지 그러했다.

　위장 바이러스로 고통스러운 밤을 보낸 후 퍼트리샤는 교장 선생님께 전화를 해서 대리 교사를 요청했다. 그다음 날 그녀는 대리 교사 스튜어트 씨가 남긴 쪽지를 보고 전율했다. 거기에는 퍼트리샤의 교실이 무법천지였으며, 그녀는 결코 다시 그 학급을 가르치는 데 동의하지 않을 것임이 적혀 있었다. 학생들이 도착하기 전에 교장 선생님이 와서 몇몇 학생들이 스튜어트 씨에게 종이를 씹어 뭉친 것을 던졌고, 급기야 교장 선생님이 교실에 불려 왔노라고 말해 주었다. 퍼트리샤는 놀랐고, 무엇이 학생들을 그와 같이 예외적인 행동을 하게 했는지, 그 행동이 결코 반복되지 않게 하려면 무엇을 해야 하는지에 대해 생각했다.

　출석부와 요구되어진 보고서를 사무실로 보낸 후 퍼트리샤는 학생들에게 그녀를 중심으로 원을 만들도록 요구했고, 학급 회의를 시작했다. 그녀는 "나는 어제 스튜어트 씨가 대리 교사로 왔을 때 문제가 있었음을 알고 있어요. 나는 스튜어트 씨가 남긴 쪽지를 읽어 주고 싶어요."라고 이야기하면서 말문을 열었다. 쪽지를 읽은 후 퍼트리샤는 모두 머리를 떨구는 것을 보았다. "자, 나는 우리가 두 가지 일을 할 필요가 있다고 생각해요. 하나는 왜 이런 행동이 일어났는가를 생각할 필요가 있습니다. 그리고 어제 행동의 결과에 대해서도 생각할 필요가 있어요."

즉시 코트니의 손이 올라갔다. "사가스타 선생님, 나는 우리 모두가 벌받는 것은 공정하다고 생각하지 않아요. 우리 중 몇몇은 공부하려고 애썼어요."

"코트니, 나는 네가 나를 오해했다고 생각해. 나는 처벌에 대해 어떤 것도 이야기하지 않았어요. 그러나 손을 들었기 때문에 어제 왜 일이 그렇게 손쓸 수 없게 되었다고 생각하는지 말해 주겠어요?"

"예." 코트니는 자기 손가락에 머리카락을 감으면서 시작했다. "스튜어트 씨는 선생님처럼 좋지 않았어요. 그녀는 우리에게 소리치면서 시작했어요. 그녀는 우리가 무엇을 하기로 되어 있는지 모른다고 말했어요. 그녀는 우리를 영역으로 가지 못하게 했고, 우리에게 해야 할 한 뭉치의 연습지를 주었어요. 매일 우리가 해야 할 것이 무엇인지 말하려고 했지만 그녀는 듣지 않았어요. 그것이 바로 그녀를 미치게 만들었어요."

당황하면서 퍼트리샤는 그 전날 자신이 문제의 일부를 만들었음을 깨달았다. 다음 날 빠져야만 하는 것을 예측하지 못해서 퍼트리샤는 계획서를 가져가 버렸고, 스튜어트 씨를 위한 교수 지침은 없었던 것이다. "자, 여러분. 스튜어트 씨에게 무엇을 해야 하는지 알려 주지 않은 책임이 내게 있네요. 나는 계획서를 집으로 가져갔어요. 그리고 그녀를 위해 기록된 계획서는 없었어요. 이것은 내 잘못이에요. 비상사태를 대비해서 항상 계획서를 여기 준비해야만 하겠네요. 나는 스튜어트 씨에게 내 일을 제대로 하지 못한 것에 대해 사과해야 하겠다고 생각해요. 또한 나는 계획서를 놔두고 다니거나 대리 교사를 위한 대안 계획서를 준비할 필요가 있음을 확실히 알았습니다."

학생들은 사가스타 씨가 약간의 비난을 감수하는 것을 보고 안심한 듯이 보였다. "하지만…" 사가스타 씨는 말했다. "여러분은 어제 여러분이 했던 것처럼 행동해야 한다고 생각하나요? 어제 여러분의 행동 결과에 대해 생각해 봅시다. 누구, 결과에 대해 생각할 수 있나요?"

"저, 나는 오늘 우리가 쉬는 시간을 모두 뺏겨야 한다고 생각해요." 오스틴이 제안했다. "오스틴, 나는 너희들에 대한 결과만 생각하는 것이 아니야. 나는 모두를 위한 결과에 대해 생각하고 있는 중이에요. 예를 들면 스튜어트 씨가 지난밤 어떻게 느꼈을 것이라고 생각하나요? 그녀는 이 학급에 대해 어떻게 생각할까요?"

머리들이 떨구어졌다. 어느 누구도 대답하지 않았기 때문에, 사가스타 씨는 키야를 불렀다. "키야, 만일 네가 스튜어트 씨라면, 너는 지난밤 무엇을 생각하고 느낄 것 같니?"

"나는 기분이 나쁠 거라고 생각해요. 내가 대리 교사였다면 이 학급은 나쁘다고 생각할 것 같아요. 내가 그녀라면 우리를 많이 좋아할 거라고 생각하지 않아요."

"이게 우리 학급이 스튜어트 씨가 느끼기를 원하는 것인가요?"

학급은 모두 "아니요."라고 대답했다.

"좋아요. 스튜어트 씨가 어떻게 느낄지에 대해 토론했어요. 앤더슨 씨는 어떻게 생각하고 느낄까요?"

즉시 학급 학생들은 교장 선생님도 그 학급을 다르게 볼 수 있다는 사실을 깨달았다. 페이턴이 손을 들고 말했다. "나는 앤더슨 씨가 우리가 나쁜 학급이라고 생각하기를 원치 않아요. 우리는 나쁜 학급이 아니에요. 우리는 좋은 학급이에요."

"페이턴, 나도 그렇게 생각해요. 그래서 우리는 앤더슨 씨가 여러분을 그렇게 본다고 어떻게 확신할 수 있는지 생각해 볼 필요가 있어요. 좋아요. 스튜어트 씨나 앤더슨 씨 이외 다른 사람에 대한 결과가 또 있나요?"

페이지가 손을 들었다. "선생님도 우리에 대해 나쁘게 느끼나요? 우리를 더 이상 좋아하지 않으세요?"

"페이지, 나는 여전히 여러분 모두를 좋아해요. 그러나 여러분의 행동으로 놀랐다는 사실을 인정하지 않을 수 없네요. 이전처럼 여러분을 신뢰한다는 확신이 서지 않네요. 여러분이 나의 신뢰를 다시 되돌려 놓아 주길 바라요."

"선생님, 정말 미안해요. 우리가 스튜어트 씨와 앤더슨 씨에게 사과 편지를 쓰면 어떨까요? 그러면 상황이 좀 나아질 거라고 생각하나요?"

"글쎄요. 페이지, 모든 게 쉽게 회복될 수 있다고 생각하지는 않아요. 하지만 그것은 우리가 우선 할 수 있는 좋은 방법이에요. 두 집단으로 나눕시다. 한 집단은 앤더슨 씨에게 편지를 쓰고, 다른 집단은 스튜어트 씨에게 편지를 씁시다."

"선생님, 세 집단으로 나눌 수 있을까요? 내 생각에는 선생님에게도 한 집단이 편지를 써야 할 것 같은데요."

웃으면서 사가스타 씨는 말했다. "예, 좋은 생각이에요. 우리 세 집단으로 나누겠어요. 편지를 모두 쓰고 나면 학급에서 편지를 읽어도 좋아요. 만약 모두 동의한다면 그 편지를 교실에서 돌려서 모두 날인을 할 수도 있을 거예요."

요약

Alfie Kohn은, 보상이나 처벌이 아니라 상호작용이 효과적인 교실훈육의 핵심임을 제시하는, 30여 년 일찍 저술된 Haim Ginott의 생각을 토대로 했다. Kohn은 교실관리의 궁극적 목적은 학생들을 적절하게 행동하도록 만들어야 하는 것임을 강조했다. 그래야 학생들은 행하는 것이 옳은 것인지를 알고, 그들의 행동이 다른 사람에게 어떻게 영향을 미치는지를 이해할 수 있기 때문이다. 따라서 Kohn은 교실의 초점은 부정적인 행동을 억제하는 것에서 긍정적인 행동을 증진시키는 강조점으로 변화되어야 함을 주장했다. 그는 효과적인 교실관리는 공동체 형성을 요구하며, 그렇게 하기 위해 교사는 자신이 학생들과 의사소통하는 방식을 평가해야 하고, 전통적 처벌에 대한 대안을 발견하며, 보상과 칭찬에 대한 초점을 배제해야 한다고 강조했다.

주요 용어

이 용어들에 대한 정의는 용어해설에 제시되어 있다.

관점 취하기	인정적 칭찬
교실 공동체	처벌 아류

평가적 칭찬

관련 활동

이론에 대한 성찰

1. 로버트 펠츠는 다룰 수 없는 학생에 대해 매우 화가 났다. 아무리 요청을 해도 학생은 적대적인 말로 반응을 한다. 그 학생은 친구들의 이름을 부르며 교사에게 도전하고 모욕을 주는 것을 즐기는 듯하다. 교사들 대부분은 그를 포기했다. 어떤 대면 상황에서도 그는 항상 결정적인 말을 하기 때문이다. Kohn은 교사에게 로버트와 같은 경우 활동할 것을 어떻게 제시했는가? 당신의 생각을 설명해 보라.

2. 이 장 서두의 시나리오에서 게인즈 씨는 왜 학생들이 옳은 것을 했는데 보상을 받아야 하는지에 대해 의문을 가졌다. 그녀의 관심은 정당한 것인가? 오늘날 교실에서 외적인 보상을 너무 많이 강조한다는 점에 동의하는가? 보상이 주어지지 않는 교실을 상상해 보라. 그러한 교실이 가능할 것인가? 그 이유는 무엇인가? 그렇지 않은 이유는?

3. 신체적 처벌은 학생들에게 공격성이 받아들여질 수 있음을 가르친다고 Kohn은 제시한다. 신체적 처벌이 현대 교실에서 여전히 발생하는가? 당신 학생들을 훈육하기 위해 신체적 처벌을 사용하면서 당신은 마음이 편할 것인가? 그 이유는 무엇인가? 그렇지 않은 이유는?

포트폴리오 자료 개발하기

1. 교사와 학생 사이의 상호작용을 관찰하고 문서화하라. 대부분의 상호작용은 긍정적인가? 학생들은 칭찬받고 있는가? 만약 그렇다면 칭찬에 대한 반응은 무엇이었는가? 당신은 어떠한 부정적 반응을 관찰했는가? 당신은 어떠한 긍정적 반응을 관찰했는가?

2. 당신 교실에서 공동체를 설정하기 위한 상세한 계획을 만들어라. 이 공동체를 창안하기 위해 당신은 어떠한 단계를 밟을 것인가?

개인 교실관리 철학 개발하기

1. Kohn은 "교실관리의 궁극적인 목적은 단순한 순종에 있는 것이 아니라 학생들로 하여금 적절하게 행동하게 하는 데 있어야 한다. 왜냐하면 그들은 그렇게 하는 것이 옳다는 것을 알아야 하고, 그들의 행동이 다른 사람에게 어떻게 영향을 미치는지를 이해할 수 있어야 하기 때문이다."라고 제시했다. 당신은 동의하는가? 학생들이 해야 할 '옳은' 것을 학습하도록 돕는 방법으로 당신의 교실을 어떻게 관리할 것인가?

2. '공동체 형성'을 위한 어떠한 전략을 당신의 교실관리 계획에 병합할 것인가?

후속 연구 자료

Alfie Kohn에 대해 더 많은 정보를 얻고자 한다면 아래 주소로 연락하라.

www.alfiekohn.org

참고문헌

Brandt, R. (1995). Punished by rewards? A conversation with Alfie Kohn. *Educational Leadership, 53,* 13–16.

Ginott, H. G. (1972). *Teacher and child: A book for parents and teachers.* New York: Collier Books.

Kohn, A. (1991). Caring Kids: The role of the schools. *Phi Delta Kappan, 72,* 494–506.

Kohn, A. (1993a). *Punished by rewards.* Boston: Houghton Mifflin Company.

Kohn, A. (1993b). Rewards versus learning: A response to Paul Chance. *Phi Delta Kappan, 74,* 783–787.

Kohn, A. (1994). The truth about self-esteem. *Phi Delta Kappan, 76,* 272–282.

Kohn, A. (1995). *The risks of rewards.* ERIC Digests–ERIC Clearinghouse on Elementary and Early Childhood: Office of Educational Research and Improvement, Washington, DC. (ERIC Document Reproduction Service No. Ed 376990.)

Kohn, A. (1996). *Beyond discipline: From compliance to community.* Alexandria, VA: Association for Supervision and Curriculum Development.

Kohn, A. (1997). How not to teach values. *Education Digest, 62,* 12–17.

Kohn, A. (2005). Unconditional teaching. *Educational Leadership, 63,* 20–24.

Kohn, A. (2006). *Beyond discipline: From compliance to community* (10th Anniversary Ed.). Alexandria, VA: Association for Supervision and Curriculum Development.

Manning, M. L., & Bucher, K. T. (2001). Revisiting Ginott's congruent communication after thirty years. *Clearing House, 74,* 215–219.

Morris, R. C. (1996). Contrasting disciplinary models in education. *Thresholds in Education, 22,* 7–13.

Obenchain, K. M., Abernathy, T. V., & Lock, R. H. (2003). 20 ways to build community and empower students. *Intervention in School and Clinic, 39,* 55–60.

Schaps, E., & Lewis, C. (1997). Building classroom communities. *Thrust for Educational Leadership, 27,* 14.

Wolk, S. (2003). Hearts and minds. *Educational Leadership, 61,* 14–18.

상벌 스트레스 없는 훈육

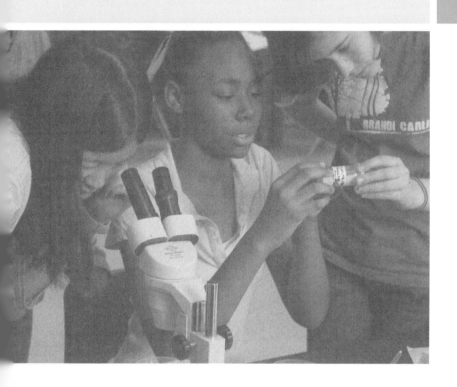

09

목표

제9장에서는 예비 교사들을 INTASC 기준 1항(내용 교수법), 2항(학생 발달), 5항(동기와 관리), 9항(반성적 실천인)에 부합되도록 준비시키고자 한다. 이를 위해 다음과 같은 사항을 수행하도록 돕는다.

- 교실관리 전략을 개발하기 위해 상벌 스트레스 없는 훈육에서 파생된 인간 행동에 대한 지식을 활용한다.
- 보상과 처벌이 학생 동기에 어떻게 유해할 수 있는지 배운다.

- 교실에서 상벌 스트레스 없는 훈육을 적용하는 기법을 배운다.
- Marshall의 교실관리 개념을 개인적 훈육 계획에 병합시킬지의 여부를 결정한다.
- 교육 과정과 훈육 문제를 관리하기 위해 학급 회의 활용법을 배운다.
- 문제행동을 다루기 위해 상벌 스트레스 없는 훈육 원리를 활용한다.

시나리오

3학년 레예스 킨테로는 적어도 햄프턴 씨가 분대장으로 오기 전까지는 컵 스카우트에 가입한 것을 항상 즐거워했다. 햄프턴 씨는 항상 준비가 되어 있지 않았고, 소년들을 생산적인 활동에 참가시키기보다 거칠게 달리도록 했다. 프로젝트를 계획할 경우 그녀는 활동 관리 방법에 대해 속수무책으로 보였다. 컵 스카우트 모임은 항상 혼란 속에서 끝났다.

주말에 소년들은 첫 캠프를 하기로 했다. 레예스는 첫 캠프 여행을 너무나도 기대했다. 그러나 스카우트가 캠프장에 도착했을 때 햄프턴 씨는 소년들에게 텐트 치는 것을 돕게 할 수도 없었고, 그녀가 계획한 활동 중 어느 것도 진행할 수가 없었다. 좌절감에 빠져 그녀는 의자에 앉아 지시사항을 따르지 않은 채 정신없이 이리저리 뛰어다니는 소년들을 보고만 있었다. 마침내 더 이상 참을 수 없게 된 레예스는 소풍용 탁자 위에 올라서서 소리쳤다. "중지! 중지! 이것은 무법천지야. 너희들이 햄프턴 씨의 말을 듣지 않는다면 우리는 어떤 것도 할 수 없어. 모두 멈춰."

햄프턴 씨는 소년들이 문제행동을 중지했을 뿐 아니라 소풍 탁자 주위로 모여드는 것을 놀라움 속에 보고 있었다. 일단 그들이 모이자, 레예스는 햄프턴 씨를 돌아보며 조용히 물었다. "자, 우리가 무엇을 하면 좋을까요?"

소년들이 집으로 돌아갔을 때, 햄프턴 씨는 레예스의 부모에게 그가 한 일을 열심히 말했다. 그의 아버지는 빠르게 설명했다. "그의 모든 것은 학교에서 배웠어요. 우리 아이 선생님, 메트컬프 씨는 새 교실관리 방법을 적용하고 있는 중이지요. 레예스는 항상 어떤 사람의 행동을 무법천지 혹은 약자 괴롭히기로 표현합니다. 하지만 그는 매우 신나게 한 해를 보내고 있는 중이에요. 그런 행동은 집에서도 마찬가지로 나타나요. 어느 날 그는 형에게 약자를 괴롭히는 사람이라며, 중지할 필요가 있다고 말했어요. 이것은 그들 사이에서 경쟁적으로 소리 지르거나 눈물로 끝나지 않은 첫 번째 상황이었어요. 아마도 당신은 메트컬프 씨에게 물어봐야 할 겁니다. 그녀는 교실을 통제할 때 정말로 자기 할 일을 하는 것 같아요."

들어가는 말

만약 햄프턴 씨가 레예스의 선생님에게 이야기할 시간을 가지게 된다면, 그녀는 메트컬프 씨가 Marvin Marshall의 교실관리 전략, **상벌 스트레스 없는 훈육**을 활용 중임을 배우게 될 것이다. 상대적으로 새로운 교실관리 모형인 Marvin Marshall의 상벌 스트레스 없는 훈육은 학생들에게 책임 있는 행동을 가르치기 위해 고안되었다.

이 모형은 반동적이기보다 사전 행동적인 교실관리 계획을 Marshall이 개인적으로 탐색하는 과정을 통해 발전되었다(Marshall & Weisner, 2004). 자신의 교수 및 행정 경험을 통해 그는 교사들이 한 뭉치의 지리멸렬한 전략보다는 한 체계의 교실관리를 필요로 한다는 사실을 알게 되었다. Marshall은 너무도 자주 훌륭한 교실관리는 어떤 교사들은 가지고 있고 다른 교사들은 결여하고 있는 재능으로 보여져 왔음을 주장한다. 그는 아무리 재능이 있는 교사라 할지라도 오늘날 다양한 학생들의 욕구를 충족시키기 위해서는 하나의 체계적 계획을 필요로 하며, 교실관리에 대한 체계적 접근은 모든 교사에게 생산적인 학습 환경을 조성하게 함을 제시한다.

상벌 스트레스 없는 훈육의 단계

당신의 교실에서 상벌 스트레스 없는 훈육을 활용하기 위해서는 아래와 같은 것을 행할 필요가 있다.

1. 행정가와 함께 상벌 스트레스 없는 훈육에 대해 토론하라. 당신은 당신의 계획을 지지하고 있음에 자신감을 가져라.
2. 사회 발달 체계의 개념을 가르치도록 준비하라. 수업 계획과 자료는 사전에 준비되어야 한다.
3. 학생의 행동이 안내되어진 선택 수준으로 전진해 감으로써 완성될 서식을 준비하라.
4. 사회 발달 체계에 대한 어휘를 가르쳐라. 그 개념을 이해하기 위한 복합적 방법을 제시함으로써 교실에서 다양한 학습 방식을 제공하라.
5. 문제행동이 발생할 때 이해하고 있는 것을 점검하라. 혼란스러워하는 개념을 다시 가르쳐라.
6. 문제행동을 계속하는 학생에게 서식을 제공하라. 안내되어진 선택을 통해 학생은 자신의 행동을 평가할 기회, 교실의 기준과 부합되지 않는 행동의 변화를 위해 계획을 세울 기회를 가져야 한다.
7. 학생들이 지속적으로 부적절한 행동을 할 경우 부모에게 보낼 완성된 서식을 복사해 놓아라.

상벌 스트레스 없는 훈육의 철학적 기초는 Marshall이 오늘날 학교가 직면하고 있는 중요한 문제에 대한 반응이라고 생각한 것에 놓여 있다. Marshall(1998a)은 이전 세대의 학생들은 교실이 거의 혼란 없이 운용되게 하고, 또한 교실에서 성공하기에 필요한 사회적 기술을 가지고 학교에 왔다. 하지만 오늘날의 학생들은 사회적 변화로 인해 사회적 기술 없이 학교에 오고 있다. 학생들의 사회적 책임감을 기르도록 도와주기 위해 집에서 그동안 행해졌던 것을 수행하는 것이 학교의 책임이 되었다. Marshall은 행동 기준은 사회적 관계 속에 자리 잡아야 하며, 교실도 예외 없음을 주장한다. 적절한 교실행동은 행동에 대한 적절한 기준을 인식한 결과이다. 따라서 상벌 스트레스 없는 훈육의 기초는 사회 발달의 체계에 놓여 있다. 이것은 학생들이 자기 책임감, 사회적 인식, 사회적 책임감을 증대시키도록 돕는다.

　Marshall(1998a)에 따르면 사회 책임감의 교수는 질책하고, 처벌하고, 보상하는 전통적인 학교 환경에서 발생할 수 없다. 상벌 스트레스 없는 훈육은 대부분의 교실 관리 모형인 보상/처벌 개념을 거부한다. Marshall은 너무도 자주 교사와 행정가들이 충고하고, 구슬리고, 훈계하고, 보상하고, 요구하고, 처벌함으로써 학생들을 동기화하려고 애써 왔음을 언급한다. 하지만 이러한 외적인 접근은 전형적으로 성인이 존재할 때만 작동한다. 그 방법은 교사 혹은 행정가의 부재 시 책임 있는 행동을 보여 주도록 학생들을 동기화시키지 못한다. 교사의 진정한 힘은 교사가 감독할 수 없을 때 학생들이 하는 것에 달려 있다. 목적은 교사가 존재하든 부재하든 간에 학생들이 적절한 행동을 보이는 것이다.

Marshall과 Weisner(2004)는 행정가와 교사가 학생들에게 해야 할 것을 항상 말하지 않고, 저항하면 처벌하지 않고, 순응해도 보상하지 않는 교실을 상상하는 것은 힘든 것임을 강조한다. 하지만 Marshall은 이러한 전통적인 교실관리 방법은 강압적이고, 조정적이며, 학생들에게 자신들의 행동과 선택에 책임이 없음을 가르치게 된다고 말한다. 이 방법의 초점은 외적인 통제에 놓여 있다.

똑같은 이유로 Marshall은 보상과 장려에 대해 같은 생각을 가진다. 그는 기대되어진 행동 기준을 충족시킴에 대해 보상을 주는 것은 잘못된 메시지를 전달한다고 말한다. 적절하게 행동한 학생에게 보상하는 행위는 그 자체를 위해 책임 있게 행동하는 것만으로 충분히 좋은 것이 아니고, 적절하고 책임감 있게 행동하도록 동기화되기 위해서 무엇인가를 수용할 필요가 있다는 메시지를 전달한다. 다시 보건대 그 초점은 자기 자신의 행동을 조정하고 변화시키고자 하는 내면적 동기보다는 외재적 동기에 놓여 있다. 진실로 행동을 변화시키기 위해 Marshall은 내면적 동기를 건드리는 것이 중요하다고 강조한다.

상벌 스트레스 없는 훈육은 Steven Covey, Abraham Maslow, Douglas McGregor, William Glasser, W. Edwards Deming의 이론에서 도출되었다. 하지만 체계를 가장 많이 형태화한 것은 William Glasser의 철학과 생각이다(William Glasser에 대한 토론은 제1장 참조). Glasser의 선택이론의 모형과 비슷하게 상벌 스트레스 없는 훈육은 교사들에게 다음과 같은 것을 격려한다.

- 학생들에게 그들 자신의 행동에 대해 책임감을 가지도록 허용하라.
- 교실관리에 비강압적인 접근을 활용하라.
- 행위 동기를 생각하는 데 시간을 소비하지 마라.
- 상황과 관계없이 자신들의 반응을 선택하도록 학생들에게 가르쳐라.
- 문제행동을 문제라기보다 가르칠 수 있는 순간으로 보아라.
- 반성하고 자기 평가하도록 학생들을 효과적으로 지도하는 질문을 던져라.
- 모든 학생을 위한 안전한 환경을 설정하라(Marshall & Weisner, 2004).

이론

학생들을 개인적인 욕구와 목적에 근거한 행동으로부터 증대하는 사회적 책임의 행동으로 이동시키기 위해서 Marshall은 사회 발달의 체계를 창안했다(Marshall, 1998a). 이 체계는 인간 사회 행동을 설명하는 방식으로 모든 사람이 이해할 수 있는 단순한 용어로 설명되었다. 이 체계는 사회 발달 ABCD에 근거하고 있다. **A**=무법천지, **B**=약자 괴롭히기 혹은 괴롭히기, **C**=순응, **D**=민주주의이다. 가장 바람직하지 않은 수준은 A(무법천지)이고, 가장 높은 수준은 D(민주주의)이다. 표 9.1은 ABCD 체계의 예를 제시한다.

표 9.1 상벌 스트레스 없는 훈육

상응하는 문자		행동 수준	행동 기술
D	수용 가능한 행동	민주주의	다른 사람에게 친절을 보이기 자기 신뢰 계발하기 그것이 옳은 일이므로 좋은 일하기 자기 훈육 계발하기 동기는 내재적이다
C		협력/순응	듣기 기대되는 것 하기 순응하기 배려하기 동기는 외재적이다
B	수용 불가능한 행동	약자 괴롭히기/ 괴롭히기	다른 사람 지배하기 다른 사람 괴롭히기 교실기준 위반하기 권위에 반응하기 동기는 외재적이다
A		무법천지	시끄럽다 통제가 안 된다 불안전하다 동기는 외재적이다

출처 : Marshall(2004).

무법천지

Marshall의 체계 중 가장 낮은 수준은 **무법천지**(Anarchy)이다. 무법천지는 가장 바람직하지 못한 수준의 사회 행동이다. 이 수준에서 운용되는 교실은 사회질서가 없거나 혼돈 상태에 있다. 이 수준에서 행동하는 아동들은 시끄럽고, 명령을 따르는 데 실패하며, 허락 없이 교실을 이리저리로 옮겨 다닌다. 무법천지는 법 혹은 질서가 없는 행동 상태이며, 누구든지 다른 사람을 배려하지 않고 자신이 원하는 것을 무엇이든지 할 수 있다. 교실 안에 있는 개인 학생이 무법천지의 수준에서 행동할 수 있고, 전체 교실 또한 무법천지에 놓여 있을 수 있다. 이것은 교사가 준비를 하지 않거나 장악력이 결여되고 있을 때 전형적으로 발생한다. 또한 대리 교사나 교생은 혼돈 상태의 교실에 직면할 수 있다. 왜냐하면 이 수준에서 활동하는 학생들은 성인으로부터 뿜어져 나오는 권위를 가늠하기 때문이다. 만약 교사가 교실을 통제하는 데 주저하게 된다면 학생들은 교실을 접수할 것이다. 이 수준에서 활동하는 학생들과 교실의 몇몇 예가 아래에 제시된다.

> 1학년 교사 제시카 맬릭은 직업 선택을 잘못했다고 생각하기 시작했다. 그녀가 학생들에게 어떤 재미있는 활동에 참여하도록 허용하면, 즉시 그녀는 통제력을 상실하고 교실은 혼돈으로 뒤엎어졌다. 따라서 그녀는 연습지의 매력에 굴복해 왔고, 보다 많은 프린트물과 증가된 숙제로 위협하며 학생들을 바쁘게 하려고 애써 왔다. 그녀는 매일 학교에 오기 싫었고, 마찬가지로 학생들도 그럴 것이라고 상상했다.

> 대리 교사 마이클 스미스가 그날 할당 업무를 맡기 위해 도착했을 때, 그는 교실을 이동하며, 자리에 앉으라는 그의 요구를 전적으로 무시하는 많은 9학년 학생들을 보고 놀랐다. 학생들이 과제를 하도록 애쓴 30분 후에 스미스 씨는 사무실로 갔다. 그리고 그가 집으로 갈 것이므로 그 하루를 책임지기 위해 행정가를 보낼 것을 제안했다.

약자 괴롭히기

Marshall의 사회적 발달 체계의 두 번째 수준은 **약자 괴롭히기**(Bullying)와 **괴롭히기**(Bothering)이다. 사회 발달의 이 수준에서 활동하는 학생은 다른 학생을 괴롭히고, 경우에 따라서는 교사를 마찬가지로 괴롭힌다. 그들은 자기들만의 규칙을 만든다. 그들은 다른 사람을 지배하고, 난폭하게 행동하며, 규칙을 위반하고, 다른 사람의 권리를 침해하고, 처벌의 위협이 어렴풋이 나타날 때만 바르게 행동한다. 약자를 괴롭히는 학생은 권위적 인물이 존재할 때만 복종한다. 괴롭히거나 지배하는 행동은 전 학급에 영향을 준다. 왜냐하면 학생들이 괴롭힘을 당할까 항상 두려워하는 상황에 놓일 때 학습은 거의 일어나지 못하기 때문이다. Marshall(2004)은 대부분의 학생은 '약자 괴롭히기'라는 용어와 관련지어 문제가 없지만, 그러나 몇몇 선생님은 이러한 문제를 겪음을 언급한다. '괴롭히기'란 이러한 선생님들에게는 교체해야 할 선택이다.

만약 괴롭히는 학생이 우세하면 책임감이 없고 도발적인 행동은 반복될 것이고, 이 양상이 학습되어 전 생애를 통해 나타날 것이다. 따라서 괴롭히는 행동은 괴롭힘을 당하는 사람에게도 유해하지만 괴롭히는 사람에게도 마찬가지로 유해하다. Marshall(2004)은 괴롭히거나 지배하려는 학생을 둔 교사에 대해 다음과 같은 제언을 제공한다.

1. 결코 학생을 '불량배'라고 낙인을 찍거나 부르지 마라. 학생의 인격이 아니라 행동에 초점을 두어라.
2. 그 행동을 '약자 괴롭히기 혹은 괴롭히기'로 규명하라.
3. 학생으로 하여금 행동에 대해 책임감을 가지도록 도와라.

약자 괴롭히기는 모든 연령대에 걸쳐 발생한다. 하지만 1학년에서 발생하는 약자 괴롭히기는 4학년에서 발생하는 약자 괴롭히기와 다르다. 4학년의 경우 욕을 하거나 그리고 그 비슷한 행동들은 더 미묘하게 발생한다. 약자 괴롭히기/괴롭히기 수준에서 활동하는 학생들의 몇 가지 예를 제시한다.

1학년 드웨인 왓킨스는 교실에서 항상 시끄럽게 한다. 드웨인은 놀고 싶은 것, 혹은 활동하고 싶은 것은 무엇이든지 장악한다. 만약 다른 학생들이 저항하면 주먹으로 치거나 깨문다.

9학년 교사 타이론 왓킨스가 복도 관리차 왔을 때 그는 에이프릴 리처드슨이 울고 있는 것을 발견했다. 그는 에이프릴에게 다가갔다. 그리고 부드럽게 그녀의 팔을 건드렸다. "에이프릴, 무슨 일이니? 너 괜찮니?" 눈물을 닦으면서 에이프릴은 설명했다. "제시카와 태미가 나에 대한 뜬소문을 퍼뜨렸어요. 그들은 지난주 야구시합 후 내가 술에 취했다고 모두에게 이야기했어요. 왜 걔네들은 나에 대해 거짓말을 할까요? 나는 내가 그 애들 친

○ 현장 비결

나는 B 수준에 '귀찮게 따라다니기'와 '교실절차 위반하기'를 덧붙였다. 나는 또한 A 수준에 '말뚝박기'를 더했다. 미식축구의 유사함을 사용한 것이다. 몇몇 학생들은 다른 학생을 못살게 굴었다. 이것은 고통을 주는 행동이다. 나는 내 학생들에게 학습하기 위해서 그들은 첫째로

교실절차를 따라야 하고, 둘째로 행동 기준을 충족시켜야만 한다고 설명했다.

Jim Mann
고등학교 교사

구라고 생각했어요."

12학년 맷 다넬은 교사들을 힘들게 만들면서 얻은 그의 명성을 즐겼다. 그는 항의하기를 좋아하고, 채점에서 빠진 점수나 그가 생각하기에 옳지 않은 말에 대해 항의하면서 전체 시간을 써 버릴 수도 있다.

Marshall과 Weisner(2004)는 무법천지와 약자 괴롭히기/괴롭히기 어느 것도 교실 행위에서 수용될 수 있는 수준이 아님을 강조한다. 그와 같은 행동을 하는 학생들은 자신의 행동이 받아들여질 수 없음을 이해해야 하고, 그 행동을 변화시키기 위한 방법을 개발해야 한다.

협력/순응

Marshall(2004)은 행동 체계의 다음 단계로 **협력/순응**(Cooperation/Conformity)을 명시한다. 협력/순응이 사회의 존립을 위해 필수적인 것처럼 교실의 기능을 위해서도 필수적이므로 이 수준의 행동은 수용될 수 있고 또한 바람직하다. 이 수준에서 활동하는 학생들은 기대되는 기준에 순응하고 협력한다. 이 학생들은 교사와 다른 학생에게 연결되어 있고, 바람직한 방법으로 다른 사람과 연관된다.

순응이란 외적인 영향력을 수용한 결과이다. 교실에서 학생들이 기대되는 행동 기준에 순응하는 것은 교실 성공을 위해 필수적이다. 하지만 순응이 외적인 영향력의 결과이므로 이것은 체계의 가장 높은 수준에 도달하지 못한다.

만약 학생들이 동료의 인정을 얻는 데 목적이 있다면 순응은 수용될 수 없는 행동이 될 수도 있다. Marshall(2004)은 학생이 그들 행동에 미치는 외적인 영향력을 이

해하는 것이 중요함을 강조했다. 그리고 그들이 외적인 힘에 의해 통제되고 있음을 깨닫는 순간 그들은 자유로워짐을 느끼기 시작한다고 제시했다. 그들 결정에 영향을 주는 다른 사람의 힘에 대해 인식하고 토론함으로써 청소년들은 '반학습적인' 하위문화에 대한 집단 유혹에 저항할 수 있다. 동료 압력을 이해하는 것은 어린 사람으로 하여금 더욱더 자율적이 되도록 도움을 주며, 학교 내외에서 사회적으로 무책임한 행동에 참여하지 못하도록 결정하게 하는 데 도움을 준다.

학생들은 좋은 행동이나 나쁜 행동 모두에 대해 순응하고자 하는 강한 욕구를 가지고 있다. 협력/순응 차원에서 움직이는 학생에 대한 몇몇 예를 제시한다.

중학교 교장 레인 블랙웰은 학생들이 버스에서 내려 교실로 들어갈 때 그들을 쳐다보는 것을 즐긴다. 그는 학생들이 옷 입는 방식을 보며 놀라워한다. 즉 학생들이 학교의 복장 규정에 창의적인 방식으로 접근하며, 유행이 얼마나 빨리 학교를 휩쓸고 가는지를 보는 것은 놀라운 일이다. 따라서 그는 쌍둥이 테너와 타일러 버크하트가 최신 유행의 옷을 입는 첫 주자들이므로, 그들이 어떤 것을 입는지 보는 데 주의를 기울인다. 다행스럽게도 블랙웰 씨는 이 두 소년에게 이야기할 수 있고, 그가 그들 복장이 왜 부적절하다고 느끼는지 설명할 수 있게 되면, 이들은 자신들의 스타일을 즉시 바꾸며, 학교의 기준에 순응할 것이라는 사실을 알고 있다. 이 2명의 학교 지도자에게 순응하도록 요청함으로써 다른 학생들은 그들의 지도도 따르고, 마찬가지로 학교의 복장 규정도 따른다.

3학년 교사 마티 쿡은 학생들을 위한 일주일 분량의 학급 과업 목록을 설정했다. 매주 월요일, 학생들은 그 주를 위해 그들이 해야 할 과업을 설계한다. 학생들로 하여금 교실의 일상적인 욕구 중 많은 것에 대해 책임을 지게 함으로써 쿡 씨는 그녀가 학생들과 활동할 더 많은 시간을 얻게 되었고, 학생들은 책임감을 배우게 되었음을 알았다.

에번스 씨의 학급 학생들은 지역사 협회 소속원의 발표를 즐겁게 들었다. 연사가 자료를 모아 떠나려고 준비할 때, 에번스 씨는 로건과 루카를 돌아보며 연사의 자동차까지 자료 옮기는 것을 도와주도록 요청했다. 소년들은 재빨리 일어나서 연사를 도와주었다.

민주주의

교사 혹은 행정가의 궁극적 목적은 학생들이 나쁜 것에서 옳은 것을 이해하고, 그것을 행하는 것이 옳기 때문에 단순하게 어떤 것을 행하도록 하게 하는 것이다(Marshall, 2004). 학생들이 성장하고, 성숙하고, 옳고 그른 가치를 발달시켜 감에 따라 예절이

견고하게 내면화되어진다. Marshall은 사회 발달 체계의 가장 높은 수준을 **민주주의**(Democracy)로 언급했다. 이것은 학생들이 그들 자신의 행동에 대해 책임감을 가질 수 있는 수준이다.

체계의 민주주의 수준에서 책임지고자 하는 동기는 내면적이다. 그들 행동에 영향을 주는 외적인 동기에 의존하기보다 학생들은 그들의 보상을 자기 만족에서 이끌어 낸다. 이 수준의 보상은 활성화된 책임감을 가지고 있으므로 스티커, 사탕, 칭찬에서 오는 것이 아니라 자기 만족에서 온다. 민주주의적 행동은 자기 신뢰, 예절, 학급을 위한 책임감을 발달시킨 학생에 의해 드러난다. 학생들은 자기 평가와 자기 교정의 감각에 의해 좋은 행동을 선택한다. 민주주의 행동 수준에서 움직이는 학생들의 예는 아래와 같다.

> 5학년 교사 린 모리스가 교실 문에서 노크 소리를 들었을 때 지역교육위원회 의장과 교장 선생님을 보고 놀랐다. 그녀는 교장 선생님이 교육위원회 의장에게 학교 시찰을 안내하고 있음을 알았다. 그들은 각 교실을 방문하고 있는 중이었다. 손님들에게 간단하게 설명하기에 앞서 그녀는 교실을 돌아보며 카슨이 오버헤드로 가서 수업을 계속 진행하도록 요청했다. 주저하지 않고 카슨과 나머지 학생들은 모리스 씨가 손님들을 맞아들이는 동안 수학 수업을 계속했다.

> 노스이스트고등학교 교장은 자기 학교 학생 몇몇이 시합에서 대패한 후 경쟁 학교의 벽에 낙서를 했다는 사실을 알고 매우 실망했다. 하지만 그의 학생 전체에 대한 신뢰는 한 집단의 학생들이 페인트와 기구를 사기 위해 돈을 모아 자신의 사무실로 찾아온 오전 중반에 회복되었다. 그들은 그들 학급 몇 학생의 좋지 않은 행동을 벌충하기 위해 경쟁 학교의 벽을 다시 칠하고 싶다고 설명했다.

> 에번스 씨의 학급 학생들은 지역사 협회 소속원의 발표를 즐겁게 들었다. 연사가 자료를 모아 떠나려고 준비할 때 로건과 루카는 재빨리 일어나서 연사가 그녀의 차로 자료 옮기는 것을 자발적으로 도왔다.

이 마지막 예는 요청받지 않고 로건과 루카가 연사를 돕기 위해 자발적으로 시간을 제공한 것을 제외하고 협동/순응의 마지막 사례와 동일하다. 이 사례에서 그들은 자신의 행동에 책임을 진 것이다. Marshall(2004)은 C와 D의 기본적 차이는 행동이

학급 회의는 갈등이 확대되기 전에 교실갈등을 해결하기 위한 한 방법을 제공한다.

아니라 동기임을 언급한다. 만약 학생이 교사의 지시에 의해 협력하고 과업을 수행한다면 그 학생은 C 수준에서 활동한 것이다. 학생은 교사의 지시에 순응했고, 물론 그행동은 수용되어질 수 있다. 하지만 만약 학생이 요청받지 않은 상태에서 과업을 수행했다면 그럴 경우 학생은 D 수준에서 움직인 것이다. C 수준의 동기는 외재적인것이지만, D 수준의 동기는 내재적인 것이다. Marshall(2004)은 성장과 발달의 결정적요소는 학생이 C 수준(외적인 동기)과 D 수준(내적인 동기) 사이의 차이를 이해하는것임을 주장했다.

과정

Marshall(1998a)은 상벌 스트레스 없는 훈육의 세 단계(전략)를 명시한다.

1. 어휘와 개념을 가르쳐라(사전 행동적 교수)
2. 이해함을 점검하라(효과적인 질문)

3. 안내되어진 선택을 활용하라(필요한 경우, 처벌 없이 권위 활용)

개념 교수

교실에서 상벌 스트레스 없는 훈육을 실행하는 과정은 사회 발달 체계를 가르치는 것부터 시작한다. Marshall(2004)은 가르침은 교사가 이해하고 포용하고 있는 것이기 때문에 이 과정은 교사에게 호소력이 있다고 제시한다. 초기 학습 단계에서는 각 수준의 이름, 즉 무법천지, 약자 괴롭히기, 순응, 민주주의의 명칭이 언급되어진다. 하지만 사회 발달 체계의 ABCD에 익숙해진 후에 그 용어는 더 이상 사용되지 않으며 문자만 단지 언급되어진다.

개념을 가르치는 방식은 학생의 연령, 성숙 수준, 주제에 달려 있다. 어떠한 교사도 개념을 도입하지 않고 학생들이 이해한다고 가정하지 않듯이, 사회 발달 체계를 가르침에 있어서도 마찬가지이다. 교사는 가능한 한 많은 학습 모형을 가져와서 다양한 방식으로 자료를 제시해야 한다. 사회 발달을 가르치는 데 핵심은 학습 공동체와 관련되는 예를 만드는 것이다(Marshall, 1998a). **개념 교수**(Teaching the Concept)는 어휘를 소개하고 정의하는 것 그 이상을 요구한다. 학생들은 자신들의 상황에 명확하게 부합되는 각 수준의 예를 구성함에 적극적으로 참여해야 한다. 이것은 학생들이 자신들의 경험을 다양한 수준과 관련시키는 활동에 참여함으로써 성취된다. 예를 들면 다음과 같다.

1학년 학생들이 무법천지, 약자 괴롭히기, 순응, 민주주의와 같은 어려운 개념을 이해하도록 돕기 위해 미야트 씨는 위의 용어 중 하나가 적힌 종이를 한 장씩 각 학생들에게 나누어 주었다. 학생들은 어떤 방법으로든 그 용어를 규명한다고 생각되는 그림을 그려야 한다. 그리고 나서 학생들은 교실에서 자신들의 작품을 공유할 기회를 가진다.

3학년 선생님은 자신의 학생들이 문학작품을 통해 사회 발달 체계를 이해하도록 도왔다. 그녀는 『넬슨 선생님이 사라졌어요(Miss Nelson is Missing)』를 읽었다. 그리고 그 이야기 속의 아동들이 보여 주는 행동 수준을 학생들로 하여금 규명하도록 했다.

메이너드 씨의 5학년 교실 학생들은 커다란 색인 카드를 받았다. 그 카드 위에 그들은 사회 발달의 네 수준을 쓰고 그에 대한 행동의 예를 제시했다. 그리고 나서 학생들은 사회 발달의 체계를 항상 생각할 수 있도록 자신들의 책상 구석에 색인 카드를 테이프로

○ *현장 비결*

~처럼
듣기

~처럼   ~처럼
느끼기   소리 내기

나는 어린 아동들이 개념, 아이디어 등등을 이해하도록
돕기 위해 Y-차트를 한 도구로 활용한다. 나는 교실행동
을 관리하고 규칙을 이해함에 있어 이것이 특히 유익함을
발견했다. 무법천지와 존경 같은 단어는 상대적으로 6살,
7살, 8살 아동들에게는 추상적이다. 나는 이 같은 단어를

여전히 사용하지만 학생들이 만들어 낸 차트를 사용해
'무법천지'와 '존경'이 무엇을 의미하는지, 이 행동들이
요구하는 일련의 행동들은 무엇인지를 정의한다. 특별한
사회 기술 혹은 행동을 알려고 애쓰는 학생이 있을 때 나
는 학생과 함께 그것을 Y-차트에 기입한다. 내가 Y-차트
를 창안하는 것이 아니라 아이디어를 가져오고, 그것으로
놀이하며, 학생들의 요구에 적합하게 그것을 변경하고 변
화시킨다.

Penne Metcalf
3학년 교사
East Manjimup 초등학교
Western Australia

고정시켰다.

9학년 교사 제시카 모리스는 그녀의 교실을 팀으로 나누고 사회 발달 체계의 각 수준을
그려 내는 촌극을 준비하도록 했다.

Marshall(1998a, 2004)에 따르면 사회 발달 체계를 가르치는 것은 아래와 같은 이
유로 전체 전략의 기초가 된다.

- 의사소통을 촉진한다. 어휘는 사회 발달 체계 안의 다양한 수준에 명확성을 준다.
- 하나의 가치로 사회 책임에 대한 인식을 생성한다.
- 학생으로 하여금 자아 통제와 개인적 책임감을 발휘하도록 격려한다.
- 학생이 자신의 행동 수준을 선택하도록 강조한다.
- 학생이 학습에 이바지하는 환경을 유지함에 있어 그들의 역할을 알도록 격려한다.
- 학생이 적절하고 부적절한 행동을 구별하도록 돕는다.
- 책임 있는 시민성에 대한 인식을 고양시킨다.
- 학생이 항상 선택하며, 학생이 자신의 행동 수준을 선택할 수 있다는 사실에 관
  심을 가지도록 한다.

- 그들 자신의 행동을 분석하고 교정하게 허용함으로써 학생들에게 힘을 실어 준다.
- 단순히 수용될 수 있는 행동을 보여 주는 것을 넘어서서 그들 스스로와 급우들에 대해 더욱더 많은 책임감을 가질 수 있도록 격려한다.
- 성숙한 의사 결정을 격려한다.
- 사람이 아니라 행동을 낙인하는 데 초점을 둔다.
- 내재적이고 외재적인 동기 요인에 대한 이해를 촉진한다.
- 증진된 자아 존중감으로 이끈다.
- 언제나 긍정적, 비강압적 학습 환경을 조성하고 유지하기 위한 세 부분의 전략 중 첫 번째 전략으로 기여한다.

이해 점검

Marshall(1998b)은 상벌 스트레스 없는 훈육의 첫 두 요소가 개념을 가르치고 그다음에 이해를 점검하는 시험을 치른다는 점에서 인지학습이론에 기초하고 있음을 언급한다. 새로운 행동을 배우는 것은 새로운 과목 영역의 내용을 배우는 것과 비슷하듯 이해를 한다는 것은 중요한 개념이다. 따라서 새로운 내용을 배우려고 애쓰는 학생을 교사가 처벌하지 않듯이, Marshall도 학생은 그들이 새로운 행동을 배울 때 처벌받지 말아야 함을 주장한다.

이해 점검(Checking for Understanding)은 A 혹은 B 수준에 있는 행동들과 씨름하고 있는 학생에 대한 직접적 개입이다. 이것은 학생이 사회적으로 수용될 수 없는 행동을 해서 교실을 소란스럽게 할 때 사용된다. 이것은 교사가 학생을 처벌하는 것이 아니라 학생으로 하여금 자기 통제와 사회 책임감을 발달시키게 하는 데 관심을 가짐으로써 시작된다. 따라서 부적절한 행동에 대한 주의는 우선 근접 통제나 비언어적인 방법 같은 신중한 기법을 통해 학생의 주의를 일깨우는 것이다. 그러한 방법에는 다음과 같은 것이 있다.

- 학생과 눈을 마주치기. 만약 필요하다면 정상적인 학생들을 넘어서서 2초 혹은 그 이상 동안 시끄럽게 하는 학생을 쳐다보는 것은 효과적인 비언어적 메시지를 전한다.
- 얼굴 표정을 사용하기. 하지만 이것은 전형적인 '교사의 표정'으로 노려보는 것

과 같은 것이어서는 안 된다. 미소 혹은 고개를 끄덕거림은 바로 효과적일 수 있다.

■ 중지, 억양의 조절, 혹은 소리를 줄이는 것처럼 목소리에서 변화 주기
■ 교실의 새 영역으로 이동하거나 혹은 학생들의 공간으로 이동하기
■ 손을 올리거나 종을 울리는 것 같은 주의를 위한 신호 주기
■ "주의집중해 주면 고맙겠어요." 혹은 "지금 하고 있는 것이 교실의 기준에 맞는 지 한번 스스로 물어보세요."와 같이 요청하기

만약 행동이 계속된다면 그다음에 교사는 이해를 점검하기 위해 질문을 사용한다. 하지만 이것은 결코 강압적이거나 부정적인 태도로 이루어져서는 안 된다. 목적은 학생을 처벌하는 것이 아니라 행동의 수준을 인지하도록 안내하는 것이다. 그러므로 대화는 대결적이 아니다. 이 단계에서 학생들은 행동을 묘사하도록 요구되지 않고 바로 그 행동의 행위적 수준을 묘사하도록 요구된다. Marshall(2004)은 질문을 요청하는 사람이 상황을 통제하는 것처럼 교사가 이 방법을 사용함으로써 권위를 포기하지 않아 왔음을 언급한다. 하지만 얼마나 어린가에 관계없이 학생이 선택할 수 있을 때 학생들의 존엄성은 유지되고, 대결은 피하게 된다.

학생은 선택한 행동의 수준을 규명함으로써 반성하도록 요구되어진다. 학생의 행동보다는 수준이 언급되어지므로 학생은 방어적일 필요를 느끼지 못한다. 학생이 어떤 행동을 한 이유를 물어보는 것은 중요하지 않다. 왜냐하면 교사는 변명이 아니라 인식을 격려하기 때문이다. '왜'라는 질문은 변명을 낳는다. Marshall(2004)이 언급했듯이 많은 학생들은 그들이 행동할 때 행동한 이유를 모르거나 이해하지 못한다. '왜'를 묻는 것은 학생에게 책임을 지지 않고 변명하게 한다.

학생에게 문제행동에 대해 일대일로 이야기하는 것이 전형적으로 선호되어 왔음에도 불구하고, 이해를 점검하는 전략의 이익은 이 질문이 소란스럽게 하는 학생을 분리시키지 않은 채 학급 앞에서 행할 수 있다는 점이다. 이 전략의 부가적인 이익은 사회 발달 수준이 전 학급에 강화되어지고, 교사와 학생이 짧게 교환하는 동안 수업 시간이 소모되지 않는다는 점이다. 학생이 행동 수준을 인식한 후에 교사는 수업을 계속할 수 있다.

Marshall(2004)은 교사가 사회 발달 체계의 개념과 용어를 가르치는 데 충분한 시

간을 잡아야 한다면, 두 번째 요소인 이해의 점검은 단지 학생의 15~20% 정도에게만 요구되어진다는 사실을 발견했다. 게다가 그는 일단 학생이 행동 수준을 인식하면 문제행동은 중지됨을 발견했다. 유치원부터 9학년에 이르기까지 대부분의 학생들은 행동 수준을 묘사하는 것에 더하여 사과를 한다. 교사는 학생에게 사과하도록 요구하지는 않는다. Marshall(2004)은 사과는 책임감을 통감하고 자신의 행위가 사회적으로 책임 있는 것이 아님을 깨달은 자연스러운 부산물임을 강조한다.

> 7학년 카슨 바예스테로스는 앉아서 하는 과업을 힘들어했다. 그의 교사, 토르닝톤 씨는 과제를 모두 마쳤다는 듯이 카슨이 연필로 책상 모서리를 톡톡 치는 소리를 듣고 그를 오래도록 쳐다보았다. 수 초 후에 카슨은 톡톡 치기를 중지했다. 그다음, 그녀는 그가 친구 조시에게 종이 뭉치를 획 던지는 것을 발견했다. 그 곁으로 걸어가 그녀는 빠르게 물었다.
>
> "카슨, 지금 무슨 수준의 행동을 한 거지?"
>
> 걸렸기 때문에, 그는 대답한다. "B 수준."
>
> "자, 너의 행동이 너나 조시가 과제를 끝내는 데 도움이 되니?"
>
> 카슨은 머리를 수그린다. 그리고 연필을 꺼내서 그의 과제를 마칠 수 있었다. "미안해요. 앞으로 과제 열심히 할 거예요."

안내되어진 선택

Marshall(2004)은 선택, 자아 통제, 책임감은 너무도 서로 얽혀 있어서 하나가 다른 것에 중요하게 영향을 준다고 주장한다. 학생이 선택을 할 때 자기 통제가 고양된다. 선택하는 데 실패하면 자기 통제도 줄어든다. **안내되어진 선택**(Guided Choices)은 Marshall의 세 전략 중 마지막 부분으로서 학생에게 선택을 제공하고 책임감 있는 행동을 촉진하기 위해 구상된다. 안내되어진 선택을 활용함으로써 교사는 대결함 없이 권위를 유지한다. 학생이 선택을 하기 때문에 권력과 존경은 유지되며, 대결은 피해진다.

안내되어진 선택은 학생이 그들의 행동이 사회 발달 체계의 A 혹은 B 수준에 있고, 그 행동을 계속하고 있음을 인지할 때 사용된다. 두 번째 단계인 이해의 점검 동안 학생은 자신의 행동 수준을 인식하도록 요청받는다. 안내되어진 선택에서 학생은 한 단계 더 나아가도록 요구받는다. 즉 행동 수준을 규명할 뿐 아니라 그들이 하고 있는 선택을 평가하도록 요청된다. 그 전략은 질문의 형식으로 선택을 제공하는 것이다(Marshall, 2004). 대결하거나 처벌하기보다 교사는 아래 세 가지 질문의 서식을 완성하도록 학생에게 요청한다.

1. 나는 무엇을 하고 있는가?
2. 그 행동이 다시 발생하는 것을 막기 위해 나는 무엇을 할 수 있는가?
3. 앞으로 나는 무엇을 할 것인가?

학생의 사고와 반성을 촉진하고, 앞으로의 계획 세우기를 포괄하는 한 어떤 서식이든 이 질문에 대한 대답에 사용될 수 있다.

학생에게 이 세 가지 중요한 질문에 대답하게 하는 것은 자기 평가 과정을 통해 그들의 사고를 형태화 짓는다. 학생이 질문에 대답할 때 그들은 자신이 표현하고자 하는 행동을 선택하고 있음을 알게 된다. 그들은 비록 그들의 마음속에 떠오르는 생각이나, 이러한 생각에 대한 초기 감정을 통제할 수 없다고 할지라도 그들은 그들 사고나 감정 모두에 대한 반응을 선택할 수 있다.

안내되어진 선택을 통해 학생들은 그들 행동을 통제하는 외적인 힘을 알게 된다. 학생에게 어떤 상황에 반응하는 법에 대해 그들이 선택권을 가진다는 사실을 이해하도록 돕는 것은 그들로 하여금 자신의 행동과 반응에 대해 통제할 수 있음을 알게 하는 것이다. 이것은 그들의 행동에 영향을 줄 수 있는 외적인 통제로부터 그들을 자유롭게 하며, 그들이 희생자가 되는 것을 예방한다. Marshall(1998a)은 젊은이에게 반응-선택 사고에 대해 가르치는 것은 교사가 제공할 수 있는 가장 가치 있는 사고 양식 중 하나일 수 있음을 말한다.

수업 끝에 학생과 교사는 완성된 서식에 대해 짧게 토론한다. 교사는 학생이 서식을 완성하는 것이 왜 필요한지를 이해하도록 확인한다. 교사가 처벌이 아니라 학생의 성장에만 관심을 가지고 있음을 학생에게 보여 주는 한 방법은 교사가 학생에게 그 서식과 관련지어 무엇이 행해져야만 하는지를 질문하는 것이다. 그들은 바람직한 행동을 상기시켜 주는 것으로 학생이 그 서식을 유지할 것인지, 혹은 그 서식을 폐기할 것인지를 함께 결정할 수 있다. 소란스러운 행동이 중지되거나 자기 평가를 촉진한다는 점에서 서식이 자체의 목적을 달성하게 되면 그 서식을 유지해야 할 필요가 없다(Marshall, 2004).

만약 학생이 계속 교실을 소란스럽게 한다면 자기 진단 의뢰(Self-Diagnostic Referral)라는 다음 단계가 주어진다. 자기 진단 의뢰는 훨씬 더 깊은 분석의 깊이를 요구하며 아래와 같은 질문을 포함한다.

- 당신이 이 형식을 완성하도록 요구되어진 결과, 무엇이 일어났는가?
- 당신 행동의 수준은 무엇이었으며 그 행동은 이 교실의 기준을 충족시키는가?
- 당신의 이 행동 수준은 이 교실에서 당신이 필요로 하는 것을 얻도록 도와주는가?
- 사회적으로 책임 있으려면 어떠한 수준에서 행동해야 하는가?
- 책임 있는 행동을 보여 주기 위한 당신의 계획은 무엇인가?
- 그 계획을 실행하기 위한 당신의 절차는 무엇인가?

Marshall(2004)은 학생들이 여전히 선택권을 가지고 있음을 느껴야 함을 강조한다. 따라서 그 형식은 비강압적인 방식으로 아래의 질문 중 하나를 질문하면서 학생에게 제시되어야 한다. (a) "학생 자리에서 이 활동을 완성할까요, 아니면 교실 뒤에서 할까요?" (b) "지금 이 서식을 완성할까요, 아니면 수업 끝나고 할까요?" (c) "교실에서 이 활동을 완성할까요, 아니면 사무실에서 할까요?"

만약 학생이 두 번째 자기 진단 의뢰 서식을 완성하도록 요구되어진다면 과정은 변화한다. 이 지점에서 Marshall(1998a)은 첫 번째와 두 번째 서식이 교사가 작성한 기록과 함께 부모에게 보내질 것을 제시한다. 세 번째 의뢰가 필요하다면 '삼진 아웃'의 규칙이 합리적으로 적용될 수 있다. 3개의 자기 진단 의뢰 모두의 복사본이 두 번째로 부모에게 보내는 교사의 기록과 함께 부모에게 보내져야 한다. 이 기록은 교사는 사회적 책임을 촉진하기 위해 모든 방법을 다 썼으며, 이 학생은 추후의 행동을 위해 교장 선생님께 위탁되어짐을 담고 있다.

안내되어진 선택은 네 가지 목적을 완성한다.

1. 이것은 소란을 중지시킨다.
2. 이것은 학생을 학급 활동에서 격리시킨다.
3. 이것은 소란스러운 학생에게 반성을 격려하는 책임감 생성 활동을 제공한다.
4. 이것은 교사에게 신속하게 수업으로 돌아오는 것을 허용한다.

Marshall(2004)은 안내되어진 선택을 윈-윈 상황으로 묘사했다. 교사는 스트레스를 피하는 비대결적 안내 접근을 활용함으로써 승자가 된다. 학생은 존엄성이 손상되지 않고 남아 있기 때문에 승자가 된다. 소란스러운 행동이 처벌의 기회가 아니라 학습 기회로 생각될 때 모두 승자가 된다.

긍정적 교실환경의 조성

긍정적 교실환경을 조성하기 위해 Marshall은 상벌 스트레스 없는 훈육을 실행하는 몇 가지 전략을 제시한다. 특히 그는 교사가 해야 할 일을 제시했다.

- 그들의 교수를 평가하기
- 교실의 민주주의를 증진시키기 위해 학급 회의 시행하기
- 적절한 행동에 대해 기준을 확인하기
- 칭찬과 보상을 적절하게 활용하기

교수 평가

Marshall(1998b)은 많은 학생들이 우둔하기보다는 오히려 소란스럽다고 말한다. 학급의 소란은 교수 혹은 수업상 문제의 결과일 수 있다. 학생들이 수업을 더 많이 이해하면 할수록 소란은 점점 덜 나타난다. 소위 훈육 문제는 종종 결점이 있는 교수로부터 파생된다. 좋은 교수는 문제행동을 감소시킨다. 수업은 다음과 같이 계획되어질 필요가 있다.

1. 학생은 수업이 왜 의미 있는지 이해한다.
2. 수업은 다양한 차원에서 생각하는 것을 포함한다.
3. 학생은 수업에 적극적으로 참여한다.

따라서 학생들이 수업을 소란스럽게 만든다면 교사는 그 혼란이 교육 과정, 교수, 교실관리 혹은 훈육과 연결되는지 아닌지를 반성해 볼 필요가 있다. 판별은 교사를 그 문제에 대한 가장 영향력 있는 해결책으로 안내할 것이다.

학급 회의 시행하기

이전에 언급했듯이 William Glasser의 연구는 Marshall의 연구에 크게 영향을 주었다. Marshall이 자기의 이론에 병합시킨, 처음에 Glasser에 의해 옹호되었던 한 전략은 학급 회의 활용이다. 1969년 초기 Glasser는 학교의 사업을 어떻게 하면 가장 잘 실행할 수 있을까를 결정하기 위해 정기적으로 학급 회의를 열 것을 제안했다. Glasser는 학교 훈육 문제 95%의 원인은 학생들이 아무도 그들에게 귀를 기울이지 않는다고 느끼기 때문임을 강조했다. 문제가 다루어지는 정기적인 학급 회의를 개최함으로써 훈육 상황의 대부분은 소거된다. Marshall(2004)은 학급 회의는 학생들이 의사소통할 수 있고 사회화 기술을 익힐 수 있는 탁월한 기회를 제공한다는 사실에 동의한다. 그와 같은 회의는 많은 교실 문제의 해결을 촉진하고, 교수와 학생들의 학습을 증진시킨다. 학급 회의는 교수에 대한 반성, 적절한 항목에 대한 토론, 학교가 보급한 예절의 가치에 대한 명확한 표현과 적용, 인격 발달, 문제해결과 같은 특정한 목적에 기여할 수 있다. 표 9.2는 학급 회의의 많은 목표를 요약하여 보여 준다.

학급 회의에서는 과정이 중요하다. 학생과 교사 모두에게 흥미와 관심이 되는 문제를 토론하는 과정 동안 교사는 학생들과 보다 밀접한 관계를 발달시킨다. 학생들은 그들이 급우들의 이야기를 주의 깊게 경청하는 것을 배우기 때문에 이익을 얻는다. 과정은 다른 사람이 이야기하는 것을 들을 때 학생들이 그들 자신의 욕구, 견해, 가치를 제쳐 놓음으로써 감정이입을 촉진한다.

효과적인 학급 회의는 초기에 과정을 열거하는 것, 어떤 경우에는 말미에 요약하는 것에 더하여 3개의 핵심 부분으로 구성된다. 첫 번째 부분은 모두 문제나 논제를 이해하도록 확실히 하기 위해 논의될 주제를 명확하게 하는 것이다. 두 번째 부분은 개인화시키기로, 참가자에게 자신의 지식과 경험에 토픽을 연결시킬 기회를 주는 것이다. 세 번째 부분은 교사가 그 생각을 가설적 질문이나 상황에 적용시킴으로써 학생들의 마음을 넓혀 주는 기회를 제공한다.

학급 회의 동안 교사의 역할은 토론을 통제하는 것이 아니라 촉진하는 것이다. 교사의 역할은 과정 검토, 약간의 질문 제기, 참여 독려, 판단 회피, 회의 마무리 짓기를 포함한다.

표 9.2 학급 회의의 목표

- 말하고 듣는 의사소통 기술을 증진시킨다.
- 통찰적, 창의적, 비판적 사고력의 기회를 제공한다.
- 존중하며 상호작용하는 과정을 가르친다.
- 팀 활동을 증진시킨다.
- 사회 지능과 감정이입을 증진시킨다.
- 사회 기술을 촉진한다.
- 신뢰할 수 있음과 공정성을 가르친다.
- 익명성을 감소시킨다.
- 수용과 가치 있음의 감정을 증진시킨다.
- 학생과 교사 사이, 모든 학생 사이에 신뢰와 배려하는 관계를 형성한다.
- 공동체 의식을 생성한다.
- 흥미롭고, 즐기고, 관심이 있는 과목에 대해 학생들이 이야기할 수 있는 통로를 제공한다.

출처 : Marshall(2004).

적절한 행동에 대한 기준 확인

Marshall(2009)은 교실에서 규칙을 활용하는 것을 옹호하지 않았다. 그가 생각하기에 그것들은 교실에서 바람직한 유형의 관계를 형성하는 데 반생산적이다. 그는 규칙이 실제적으로 다음과 같으면 교실에서 문제를 만들어 낸다고 제시한다.

- 규칙이 불명확하다.
- 규칙이 불공정하게 받아들여지거나 비일관적으로 집행된다.
- 규칙은 학생들에게 규칙과 관련해 빠져나갈 구멍을 찾도록 시킨다.
- 규칙은 규칙이 위반되었을 때 결과를 요구한다.

해야 한다와 하지 말아야 한다에 초점을 두는 규칙 대신에, Marshall(1998b)은 긍정적인 방향성을 내포하는 기준과 기대를 설명하는 사전 예방적인 접근을 옹호한다. 기대는 학생들을 힘이 나게 만든다. 그리고 개인적인 책임감을 증진시킨다. 기대는 내면적 동기를 톡톡 건드리며 순응보다는 실행을 촉진한다.

칭찬과 보상의 적절한 사용

Marshall(1998c)은 보상이 커다란 자극제로 기여할 수 있음에 동의하지만, 기대된 행동에 대해 보상하는 것이 사회적 책임감을 촉진하는 데 반생산적이듯이, 보상이 행동의 기대된 기준에 대해 사용되어서는 안 된다고 강조한다. 대신 그는 사람에게 가치를 부여하지 말고 격려하고 동기화시킬 때 인정, 인식, 확인을 사용할 것을 지지한다. 인정이란 단순히 자기 만족을 확인하고 촉진시킨다. 인정은 학생이 무엇을 성취했는지에 대한 인식을 부여한다.

종종 성인의 욕구에 근거하는 칭찬과 달리 인정이란 학생이 잘 수행해 온 것에 초점을 둔다. 칭찬은 종종 사람 자체에 대한 언급과 함께 시작된다. "나는 너의 성적에 대해 정말 자랑스럽다." 혹은 "나는 너처럼 공부하는 것을 좋아해." 이와 같은 말들은 생색내는 것으로 보여진다. 인정은 "네 성적을 보니 노력을 엄청 많이 했구나.", "너 열심히 프로젝트 하고 있구나."의 문장에서처럼 행동에 초점을 둔다. 이것은 단순히 행동을 인정하는 것이며, 사람에 대해 평가하지는 않는다.

어려운 학생 다루는 전략

Marshall은 어떤 학생들은 보다 책임감 있도록 돕기 위해서 특별히 주목할 필요가 있음을 인정한다. Marshall은 처벌(그것이 처벌 혹은 결과 중 어느 것으로 불릴지라도)이 긍정적인 교사-학생의 관계에 반생산적이라고 느끼므로 어떠한 점에서도 학생 처벌을 옹호하지 않는다(Marshall & Weisner, 2004).

Marshall(2004)은 "자신들의 의지에 반하는 압력을 받은 사람은 여전히 똑같은 견해를 유지하게 된다."(p. 46)고 말한다. 너무도 자주 교사들은 그들이 해야 할 어떠한 것도 모르기 때문에 처벌을 한다. 처벌은 어린 사람들이 책임감 있는 성인으로 성장하기 위해 고통을 경험해야만 한다는 이론에서 운용된다. 명백하게도 처벌은 너무도 많은 젊은 사람들에게 비효과적이며, 잘해야 일시적이고 임시적이다. 처벌은 젊은 사람들에게 그들 자신의 행동에 대해 책임지는 것을 박탈하기 때문에 바람직한 장기적 변화를 촉진시키는 데 아무런 효과가 없다.

대신에 Marshall(2004)은 교실의 소란은 사회적 책임감을 가르칠 수 있는 순간, 그리고 이를 가르칠 수 있는 기회로 보여져야 함을 제시했다. 이것은 학생이 처벌을 두려워하는 분위기에서는 일어나지 않는다. 사회적 책임감은 말하고 처벌하는 접근보다는 안내하는 접근을 통해 학습되어진다. 따라서 Marshall(2010)은 처벌하기보다 어려운 학생들과 함께 활동하기 위해 아래와 같은 전략을 제시한다.

- 긍정적인 언어를 사용하라. 교사는 바람직하지 못한 행동에 초점을 두기보다 바람직한 행동을 묘사해야 한다.
- 학생들에게 선택할 권한을 부여하라. 하나 이상의 선택을 제공하는 것은 그들에게 선택권과 소유권을 제공하는 것이다. 이것은 학급 활동과 학습 과정의 과제에도 적용될 수 있다.
- 반성적인 질문을 던져라. Marshall은 교사는 단지 일시적으로 학생을 통제할 수 있고, 어느 누구도 다른 사람을 실제적으로 변화시킬 수 없기 때문에, 반성적 질문이야말로 학생이 자신의 행동을 변화시키도록 도와주는 가장 효과적인 접근임을 강조한다.
- 충동 통제를 가르쳐라. 학생들은 그들의 충동적 행동을 중지하는 방법, 자신의 충동을 조절하는 법을 모를 수 있다.
- 전환할 때 명확하고 간결한 지침을 제시하라. 주의력이 짧은 학생들은 과업에 몰입하는 데 어려움을 가질 수 있다. 명확한 지침을 줌으로써 전환 시의 시간을 줄이는 것은 모든 학생이 보다 빨리 과업에 몰입하게 할 것이다.
- 산만함을 구분하라. 학생들은 자신의 행동이 급우와 교사를 산만하게 하는지를 모를 수 있다. 행동을 산만한 것으로 구분하는 것은 학생들이 자신들이 하던 것을 멈추고 그것에 대해 생각해 볼 가능성을 증가시킨다.
- 어려운 학생들에게 도움을 요청하라. 당신이 모든 대답을 가지고 있지 않고, 소란스러운 행동을 중지시킬 방법에 대한 제언이 필요함을 설명하라.
- 어려운 학생들에게 책임을 부과하라. 책임감을 가지는 것은 어려운 학생을 과업에 집중하도록 한다.
- 아래 네 가지 질문을 함으로써 행동을 변화시키라.
  - 당신은 무엇을 원하는가?
  - 당신이 원하는 것을 얻는 데 도움이 되면서, 당신이 하고자 선택한 것은 무엇인가?

- 만약 당신이 하기 위해 선택한 것이 당신에게 맞지 않을 때, 당신이 원하는 것은 무엇인가? 그러고 나서 당신의 계획은 무엇인가?
- 당신의 계획을 이행하기 위해 무엇을 할 것인가?

상벌 스트레스 없는 훈육의 장점과 단점

상벌 스트레스 없는 훈육은 이 나라에서 가장 빠르게 성장하는 교실관리 모형이다. 이 프로그램에는 많은 추종자가 있는데 교사와 행정가가 자기 훈육과 개인적 책임감에 대한 강조의 진가를 인정하기 때문이다. 상과 처벌에 초점을 둔 전통적인 교실관리 모형이 실패했음을 깨달으면서 미국 전역의 교사들은 상벌 스트레스 없는 훈육을 포용하고 있다.

그와 반대의 이유로 이 모형에 대해 관심을 가지는 사람들이 있다. 한 관심은 규칙보다는 기준 혹은 기대의 사용에 대한 것이다. 그들은 학생들이 그들의 전 생애를 통해 규칙에 직면할 것이고, 학생이 사회 규칙을 위반했을 때 결과와 때로는 심각한 결과가 있음을 이해할 필요가 있다고 주장한다.

많은 사람은 Marshall이 학생들은 행동이나 어떤 방식으로 반응할 것인가를 선택한다고 제시함으로써 학생들이 가지는 심각한 몇몇 문제를 간과한다고 주장한다. 그들은 교사는 학생 행동의 중요한 원인을 규명하거나 다루기 위해 학생들이 문제행동을 하는 이유를 이해하려고 노력해야만 함을 제시한다. 아동 학대, 약물 남용, 영양실

○ 현장 비결

당신이 존중하는 교실 분위기를 조성하기 위해 노력할 때 학생들이 전체 학급이 동의한 기대를 준수하면 학생들에게 보상하라. 예를 들어 당신 학생들에게 "훌륭한 대답이에요."와 같은 일반적인 평가뿐 아니라, "우리가 어제 이야기했던 것에 연결시켜 대답한 것이 참 좋네요. 정말 잘했어요."와 같이 구체적인 반응에 이르기까지 격려와 칭찬의 말들을 하라. 학생들은 당신이 자신들의 부정적인 행동만을 살펴보는 것 대신에 잘하고 있는 것에 초점을 두고 있음을 알게 될 때, 그들은 당신의 기대를 충족시킬 것이고 또 그것을 뛰어넘을 것이다.

Jessica Garner
Porter Ridge 고등학교
Spanish 교사
Indian Trail, North Carolina
2010 North Carolina 올해의 교사

조, 거부, 불안, 고독, 혹은 정서적 고민의 결과로 인해 문제행동을 하는 학생은 문제행동을 선택하는 것이 아니다. 그들은 유능하고, 배려할 줄 아는 교사에 의한 개입을 제공받을 필요가 있다.

사회 발달 체계에서 사용하는 용어에 대한 추가적 우려가 있다. 무법천지, 순응, 민주주의는 어린 아동이 이해하기에는 매우 어렵다. 아마 가장 큰 걱정은 교실에서 일어나는 문제행동의 많은 것을 포괄하는 '약자 괴롭히기' 용어 사용에 주어진다. 약자 괴롭히기는 독특한 행동이며 부모, 교사, 행정가들의 많은 관심을 받고 있는 문제이다. 따라서 사회 발달 체계의 두 번째 수준의 행동은 다른 용어로 더 잘 기술되어질 필요가 있다.

교실에서의 상벌 스트레스 없는 훈육

시나리오

11학년 교사 제이슨 스튜어트가 막 역사 수업 내용을 복습하려고 할 때, 문이 열리고 자멜리아가 교실로 들어섰다. 멈추어 서서 그는 미소 지으며 자멜리아가 자신의 책상으로 가도록 몸짓을 했다.

며칠 후 자멜리아가 다시 늦었을 때, 그녀가 자리에 앉을 때까지 기다렸다가 스튜어트 씨가 물었다. "자멜리아, 내 수업에 늦게 되면 어떤 수준의 행동을 한 거지?"

머리를 떨구면서 그녀는 대답했다. "알아요, B 수준이지요. 죄송해요. 다음부터 제시간에 오도록 노력할게요. 정말로 죄송합니다만…."

그녀가 말을 마치기 전에, 스튜어트 씨는 말했다. "이유를 설명할 필요는 없어요. 나는 늦게 오는 것이 우리 학급의 기준을 충족시키지 못한다는 것을 알고 있는지 확인하기를 원해요."

한 주가 지나기 전에 자멜리아는 다시 늦었다. 그녀가 들어올 때, 스튜어트 씨는 완성할 서식을 주었다. "자멜리아, 이 서식을 완성했으면 해요. 지금 하겠어요 아니면 수업 끝나고 할까요?"

수업이 끝난 후 자멜리아는 스튜어트 씨에게 완성된 서식을 가져왔다. "선생님, 늦게 와서 정말 죄송해요. 내가 늦으면 교실에 들어설 때 전 학급에 방해가 된다는 것을 알고 있어요." 스튜어트 씨는 기다렸다. 그러자 자멜리아는 덧붙였다. "그러나 내가 이 서식을 채울 때 생각했어요. 두 번 다시 이런 일이 확실하게 일어나지 않도록 계획을 세워야 하겠다고요."

그의 책상으로 당겨진 의자에 앉도록 자멜리아에게 몸짓하면서, 스튜어트 씨는 물었다. "듣고 있어요. 계획이 무엇이지요?"

"예, 나는 B홀에 있는 헨더슨 선생님의 교실에서 홈룸 시간을 가져요. 그리고 나서 나는 이쪽에서 프랭크 선생님의 고급 영어를 들어요. 영어시간 후에는 체육 수업이 있어요. 그래서 나는 역사 공책과 책을 세 번의 수업 동안 가지고 다녀야 해요. 아니면 체육관과 이 교실 사이에 있는 B홀의 내 개인 보관함에 갔다 와야 해요. 체육관을 나와서 B홀에 있는 내 개인 보관함에 갔다가 곧장 이리로 돌아오는데도 나는 늦어요. 만약 내가 내 모든 책을 체육 수업하는 데 가져가면 그것들을 넣어 둘 곳이 없어요. 내 체육관

개인 보관함은 내 옷과 영어책을 간신히 넣을 수 있거든요. 역사 수업 자료를 그곳에 넣을 수가 없어요. 이제 제가 매일 늦는 이유를 아시겠어요? 나도 체육관에서 B홀로 갔다가 5분 내에 이 교실로 오려고 애쓰고 있어요."

"잘 알겠어요. 그러나 지각은 이 교실기준에 맞지 않아요. 해결책이 있어야 해요. 자멜리아를 위한 개인 보관함을 이 복도에 마련해 볼까요?"

"그러면 내 오후 수업에 늦을 것 같아 걱정이 돼요. 4교시 이후 내 수업은 모두 B홀에서 있어요. 그래서 생각인데 체육관에 가는 동안 제가 역사책과 공책을 여기에 두고 갈 수 있을까요? 내가 영어 수업하러 오는 길에 그것들을 가져올 수 있어요. 그러면 체육 수업 끝나고 개인 보관함에 들르지 않고 여기로 바로 올 수 있어요. 내 물건들을 놓고 다녀도 될까요?"

"물론이에요. 좋은 생각이에요. 사실…." 그는 교실을 둘러보고 그의 책상 뒤에 있는 캐비닛으로 걸어가며 말했다. "여기에 넣을 수 있어요. 홈룸과 영어시간 사이에 와서 여기에 책을 넣도록 해요. 그러면 체육 수업 후 곧장 이리로 시간 내에 올 수 있을 거예요." 스튜어트 씨는 자멜리아에게 손을 내밀었다. "자멜리아가 정말 자랑스럽네요. 좋은 계획을 세웠다고 생각해요."

자멜리아는 그의 손을 잡고 악수를 했다. "도와주셔서 고맙습니다. 그리고 내 문제를 이해해 주셔서 감사합니다."

요약

상벌 스트레스 없는 훈육은 사전 예방적인 교실관리 체계로서 많은 교사들이 신속하게 선택하는 체계가 되었다. 긍정적이고 체계적인 접근은 신규 교사와 숙련된 교사에게 호평받았다. 이 프로그램은 개인적으로나 사회적으로 책임감 있게 발달할 내적 동기를 증진시킨다. 이 체계는 개념 교수, 이해 점검, 안내된 선택이라는 세 단계로 구성된다. 첫 단계에서는 사회 발달 체계의 네 부분인 무법천지, 약자 괴롭히기, 순응, 민주주의의 어휘와 개념을 학생들에게 가르친다. 두 번째 단계에서는 교사가 학생들이 체계를 이해하고 있는지 확인하기 위해 점검하며, 필요할 경우 재교수한다. 학생들이 계속해서 문제행동을 할 경우 세 번째 단계인 안내된 선택이 사용된다. 이것은 학생들로 하여금 적절한 선택을 하고, 자신들의 행동에 책임을 지도록 돕는다.

주요 용어

이 용어들에 대한 정의는 용어해설에 제시되어 있다.

개념 교수   괴롭히기

무법천지   이해 점검
민주주의   상벌 스트레스 없는 훈육
약자 괴롭히기   협력/순응
안내된 선택

관련 활동

이론에 대한 성찰

1. 5학년 키스 개릿은 킥볼 게임에 합류하도록 허락받지 못했을 때, 공을 잡아 운동장 담 너머로 던져 버렸다. 급우들이 불평을 하자 그는 웃으면서 급우들을 조롱했다. "이제 아무도 게임 못할걸." 키스의 행동은 사회 발달 체계의 어떤 수준에 해당되는가? Marvin Marshall은 교사가 키스의 행동을 어떻게 다루도록 제안할 것인가?

2. Alfie Kohn과 Marvin Marshall은 교실규칙 설정에 별 가치를 두지 않는다. 대신에 그들은 교사와 학생이 교실에서의 행동 기대와 기준에 관해 토론할 것을 제시한다. 당신은 교실규칙 문제에서 어떤 입장을 취할 것인가? 규칙은 필요한가? 일련의 교실기준을 창안하는 것이 교실에서 기대되는 행동을 설정하는 데 보다 긍정적인 방법인가?

3. 지속적으로 문제행동을 하는 학생을 처벌하기보다 Marshall은 안내되어진 선택을 활용하도록 제시한다. 질문을 완성하도록 요구하는 것이 어떤 학생들에게 처벌로 간주될 수 있을까? 당신은 문제행동을 다룸에 있어 안내된 선택이 타당한 방법이라고 간주하는가?

포트폴리오 자료 개발하기

1. 사회 발달 체계를 가르치기 위한 수업 계획을 세워라. 개념 혹은 네 범주 중 한 개념을 소개하는 수업 계획서를 작성하라.

2. 교실에서 관찰한 사회 발달 체계의 다양한 수준에 대해서 생각해 보라. 학생들의 행동, 행동의 수준, 그 행동이 각 범주에 해당된다고 생각하는 이유를 기술해 보라.

개인 교실관리 철학 개발하기

1. 상벌 스트레스 없는 훈육의 전략 중 어떤 것을 당신의 교실관리 계획에 접목시킬 것인가?

2. 상벌 스트레스 없는 훈육 이면의 철학을 검토하라. 이 철학은 당신의 교실관리 철학에 일치하는가? 어떤 부분을 당신은 거부하는가? 그 이유는 무엇인가?

후속 연구 자료

상벌 스트레스 없는 훈육에 대한 더 많은 정보를 얻고자 한다면 아래 주소로 연락하라.

Marvin Marshall and Associates

P.O. Box 2227

Los Alamitos, CA 90720

714-220-0678

www.MarvinMarshall.com

참고문헌

Glasser, W. (1969). *Schools without failure.* New York: Harper and Row.

Marshall, M. (1998a). *Fostering social responsibility. Fastback 428.* Bloomington, IN: Phi Delta Kappa Educational Foundation.

Marshall, M. (1998b). Fostering social responsibility and handling disruptive classroom behavior. *NASSP Bulletin, 82,* 31–39.

Marshall, M. (1998c). Rethinking our thinking on discipline: Empower—rather than over-power. *Education Week, 17,* 32, 36.

Marshall, M. (2004). *Discipline without stress®, punishments, or rewards.* Los Alamitos, CA: Piper Press.

Marshall, M. (2009). *Commonly used counterproductive approaches.* Retrieved March 12, 2010, from http://www.marvinmarshall.com/counterproductive_approaches.htm.

Marchall, M. (2010). *Simple strategies for dealing with difficult students.* Retrieved March 12, 2010, from http://www.marvinmarshall.com/pdf/dealing_with_difficult_students.pdf.

Marshall, M., & Weisner, K. (2004). Encouraging responsible student behavior. *Phi Delta Kappan, 87,* 498–507.

제3부

교수로서의 교실관리

제3부 '교수로서의 교실관리'에서는 친사회적 기술에 대한 교수를 중심 초점으로 하는 네 모형이 제시된다. 제10장에 제시되는 첫 번째 모형은 Barbara Coloroso의 내면적 훈육이다. 제11장에서는 긍정적 행동 지원을 살펴본다. 갈등 해결과 동료 중재를 가르치기 위한 다양한 접근은 제12장에 제시된다. 마지막으로 제13장에서는 Forrest Gathercoal의 모형, 사법적 훈육이 다루어진다. 제3부에 제시된 모형들은 아래와 같은 특징을 공통적으로 나타낸다.

- 효과적인 교실관리의 핵심은 적절한 행동과 사회적 기술을 가르치는 것이다.
- 효과적인 교실관리는 특정 순간의 행동에 초점을 두지 않고, 전 생애에 걸쳐 학생이 긍정적 상호작용을 발달시킬 수 있도록 돕는 데 초점을 둔다.
- 학생들은 그들 행동에 대해 책임지는 것을 배워야 한다.
- 교실관리의 목적은 화해하는 습관을 키우는 것이다.
- 교사는 학생에게 윤리적 판단과 결정을 학습하도록 도와야 한다.
- 교사는 학생의 권리는 존경되고 존중되어야 함을 확신해야 한다.
- 교실관리는 안내의 한 형식이다.
- 훈육은 권위 밖에서 오는 것이 아니라 자신에게서 온다.
- 학생은 교실에서 책임감을 공유해야 한다.

내면적 훈육

10

목표

제10장에서는 예비 교사들을 INTASC 기준 2항(학생 발달), 5항(동기와 관리), 6항(상호작용과 기술), 9항(반성적 실천인)에 부합되도록 준비시키고자 한다. 이를 위해 다음과 같은 사항을 수행하도록 돕는다.

■ 내면적 훈육이 기초하고 있는 철학적 기조를 평가한다.
■ 화해적 정의의 기초 원리를 이해한다.
■ 학생들에게 여섯 가지 결정적 인생 메시지 전달의 중요

성을 학습시킨다.
■ 해파리 교실, 벽돌담 교실, 등뼈 교실인지 결정하기 위해 교실을 평가한다.
■ 교실에 내면적 훈육을 적용하는 기법을 배운다.
■ 처벌과 훈육을 구별한다.
■ 교실과 학교 안에서 약자 괴롭히기를 줄이기 위한 전략을 배운다.

시나리오

생물 교실에 들어서면서 11학년 거스 비브와 브렌턴 해치는 서로 장난을 쳤다. 거스가 장난삼아 팔로 브렌턴을 치자, 브렌턴은 탁자 위에 놓여 있던 실험 기구 위로 나가떨어졌다. 두 소년이 모두 무슨 일이 일어났는지 알기도 전에, 깨진 비커와 실험 기구들이 마루를 뒤덮었다. 유리 깨지는 소리는 다른 학생들과 쉘렌버거 씨의 주의를 끌었다.

"브렌턴, 너 다치지 않았니?" 쉘렌버거 씨가 두 소년에게 다가가면서 물었다.

"아니요. 다치지 않았어요." 깨진 실험 기구들을 둘러보면서 브렌턴은 말했다. "어이쿠, 선생님, 미안해요. 이런 일이 일어날 줄 생각 못했어요."

"나도 너희 둘이 단지 장난친 걸 알아요. 그러나 우리에게 큰 문제가 생겼네요. 빨리 해결해야 할 필요가 있는 문제예요. 청소도구 보관실로 가서 이 지저분한 것을 치울 것들을 가져와요. 내가 수업 시작하는 동안 너희 두 사람은 이곳을 청소하기 바라. 그리고 나서 교실 뒤 탁자에 가서 앉았으면 좋겠어요. 그리고 세 가지를 생각하세요. 첫째, 어떻게 깨진 기구들을 보상할 작정인가? 둘째, 실험 기구들이 깨진 상황에서 과제를 어떻게 할 것인가? 마지막으로 어떻게 두 번 다시 이런 일이 발생하지 않도록 할 것인가를 생각하기 바라요. 수업이 끝날 때까지 이 세 가지 문제에 대해 대답하도록 해요." 나머지 소년들을 돌아보면서 쉘렌버거 씨는 수업을 시작할 시간임을 알렸다.

들어가는 말

교수로서의 교실관리 첫 모형으로 제시된 것은 Barbara Coloroso의 이론, **내면적 훈육**이다. 쉘렌버거 씨처럼 Coloroso는 학생에게 자신의 행동과, 부적절한 행동에 대해 처벌이나 결과를 제공하기보다 그들의 행동이 다른 사람에게 어떻게 영향을 주는지에 대해 생각해 보게 하는 데 더 많은 관심을 가진다. Coloroso(1994)는 교사의 일차적인 역할은 학생들이 스스로 결정을 하고, 자신들의 선택에 대해 책임을 지도록 안내하는 것이라고 보았다. 그 모형은 세 가지 개념에 기초한다.

내면적 훈육의 단계

교실에서 내면적 훈육을 활용하기 위해서 당신은 아래와 같은 것을 행할 필요가 있다.

1. 학생들이 중요한 인생 메시지를 수용할 수 있는 교실환경을 조성하라.
2. 단지 교실에 대해서만이 아니라 인생에 대해 준비하도록 교실규칙을 설정하라.
3. 문제행동을 훈육 문제라기보다는 해결해야 할 문제로 접근하라.
4. 문제행동에 대해 결과가 주어져야만 할 때 실사회 결과를 제공하라.
5. 화해적 정의의 개념을 가르쳐라.

표 10.1 학생을 위한 Coloroso의 결정적 인생 메시지

- 나는 당신을 믿습니다.
- 나는 당신을 신뢰합니다.
- 나는 당신이 이것을 다룰 수 있다는 것을 압니다.
- 나는 당신의 이야기를 경청합니다.
- 나는 당신을 배려합니다.
- 당신은 나에게 매우 중요합니다.

출처 : Coloroso(1994).

1. 내면적 훈육의 발달은 전통적인 교실통제보다 더 중요하다.
2. 문제해결은 내면적 훈육을 발달시키는 데 핵심이다.
3. 학생들은 무엇을 생각할지가 아니라 어떻게 생각하는가에 대해 가르침을 받아야 한다.

Coloroso(1990)는 교실의 가르침과 긍정적인 교사-학생의 상호작용을 통해 학생들은 스스로를 신뢰할 권한을 얻게 되고 자기 훈육을 배우게 됨을 주장한다. 학생들이 다음과 같은 지원적인 원칙을 학습할 때,

- 나는 나 자신을 좋아하게 된다.
- 나는 나 자신에 대해 생각할 수 있다.
- 해결될 수 없을 만큼 큰 문제는 없다.

그들은 약물 남용, 성적 문란, 자살과 같은 인생의 악들로부터 보호되어진다.

Coloroso(1994)는 학생들에게 권한을 주는 것은 그들에게 안전하고, 안심되고, 양육적인 환경을 제공하는 것으로 시작함을 강조한다. 그와 같은 환경은 창의적이고, 구성적이며, 책임 있는 활동을 격려한다(Coloroso, 1997). 이러한 환경에서 학생들은 하나 혹은 그 이상의 결정적 인생 메시지를 전달받음으로써 격려된다. 표 10.1에 제시되는 이러한 결정적 메시지는 교사의 말과 행동을 통해 전달된다.

Coloroso는 이 같은 메시지는 정의나 설명을 필요로 하지 않음을 제시한다. 배려하고, 진실한 태도로 전달한다면 학생들은 이 메시지를 수용할 것이고 그것에 의해 권한을 얻을 것이다.

교실의 세 유형

Coloroso(1990)는 학교나 학교 안의 교실이 세 가지 유형 중 하나에 해당됨을 관찰했다. Coloroso에 따르면 교실은 해파리 교실, 벽돌담 교실, 등뼈 교실로 묘사될 수 있다.

해파리 교실(jellyfish classroom)은 구조가 없다. 해파리처럼 교사의 기대는 항상 표류한다. 그러한 교실에서는 처벌이 제멋대로이고 일관성이 없다. 따라서 학생들은 그들이 어떻게 행동해야 하는지 혹은 반응해야 하는지에 대해 결코 확신하지 못한다. 학생들은 교실정책을 위반한 것에 대해 처벌받을 것인지, 받지 않을 것인지를 예측할 수 없다. 왜냐하면 처벌은 고정되어진 훈육 계획에 의해서가 아니라 성, 인종, 몇 가지 다른 인성적 특징에 근거하기 때문이다. 만약 규칙이 있다면 규칙들은 모호하고, 학생들에게 기대되는 것의 의미를 명확하게 전달해 주는 것 없이 "친절해라." 혹은 "사려 깊게 행동해라."와 같은 어구를 내포한다.

벽돌담 교실(brick-wall classroom)은 규칙이 엄격하고 확고한 독재주의 교실이다. 벽돌담같이 교사는 그들이 교실을 다루는 방법에 있어 유연성이 없다. 부적절한 행동에 결과를 부과할 때 개인적 욕구나 동기는 고려되지 않는다. 규칙은 학생을 통제하거나 조정하기 위해 활용되며, 모든 권력은 교사의 손에 있다. 종종 학생들은 물리적 위협, 모욕, 미끼에 의해 통제된다. 벽돌담 교실에서 학생들은 어떻게 생각하는지를 배우는 것이 아니라 무엇을 생각할지를 요구받는다.

등뼈 교실(backbone classroom)은 융통성이 있고 기능적이며 일관성 있는 구조를 제공한다. 학생들은 경청 되고, 스스로와 다른 사람을 존경하는 것을 배운다. 학생들은 그들 자신의 감정을 수용하는 것을 배우고 합리적인 방식으로 이 감정에 근거해 행동하는 것을 배운다. 등뼈 교실에서 학생들에게는 제2의 기회가 제공된다. 왜냐하면 실수는 학습할 기회로 보기 때문이다. 목적은 학생들에게 문제해결하는 법, 행동하기 전에 생각하는 법을 가르치는 것이다(Coloroso, 1994). 교사는 다음과 같이 함으로써 바람직한 행동의 모본이 된다.

- 그들 자신의 감정을 인정하고 그것을 명시한다.
- 그들이 화가 나고, 상처받았으며, 걱정이 됨을 받아들이고 이러한 감정을 표현하기 위한 적절한 방법을 모본으로 보여 준다.
- 그들 스스로에 대해 단호하게 말한다.

○ *현장 비결*

나는 내 학생들과 관계 형성하기를 원했다. 이를 위한 한 방법은 대화 일지(5·7인치의 용수철 노트)를 쓰는 것이다. 학생들은 그들이 원하는 것을 무엇이든지 거기에 쓸 수 있다. 그리고 내 책상 위 바구니에 그것을 넣어 둔다. 나는 매일 밤 집으로 몇 개를 가지고 간다. 그리고 그들이 쓴 내용에 대해 질문도 하고, 혹은 학급에서 있었던 일에 대해 칭찬도 하면서 그 학생에게 개인적 기록을 남겨 준다. 나는 또한 매주 학급 회의를 열고 학급의 문제를 토론하거나 해결책을 강구한다. 나는 우리가 공동체임을 강조한다.

Colleen King
1학년 교사
Parkview 초등학교
Carpentersville, Illinois

- 학생의 감정에 대한 판단을 전달하지 말고 그것을 실제적이고 정당한 것으로 인정한다.
- 학생 자신의 문제 다루는 법을 학생에게 가르친다.

등뼈 교실에서의 훈육

등뼈 교실 교사의 초점은 처벌이 아니라 훈육에 있다. Coloroso(1990, 1994, 2001)는 통념적인 신념과 반대되게 훈육은 처벌과 동의어가 아니라고 강조한다. Coloroso에게 처벌과 훈육은 명백한 차이를 가진다. Coloroso는 처벌을 다음과 같은 점에서 징계적이라고 기술한다.

- 성인 주도적이다.
- 판단을 요구한다.
- 외부로부터 주어진 권력을 행사한다.
- 분노와 원한을 불러일으킨다.
- 더 많은 갈등을 유발한다.

그와 같은 행동은 고립, 당황스러움, 모욕, 부끄러움, 감정적 고립, 금지 조치, 폭력을 포함한다. 훈육이라는 가정하에 아동에 대한 물리적·정서적 폭력이 허용되고 정당화된다. 하지만 Coloroso는 교사가 학생에게 바라는 긍정적 행동을 증진시키기 위해서는 그와 같은 행동에 의존하지 말아야 함을 강조한다.

　　Coloroso(1994)에 따르면 훈육은 실사회 결과 혹은 개입 혹은 이 둘의 결합을 내포하므로 처벌과 다르다. 훈육은 교사의 힘이나 통제에 기대지 않은 채 상황의 실재를 다룬다. 훈육은 아래와 같은 이유로 처벌이 할 수 없는 방법에 의해 학생들의 학습에 생명력을 부여한다.

- 훈육은 그들이 잘못한 것을 아동에게 보여 준다.
- 훈육은 문제에 대한 소유권을 그들에게 제공한다.
- 훈육은 그들이 생성한 문제의 해결 방식을 제공한다.
- 훈육은 그들의 존엄성을 손상되지 않은 채로 남겨 놓는다(Coloroso, 1997, 2001).

　　훈육은 학생들에게 정당한 선택을 하고 그 선택의 결과에 직면하도록 허용한다. Coloroso(1994)에 따르면 **실사회 결과**(real world consequences)는 당연하게 발생하거나 혹은 학생 행동에 본질적으로 관련된 합리적 결과이다. 당연한 결과가 종종 가장 큰 학습 도구임에도 불구하고 만약 당연한 결과가 생활을 위협하거나, 도덕적으로 위협적이거나, 혹은 건강을 해치면 교사는 개입을 해야 하며 안전하고 적절한 실사회 결과를 제공해야 한다.

　　실사회 결과로 인해 행동과 결과는 조화를 이룬다. Coloroso는 결과가 적절한지를 결정하기 위해 교사가 두문자어 RSVP를 활용할 것을 제시한다.

R 결과는 합리적인가(reasonable)? 예를 들어 만약 점심 탁자를 더럽게 한 학생에게는 식당으로 돌아가서 지저분한 것을 치우도록 기대하는 것은 합리적이다. 그들에게 식당 전체를 청소하라고 요구하는 것은 비합리적이다. 첫 번째 결과는 학생으로 하여금 자신의 행동에 책임을 지게 하는 것인 반면 두 번째는 생활 교육을 시킨다기보다 학생을 처벌하는 것이다.

S 결과는 단순한가(simple)? 결과가 주어질 때 많은 경우 다른 사람들이 그 결과로 인해 불편해진다. 예를 들어 학생들이 숙제를 완성할 때까지 쉬는 시간을 빼먹도록 요구하는 것은 단순한 결과이다. 학생에게 토요일 아침 학교에 오도록 요구하는 것은 교사, 학부모, 다른 학교 직원 사이의 협조를 요구한다. 그와 같은 결과가 비록 합리적이라 할지라도 그것은 단순하지 않다.

○ **현장 비결**

공립과 사립학교에서 7년 동안 가르친 후에 나는 만약 학생들이 당신을 존경하고, 당신이 그들을 존중한다는 것을 그들이 마음속에 알고 있다면 관리는 제대로 이루어질 것임을 배웠다. 존경과 일관성은 핵심이며 학생들이 교실에 들어서는 순간부터 시작된다. 당신이 급우들 앞에서 자존감을 떨어뜨리거나 소리를 지르지 않을 만큼 충분하게 그들을 존중한다는 것을 일관성 있게 보여 주게 되면 그들은 당신을 존경할 것이다. 나는 이것을 강조하지 않을 수가 없다.

Bridget Cantrell
3학년 교사
Santa Fe Trail 초등학교
Independence, Missouri

V 결과는 학습 수단으로 가치가 있는가(valuable)? 일단 결과가 주어지면 교사는 학습되어질 교훈을 분석해야 한다. 첫 번째 두 예에서 학생들은 그들의 행동에 대해 책임져야 하는 것을 배워야 한다. 하지만 첫 번째 예에서 교사가 "나는 점심 식탁을 더럽히지 않겠어요."를 칠판이나 공책에 100번 쓰도록 요구한다면 학생은 아무것도 학습하지 못한다.

P 결과는 **실용적인가**(practical)? 결과는 수업 목적 달성을 위한 시간을 상실시키지는 않는가? 종종 결과는 학생이 교실활동에 포함되는 것과 요구된 자료에 대한 학습을 방해한다. 예를 들어 Coloroso(1990)는 지각한 학생은 지각한 사유를 생각해 내기 위해 교실을 나가도록 요구됨을 지적한다. 그 결과 그들은 수업에서 점점 더 멀어진다. 심지어는 요구되는 내용의 더 많은 것을 배우지 못한다. 그와 같은 결과는 수업의 목적에 반하기 때문에 실용적이지 못하다.

부적절한 행동에 대한 결과가 얼마나 합리적인가에 관계없이 학생들은 교사로 하여금 그들이 제공할 처벌을 포기하게 하거나 혹은 중지하게 하려고 노력할 것이다. 그들은 교사로 하여금 결과를 변경시키도록 하기 위해 Coloroso가 세 가지 유형의 속임수라고 지칭한 애걸하기, 유혹하기, 훌쩍거리기, 목 놓아 울기, 이를 갈기; 분노와 공격성을 보이기; 뿌루퉁하기를 사용할 것이다. 하지만 결과가 위에서 요약한 네 가지 조건을 만족시킨다면 학생들이 보이는 그러한 술책은 무시되어야 한다.

등뼈 교실에서의 규칙 설정

Coloroso가 비록 규칙 개발보다 학생들이 생산적인 교실 구성원이 되도록 돕는 것에 더 많은 관심을 가졌다 할지라도, 규칙이 사회의 모든 영역에서 필요한 것을 인정하고 있다. Coloroso(1997, 2001)는 규칙은 단순해야 하고, 명확하게 진술되어야 하며, 생활의 기대와 연관되어야 한다고 제안한다. 그녀는 직업에서든 혹은 학생으로서든 그와 같은 기대는 네 가지 범주에 해당된다고 제시한다.

- 시간에 맞춰 나타난다.
- 준비한다.
- 업무를 수행한다.
- 자신과 다른 사람의 생활공간을 존중한다.

학생들이 이러한 규칙을 위반하거나 무시하는 것을 선택했다면 그들은 선택이 결과를 낳는다는 사실을 학습해야 한다. 하지만 이러한 결과는 처벌이라기보다는 가르치기 위해 구상되어야 한다.

등뼈 교실의 문제해결

Coloroso(1994)는 내면적 훈육이 발달하도록 돕기 위한 핵심이 문제해결이라고 생각한다. 따라서 학생들에게 문제해결력을 발달시키도록 돕는 것은 교사의 책임이다. 학생의 연령은 문제해결 과정에 대한 교사의 개입을 결정짓는다. 만약 학생이 중학교나 고등학교에 다닌다면 교사는 문제를 해결하도록 몇 가지 선택을 검토하는 학생을 위해 단순하게 '공명판'이 될 수 있다. 만약 학생이 초등학교에 다닌다면, 학생이 정신적ㆍ정서적ㆍ신체적으로 문제를 해결할 수 없다면 교사는 문제를 제시할 필요성이 있을 수도 있고, 적극적으로 개입할 필요성도 있을 수 있다. 모든 학생을 위한 목적은 그들의 전 생애를 위해 도움이 될 문제해결 기술을 발달시키는 것이다.

Coloroso는 문제해결 과정을 시작하기 전에 누가 그 문제를 '가지고 있는지'를 아는 것이 결정적임을 강조한다. 또한 누가 문제에 포함되는가는 교사의 개입 정도를 결정할 것이다. 만약 문제가 학생과 교사 사이에서 발생한다면 교사는 반드시 해결

과정에 포함되어야 한다. 만약 문제가 학생과 다른 학생 사이에서 발생한다면 교사는 학생들이 문제해결 계획을 세우도록 도와주는 촉진자로 행동할 수 있다. 교사는 학생들에게 "너희들 문제가 있구나. 나는 너희들이 그 문제를 해결할 수 있음을 알아요."라는 메시지를 전달함으로써 학생들에게 권한을 부여한다(Coloroso, 1990[film]).

Coloroso(1994)는 문제해결을 가르치기 위한 여섯 단계를 제시한다.

1. **문제를 규명하고 명확히 하라.** 문제를 명확히 하는 일은 학생들에게 그들의 감정에 대해 토론하도록 허용하는 것이다. 학생들은 모든 사람이 행복하고, 관심을 받고, 즐겁고 슬프고 화나고 혹은 좌절되어질 권리가 있음을 깨달을 필요가 있다. 따라서 결정적 문제는 학생들이 어떤 것을 느끼는가가 아니라 그러한 감정을 어떻게 다루는가이다. 학생들은 그들이 언제나 문제를 통제할 수는 없을지라도 상황에 대한 반응을 통제할 수 있음을 배워야 한다.

   문제를 명확히 함에 있어서 학생에게 근원적 문제에 도달하도록 돕는 것이 중요하다. 종종 초점이 실제적인 문제보다는 문제의 결과에 주어진다. 예를 들어 만약 에릭이 교실에서 자고 있다면, 에릭에게 교실을 돌아다니도록 하거나 물을 마시도록 하는 것은 일시적으로 문제를 해결할 수는 있다. 하지만 이것은 에릭이 밤에 충분히 잘 수 없다는 사실을 해결하지는 못한다. 해결은 부모, 다른 학생, 직원, 행정가의 개입을 필요로 한다. 몇몇 문제는 학생 혼자서 해결할 수 없다.

2. **가능한 해결 목록을 구상하라.** 학생들로 하여금 판단하지 말고 가능한 모든 해결 전략을 생각하고 브레인스토밍하게 하라. 학생들에게 가능한 해결책에 대해 생각할 시간을 허용하라.

3. **선택을 평가하라.** 학생들은 우선 선택을 목록화해야 하고 그러고 나서 그 선택의 결과를 생각해야 한다. 교사는 거기서 지도하고, 지지하고, 격려하며, 학생들이 각 해결책을 주의 깊게 생각하도록 돕는다. 만약 선택안이 더 큰 문제를 유발시킨다면 어떤 것도 해결되지 않는다. 학생들이 선택안을 평가할 때 그들은 다른 사람에 대한 그 해결안의 영향을 의식해야만 하고 질문해야만 한다.

   이것은 불친절한가?

   이것은 감정을 상하게 하는가?

몇몇 학생들이 못살게 구는 것으로 생각하는 것이 희생자에게는 약자 괴롭히기로 느껴질 수 있다.

이것은 불공정한가?

이것은 부정직한가?

4. 하나의 선택안을 선택하라. 문제를 해결하기 위한 여러 가지 방법이 있을 수 있음에
   도 불구하고 학생들은 그들이 따르게 될 행동 계획을 결정해야 한다. 어떤 경우
   에 있어 이 문제를 해결하려면 다단계가 요구되어질 수도 있다. 교사는 학생들이
   밟아야만 하는 단계를 우선순위화하도록 돕는다. 노력의 재강화를 위해서는 상
   대적으로 짧은 시간에 성취 가능한 목적으로 시작하는 것이 도움이 된다.

5. 계획을 세워라. 만약 계획이 여러 단계를 포함하고 있다면 학생들로 하여금 한 단
   계에서 활동하고 그 결과를 기록하도록 하는 것이 중요하다. 만약 처음의 해결책
   이 작동되지 않을 경우 그 계획은 개정될 필요성이 있다.

6. 문제와 학생을 재평가하라. Coloroso(1994)는 이것이 문제해결에서 누락되는 단계이
   기도 하지만 중요한 학습 과정임을 강조한다. 이 검토는 문제의 원인과 향후 문
   제를 피하기 위한 방법에 대한 토론을 포함해야 한다.

표 10.2 교실에서의 화해적 정의

화해적 정의의 세 부분	교실 예
회복-"만약 네가 그것을 부수었다면 그것을 수선해라."의 개념이다. 회복은 다른 사람 소유물의 손해를 복구하는 것을 포함한다.	어린이 박물관 현장학습 날 세스 굿오언스와 리카르도 우드파인은 놀이 싸움을 시작했다. 그들이 서로 주먹을 내지르는 척했을 때 세스가 놀이 주먹을 피하기 위해 뒤로 이동하다가 진열장으로 나가 떨어졌다. 다행히도 단지 유리만 부서졌다(안에 가치 있는 공예품 중 어느 것도 파손되지 않았다). 세스와 리카르도는 깨진 유리를 교체하기 위해 용돈으로 변상해야만 한다.
해결-상황이 재발되는 것을 예방하기 위해 단계를 규명하는 것이다.	앞으로 현장학습에 참여하기 위해 두 소년 모두는 다음번 외출 시 그들이 수행해야 할 행동을 기술하고 두 소년 각각 부모, 선생님의 날인을 받은 계약서를 준비해야 한다.
화해-그 사건에 의한 상처를 치유함으로써 모든 부분이 치유될 수 있다.	각 소년은 어린이 박물관 관장과 선생님에게 사죄의 편지를 쓰도록 결정한다. 박물관 관장에 대한 편지에서 그들은 6주에 걸쳐 토요일 아침마다 박물관에서 자원봉사자로 봉사할 것을 제의한다.

출처 : Coloroso(1994).

Coloroso(2001)는 여섯 단계의 문제해결 모형이 **화해적 정의**(Reconciliatory Justice), 즉 회복, 해결, 화해를 제공한다고 말한다. 회복이란 다른 사람의 소유물에 가해진 손해를 복구하는 것을 포함한다. 해결은 그 상황을 유발한 보다 깊이 있는 문제를 규명하고, 교정하는 것을 요구한다. 화해는 그 상황을 치유함에 의해 상처받은 사람을 도와주는 과정이다. 이러한 과정을 통해 학생은 그들이 유발한 문제를 복구하는 법, 두 번 다시 그 문제가 발생되어지는 것을 예방하는 것, 그들이 해를 입힌 사람을 치유하는 것을 배우게 된다. 표 10.2는 화해적 정의의 예를 보여 준다.

화해적 정의의 과정은 학생들이 **행동에 대한 사죄**(Apology of Action)를 보여 줌으로써 고양되어질 수 있다(Northeast Foundation of Children, 1998). 학생과 많은 성인은 종종 속 빈 사죄를 알게 되고, 그들이 사죄를 받고 난 이후 더 좋아지지 않음을 깨닫는다. 이것은 특히 감정이 손상되었을 때 사실로 나타난다. 행동에 대한 사죄는 위반자에게 약간의 구체적 방법으로 보상하도록 허용한다. 사죄에 덧붙여 위반자는 감정 손상의 완화를 위한 행동을 완료한다. 이 과정은 위반한 학생에게 보상할 무엇인가를 하도록 기회를 주며, 손상당한 학생에게 그들 스스로 설 수 있는 기회와 그의 요구를 주장할 기회를 준다. 가장 중요한 지침은 그 행동이 감정을 상하게 한 행동과 관련지어져야 한다는 점이다. 감정 손상을 완화시키기 위한 행동의 발견 과정은 위반자에게 상처입은 사람의 고통을 진정으로 느낄 기회를 주며, 관계 치유를 위한 방법을 제공한다.

등뼈 교실의 학급 회의

많은 교실 문제는 여섯 단계의 문제해결 모형을 통해 해결될 수 있다. 만약 문제가 보다 복잡하고 여러 사람에게 영향을 준다면 학급 회의가 해결책을 찾도록 요구되어질 수 있다.

Coloroso(1990)는 많은 스트레스와 긴장은 평균적인 학교 일상에서 발생할 수 있으며 만약 해결되지 않는다면 학생들을 피곤하고, 짜증스럽고, 집중할 수 없게 만들 수 있음을 언급한다. 학급 회의는 이러한 스트레스와 긴장을 줄이기 위한 아주 좋은 방법이다.

학급 회의는 민주주의를 가르치는 뛰어난 수단이다. Coloroso(1997)는 학생들은 경험을 통해 민주주의를 배운다고 강조한다. 민주주의를 배우기 위해 학생들은 그들에게 비공격적인 방식으로 갈등을 해결하도록 허용하는 활동에 참여해야 한다.

Coloroso(1994)는 학급 회의에 대한 세 가지의 기본 요구사항이 있음을 진술한다.

○ **현장 비결**

스코틀랜드에 있는 한 학교를 방문했을 때 괴롭히기를 예방하는 한 프로그램에 대해 알게 되었다. 괴롭히기에 대항하는 친구들(Friends against Bullying : FAB)은 괴롭히는 행동을 다루고, 다른 학생에 의해 괴롭혀질 때 이를 처리하는 방법을 가르침으로써 학생들 사이에서의 괴롭히기 양을 줄이고자 구상되었다. 유치원에서부터 8학년에 이르기까지 학생들은 괴롭히기 사건을 보고하도록 격려된다. 괴롭히는 학생은 행동상 요구되는 변화를 논의하기 위해 교장 선생님, 상담가, 부모와 함께 만남을 가진다. 괴롭힘을 당하는 학생은 앞으로의 괴롭히기를 멈추기 위해 단호해지는 법을 배우도록 상담 과정에 참여한다. 학생, 교사, 행정가, 직원, 부모 등 학교의 모든 구성원이 괴롭히기를 반드시 중지되어야 할 심각한 문제로 취급할 때 괴롭히기는 놀랍게 감소된다.

Deborah Newman
7학년 영어/읽기 교사
Wassom 중학교
Fort Campbell, Kentucky

1. 문제는 중요해야 하고 전체 학급에 관련되어야 한다.
2. 교사는 자진해서 비판단적 지도력을 발휘해야 한다.
3. 학급 회의는 모두가 기꺼이 공유하면서 그리고 학생들이 그들 감정을 표현하는 것이 안전하다는 것을 느낄 수 있는 방식으로 운영되어야 한다.

어려운 학생 다루는 전략

교실관리에 대한 첫 책을 저술한 이래로 Coloroso의 관심은 괴롭히기의 예방으로 돌아섰다. 이러한 관심은 매년 괴롭힘을 당한다고 보고하는 학생 수가 증가하는 것에 대한 반응이다. 국가교육통계센터(the National Center for Educational Statistics)(2009)는 2007년 모든 학생 중 32.2%의 학생들이 괴롭힘을 당했다고 보고한다. 청소년 폭력 프로젝트(Youth Violence Project)(2009)는 1999년에서 2005년에 이르기까지 괴롭히기는 6학년에서 7%, 10학년에서 6%의 증가와 함께 증대되어 왔음을 보여 준다. 괴롭히기는 괴롭힘을 당하는 학생이나 괴롭히는 학생 모두에게 심각한 심리적·사회적 결과를 가져오는 중대한 문제이다. 희생자는 학교를 위협당하는 장소로 받아들이며, 적응상 문제와 소외감 및 학교 기피증 등을 경험한다. 괴롭히기는 부적절한 행동을 강화하며, 미래에 훨씬 더 폭력적이고, 공격적인 행동으로 이끌어지는 결과를 가지고 온다. 괴롭히는 사람이나 희생자 모두를 위해 괴롭히기는 평생에 걸쳐 영향을 미친다.

　　많은 유럽의 국가들과 달리, 미국의 학교는 이 문제를 소홀히 다루어 오거나 다룰 시도조차 하지 않아 왔다. Ross(1996)는 학교 행정가들이 괴롭히기를 무시하는 한 이유는 학내 무기 관련 폭력의 중압감이 괴롭히기의 문제를 사소한 것으로 만들기 때문임을 제시한다. 그러나 연구들은 괴롭히기가 그와 같은 폭력의 전조가 될 수도 있고, 어린 학년에서 괴롭히기의 문제를 다루는 것은 중학교나 고등학교에서의 폭력을 감소시킬 수 있음을 보여 준다. 어떤 학교 구성원들은 괴롭히기의 정도에 대해 아예 무지하며, 어떤 학교 구성원들은 서로 '구박하거나' 혹은 못살게 구는 행동은 어린 시절의 정상적인 모습이라는 신화를 믿고 있다. 또한 그들은 어린아이들은 이러한 갈등을 그들 스스로 해결해야 한다고 믿고 있다. 괴롭힘을 당하는 학생들은 전형적으로 성인의 개입은 비효과적이라고 생각하고 있으며, 어른에게 이야기하는 것은 더 많은 괴롭힘을 불러올 것이라고 두려워한다. 이러한 모든 관점의 순수 결과로 학교는 괴롭히는 학생이 창궐하고 희생자는 악화되어지는 환경이 되어진다.

Bullock(2002)에 따르면 괴롭히기는 한 학생 혹은 여러 학생이 어떤 한 학생을 반복적이고, 정당한 이유 없이, 해를 가하는 행동이다. 이 행동은 물리적일 수도 있고, 심리적일 수도 있다. 물리적 괴롭히기 혹은 **직접적 괴롭히기**(direct bullying)는 면대면 대립, 공개적 공격(신체적 공격을 포함), 혹은 협박하거나 위협하는 제스처를 포함한다. 이것은 치기, 차기, 밀기, 다른 친구의 물건 움켜쥐기, 거칠고 위협적인 놀이에 참여시키기 등을 포함한다. 직접적 괴롭히기는 초등학교 시절에 증가되며, 중학교시절 정점에 달했다가, 고등학교 시절에 감소되는 경향을 보인다.

심리적 괴롭히기 혹은 **간접적 괴롭히기**(indirect bullying)는 뒤에서 흉보기, 얼굴 찌푸리기, 곯리기, 조롱하기, 협박하기 등을 포함한다. 간접적 괴롭히기는 덜 명확하고, 덜 가시적이며, 집단으로부터의 배제나 거부를 포함한다. Ross(1996)는 간접적 괴롭히기는 보다 미묘한 형태의 괴롭히기이며, 종종 제3의 패거리인 방관자를 수반하거나, 사회적 고립과 루머 확산 및 희생양 같은 결과를 낳기도 함을 언급한다.

학생들의 인터넷 사용의 증가로 새로운 형태의 괴롭히기가 등장하고 있는데 바로 **사이버 괴롭히기**(cyberbullying)이다. 사이버 괴롭히기는 희생자를 협박하거나, 위협하거나, 몰래 접근하거나, 조롱하거나, 모욕을 주거나, 악담하거나, 루머를 확산시키기 위해 과학기술적 방법을 사용한다(Coloroso, 2008). 사이버 괴롭히기에 의해 유발된 해악은 아래와 같은 이유로 다른 괴롭히기에 의해 유발된 해악보다 더 심각하다.

- 사이버 괴롭히기는 극도로 사악할 수 있다.
- 사이버 괴롭히기는 일주일 내내 24시간 동안 지속될 수 있고 희생자에게 도피처를 제공하지 않는다.
- 사이버 괴롭히기를 통해 관련되어진 루머는 전 세계로 확산되어질 수 있다.
- 사이버 괴롭히기는 익명으로 행해질 수 있다.

괴롭히는 학생들은 권력이 있어 보이고, 통제하고 싶은 욕구를 가진 듯 보여진다. 그들은 상해를 가하고 다른 사람에게 고통을 줌으로써 만족을 추구한다. 그들은 희생자에 대해 감정이입을 거의 하지 않고 종종 희생자가 모종의 방식으로 자신들을 자극했다고 말함으로써 자신들의 행위를 방어한다. 이 학생들 중 많은 학생들은 문제를 다루는 한 방식으로 물리적으로 주먹을 휘두르는 것을 배워 왔다. 정기적으로 괴롭히는 행동을 보이는 학생들은 일반적으로 성인에 대해 반항적이거나 적대적이다. 괴롭히기에 대한 연구들은 괴롭히는 학생들의 반사회적인 행동은 학교에만 국한되는 것이 아니라 다른 상황 및 성인기까지도 지속됨을 보여 준다. 6학년에서 9학년에 이르기까지 괴롭히는 학생으로 연구자들에 의해 분류된 소년들 중 거의 60%는 적어도 24세에 하나의 범죄로 유죄판결되었다. 이것은 괴롭히는 학생 혹은 희생자의 특징을 가지지 않은 소년들의 경우 23%가 유죄판결된다는 사실과 비교된다(Fox, Elliott, Kerlikowski, Newman, & Christeson, 2003).

Bullock(2002)은 괴롭힘을 당하는 학생은 괴롭히는 학생보다 종종 더 어리거나, 더 약하거나, 더 수동적이다. 희생자는 불안하고, 불안정하며, 조심스러워하고, 민감하며, 조용하고, 또한 종종 울거나 움츠러드는 반응을 한다. 그들은 종종 학교에서 혼자 있거나 긴밀한 친구 관계를 맺지 못한다. 그들은 사회적 기술이나 친구가 부족할 수도 있고, 종종 사회적으로 고립되어 있다. 이러한 학생 중 많은 학생들은 괴롭힘을 유발하는 신체적 특징을 가지고 있다. 성인들의 개입이 없는 상태에서 이 학생들은 지속적인 사회적 거부, 억압, 손상되어진 자아 존중감의 위기에 봉착하면서 반복적으로 괴롭힘을 당할 수 있다.

최근 괴롭히는 상황에서 제3의 패거리인 방관자에 대해 보다 많은 강조점이 주어지고 있다. Hyman, Kay, Tobori, Weber, Mahon, Cohen(2006)은 "괴롭히기는 근본적으로 집단 과정이다. 동료들의 행동은 괴롭히기의 존속에 결정적이다."라고 강조했다(p. 869). 방관자는 주변에 서 있으면서 개입 없이 괴롭히기가 일어나는 것을 보고 있으며, 혹은 괴롭히는 학생을 너무도 자주 격려하는 학생을 말한다. 따라서 교사는 괴롭히는 학생들과 괴롭힘을 당하는 학생들의 행동뿐 아니라, 빈둥거리며 보고 있거나 괴롭히기의 발생을 막기 위해 아무것도 하지 않는 학생들의 행동도 변화시키기 위해 활동해야 한다. Coloroso(2008)는 괴롭히기가 도전받을 때 그것은 멈추게 된다고 강조한다.

Boatwright, Mathis, Smith-Rex(1998), Ross(1996)는 괴롭히는 사건을 예방하거나 줄이는 교실 분위기를 조성하기 위해 다음과 같은 것을 해야 한다고 제시한다.

- 괴롭히기, 그리고 그것이 왜 부적절하고 수용될 수 없는 행동인지에 대해 학생들이 이야기할 기회를 제공하라. 학생들은 괴롭히기가 유발할 수 있는 해악에 대

해, 교실에서 발생하는 괴롭히기의 양을 줄이기 위해 할 수 있는 것에 대해 토론해야만 한다.

▪ 교실계획을 세워서 괴롭히는 사건을 보게 될 때 학생들이 무엇을 해야 할지 확실하게 알도록 하라.

▪ 괴롭히기로 인한 희생자 문제를 줄이려는 목적을 가지고, 학생들이 괴롭히기에 대한 일련의 규칙을 개발하도록 도와라.

▪ 집단 활동에 초점을 두면서 활동을 평가함과 동시에 소집단 학생들이 공동 목표를 가지고 활동할 수 있는 협동적인 활동을 제공하라.

▪ 괴롭히기 사건을 예방하기 위해 하루 종일(쉬는 시간과 점심시간) 학생들의 행동을 주의해서 보라.

▪ 괴롭히기가 보고되면 즉시 행동하라. 학생들은 괴롭히기가 허용되지 않을 것임을 이해해야 한다.

▪ 괴롭히기의 희생자가 될 수 있는 학생의 징후에 대해 알고 있어라. 이것은 특정 상황, 사람, 혹은 장소에 대한 기피를 포함한다. 종종 괴롭힘을 당하는 학생들은 위축되거나 수동적이거나, 지나치게 행동적이거나 공격적 혹은 자기 파괴적이 됨으로써 행동상 변화를 드러낸다. 교사는 성적 하락, 학습 문제의 징후를 주목할 수도 있다. 괴롭힘을 당하는 학생은 종종 위통이나 피로감 같은 설명하지 못할 신체적 증상을 겪기도 한다.

내면적 훈육의 장점과 단점

내면적 훈육의 효과성을 검증한 연구 자료는 없다. 그러나 많은 사람들은 그것의 타당성을 받아들인다. 그들은 내면적 훈육이 근거하고 있는 아래와 같은 철학적 기조에 동의하기 때문이다.

▪ 학생들은 책임감 있고, 재치 있고, 배려할 줄 아는 개인으로 육성하기 위해 노력을 들일 가치가 있는 존재들이다.

▪ 교사들은 그들이 다루어지기를 원치 않는 방식으로 아동들을 다루어서는 안 된다.

■ 개입적 기법이 작동되어야 할 뿐 아니라 학생의 존엄성을 손상하지 않고 존중해 주어야 한다(Coloroso, 2001).

이러한 기조를 공유하는 교사들에게 내면적 훈육은 효과적인 교실관리 모형이다. 하지만 몇몇 사람들은 Coloroso가 제안한 결과들이 실제로 다른 형태로 제시된 처벌인지 아닌지를 의아해한다. 또 다른 사람들은 각 학생을 개별적으로 다루는 과정이나 학생으로 하여금 문제해결법을 찾도록 돕기 위해 들이는 과정은 시간 소모적인 것이라고 주장한다. 많은 교사들은 이 과정이 교사의 주된 책임인 교실 수업으로부터 가치 있는 시간을 앗아 간다고 주장한다. 다른 사람들은 이 과정이 자아 훈육과 개인적 책임감을 발달시키기 위해 필요한 과정으로 본다.

교실에서의 내면적 훈육

시나리오

6학년 사회 교사 엘리자베스 셰퍼드가 수업을 시작하려고 했을 때, 사키가 줄줄 눈물을 떨구면서 책상에서 있는 것을 알았다. 사키에게로 가면서 그녀가 물었다. "사키, 무슨 일이니?"

"숙제를 찾을 수 없어요. 어젯밤 숙제를 다했거든요. 그리고 가방에 넣었어요. 그런데 지금 숙제를 찾을 수가 없어요." 다시 한번 숙제를 찾고 나서 그녀는 눈물을 흘리며 말했다. "찾아야 해요. 내가 열심히 숙제를 했거든요." 그리고 나서 그녀의 가장 친한 친구 자나가 웃는 것을 보자 사키는 자나에게로 몸을 돌렸다. "자나, 너 내 숙제 가져갔지? 이건 재미있는 일이 아니야."

자나는 웃는 것을 멈췄다. "내가 숙제 가져가지 않았어. 맹세해. 난 안 가져갔어."

"봐, 너 내가 숙제 잃어버렸기 때문에 웃은 거잖아. 무슨 친구가 그러니? 너 내 친구도 아니야. 나 너 싫어." 그러고 나서 자신이 한 말을 깨닫고 사키는 교실 밖으로 뛰어나갔다.

조용히 셰퍼드 씨가 말했다. "여러분, 여러분의 일일 공부가 오버헤드 위에 있어요. 내가 사키를 찾는 동안 여러분은 즉시 그것을 시작하기 바라요. 질문이 있을 경우 여기 챔피언 씨에게 물어보세요."

간단하게 탐색한 후 셰퍼드 씨는 사키가 여자 화장실에 있는 것을 발견했다. 팔로 사키를 감싸 안으면서 그녀는 말했다. "사키, 얼굴 씻어야지요. 그리고 이야기 나눌 수 있는 곳으로 좀 가자."

사키가 조금 더 침착해졌을 때 셰퍼드 씨가 물었다. "전에는 이런 일이 없었잖아요. 무슨 일인지 나에게 이야기 좀 해 주렴."

"나는 이 학급에서 A를 받으려고 애써 왔어요. 지난 6주 동안 나는 B를 받았거든요. 엄마 아빠는 제게 제한을 주었어요. 6주 동안 전화를 사용하지 못하도록요. 지금 나는 숙제를 잃어버렸어요. 나는 점수를 못 받을 거예요. 나는 자나에게 이 기막힌 일을 말했었어요. 자나가 더 이상 나하고 친구하지 않을 거예요. 나는 일을 바르게 할 수가 없었어요." 그녀는 다시 흐느끼기 시작했다. "내가 모든 걸 망쳐 놓았어요."

"자, 네가 어떻게 이 일을 수습할 수 있을지 생각해 보자. 나는 네가 숙제를 하든 안 하든 내 학급에서

A를 받을 수 있다고 생각해요. 숙제는 단지 5점일 뿐이야. 그건 그렇게 큰 문제가 아니에요. 그러나 만약 네가 숙제를 했다면, 점수를 주고 싶네요. 오늘 나에게 숙제를 가져다줄 무슨 방법이 있어요?"

"엄마에게 전화할 수 있어요. 오늘 방과 후 활동 시간에 엄마가 숙제를 가져오시면 받아 주실 거지요?"

"그럼요. 사실 엄마와 내가 너의 성적에 대해 이야기 좀 하는 게 좋겠어요. 나는 네가 우리 학급에서 매우 잘한다고 생각해요. 그것에 대해 엄마에게 이야기하고 싶어요. 엄마에게 전화할래요 아니면 내가 해 주기를 원해요?"

"제가 할게요. 그런데 자나에게는 어떻게 하면 좋을까요? 걔를 싫어한다고 말해 버렸는데요. 아까 그러지 말아야 했어요."

"자, 잠깐 생각해 보자. 만약 자나가 사키한테 그렇게 했다면 사키는 그녀가 무엇을 해 주길 원하지요?"

"나라면 그녀가 사과해 주기를 바랄 거예요. 그리고 그녀가 말한 것이 본심이 아니었다고 말해 주기를 바라요." 사키의 얼굴이 밝아졌다. "자나에게 그렇게 말해야겠어요. 지금 우리 수업 중이잖아요. 내가 잠깐 동안 자나에게 말할 수 있을까요? 그리고 나서 엄마에게 전화할 수 있을까요?"

"그럼. 내가 이야기할 수 있도록 자나를 나오라고 할게요. 나는 교실로 가야겠어요. 자나에게 이야기한 후 사무실로 가서 엄마에게 전화하세요. 그러고 나서 교실로 돌아오세요. 엄마가 말한 것에 대해 수업이 모두 끝난 후 이야기해 보도록 해요."

요약

Barbara Coloroso의 교실관리 모형, 내면적 훈육은 세 가지 주요 개념 (1) 학생에게 내면적 훈육을 발달시키는 것은 전통적 교실통제를 유지하는 것보다 더 중요하다. (2) 문제해결은 내면적 훈육을 발달시키는 데 핵심이다. (3)학생은 무엇을 생각하는가가 아니라 어떻게 생각하는가를 배워야 한다에 근거한다. Coloroso는 교실을 해파리교실, 벽돌담 교실, 등뼈 교실로 기술하고 등뼈 교실에서만 오직 학생들이 그들의 감정을 수용하고 합리적인 방법으로 감정에 근거해 행동하는 방법을 배운다고 강조한다. 등뼈 교실 교사의 초점은 학생으로 하여금 정당한 선택을 하고 이 선택의 실사회 결과를 직면하도록 돕는 데 있다. 최근 Barbara Coloroso는 관심을 약자 괴롭히기로 돌렸으며 『가해자, 피해자, 방관자(The Bully, the bullied, and the Bystander)』를 집필했다.

주요 용어

이 용어들에 대한 정의는 용어해설에 제시되어 있다.

간접적 약자 괴롭히기   실사회 결과

내면적 훈육   직접적 약자 괴롭히기

등뼈 교실   행동에 대한 사죄

벽돌담 교실   화해적 정의

사이버 약자 괴롭히기   해파리 교실

관련 활동

이론에 대한 성찰

1. 파울러 씨의 4학년 학급이 점심을 먹고 돌아왔을 때 2명의 학생이 자신들의 가방에서 돈이 없어진 것을 발견했다. 학생들이 점심을 먹을 때 앞으로 교실을 보다 주의 깊게 살펴보리라 결심한 파울러 씨는 조금 일찍 교실로 돌아왔고 브래드가 한 학생의 지갑을 뒤지고 있는 것을 발견했다.

    파울러 씨는 브래드의 이 문제를 해결하기 위해 화해적 정의를 어떻게 활용할 수 있을까? 당신은 이 문제를 해결하기 위해 화해적 정의를 활용하는 것이 마음에 드는가? 그 이유는 무엇인가 혹은 그렇지 않은 이유는 무엇인가?

2. Coloroso는 이 책에 제시된 여러 다른 이론가들의 생각을 공유하고 있다. Coloroso의 어떤 생각들이 다른 이론 속에 제시되었는가? Coloroso의 이론과 당신이 연구한 다른 이론 사이의 주된 차이는 무엇인가?

3. 쉘렌버거 씨가 초기 시나리오에서 브렌턴과 거스를 어떻게 다루었는지 생각해 보라. 당신은 그 상황이 적절하게 다루어졌다고 생각하는가? 브렌턴과 거스는 자신들의 행동에 대해 처벌받아야 하는가?

4. 전통적인 처벌보다 Coloroso의 모형에 묘사된 결과는 어떻게 다른가? '실사회 결과'는 처벌의 다른 이름인가? 당신의 입장을 설명해 보라.

포트폴리오 자료 개발하기

1. 당신이 관찰한 교사와 학생 사이의 상호작용을 분석하라. 당신이 관찰한 네 가지 다른 상호작용의 예를 제시하라. 이러한 상호작용은 교사와 학생의 관계에 대해 무엇을 이야기하는가?

개인 교실관리 철학 개발하기

1. 내면적 훈육의 철학적 기조를 검토하라. 이것 중 어느 것이 교실관리에 대한 당신의 개인적 철학과 일치하는가? 어떤 것에 당신은 동의하지 않는가? 그 이유는 무엇인가?

2. Coloroso는 교실에 화해적 정의의 개념을 도입했다. 당신은 화해적 정의에서 어떠한 가치를 인식하는가? 당신의 교실에 화해적 정의를 어떻게 활용할 수 있는가?

후속 연구 자료

내면적 훈육에 대한 추가적인 정보를 구하려면 아래 주소로 연락하라.

Barbara Coloroso

Kids are Worth It, Inc.

P.O. Box 621108

Littleton, CO 80162

참고문헌

Boatwright, B. H., Mathis, T. A., & Smith-Rex, S. J. (1998). *Getting equipped to stop bullying: A kid's survival kit for understanding and coping with violence in the school.* Minneapolis, MN: Educational Media Corporation.

Bullock, J. R. (2002). Bullying among children. *Childhood Education, 78,* 130–134.

Coloroso, B. (1990). *Winning at teaching—without beating your kids.* Video. Littleton, CO: Kids are Worth It.

Coloroso, B. (1994). *Kids are worth it!: Giving your child the gift of inner discipline.* New York: William Morrow.

Coloroso, B. (1997). Discipline that makes the grade. *Learning, 25,* 44, 46.

Coloroso, B. (2001). *Parenting and teaching with wit and wisdom.* Littleton, CO: Kids are Worth It.

Coloroso, B. (2008). *The bully, the bullied, and the bystander* (updated edition). New York: HarperCollins.

Fox, J. A., Elliott, D. S., Kerlikowski, R. G., Newman, S. A., & Christeson, W. (2003). *Bullying prevention is crime prevention.* Washington, DC: Fight Crime: Invest in Kids.

Hyman, I., Kay, B., Tobori, A., Weber, M. Mahon, & Cohen, I. (2006). Bullying: Theory, research, and interventions. In C. Evertson & C. Weinstein (Eds.), *Handbook of classroom management: Research, practice, and contemporary issues.* Mahwah, NJ: Lawrence Erlbaum Associates.

The National Center for Educational Statistics. (2009). *Indicators of school crime and safety: 2009.* Retrieved March 17, 2009, from http://nces.ed.gov/programs/crimeindicators/crimeindicators2009/tables/table_11_1.asp.

Northeast Foundation of Children. (Winter 1998). Apology of action. *Responsive Classroom Newsletter, 10,* 1–3.

Ross, D. M. (1996). *Childhood bullying and teasing: What school personnel, other professionals, and parents can do.* Alexandria, VA: American Counseling Association.

Youth Violence Project. (2009). *Violence in schools.* Retrieved March 17, 2009, from http://youthviolence.edschool.virginia.edu/violence-in-schools/national-statistics.html.

긍정적 행동 지원

11

목표

제11장에서는 예비 교사들을 INTASC 기준 1항(내용 교수법), 3항(다양한 학습자), 4항(다양한 교수 전략), 5항(동기와 관리), 7항(계획), 9항(반성적 실천인)에 부합되도록 준비시키고자 한다. 이를 위해 다음과 같은 사항을 수행하도록 돕는다.

■ 문제행동을 예방하고 학생들에게 친사회적인 기술을 가르치기 위한 전략을 개발하기 위해 교육학과 심리학에서 도출된 인간 행동에 대한 지식을 활용한다.

■ 미국 내의 긍정적 행동 지원 운동의 역사를 이해한다.
■ 책임감 있는 행동과 학업 성취를 증진시키기 위한 교실 환경을 조성한다.
■ 변화되어 가는 학생 행동에 대한 3단 접근을 이해한다.
■ 학교 밖 부적절한 행동을 다루기 위해 긍정적 행동 지원의 요소를 활용한다.
■ 문제행동을 다루기 위해 긍정적 행동 지원의 원리를 활용한다.

시나리오

학년도가 시작되기 거의 한 달 전 즈음 숙련된 교사 테레사 사가스타는 포트풀턴중학교 주차장으로 들어갔다. 그녀는 자신의 면접이 잘 진행되기만 한다면 그녀의 25년 교직 생애 중에서 8번째 학교에서 근무하게 될지도 모른다고 생각했다. 군인의 아내로서 그녀와 그녀의 가족은 3~4년 주기로 주거지를 옮겨 왔다. 따라서 수년마다 테레사는 면접 과정을 겪어 왔으며 새 학교 새 절차를 배우곤 했다.

그녀가 건물로 들어서자 교장 선생님 스탠 엘리스가 맞아 주었다. "사가스타 씨, 당신을 만나 뵙게 되어 기쁩니다. 당신의 이력서는 아주 인상적이더군요. 이리 내 방으로 오시지요. 커피 한잔하면서 이야기를 나눕시다."

테레사와 스탠은 30분 동안 중학교에서 수학을 가르쳐 온 테레사의 경력을 점검했다. 군사기지에서 수년 동안 교편을 잡아 왔으므로 그녀는 교수 수행 면에서 포트풀턴중학교가 이전 학교와 어떻게 다를지에 대해 관심을 보였다.

의자에 등을 기대면서 스탠은 그의 인상적인 배를 스치며 손가락을 꼬았다. "아, 예. 포트풀턴이 훈육 문제에 있어 아주 다르다는 사실을 당신이 알게 될 거라고 생각해요. 우리의 초점은 문제를 예방하는 것이고 결과보다는 학생으로 하여금 좋은 선택을 하도록 돕는 데 있습니다. 테레사, 당신의 교실관리 철학이 우리 학교와 맞는지 궁금하네요."

테레사가 대답하기에 앞서 스탠이 질문을 했다. "당신은 지난 한 해 사무실에 보낸 학생이 몇 명인지 헤아릴 수 있나요?"

테레사는 그녀의 대답이 구직에 손해를 입힐지 모른다는 사실을 걱정하면서 머뭇거렸다. "잘 모르겠네요. 나는 가급적 교실에서 문제를 다루려고 했고, 최후의 수단으로 사무실에 보냅니다." 그녀는 잠시 멈췄다. "짐작건대 지난 한 해 35명 정도 되는 학생들을 사무실에 보낸 것 같아요. 아마 평균 잡아 1주에 1명꼴 정도인 것 같습니다."

스탠은 앞으로 몸을 숙였다. "그다지 많은 편은 아니네요. 그러나 만약 이 학교에서 모든 교사가 1년에 35명 정도 되는 학생을 사무실로 보낸다면, 거의 600명에 육박하는 학생들이 사무실로 보내질 겁니다. 현재의 교실관리 계획으로 변경시키기 전에 우리는 한 해 1,000여 명 되는 학생들을 사무실에서 보았습니다. 교사에 의해 보내진 학생들

을 보는 것이 교감 선생님이 시간을 투자해서 해야 할 모든 것이었지요. 현재의 계획으로 변경시키고 난 후 우리는 이 숫자를 75% 떨어뜨렸습니다."

"그거 놀랍군요." 테레사가 말했다. "어떻게 그런 일이 가능했나요?"

"2년 전 교실관리 체계로 긍정적 행동 지원을 채택했지요. 당신은 이 체계를 잘 알고 있습니까?"

망설이면서 테레사는 말했다. "아니요, 학교 차원의 교실관리 체계를 가진 학교에서 근무해 왔습니다만 그것이 긍정적 행동 지원이었는지는 잘 모르겠네요. 좀 더 이야기해 주실 수 있나요?"

"물론이죠." 그는 노트에 손을 대면서 말했다. "이 노트에는 우리가 포트풀턴에서 원하는 모든 기대, 규칙, 절차가 요약되어 있습니다. 이 자료를 좀 읽어 보시겠습니까? 그리고 내일 다시 한번 만나 이 프로그램에 대해 이야기를 해 보지요."

직업이 구해지기를 원하면서, 테레사는 말했다. "나는 당신들이 설정하고 있는 어떠한 절차도 따를 수 있을 거라고 확신해요. 내가 배워 온 거 하나는 융통성이거든요."

"당신이 할 수 있을 것을 의심하지 않습니다. 그러나 알고 있어야만 하는 것 하나는 이 학교에 근무하는 모든 사람이 똑같은 기대와 특정한 방식으로 학생들을 다루는 것에 동의하지 않는다면 긍정적인 행동 지원은 작동할 수 없습니다. 실제로 신규 교사보다는 숙련된 교사들이 이 계획을 채택하는 데 더 망설인다는 사실을 알고 있습니다. 때때로 이것은 당신이 수년 동안 사용해 왔던 절차나 교실관리에 대해 관심 가져왔던 사고방식을 포기해야 하는 것을 의미하기도 합니다. 그래서 그 입장을 수용하기에 앞서 우리의 행동 관리법에 대해 당신이 익숙해지기를 바랍니다. 나는 또한 당신이 기꺼이 우리 절차를 따를 것이라고 확신합니다." 문까지 테레사와 걸으면서 그는 말했다. "내일 이야기하도록 하겠습니다. 부디 포트풀턴이 당신에게 맞기를 바랍니다. 또한 당신도 포트풀턴이 마음에 들기를 바랍니다."

3주 후 테레사는 새 학년도를 열렬히 기다리면서 포트풀턴의 교실에서 환경 정리를 하고 있었다.

들어가는 말

포트풀턴중학교처럼 7,000여 개 학교들이 주요한 학교 차원의 교실관리 계획으로 **긍정적 행동 지원**(PBS)을 채택하고 있다(Newcomer, 2009). PBS를 학교의 주요 관리 계획으로 병합시키려는 이 운동은 1997년에 시작되었다. 이때 장애인 교육법(IDEA)에 대한 수정법안이 법제화되었고 이 수정법안은 학교가 심각한 행동 장애를 가진 학생들에게 긍정적 행동 지원과 기능적 행동 평가를 활용할 것을 요구했다(Sugai et al., 2000). 국가 전역에 걸친 학교 행정가들은 학교 안의 장애를 가진 가장 힘든 학생 행동을 복귀시키기 위해 활용되었던 이 기법이 장애가 없는 학생들의 행동을 변화시키기 위해서도 활용될 수 있음을 발견했을 때 PBS, 이 운동은 시작되었다.

PBS는 구이론과 신이론의 완벽한 혼합이고, 환경적 요인이 통제되면 행동은 변화할 수 있다는 신념에 기반을 둔다. 25년 이상의 행동 과학 연구 소산인 PBS는 긍정적인 강화와 기능적 행동 분석을 병합시킨다. 행동 문제를 예방하기 위해 규칙과 절차가 개발되고 학생들에게 가르쳐진다. 따라서 PBS는 행동을 통제하는 데 중심을 두기보다는 수많은 맥락과 상황 속에서 적절하게 상호작용하는 기술을 학생들에게 가르침으로써 그들의 생활의 질을 고양시키는 데 보다 더 중심을 둔다. PBS에서 활용되어진 전략과 개입은 수년간에 걸친 연구를 통해 도전적 행동들을 제거시키며, 이를 친사회적 행동으로 대체하는 접근으로 타당성을 입증했다(Cohn, 2001).

행동 지원에 대한 3단 접근

PBS는 문제행동에 반응하기보다는 예방하는 데 초점을 둔다. PBS를 활용하는 학교에서 행정가와 교사들은 사회적·학업적 발달을 지원하기 위한 학습 환경을 조성하는데 시간을 보낸다(Trussell, 2008). 학생들을 훈육하기 위해 시간을 보내기보다 똑같은 시간이 학생들에게 규칙과 절차를 가르치며, 교실이나 학교의 다른 장소에서 어떻게 행동해야 하는지를 상기시키고, 급우와 상호작용하면서 문제를 일으키는 학생들에게 친사회적인 기술을 가르치며, 보다 심각한 행동상 문제를 가진 학생들에 대해 기능적 행동 분석을 실시하는 데 주어진다(Lewis, Newcomer, Trussell, & Richter, 2006).

Sugai와 동료들(2000)은 비록 심각한 행동상 문제를 가진 학생이 단지 학교 재적

그림 11.1 행동 지원을 위한 3단 접근

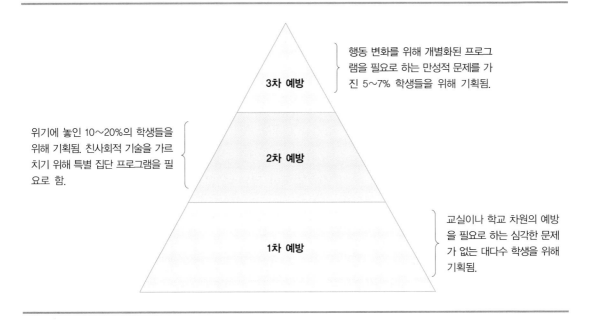

3차 예방 — 행동 변화를 위해 개별화된 프로그램을 필요로 하는 만성적 문제를 가진 5~7% 학생들을 위해 기획됨.

2차 예방 — 위기에 놓인 10~20%의 학생들을 위해 기획됨. 친사회적 기술을 가르치기 위해 특별 집단 프로그램을 필요로 함.

1차 예방 — 교실이나 학교 차원의 예방을 필요로 하는 심각한 문제가 없는 대다수 학생을 위해 기획됨.

생 중 1~5%라고 할지라도 그들의 행동은 사무실에서 다루어지는 문제행동의 50%를 차지하며, 교사와 행정가의 시간을 중대한 정도로 소모한다고 진술한다. 사건의 수를 줄이고 문제 학생을 다루는 데 소요되는 어마어마한 시간의 양을 줄이기 위해 PBS를 활용하는 학교와 교육구(school district)는 학교의 모든 측면에 대해 지속적인 기대를 제시하는 훈육 관리 체계를 창안했다. 이 체계의 근거는 훈육 문제 예방에 대한 3단 접근이다. PBS의 **3단 접근**(three-tiered approach)은 2004년 IDEA의 재승인에서 정당화되어졌다(Trussell, 2008).

　3단 접근의 첫 번째 수준은 문제행동의 발달과 출현을 예방하는 데 초점을 둔 **1차 예방**(primary prevention)이다(Jones, 2008). 1단에서 모든 학생을 위해 문제행동과 학업적 실패를 예방하고자 지원의 기초를 조성한다. 이 예방적 접근은 문제행동의 빈도를 줄일 수 있으며 위기에 놓인 학생들의 보다 심각한 문제의 발달을 축소시킬 수 있다(Newcomer, 2009). PBS 연구는 1단에서 활용되어진 예방적 방법들이 80~90%의 학생들에 의해 야기되던 혼란스러움을 제거하는 데 충분히 효과적이었음을 지적한다(Sugai et al., 2000).

1차 예방은 학교 환경을 구조화해서 일단 문제가 발생하지 않도록 하는 데 초점을 둔다. 이 구조화는 학교의 모든 영역에서 학생들이 어떻게 상호작용해야 하는가에 대한 규칙과 절차를 생성하는 것과 함께 시작된다. 그다음 학생들이 학교의 규칙과 일정을 잘 따르고 있는지를 확인하기 위해 교사와 행정가가 상세하게 지휘 감독하는 일이 뒤따른다. 1차 예방은 규칙에 순응한 것을 보상하기 위한 격려책 구상 또한 포함한다. 이러한 격려책은 개개 교실이나 학교의 전 영역에 제공될 수 있다. 1차 예방은 훈육 문제가 종종 비효과적인 교수의 부산물이기 때문에 효과적인 교수 과정을 설정하는 것도 포함한다(Newcomer, 2009).

포트풀턴의 첫 교직원 회의에서 테레사는 놀이돈 봉투를 받았다. 스탠은 포트풀턴에서 이 돈은 학교 마스코트인 독수리를 기념해 독수리의 눈이라고 불린다고 설명했다. 교사들은 학생들이 규칙을 잘 따르거나 혹은 훌륭한 행동을 할 때 이 돈을 주도록 격려되었다. 이 돈은 특별한 행사가 있을 때 입장료로 지불되어질 수 있고, 혹은 잘 저축했다가 지역 사업체들이 기증한 물건들을 구매하기 위해 9주 기간 말에 사용되어질 수도 있다.

테레사 옆 반 선생님인 제니퍼 밤바라가 손을 들었다. "얼마나 자주 학생들에게 돈을 주어야 하나요?"

"첫 기간에는 매일매일 돈을 나누어 줄 겁니다." 스탠이 설명했다. "학생들이 점차 규칙에 익숙해져 가면 그때그때 주어도 됩니다. 우리는 학생들이 좋은 습관을 배우고 규칙을 준수하는 의미를 알게 되기를 바랍니다. 또한 여러분이 자신들의 교실을 위해 포상 체계를 설정하기를 격려합니다."

2차 예방(secondary prevention)은 3단 접근법의 다음 단계이다. 두 번째 예방의 초점은 1단의 수준 이상의 지원을 요구하는 10~20% 정도 되는 학생들에 대한 반응이다(Lewis et al., 2006). 2차 예방은 교실에서 혹은 학교 개입을 통해 발생할 수 있다. 이것은 개별화되어진 행동 관리 프로그램과 특정 집단 개입을 포함한다.

학생이 지속적으로 문제행동을 유발할 때 그들은 개입을 위해 학교 차원의 팀에게 보내진다. 대부분의 경우에 이러한 개입은 이 학생들에게 교실에서, 친구와의 관계에서 성공적이기 위해서 필요한 친사회적 기술을 가르치기 위해 고안되어진다. 이러한 친사회적인 기술은 학업 기술과 같은 방식으로 교수되어진다. 행동적 결함은 기

Kevin M. Grover
2학년 교사
D.W. Lunt School
Falmouth, Maine
2010년 Maine 올해의 교사

현장 비결

나의 2학년 교실에서 효과적인 교실관리는 학부모들과의 지속적인 대화와 함께 시작된다. 학부모들에게 행동 기대와 학생들의 책임감에 대해 공지함으로써 내 학생들은 높은 기준을 교실의 벽을 넘어서 확장시켜 유지하게 된다. 확실하게도 부모에게 공지하고, 부모를 관련시키고, 부모를 포함시키고, 부모에게 투자하는 것이 학생 성공으로 이끈다.

능적 대치 행동을 가르침으로써 다루어진다. 이 활동의 초점은 학생들에게 자신의 행동을 자아 조정하는 기술을 가르치는 데 있다. 이 학생들이 적절한 행동을 취함에 따라 그들의 향상된 행동은 교사와 행정가에 의해 인정되어진다. 더하여 그들 친구로부터 받게 되는 긍정적인 반응은 새롭게 학습한 행동을 강화한다. Lewis와 동료들(2006)은 2차 체계가 효과적으로 자리를 잡게 되면, 만성적으로 도전적 행동의 전조를 보이는 학생들이 개입 팀에 보내지며 초기 개입을 통해 이 학생들은 생산적인 학생 및 유능한 학급 시민이 되는 것을 학습할 수 있게 됨을 언급했다.

주말 학교 차원의 PBS 회의에서 지도 상담 교사 프랜시스 미첼은 학교의 친사회적 주말 학급을 위해 교사들에 의해 위탁되어진 학생들의 명단을 발표했다. "테레사 사가스타는 오후 친사회적 교실에 케이틀린 조던을 위탁했습니다. 테레사는 그 학생이 미성숙한 것으로 기술했고 그녀가 그렇게 행동하기 때문에 다른 학생이 자신들의 집단에 그녀를 넣어 주기를 원하지 않는다고 진술했네요. 나는 그녀를 담당하는 다른 선생님께도 확인했는데 그들은 테레사의 평가에 동의하더군요. 나는 케이틀린 어머니에게 전화를 할 계획이에요. 그러면 우리는 케이틀린의 행동을 협의하고 우리 프로그램의 장점에 대해 이야기할 날짜를 정할 수 있을 것입니다. 나는 테레사에게 문제가 되는 케이틀린의 특정 행동을 이야기하도록 하기 위해 그 자리에 참석할 것을 요청했습니다."

마지막 단계인 **3차 예방**(Tertiary Prevention)은 위험하고, 심하게 소란스럽거나, 학습을 방해하는 행동 양상을 보이는 학생들에게 초점을 둔다(Jones, 2008). 이들은 학생들 중 5~7%를 형성하며 1차와 2차 예방에 반응하지 않아 온 학생들이다. 이 학생들은 강력하고 개별화되어진 기능적인 기초 개입을 필요로 한다(Lewis et al., 2006). Cohn(2001)은 이 학생들에게 기능적 기초 분석을 사용했을 때 개입의 성공률을 2배로 높였음을 밝혔다.

학기가 지속됨에 따라 테레사는 점차 매디슨 본에 대해 관심을 가지게 되었다. 매디슨은 거의 문제를 보이지 않는 착한 학생으로 학년도를 시작했다. 하지만 학년도가 진행되어 감에 따라 그녀의 학업 성적과 행동 모두가 나빠졌다. 테레사에게 매디슨은 문제를 일으키기를 원했고 실제로 사무실에 보내지는 것을 즐기는 것으로 보여졌다. 항상 순응적이던 이 예쁜 소녀가 선생님을 공개적으로 무시하는 어떤 사람으로 점차 변화되어 가고 있는 것이다. 테레사는 매디슨의 어머니에게 이야기를 했지만 어머니는 집에서 어떤 행동 변화를 보지 못했다고 주장했다. 다른 교사의 교실에서 보이는 매디슨의 행동은 테레사의 교실에서 보이는 행동과 많이 비슷했다.

매디슨을 돕기 위해 자신이 알고 있는 모든 것을 활용해 본 후 테레사는 그녀를 학교 차원의 PBS 팀에게 보냈다. 상담 교사는 매디슨의 건강 혹은 가정생활의 변화에 대해 매디슨의 어머니에게 다시 물어보았다. 그녀는 학교의 다른 많은 학생들과 같이 매디슨의 아버지가 최근 다른 곳으로 파견되었음을 알았다. 하지만 그녀의 어머니는 이것이 매디슨의 문제의 근원이라고 생각하지 않았다. 왜냐하면 이전에도 이런 일이 있었기 때문이다.

상담 교사는 교사와 친구들과의 상호작용을 관찰하기 위해 그녀를 따라 교실로 가서 하루를 보냈다. 상담 교사는 매디슨의 이전 기록을 검토했고, 매디슨을 담당하는 모든 선생님들과 이야기했다. 또한 매디슨이 자신의 행동에 대해 설명할 수 있을지도 모르므로 사무실로 매디슨을 데리고 왔다. 매디슨은 그들이 그녀의 아버지에 대해 이야기할 때까지 참여하기를 거부했다. 마침내 매디슨이 물었다. "만약 내가 정말 나빠지면 선생님들은 우리 아빠를 집으로 돌아오게 하셔야만 할 거예요. 맞지요?"

놀라서 상담 교사가 물었다. "음, 아니야. 이건 보통 일어날 수 있는 일이 아니야. 우리는 학생이 나쁘기 때문에 아버지를 집으로 오도록 요청하지는 않아."

갑자기 매디슨은 울기 시작했다. "그러나 한 고등학교 학생이 너무 말썽을 부리는 바람에 아버지가 집으로 돌아와야만 했다고 들었단 말이에요. 내가 아주 나빠지면 우리 아빠를 집으로 오게 해야 할걸요."

상담 교사는 가까이 다가가서 매디슨의 어깨에 손을 얹었다. "매디슨, 이게 이런 일이 일어난 이유였니? 너는 나빠져서 아빠를 집으로 오게 하고 싶었니?"

눈물을 흘리며 매디슨은 아빠가 파견되기를 원하지 않고 집으로 올 수 있기를 희망

긍정적 행동 지원의 단계

긍정적인 행동 지원을 학급에서 활용하기 위해 다음과 같은 것이 필요하다.

1. 당신의 행정가와 긍정적인 행동 지원을 도입하는 것에 대해 토론하라. 당신의 계획에 대해 후원받을 것을 확신하라.
2. 당신의 학급 경영 전략, 규칙, 결과, 절차가 당신이 원하는 교실환경을 조성하는지를 알기 위해 이를 검토하라.
3. 당신의 행동과 상호작용을 평가하라. 당신은 당신이 바라는 모델인가?
4. 행동을 예방하기 위해 3단 접근을 도입하라.
5. 학생 행동을 변화시키기 위해 긍정적인 강화 체계를 창안하라.

한다고 설명했다. 그다음 수 주에 걸쳐 매디슨과 그녀의 어머니는 상담 교사와 정기적으로 만났다. 마침내 테레사는 매디슨이 예전의 행동으로 돌아온 것을 보았다.

PBS에 대한 학교 차원의 접근

PBS의 원리는 개인 교사 혹은 전체 학교에 의해 활용될 수 있다. 가장 효과적인 것은 학교나 교육구에 의해 채택되어질 때다. 이것은 학생들이 모든 교사, 행정가, 직원으로부터 일관성 있게 메시지를 받아야 한다는 사실을 확인시켜 준다. 부적절한 행동을 예방하기 위한 적절한 방법에 대해 공유하고 있는 이상적인 견해는 교사와 직원들의 훈련이 일관적이어야 하고, 모든 제삼자들이 문제해결 접근법에 대해 일치된 견해를 가지고 있어야 한다는 점이다(Carr et al., 2002).

PBS가 교실관리 모형으로 채택되어진 학교에서는 학교 차원의 PBS 모든 과정을 안내하기 위해 지도 팀이 만들어진다. 이 팀의 첫 과업은 바람직한 학생 행동에 대한 제삼자들 간의 합의점을 이끌어 내고, 이것을 학교 차원의 기대로 표명하는 것이다. 많은 학교에서는 학교의 모든 측면에 이 기대가 확실하게 적용되어지는 기대 모형을 개발한다. 표 11.1은 그와 같은 모형의 예를 제시한다. 지도 팀은 이러한 기대를 충족시킨 학생들을 인정하는 방법 또한 규명한다. 긍정적 행동에 대한 격려책은 개인 보상에서부터 집단 보상까지 포괄한다.

표 11.1 **학교 기대 모형의 예**

학교 기대	준비사항	준수사항	존중사항
교실	▪ 학급에 필요한 모든 준비물을 가져온다. ▪ 수업 시작할 때 완성된 숙제를 내놓는다. ▪ 시간을 지킨다. ▪ 지정된 자리에 앉는다. ▪ 옷을 적절하게 입는다. ▪ 주어진 지시를 따른다.	▪ 모든 수업시간에 적극적으로 참여한다. ▪ 시간을 현명하게 활용한다. ▪ 필요할 때 도움을 요청한다. ▪ 학용품과 활동 공간을 소중히 한다. ▪ 자신의 소지품과 학용품을 정리한다.	▪ 다른 사람이 이야기할 때 듣는다. ▪ 학교 재산을 정해진 사용법에 따라 사용한다. ▪ 다른 사람의 소지품을 건드리지 않는다. ▪ 학습 영역을 깨끗이 하고 정돈한다. ▪ 다른 사람을 때리지 않는다. ▪ 적절하고 비모욕적인 어휘와 태도를 취한다.
복도	▪ 차례대로 걷는다. ▪ 조용히 대화한다. ▪ 수업종이 울리면 교실로 이동한다. ▪ 걷는다.	▪ 모독이나 모욕적 언어를 사용하지 않고 말한다. ▪ 수업종 소리를 들으면 교실로 간다. ▪ 난폭한 놀이를 삼간다.	▪ 사람들이 복도를 왕래하도록 공간을 둔다. ▪ 때리거나 발로 걷어차지 않는다. ▪ 자신이 떨어뜨린 것을 줍는다. ▪ 복도를 깨끗이 한다.
식당	▪ 돈을 가지고 간다/돈 낼 차례를 기다린다. ▪ 식판과 음식을 가지고 자리에 앉는다.	▪ 먹고 난 자리를 깨끗하게 한다. ▪ 조용히 이야기한다. ▪ 식판에 음식을 놓는다. ▪ 줄을 지어서 적절하게 교실로 돌아간다.	▪ 공손하게 말한다. ▪ 자리를 너무 넓게 차지하지 않는다. ▪ 훌륭하게 식탁 예절을 지킨다. ▪ 학교와 개인적 재산을 적절하게 사용한다.
화장실	▪ 가장 가까운 시설물을 이용한다. ▪ 바로 화장실로 들어가고 바로 나온다. ▪ 쉬는 시간을 이용한다.	▪ 문제가 있을 때 직원에게 알린다. ▪ 사용법에 따라 시설물을 사용한다.	▪ 화장실 용품들을 적절하게 사용한다. ▪ 휴지통을 사용한다. ▪ 다른 사람의 사생활을 존중한다.

긍정적 행동 지원 계획에서 지속적으로 문제행동을 보이는 학생은 개입을 위해 학교 차원의 팀에게 보내진다.

PBS를 채택한 학교 팀은 학생들에게 규칙과 절차를 가르치는 데 있어 시간이 필요하다는 사실을 이해해야 한다. 하지만 그들은 문제행동을 예방하기 위해 들인 시간이 결과적으로 훈육 문제에 반응하기 위해 들인 시간보다 더 적다는 사실을 알고 있다. 만약 문제행동으로 사무실로 보내지는 학생 수가 줄어들 수 있다면 행정가들은 그들이 절약한 시간을 추가적인 개입을 필요로 하는 학생들과 일대일로 활동하는 데 투자할 수 있다는 것이 학교 차원의 PBS를 채택한 사람들의 믿음이다. 따라서 교사들을 위한 훈련은 교사를 돕는 데 있으며, 관리자는 교사들이 다룰 수 있는 행동과 행정적으로 개입해야 할 행동을 구별하게 된다. 교사들 사이의 일관성을 확실하게 하기 위해 지도 팀은 교사들이 활용할 직접 교수법에 근거한 각본 수업을 개발하기도 한다.

학교 차원의 PBS를 채택한 학교들은 채택된 방법이 바람직한 결과를 낳고 있는지를 확인하기 위해 자료를 수집해야 한다(Lewis et al., 2006). 학교 차원에서의 PBS는 학교 안에서 발생하는 문제를 이해하는 데 있어 정확하고 신뢰성 있는 위탁 훈육 자료를 가지고 있다. 그 자료의 분석으로 인해 지도 팀은 학교 문제의 유형을 규명하고, 개입을 위해 창의적으로 중지를 모으며, 기대하는 행동을 보이는 학생들을 보상하는 것이 가능해진다. 그다음 이 자료를 직원, 학생, 학부모와 공유한다.

월요일 정오마다 포트풀턴 PBS 지도 팀은 점심을 먹으면서 업무를 본다. 팀이 자리에 앉으면 스탠은 일정표를 나누어 준다. "포크스, 당신도 알다시피 오늘 우리는 해야 할 일이 많아요. 그래서 가능한 한 빨리 시작했으면 좋겠어요. 필립, 당신은 사무실 위탁에 대한 가장 최근 분석에서 어떤 결과를 얻었나요? 알게 된 것을 이야기할 수 있나요?"

교감 필립 리처드슨은 그 주의 위탁 상황을 보여 주는 보고서를 건넨다. "여러분도 알다시피 지난주 우리의 위탁 상황은 이와 같습니다. 거의 모든 문제가 2명의 새로 온 버스 기사 때문에 발생했네요. 나는 그들이 우리의 PBS 프로그램과 우리의 학생에 대한 기대를 알지 못하고 있다고 생각됩니다. 나는 신규 버스 기사 2명에게 훈련 시간을 의논하기 위해 운송 사무실에 들러 조 밀러를 만났습니다. 다음 주 모든 교사가 아침에 시간을 내서 학생들과 함께 버스 관련 행동에 대한 우리의 기대를 점검했으면 하는데요. 궁금한 점 있습니까?"

PBS 교실 밖 전략

PBS는 교실에서뿐 아니라 대다수 학생들이 모이고, 학생 사이의 사회적 상호작용이 일어나며, 성인의 감독은 최소화되는 학교의 다른 영역으로 확장되어질 때 가장 효과적이다. 학교의 이러한 영역은 교실과는 다른 일련의 관리상의 도전을 제공한다. 예방은 문제를 감소시키는 핵심이며, 안전하지 못한 물건을 제거하고, 방해되는 견해를 배제하며, 통행 방식을 변화시키거나, 특정 영역에 모이는 학생 수를 줄이기 위해 일정표를 조정하는 것 등을 포함한다. 규칙과 절차의 준수를 격려하기 위해 몇몇 학교는 학교 규칙 및 절차를 잘 준수한 학생 사진을 포스터로 만들어 교실 밖 환경에 게시한다. 교실 밖 영역에 대한 효과적인 관리는 **사전 교정**(precorrection), 교사들이나 직원에 의한 **적극적 감독**(active supervision), 긍정적 강화, 모델링이라는 4개의 과정을 필요로 한다(Newcomer, Colvin, & Lewis, 2009).

사전 교정은 학생이 부적절하게 반응할 기회를 가지기 전에 적응하도록 만들기 위해 사용된다. 교사는 문제행동의 발생을 예측할 때 사전 교정을 활용한다. 사전 교정하는 동안 교사 혹은 행정가는 학생에게 기대되는 행동을 상기시키며, 바른 행동에 대한 강화를 제공한다. Newcomer(2009)는 사전 교정의 두 가지 목표를 (a) 문제행동의 제거 혹은 감소, (b) 문제행동을 대치할 기대되는 행동의 설정으로 규명한다. 사전 교정은 교실에서 교실 밖 환경으로 이동할 때 필수적이다.

교실 밖 상황에서 문제를 예방하기 위한 두 번째 전략은 행정가, 교사들, 직원에 의한 적극적 감독이다. 적극적 감독은 근접 통제의 개념을 교실 외부의 영역으로 확장시킨 것이다. 학생들은 교사들과 행정가가 입장해 있거나 가까이 있음을 알게 될 때 적절한 행동을 보인다. 이것이 많은 학교가 수업 이동 시 교사로 하여금 교실 문밖에 서 있도록 요구하는 이유이다. 학생들이 모이거나 사회적으로 상호작용하는 영역에 대한 시각적 주시는 발생할 수도 있는 많은 문제행동을 예방한다.

교사와 학생 사이의 긍정적 상호작용의 양을 증대시키는 것은 교실 밖 상황에서 행동을 증진시키는 세 번째 전략이다. 인간 행동에 대한 기본 원리는 행동이 주로 환경의 산물이며 적절한 행동은 부정적 결과보다는 긍정적 결과에 의해 보다 효과적으로 조성된다는 사실을 제시한다. 따라서 교사와 학생의 상호작용이 교실 밖 영역에서 높은 정도로 요구되어진다.

마지막으로 교사는 그들이 바라는 행동을 모델로 보여 주는 것이 중요하다. 학생들이 학교 복합 시설의 어떤 장소나 복도에서 이야기할 수 없음을 듣게 될 때, 그러나 선생님들은 이 장소에 모여 있거나 이야기 나누는 것을 보게 될 때 학생들은 혼란스러운 메시지를 받게 된다. 교사는 그들이 학생에게 기대하는 행동을 모델로 보여 주어야만 한다.

버스 기사에 의해 학생들이 사무실로 보내지는 일이 증가하고 있었기 때문에 포트풀턴의 행정 팀은 이러한 일을 예방하는 데 더 많은 주의를 기울여야 한다고 느꼈다. 그들은 버스 타는 장소에서 그리고 버스에서 적절한 행동을 하는 학생들의 포스터를 만드는 일부터 시작했다. 이 포스터들은 출구 쪽 복도에 게시되었다. 교사들은 학급 회의를 열어 버스 타는 곳과 버스 타는 것에 대한 규칙과 절차에 대해 학생들과 토론하도록 요청되어졌다. 각 교원은 학생들이 버스 타러 가기 전에 버스 관련 행동에 대한 학교의 기대를 검토하기 위해 사전 교정으로 약간의 시간을 가진 것이다.

교실전략

Newcomer(2009)는 PBS를 이행하는 가장 결정적인 환경은 교실임을 언급했다. PBS가 학교 차원에서 주도적으로 시행될 때 가장 효과적이기는 하지만, 학교 차원의 프로그램을 적용하지 않는 학교의 교사들도 교실관리 모형으로 PBS의 원리를 또한 활용할 수 있다. 효과를 보기 위해서 교사는 PBS를 지원해 준다고 규명되어진 **교실 실천 강령**(classroom universals)을 활용해야만 한다. 교실 실천 강령은 문제행동의 발생을 예방

○ **현장 비결**

나는 3개의 고리가 달린 공책을 조립하고 학년도 시작 즈음에 학생 1명당 한 페이지씩 배당함으로써 책임감 있는 학생들의 행동을 추적한다. 학년도 첫날 나는 학생들에게 그들의 빈 페이지를 보여 주고 학년도가 모두 끝날 때까지 이것을 공란으로 남겨 두는 도전을 하게 한다. 학생이 규칙 하나를 위반하면 학생은 행동 공책으로 가서 무엇을 위반했는지 간단하게 기록해야 한다. 만약 내가 그 내용에 동의하면 거기에 날인을 하고 날짜를 적는다. 이 페이지는 성적 처리 기간 말에 보고 카드와 함께 집으로 보내진다. 다음번 성적 처리 시작 시기에 모두는 새로운 출발

을 하게 되는 것이 핵심이다. 만약 학생이 1년 내내 공란으로 페이지를 유지하면 나는 1년 동안의 훌륭한 행동에 대한 칭찬의 글을 따뜻한 마음으로 기록해 원래의 공란 페이지와 함께 보낸다.

Maribeth Petery
4학년 교사
Clay 초등학교
Ephrata, Pennsylvania

하는 데 결정적인 동시에 학업 성취를 증진시키는 조직적이고 또한 교육적인 교사의 실천 방안을 제시한다. PBS에서 사용되는 세 가지 교실 실천 강령은 다음과 같다.

1. 규칙과 일정의 규명과 교수. 교실규칙과 기대가 개개 교실의 독특한 특징을 반영함에도 불구하고 그것은 더 큰 학교 차원의 기대와 연결되면서 또한 학교 차원의 기대를 반영해야 한다. 학교 차원의 기대와 연결됨으로써 학생들은 교실기대가 학교 맥락에서 어떻게 부합되는지를 학습한다. 학교 차원의 기대와 같이 이러한 규칙들은 학년도 시작의 수 주 동안 가르쳐지며 규칙적으로 검토되어진다.

2. 교실의 물리적 구조의 설정. 이것은 학생들의 책상과 학생들이 사용하는 설비의 배열을 포함한다. 이것은 또한 교실규칙의 게시를 포함한다. 성공적인 교실에서는 학생들이 과제를 해결하는 법, 유인물과 숙제를 제출하는 법, 교실을 나가는 법 등에 대한 절차가 개발되어진다.

3. 교사와 학생의 긍정적 상호작용을 증진하기 위한 교수 전략의 활용. PBS 모형을 활용하는 교사는 긍정적인 학습 환경을 조성하기 위해 대기 시간, 주의, 교수 용어 사용법에 대해 훈련을 받는다. Newcomer(2009)는 "교수는 적절한 학생 행동을 위해 가장 결정적으로 우선 수행될 수 있다."고 말했다(p. 9). 이것은 참여적이고 구조적인 교수 활동을 활용함으로써 교사는 학생들의 과제 참여를 증진시킬 수 있으며 문제행동의 발생을 줄일 수 있음을 의미한다.

○ 현장 비결

PBS를 시작하면서 우리는 특히 사무실 위탁과 같은 행동 상에서 놀라운 증진이 일어남을 보았다. 우리가 기대하지 않았던 추가적인 보너스는 우리 학교 전체 환경이 변화되었다는 점이다. 교사들은 더 이상 학생들에게 '카드를 당기도록' 소리치지 않는다. 오히려 학생들이 행한 보상받을 만한 좋은 일이 없나 살펴본다. 우리 교원들은 더 행복해졌고 학생들도 마찬가지이다. 가장 크게 도움받은 영역은 이동 영역(복도, 버스 탑승 지역 등), 화장실이나 식당 같은 장소이다. 그러한 영역에서 어떻게 행동하는가의 절차는 각 교실에서 교사에 의해 설명되어졌고 또한 실행되어졌다. 사업체들은 티셔츠나 상품을 구매하도록 수백 달러를 기부했다. 우리의 마스코트는 팬더이므로 학생들이 좋은 일을 했을 때는 팬더 발(Paw) 카드를 받는다. 발 카드는 구내 가게에서 상품에 대한 한 포인트의 가치를 가진다. 가게가 열리기 수 주 전 연필에서부터 자전거, 비디오게임기에 이르기까지 모든 상품의 그림이 학교 전역에 포스터로 게시된다. 이것은 학생들을 정말로 '준비한다, 책임을 진다, 존중한다' 와 같은 학교 차원의 규칙을 준수하는 데 사로잡힐 만큼 열심히 추가로 노력하도록 동기화한다.

Amy Whitworth
PBS 팀의 팀장
Pleasant View 초등학교
Pleasant View, Tennessee

학교 차원의 PBS 프로그램은 종종 교실 교사의 중요한 역할을 간과한다. 또한 교사가 예방 기법에 대해 훈련받는 것은 종종 가장 적은 관심을 받아 왔다. 그 결과는 학교 차원의 PBS 실행에 있어서의 비일관성이다. 따라서 각 학교의 교실은 교실 실천 강령에 근거해 일치되어야 하며 교사는 이것을 실행함에 있어 훈련받아야 한다.

포트풀턴에서 첫 수 주 동안 테레사는 교수 활동과 학생 행동 사이의 관련성에 대한 연수회에 참여하도록 초대를 받았다. 숙련된 교사로서 테레사는 자신의 행동이 학생들에게 어떻게 영향을 주는지 이해하고 있다고 생각했다. 그러나 연수 동안 그녀는 자신의 행동을 증진시키기 위해 할 수 있는 많은 것들이 있음을 깨달았다. 그녀는 그녀와 학생들이 과제에 몰두하도록 일일 일정표를 붙이기 시작했다. 그녀는 학생들에게 업무를 부과해서 유인물이나 점수가 주어진 과제물을 배부하는 데 시간이 덜 낭비되도록 했다. 그녀는 매일매일 각 학생과 긍정적인 상호작용을 가짐을 확인하기 위해 도표를 그렸다. 그녀는 곧 이 모든 전략이 행동을 증진시킬 뿐 아니라 학업 성적 또한 높이는 것을 깨달았다.

어려운 학생 다루는 전략

어려운 학생들을 다루기 위한 PBS의 접근은 행동 개입과 어려운 문제행동을 보이는 학생에 대한 사고의 근본적 전환을 요구한다. Bambara, Nonnemacher, Kern(2009)은 PBS가 "결과보다는 예방을, 표준적인 훈육적 개입보다는 개별화를, 배제보다는 포함에 대한 강조를 수용할 것을, 그리고 확고한 신념과 실천을 허용하도록" 요구함을 언급했다(p. 173). 따라서 어려운 학생에 대한 반응은 그 학생을 처벌하는 방법에 있는 것이 아니라 어떻게 그의 행동을 변화시키고 새로운 기술을 학습하도록 도울 수 있는 가에 있다.

3단 접근의 제3단의 개입은 이 학생들에게 사용된다. 가장 보편적인 개입은 기능적 행동 분석이다. 이 접근은 장애를 가진 학생들에게 요구되어진 것이지만 모든 학생에게 성공적으로 적용되어진다. 제2장에서 보다 자세하게 이 과정이 진술되어 있다.

긍정적 행동 지원의 장점과 단점

연구들은 PBS가 도전적으로 행동하는 학생을 돕는 데 효과적임을 보여 준다. 사실 연구들은 PBS가 학교 차원에서 수행될 때 장애를 가진 학생이나 그렇지 않은 학생 모두 혜택을 받게 됨을 보여 준다(Cohn, 2001). Cohn은 15년간 수행되어 온 PBS 연구가 학생과 학교에서 긍정적 행동을 증진시키는 데 효과적임을 언급했다. 체계적으로 개입하는 학교에서는 학업 활동에 참여하는 시간이 증가되고 학업 성취 또한 증진되었음이 보고되어진다.

게다가 Cohn은 문제행동 예방을 위해 학교 차원의 개입을 채택한 학교는 사무실 위탁의 비율이 60%에서 20%로 감소되었다는 사실을 발견했다. 이러한 감소와 함께 예방될 수 있는 훈육에 대한 시간은 줄어들고, 심각한 훈육에 보다 많은 시간이 투여되었다.

PBS 모형에 대한 주요한 비판은 많은 교사들에게 있어 PBS의 실행이 시간을 소요한다는 점이다. 학생들에게 규칙과 절차를 상기시키는 데 많은 시간이 소비되어야 한다. 교사는 효과를 보기 위해서는 PBS 이면의 원리를 일관성 있게 적용시키기 위해 훈련받아야만 한다. Bambara와 동료들(2009)은 만약 PBS를 실행함에 있어 교사가 성공하려면 교장의 지원이 결정적임을 밝혔다.

Marshall(2009)은 PBS를 보다 철학적 수준에서 비판한다. PBS가 비둘기, 생쥐, 그리고 기타 다른 동물들과 작업한 B. F. Skinner의 소산임을 주목하면서 그는 학생들에게 그것을 활용함에 대해 의문을 제기한다. 그는 이 모형이 특별한 욕구를 가진 학생들에게 효과가 있음을 인지하지만, 그 프로그램을 전체 학교 구성원 모두에게 활용하도록 결정한 행정가를 비판한다. Kohn(2006)은 PBS가 꼭 "빛나는 새 병에 담긴 낡은 스키너 스타일의 포도주"(p. 138) 같다고 진술한다. 그는 PBS가 학교 차원에 적용되어진 낡은 행동주의적 기법임을 주장한다.

교실에서의 긍정적 행동 지원

시나리오

테레사가 겨울 임시 방학을 마치고 학교에 나왔을 때 메일을 가지러 사무실에 잠깐 들러서 학교 직원에게 인사를 했다. 테레사에게 3개의 서류철을 주면서 그 직원은 말했다. "당신은 오늘 3명의 새 학생들을 맞게 될 거예요. 그들 부모는 임시 방학 기간에 등록을 하기 위해 왔었어요."

테레사는 학급 구성원이 항상 변화되어 온 것에 익숙해 있었다. 두 학생이 추수감사절에 전학을 갔고 겨울 임시 방학을 앞둔 마지막 수업일에 3명이 더 전학을 갔다. 군인 가족의 일원으로서 그녀는 학교를 떠나고 새 학교에 입학할 때 수반되는 감정을 이해한다. 따라서 그녀는 교실을 떠난 각 학생이 그녀와 함께 한 시간들에 대해 긍정적인 기억을 가지도록 가외의 노력을 했으며 모든 학생이 환영받는다는 느낌을 가지도록 노력했다.

그녀가 처음 PBS 모형을 사용하기 시작했을 때 학급 구성원의 일상적 변화는 도전으로 여겨졌다. 규칙과 절차를 가르치는 것은 PBS의 성공에 아주 결정적이므로 그녀는 새 학생이 올 때마다 항상 가르쳐야만 하는 것에 대해 걱정했다. 하지만 그녀는 곧 PBS가 학교 차원에서 채택되고 있기 때문에, 이 체계가 학교의 기대를 학생과 학부모에게 가르침에 있어 자리를 잡았음을 알았다. 즉 매주 월요일 오후마다 새 학생과 부모에 대한 예비 교육이 실시되었다. 새 학생을 맡은 선생님도 참석해, 집단 만남 이후에 이들을 만나 학급의 특별한 규칙이나 절차를 설명하도록 요구되었다.

첫 시간과 두 번째 시간 사이에 테레사는 복도에서의 학생 움직임을 살펴보면서 문 앞에 서 있었다. 그때 새 얼굴이 그녀의 교실 문 앞에 나타났다. 다가가서 그와 악수를 하며 그녀는 말했다. "너 데빈이 틀림없지?" 데빈을 책상으로 안내하며 테레사는 계속 말했다. "제이크 옆에 네 자리를 마련해 놓았다. 만약 교실규칙 혹은 절차 그 밖의 것을 어떻게 해야 하는지 궁금하면 제이크에게 물어보렴. 일단 모두를 조용하게 한 후 네가 더 알도록 하기 위해 다시 올 거야."

요약

1997년 장애인 교육법에 대한 수정법안이 법제화되었을 때 긍정적인 행동 지원(PBS)은 대부분 학교의 교실관리 체계 중 중요한 일부가 되었다. PBS는 심각한 행동 장애를 가진 학생들에 대해 긍정적 행동 지원과 기능적 행동 평가를 활용할 것을 요구했다. 그때 이래로 연구들이 심각한 행동 문제를 가진 학생들을 위해 사용되었던 전략이 일반 학생들에게도 효과적임을 밝혀냄에 따라 7,000여 개의 학교가 주요한 관리 계획으로 PBS를 채택했다.

　　PBS의 기초는 훈육의 예방을 위한 3단 접근이다. 3단 접근의 첫 번째 수준은 문제행동의 발달과 빈도를 예방하는 데 초점을 둔 1차 예방이다. 2차 예방인 제2단은 개별화되어진 행동 관리 프로그램과 특정 집단 개입을 포함한다. 마지막 단인 3차 예방은 위험하고 매우 소란스러운 행동 양상을 보이거나 학습 개입을 방해하는 학생들에게 초점을 맞춘다.

주요 용어

이 용어들에 대한 정의는 용어해설에 제시되어 있다.

긍정적 행동 지원	1차 예방
교실 실천 강령	2차 예방
사전 교정	3단 접근
적극적 감독	3차 예방

관련 활동

이론에 대한 성찰

1. 레스닉 씨의 6학년 교실에서 학생들은 종종 논쟁을 한다. 이 격렬한 논쟁의 대부분은 한 학생이 다른 학생을 경멸하는 투로 이름을 부를 때 시작된다. 그녀가 개입하게 되면 보통 "단지 장난으로 그랬어요."라는 이야기를 듣는다. 레스닉 씨는 6학년 학생들의 행동을 변화시키기 위해 긍정적 행동 지원을 어떻게 활용할 수 있을 것인가?

2. 어떤 사람은 긍정적 행동 지원이 고부담 평가(high-stakes testing)가 시행되는 학교에서는 할 여유가 없는 사치스러운 것임을 제시한다. 당신은 이에 동의하는가? 동의하지 않는가?

3. Bambara와 동료들(2009)은 PBS가 "결과보다는 예방을, 표준적인 훈육적 개입보다는 개별화를, 배제보다는 포함에 대한 강조를 수용할 것을, 그리고 확고한 신념과 실천을 허용하도록" 요구함을 언급했다(p. 173). 이것은 무엇을 의미하는가? 문제 학생을 다루는 적절한 방법에 대해 교사가 고려해야 하는 확고한 신념이란 무엇인가?

포트폴리오 자료 개발하기

1. 당신이 관찰한 교실에서 학생들이 결여하고 있는 것으로 보여지는 일반적인 사회적 기술은 무엇인가?

2. 당신의 교실에서 시행하고 있는 한 절차를 고려하라. 이 절차를 학생들에게 가르치기 위한 학습 계획을 세워라.

개인 교실관리 철학 개발하기

1. 긍정적 행동 지원의 개발 이면에 있는 철학을 검토하라. 이 철학은 당신의 개인적인 교실관리 철학과 일치하는가? 어떻게 일치하는가? 어떻게 일치하지 않는가?

2. 긍정적인 행동 지원은 생산적 생활을 위해 요구되는 사회적 기술을 가르치는 것은 교실 교사의 책임이라는 가정에 근거하고 있다. 다른 사람들은 이러한 '삶'의 기술을 가르치는 것은 부모와 지역사회의 책임이라고 주장한다. 이 논쟁점에 대한 당신의 입장은 무엇인가? 그 이유를 설명하라.

3. 당신 교실에 긍정적 행동 지원을 도입시키고 있는가? 그 이유는 무엇인가? 그렇지 않은 이유는 무엇인가? 당신의 교실관리 계획에 확실하게 도입하고자 하는 어떤 전략이 있는가? 그 이유는 무엇인가?

후속 연구 자료

긍정적 행동 지원에 대한 추가적인 정보, 교실에서 활용할 자료를 구하고자 한다면 아래 주소로 연락하라.

OSEP Center on Behavior Interventions and Support

http://www.pbis.org

참고문헌

Bambara, L. M., Nonnemacher, S., & Kern, L. (2009). Sustaining school-based individualized positive behavior support: Perceived barriers and enablers. *Journal of Positive Behavior Interventions, 11,* 161–176. doi 10. 1177/1098300708330878.

Carr, E. G., Dunlap, G., Hormer, R. H., Koegel, R. L., Turnbull, A. P., & Sailor, W. (2002). Positive behavior support: Evolution of an applied science. *Journal of Positive Behavior Interventions, 4,* 4–16.

Cohn, A. M. (2001). Positive behavior supports: Information for educators. *NASP Resources.* Retrieved December 30, 2009, from www.nasponline.org/resources/fastsheets/pbs_fs.aspx.

Jones, F. (2008). *Tools for Teaching* implements PBIS level II: Secondary prevention in the classroom. *Education World.* Retrieved October 12, 2009, from http://www.educationworld.com/a_curr/columnists/jones/jones038.shtml.

Kohn, A. (2006). *Beyond discipline: From compliance to community* (10th anniversary edition). Alexandria, VA: Association for Supervision and Curriculum Development.

Lewis, T. J., Newcomer, L. L., Trussell, R., & Richter, M. (2006). Schoolwide positive behavior support: Building systems to develop and maintain appropriate social behavior. In C. Evertson & C. Weinstein (Eds.), *Handbook of classroom management: Research, practice, and contemporary issues.* Mahwah, NJ: Lawrence Erlbaum Associates.

Marshall, M. (2009). Commonly used counterproductive approaches. Retrieved December 26, 2010, from http://www.marvinmarshall.com/counterproductive_approaches.htm.

Newcomer, L. (2009). Universal positive behavior support for the classroom. *PBIS Newsletter.* Retrieved October 12, 2009, from http://www.pbis.org/pbis_newsletter/volume_4/issue4.aspx.

Newcomer, L., Colvin, G., & Lewis, T. J. (2009). Behavior support in nonclassroom settings. In W. Sailor, G. Dunlap, G. Sugai, & R. Horner (Eds.), *Handbook of behavior support.* New York: Springer. doi: 10.1007/978038709632221.

Sugai, G., Horner, R. H., Dunlap, G., Heineman, M., Lewis, T. J., Nelson, C. M., & Wilcox, B. (2000). Applying positive behavior support and functional behavioral assessment in schools. *Journal of Positive Behavior Interventions, 2,* 131–143.

Trussell, R. P. (2008). Classroom universals to prevent problem behaviors. *Intervention in School and Clinic, 43,* 179–185. doi: 10:1177/1053451207311678.

갈등 해결과 동료 중재   **12**

목표

제12장에서는 예비 교사들을 INTASC 기준 3항(다양한 학습자), 5항(동기와 관리), 9항(반성적 실천인)에 부합되도록 준비시키고자 한다. 이를 위해 다음과 같은 사항을 수행하도록 돕는다.

- 갈등 해결과 동료 중재 이면에 있는 기초 원리를 이해한다.
- 갈등 해결에 대한 접근을 평가한다.
- 성별, 성 정체성, 계급, 민족성, 신체적 · 정신적 능력의 차이로 인한 갈등을 감소시키기 위해 갈등 해결과 동료 중재를 어떻게 활용할 수 있는지를 배운다.
- 교실에서 갈등 해결과 동료 중재의 전략을 어떻게 적용할 수 있는지를 배운다.
- 교실에서의 갈등의 근본 이유를 이해한다.
- 교실에서 갈등 해결 접근을 활용함에 대한 적절성을 평가한다.
- 문제행동을 다루기 위해 갈등 해결의 원리를 활용한다.

시나리오

3학년 교사 제니퍼 커닝엄은 컴퓨터 영역에서 크게 부딪히는 소리를 들었을 때 앨리슨의 수학을 도와주고 있는 중이었다. 그녀가 컴퓨터 영역에 다가갔을 때 의자가 뒤집어지고, 하밀은 마루 위에 나뒹굴고 있고, 손이 하밀을 쳐다보며 서 있음을 발견했다. 하밀이 일어나도록 도와주면서, 그녀는 물었다. "너희 두 소년, 여기서 무슨 일이 일어났는지 나에게 말해 주겠어요?"

명백하게 당혹스러워하며 손이 재빨리 설명했다. "내가 컴퓨터를 사용할 시간이었어요. 그런데 하밀이 비켜 주지 않았어요. 나는 그를 의자 밖으로 밀었어요. 그러자 의자가 뒤집어졌어요. 내가 그를 해치려고 한 건 아니에요."

하밀이 손을 돌아보았다. "난 다치지는 않았어. 그러나 네가 나를 밀어낼 일은 아니야. 나는 게임을 끝내자마자 너에게 컴퓨터를 사용하게 해 주려고 했단 말이야."

커닝엄 씨가 논쟁을 중지시켰다. "좋아요, 우리 이에 대해 이야기 좀 합시다. 손, 우리 규칙 중 무엇을 위반했지요?"

"허락 없이 다른 사람에게 손대지 않기요."

"이 규칙을 위반하면 어떤 결과가 주어지지요?"

"방과 후 집에 못 가고 학교에 있어야 해요."

하밀을 돌아보면서 커닝엄 씨가 물었다. "그리고 하밀, 너는 컴퓨터 사용에 대한 우리의 절차를 따르지 않았어. 그렇지요? 우리의 절차를 따르지 않은 것에 대한 결과는 무엇이지요?"

"다음번에 컴퓨터를 사용할 수 없어요. 그렇지만 선생님, 나는 단지 몇 분만 더 필요했을 뿐이에요. 손은 기다려야 했다고요. 그는 나를 밀지 말았어야 했다고요."

그 상황에서 유일하게 잘못한 사람이 되기를 원치 않는 손이 재빨리 말했다. "너는 항상 컴퓨터를 끼고 살잖아. 그것은 공정치 못해. 너는 너무 이기적이야."

"좋아요. 소년들, 됐어요. 나는 누가 잘못했는가, 누가 처벌받아야 하는가보다는 너희 둘 서로의 관계에 대해 관심을 더 많이 가지고 있어요. 자, 나는 너희 둘 사이에서 이 문제를 해결할 기회를 주고 싶어요. 평화 코너(Peace Corner)에 가서 이 문제를 해결해 볼래요?"

두 소년은 동시에 말했다. "네, 선생님."

"좋아요. 둘이 끝내면 나에게로 와서 앞으로 이런 일이 발생되지 않도록 하기 위해 어떤 계획을 세웠는지 말해 줘요."

들어가는 말

여러 학교에서 훈육 계획의 일환으로 교실의 많은 문제를 해결하기 위해 갈등 해결과 동료 중재를 수용했다. Peterson(1997)은 1995년 무렵 미국 학교에 5,000여 개의 그와 같은 프로그램이 있었고, 그 수는 매년 늘어나고 있음을 발견했다. 어떤 경우에 갈등 해결과 동료 중재는 커닝엄 씨와 같은 개인 교사에 의해 사회 기술을 가르치고 교실갈등을 해결하기 위한 수단으로 활용되어진다. 또 다른 경우에 이것에 대한 참여, 지원, 자원이 일개 교실을 넘어서서 전 학교 차원으로 확장되어진다.

Donna Crawford와 Richard Bodine은 갈등 해결에 대해 가장 빠르게 가장 잘 알려진 접근 중 하나를 개발했다. 그들은 갈등을 생활의 불가피한 부분으로 보았고 그것에 건설적으로 대처하는 법을 배우는 것은 평화스러운 학교와 성공적인 생활에 있

갈등 해결과 동료 중재의 단계

교실에 갈등 해결과 동료 중재를 활용하기 위해 당신은
아래와 같은 것을 할 필요가 있다.

1. 교실 안에서 발생하는 갈등의 원천을 평가하고, 그
   논쟁점에 대한 당신의 기여도를 확인하라.
2. 교사의 역할로 당신이 어떤 갈등을 제거할 수 있는
   지를 확인하라.

3. 직접적인 교수나 혹은 통합되어진 교육 과정을 통
   해 갈등 해결 기술을 학생들에게 가르쳐라.
4. 당신의 도움과 함께 학생들이 갈등 관리 기술을 실
   행해 보도록 기회를 제공하라.
5. 광범위한 교실갈등을 해결하기 위해서는 학급 회의
   를 개최하라.

어 필수적임을 제시했다. Bodine, Crawford, Schrumpf(1994)가 주목했듯이 "갈등은
자연스러운 것이며, 생활의 생생한 일면이다. 갈등이 이해되어지면 그것은 학습하고
창조하는 기회가 될 수 있다. 갈등에 놓인 학생들이 해야 할 도전은 인간관계에서 창
의적인 협력의 원칙을 적용하는 것이다."(p. 51)

　　Crawford와 Bodine(1996, 2001)은 갈등 해결을 전통적인 교실관리 프로그램에 대
적할 만한 대안으로 보았다. 왜냐하면 그들은 교실 문제행동의 많은 것이 실제적으로
해결되지 않은 갈등이라는 사실을 발견했기 때문이다. Johnson과 Johnson(2006)은
"모든 훈육 문제는 갈등이다. 그러나 모든 갈등이 훈육 문제는 아니다."(p. 830)라는
사실을 제시했고 또 이에 동의했다.

　　교사가 우선적으로 문제행동을 생성한 그 문제를 다루지 않고, 갈등으로 야기되
는 논쟁점을 관리하려 할 때 갈등은 훈육 문제로 발전하게 된다. 학생들은 그들 행동
이 일시 중지, 방과 후 학교에 남기, 정학, 퇴학 같은 전통적 관리 방법인 처벌에 의해
통제되어질 때 그들은 문제행동을 다루는 대안적 방식에 대해서는 아무것도 학습하
지 못한다. 따라서 갈등 해결 교육은 처벌에서 초점을 이동시켜야 하고 아래와 같은
목표를 가져야 한다.

- 공격성이나 폭력 사건이 줄어드는 안전한 학습 환경을 조성하기
- 학생들이 아이디어와 감정을 표현하기에 안전하게 느껴지는 생산적 학습 환경
  조성하기

> ▪ 그들 자신의 것과 다른 가치를 다룰 수 있는 수단을 제공함으로써 사회적·정서적 발달을 고양시키기
>
> ▪ 사회정의가 사고의 기초가 되는 생산적 갈등의 공동체 조성하기(Jones, 2007)

교실갈등의 원인

Bodine과 동료들(1994)이 강조했듯이 갈등은 생활의 일부이다. 갈등 없이는 인간적 성장이나 사회적 변화가 있을 수 없다. 학생들이 그들의 삶을 통해 직면하게 될 갈등의 유형을 효과적으로 다루도록 학습하는 것은 중요하다. 사실 Girard와 Koch(1996)는 갈등은 학교의 잠재적 교육 과정의 일부이며 교실, 급식소, 복도, 운동장 등 도처에 존재함을 언급했다. Kreidler(1984)는 교실갈등의 원인은 사회 갈등의 원인을 반영하며, 전형적으로 욕구와 가치 및 자원과 관련된 논쟁점을 선회한다고 제시했다.

교실갈등의 많은 것은 권력과 우정 및 관계 맺기에 대한 욕구와, 자아 존중과 성취를 포함하면서, 기본 욕구를 충족시키고자 하는 욕망에 집중된다. Bodine과 동료들(1994)은 학생들이 다른 사람이 그들의 심리적 욕구를 위협한다고 지각할 때 갈등 해결이 극도로 어려워짐을 주목한다. 교사는 충족되지 않은 심리적 욕구로 인한 갈등이 종종 제한되어진 자원과 대비되게 끝까지 지속되어짐을 이해하는 것이 중요하다. 현실적으로 그 욕구가 훨씬 더 깊고, 보다 근원적일 때 학생들은 신체적인 것에 대한 갈등에도 놓이는 것으로 보인다. 만약 심리적 논쟁점이 미해결 상태로 남겨지면 갈등은 계속 반복해서 나타날 것이다.

갈등은 시간, 돈, 재화와 같은 제한되어진 자원에 관련되어 발생할 수도 있다. 이 갈등은 전형적으로 해결하기가 가장 쉽다. 목적은 학생에게 부족한 자원에 대한 경쟁보다는 협동이 가장 큰 관심 속에 있음을 가르치는 것이다.

신념, 우선권, 원칙과 같은 다양한 가치에 관련된 갈등은 자원에 대한 갈등보다 해결이 어려운 경향이 있다. 학생의 가치가 도전받을 때 그들은 위협감을 느낀다. 가치에 대한 갈등은 정직, 평등, 권리, 공정과 같은 단어와 연관된다. 하지만 효과적인 갈등 해결을 통해서 학생들은 가치 갈등을 해결하는 것이, 그들의 가치를 변경시키거나 재배열해야 하는 것을 의미하는 것은 아니라는 사실을 배울 수 있다. 종종 각 사람들이 상황을 다르게 볼 수 있음에 동의하는 것은 해결을 향한 첫 단계이다. 만약 학생들

○ *현장 비결*

나는 교생 시절 지도 교사로부터 교실 문제를 해결하는 놀라운 기법을 배웠다. 그녀는 소위 '뼈 골라내기' 방법을 사용했다. 내 지도 교사는 골격 뼈의 복사본을 만들고 뼈에 아이들 이름 하나하나를 붙여 놓았다. 그녀의 이름 또한 뼈에 붙어 있었다. 이것은 게시판에 붙여졌다. 학생들이 다른 아동 혹은 교사와 문제를 일으킬 때마다 게시판에 가서 '뼈를 골라냈다.' 하루 일과 종료 시 그녀는 이 문제를 해결하기 위해 15분 동안 시간을 제공했다. 한 학생이 다른 학생의 뼈를 골라낸다면 그들은 그들의 차이로 인한 문제를 풀기 위해 조용한 장소로 간다. 만약 학생이

교사의 뼈를 골랐다면 그들은 그 문제를 논의하기 위해 교사의 책상으로 온다. 이러한 훈육 계획은 아동들에게 외교적인 방식으로 그들의 문제를 해결하도록 가르쳤고 작은 문제가 악화되는 것을 예방했다.

Candida Phelps
특수교육 교사
Rivermont 초등학교
Hixson, Tennessee

이 신념에 있어 다른 사람들의 다양성을 수용하도록 학습할 수 있다면 그들은 차이에만 초점을 두기보다 갈등에 놓인 논쟁점을 다룰 수 있을 것이다.

오늘날 교실의 다양성은 학생들이 다양한 배경을 가진 다른 학생들과 함께 학습하고 놀이하는 과정에서 갈등의 활동 무대를 제공한다(Crawford & Bodine, 1996). 이 다양성은 다른 사람의 의도, 감정, 욕구 혹은 행동에 대한 오해와 잘못된 지각으로 이끌 수 있다. 다양성에 대한 반응은 종종 편견, 차별, 괴로움, 증오, 범죄의 형태로 나타나기도 한다. 갈등 해결 교육 프로그램은 상호작용하고 이해하는 새로운 방법을 통해 존중과 수용을 증진시킴으로써 이러한 문제를 다루는 틀을 제공한다. 비록 복잡하다 할지라도 이러한 갈등은 증대되어진 인식, 이해, 존중에 의해 해결되어질 수 있다.

Kreidler(1984)는 때때로 교사가 교실갈등의 원천임을 제시한다. 고도로 경쟁적인 분위기를 조성하는 교사는 교실을 갈등으로 가득 채울 것이다. 교사가 한 학생 혹은 집단을 편애할 때 긴장과 질투가 유발된다. 너무도 자주 교사는 학생들에게 비이성적이거나 불가능한 기대를 부여한다. 학생들은 종종 규칙이 경직되어 있거나, 결과가 공평하게 적용되지 않는 것을 느낀다. 교사가 유발한 이러한 모든 상황은 걱정과 의혹의 분위기를 조장한다.

갈등에 대한 반응

Bodine과 동료들(1994)에 따르면 갈등에 대한 반응은 세 가지 종류 즉 온화한 반응, 과격한 반응, 원칙적 반응으로 범주화할 수 있다. 온화하고 과격한 반응 모두에서 학생들은 의지와의 싸움을 회피하거나 혹은 이겨 내면서 그 상황과 교섭한다.

온화한 반응(soft responses)은 보통 친구와 혹은 교실, 학교, 이웃에서 평화롭게 지내고 싶은 학생에게서 나타난다. 많은 경우에 학생들은 동의하며, 그렇게 하기를 온화하게 교섭한다. 회피는 일반적인 반응이며, 상황으로부터 위축되거나, 갈등을 무시하거나, 감정을 부정함으로써 이루어진다. 적응은 다른 학생으로부터의 공격을 예방하는 또 다른 반응이다. 회피나 적응 모두에서 적대감이 자라나며 궁극적으로는 미래에 대한 환멸감, 자기 의심, 두려움, 분노가 발달된다. 예를 들어 회피가 반응으로 선택되어진 중학교의 전형적 상황을 생각해 보라.

캘리 데이비스가 채프먼중학교로 전학 왔을 때 그녀는 8학년의 가장 인기 있는 소녀인 쇼나가 그녀 친구가 되기를 원했기 때문에 기분이 좋았다. 지금, 캘리는 쇼나가 그녀를 좋아하고 그래서 쇼나가 캘리의 옷을 빌려 입을 수 있다는 사실을 걱정한다. 매번 쇼나는 캘리의 집으로 와서 블라우스나 바지를 빌릴 수 있는지를 물어본다. 캘리의 옷장은 서서히 비어 가고 있다. 하지만 그녀는 쇼나와 맞서게 되면 친구 관계가 끝나고, 쇼나를 통해 얻어졌던 친구들도 잃게 될 것이라는 점을 두려워한다.

갈등에 대한 **과격한 반응**(hard responses)은 어느 한편이 승리할 때까지 반대자끼리 싸운다는 점에서 온화한 반응과 대비된다. 갈등에 대한 과격한 반응은 위협, 공격, 분노를 포함하는 정면 대결이라는 특징을 가진다(Bodine et al., 1994; Kreidler, 1984). 과격한 반응에서 압력은 갈등에 놓인 사람들이 자신들의 방식을 고집하려 할 때 사용된다. 과격한 반응은 전형적으로 두 가지 중 하나의 결과를 낳는다. 첫 번째 결과는 더 공격적인 학생이 이기고 다른 학생은 진다는 점이다. 두 번째 결과는 루즈-루즈(lose-lose) 상황으로, 다른 학생을 상처주려 하거나 앙갚음하려는 욕구는 복수를 불러온다. 과격한 반응이 드마리오와 라이언에 대해 어떻게 루즈-루즈 상황이라는 결과를 낳았는지를 살펴보라.

드마리오 왐블은 학교 버스를 타면 무서워서 떤다. 왜냐하면 그는 라이언 풀에 의해 괴롭힘의 목표물이 되었기 때문이다. 개학 첫날 라이언은 자신의 친구 더 가까이 앉으려고 드마리오에게 자리를 옮기라고 했다. 지금, 매일 아침 드마리오의 자리를 옮기는 것은 라이언의 게임이 되어 버렸다. 드마리오가 어디에 앉든지 간에 라이언은 드마리오가 앉았던 자리에 앉으려고 하고, 드마리오가 자리를 포기할 때까지 그를 위협한다.

수 주간의 시달림 끝에, 드마리오는 복수를 계획했다. 라이언이 정류장으로 다가오자, 드마리오는 자리에 제도용 압핀을 숨기고, 조심스럽게 날카로운 부분을 피해 앉았다. 드마리오는 라이언이 자신을 다시 위협하도록, 그리고 자신의 자리를 포기하게 만들도록 더 이상 내버려 둘 수가 없었다.

갈등에 대한 **원칙적 반응**(principled responses)은 반응적이기보다 사전 행동적이다. 원칙적 반응을 사용하는 학생은 의사소통과 갈등 해결 기술을 발달시킨다(Bodine et al., 1994). 갈등에 대한 원칙적 반응은 각 학생들이 이해되어지도록 노력하는 반면 다른 사람을 이해하고자 애쓰는 특징을 가진다. 원칙적 협상가들은 기술이 있으며, 적극적이고, 감정이입적인 청취자들이다. 원칙적 협상가는 양쪽의 이해관계에 초점을 두며, 각 사람들이 모두 이길 수 있는 상황을 조성하고자 애쓴다. 아래의 예는 제이드와 리가 그들의 차이를 해결하기 위해 원칙적 접근을 어떻게 활용했는지를 보여 준다.

지난 수일 동안 메리웨더 씨의 교실에서는 긴장의 수위가 올라가고 있었다. 가장 친한 친구 제이드와 리가 더 이상 서로 이야기하지 않고, 다른 학생들은 둘의 논쟁에서 양쪽을 편들기 시작했다. 소녀들을 따로 불러 모으다가 메리웨더 씨는 제이드가 리와 함께 지키고 있었던 비밀을 리가 소문낸 것에 대해 비난하고 있음을 알았다. 두 소녀가 여전히 친구로 남고 싶어 하는 것을 알아차리고, 그는 그들에게 동료 중재에 참여해 볼 것을 제안했다. 한 번의 동료 중재 이후 두 소녀는 불화를 떨쳐 내고 다시 친구가 되었다. 메리웨더 씨는 교실에 평화가 다시 찾아왔을 때 기뻐했다.

갈등에 대한 세 가지 유형의 반응은 서로 다른 결과를 가져온다. 갈등에 휩싸였을 때 학생들이 선택하는 행동은 문제를 악화시키거나 약화시키게 된다. 온화한 위치의 거래는 갈등에 대한 루즈-루즈 접근으로 간주된다. 학생은 문제의 근원을 다루지 못하며 결과적으로 두 학생 모두 손해를 입는다. 과격한 위치의 거래에서는 적대자에게 자기 파괴적일 뿐 아니라 파괴적일 수 있는 윈-루즈 상황이 발생되어진다. 갈등 해결 혹은 동료 중재 같은 원칙적 반응을 통해서만 논쟁은 평화롭고 생산적인 방식으로 해결될 수 있다.

갈등 해결의 원칙

Crawford와 Bodine(2001)은 갈등 해결이 논쟁하는 당사자들을 화해시킬 수 있는 교실 관리에 대한 대안적 접근을 제공하고, 그들에게 논쟁을 해결할 수 있는 기술을 제공하며, 또한 그들에게 논쟁을 해결하도록 기대한다고 제시했다. 갈등 해결에는 다양한 접근이 있으므로 Kreidler(1984)는 갈등 해결 기법을 선택할 때 교사는 다음과 같은 사항을 고려할 것을 조언했다.

- 관련된 학생의 연령과 성숙도 : 어린 학생들은 문제를 해결함에 있어 도와줄 성인의 개입을 필요로 할 수 있다. 한 학생이 화가 나서 다른 학생을 위험에 처하게 한다면, 관련된 모두의 안전을 보장하기 위해 교사의 존재가 요구되어진다.
- 개입에 적절한 시간과 장소 : 갈등 해결은 감정을 표현하고 해결책을 고려하기 위해 갈등에 놓인 사람들에게 시간을 요구한다. 그와 같은 협상은 신속하게 발생할 수 없고, 공개적인 토론의 형태로 이루어질 수도 없다. 어떤 경우에 학생들은 협상을 시작하기에 앞서 냉각기를 필요로 할 수도 있다.
- 갈등의 유형 : 개인들 간의 논쟁이 그 학생들에 의해 혹은 중재자의 중재를 통해 해결되는 반면 학급 전체의 문제는 학급 회의를 요구한다.

사용되어지는 개입의 유형은 관련된 사람들의 특별한 욕구를 만족시켜야 한다. 학생과 교사에 의해 사용될 수 있는 갈등 해결의 기본 유형 세 가지는 중재, 협상, 의견 일치 결정하기이다(Crawford & Bodine, 1996, 2001).

가장 일반적으로 사용되고 가장 잘 알려진 방법은 **중재**(mediation)이다. 중재는 갈등하는 학생들이 중립적인 제삼자의 도움을 받아 논쟁을 해결하기 위해 면대면으로 만나 함께 활동하는 문제해결 과정이다(Bodine et al., 1994). 중재는 교실상황에서, 혹은 모든 학생에게 유용 가능한 학교 차원의 프로그램 맥락에서 발생한다.

중재 과정의 성공에 본질적인 것은 질문을 던지고, 갈등에 놓인 사람이 서로 경청하는지를 확인하면서 한 걸음 한 걸음 규정된 절차를 지휘하는 중재자이다. 중재자의 역할이 비록 교사, 교장 혹은 다른 성인에 의해 수행될 수 있지만, 가장 좋은 것은 동료 학생이나 동료 중재자로 훈련된 학생이다. 동료 중재는 학생들에게 성인들의 개입 없이 상호 의사소통하고 협동함으로써 그들의 차이를 해결하는 능력을 가지고 있음을 입증하는 이점을 가진다. 동료 중재를 할 때 동료 중재자는 인종, 성별, 성취, 행동의 면에서 일반적인 학생을 대표할 수 있는 집단에서 선발되어야 한다. Bodine과 동료들(1994)은 3학년 같이 어린 학생도 그와 같은 프로그램에서 동료 중재자로 봉사할 능력과 소양을 가지고 있음을 강조한다.

협상(negotiations)에서 갈등하는 학생은 그들의 논쟁을 해결하기 위해 도움을 받지 않고 함께 연구한다. 협상은 모든 학생이 갈등 해결 훈련을 받은 교실에서 특히 강력한 도구이다. Bodine과 동료들(1994)은 교실은 다른 교실활동이 동시에 진행되면서, 갈등에 놓인 학생들이 협상하기 위해 면대면으로 앉을 수 있는 협상 센터 혹은 '평화 코너'를 가지고 있을 것을 제시한다.

교사에게 유용 가능한 마지막 선택은 **의견 일치 결정하기**(consensus decision making)이다. 이것은 집단 문제해결 전략으로서 갈등으로 영향받은 모든 당사자들은 지지할 수 있고, 지지해야 할 행동 계획을 짜기 위해 협력한다. Crawford와 Bodine (2001)은 갈등이 전체 학급에 영향을 미칠 때 이 집단의 문제해결 전략을 제시한다. 집단 문제해결의 매개체는 학급 회의이다.

학급 회의의 목적은 누가 비난받아야 하고 혹은 누가 처벌받아야 하는가를 결정하기보다 문제를 해결하는 데 있다. 이 과정을 통해 집단이 수용할 수 있는 의견의 합치에 도달한다. 이것은 결정이 전체 집단 갈등의 해결을 위한 최선이지만, 개인 학생에 대해서는 최선의 해결책이 아닐 수 있음을 의미한다.

교사는 학급 회의를 통해 집단 문제해결을 촉진할 수 있다. 우선 교사는 과정을 검토하고 해결되어질 중요 논쟁점의 목록을 만든다. 초점은 **과정**에 놓인다. 교사는 특정 결과의 통과에 압력을 넣기보다 단지 과정 안의 모든 단계가 완결되어지는지를 확인하기 위해 동석한다. 교사는 질문을 함으로써 자신의 관점을 제시할 수 있다. 교사는 의견 일치가 이루어졌을 때 그것을 재진술하며, 학급이 그 문제를 해결하기 위한 계획을 개발하도록 돕는다.

○ **현장 비결**

나는 잡담 문제를 다루기 위해 작은 플라스틱 양동이를 사용한다. 나는 이 양동이를 슬픈 얼굴, 코, 눈, 큰 귀로 장식했다. 학급에서 잡담에 대해 토론한 후 나는 만약 학생들이 잡담하고 싶으면 종이에 그들의 관심사를 써서 그것을 양동이 아저씨(Mr. Bucket) 안에 넣어야 한다고 말했다. 이것은 잡담을 중지시키는 데 크게 도움이 되었다. 왜냐하면 아동들은 내 주의를 얻지 못했기 때문이다. 이후에 나는 양동이 아저씨 안에 무엇이 있는지를 읽고,

그리고 나서 어떤 것이 다루어질 필요가 있는지를 결정한다.

Kirk Ver Halen
영재 교사
Elisha M. Pease 초등학교
Dallas, Texas

갈등 해결 과정

Crawford와 Bodine(2001)은 갈등 해결의 단계는 혼란스러운 행동을 하는 학생에게만이 아니라 모든 학생에게 가르쳐져야 한다고 제안했다. 문제해결 과정은 다음과 같은 단계로 구성된다(표 12.1).

1단계 : 무대 설정

갈등 해결의 방법이 중재, 협상, 혹은 집단 문제해결이든 관계없이 모든 참여자들은 참여하는 데 동의해야 하고, 문제를 해결하기 위해 협력해야 한다. 만약 어떠한 시점에서든 참여자가 협력할 욕구가 없음을 나타내면 그 과정은 종료된다. 협력이 없으면 과정은 쓸모가 없다.

갈등을 해결함에 있어 원칙을 설정하는 것은 중요하다. 그렇게 하는 것은 갈등 해결에 포함된 단계를 검토하면서 시작된다. 기밀성에 대한 필요가 있는지 여부를 결정하는 것도 중요하다. 저학년 학생의 경우 엄격한 기밀성은 요구되지 않는다. 하지만 갈등 상황에 놓인 학생들의 연령이 높을수록, 논쟁 중인 문제가 보다 개인적이고 민감한 사안일 경우 기밀성은 점점 더 중요해진다. 모든 당사자들은 뒤에서 험담하기나 깎아내리기를 하지 않는다는 것에 동의해야 한다. 모두 문제를 해결하기 위해 노력하는 동반자로서 그들 스스로를 보아야 한다. 모두가 기본 규칙에 동의할 때 과정은 시작될 수 있다.

표 12.1 **갈등 해결 과정의 단계**

1단계 : 무대 설정	페드로 살세도와 클레이턴 바세이는 어떠한 게임을 하든지 간에 누가 리더가 될 것인가로 인해 서로 싸움에 따라 운동장에서 매일매일 갈등이 커져 갔다. 두 소년은 모두 훌륭한 선수들이고, 둘 다 팀 주장이 될 권리가 있다고 생각한다. 그들의 끊임없는 언쟁은 모두의 흥을 깨뜨리고, 제한되어진 휴식시간 동안 아무것도 하지 못하게 한다.
2단계 : 관점 모으기	교사 사라 쿠리타가 중재하는 동안 페드로와 클레이턴은 갈등에 대한 자신들의 입장을 이야기하도록 격려되었다. 한 번에 오직 한 소년이 이야기를 할 수 있고, 한 소년이 끝냈을 때 다른 소년이 방금 들었던 것과 관련해 다시 풀어 말해야 하는 데 동의가 이루어졌다.
3단계 : 이익 규명하기	토론하는 동안 각 소년이 리더가 되고 싶어 하는 반면, 페드로와 클레이턴은 그들이 공정하지 않음을 명확하게 깨달았다.
4단계 : 선택안 만들기	한 소년에 의해 제안된 선택안은 교대로 리더가 되는 것이었다.
5단계 : 선택안 평가하기	그 계획이 그들에게는 공정해 보이는 듯했지만, 페드로와 클레이턴은 다른 학생도 마찬가지로 리더가 되고 싶을 수 있다는 사실을 깨달았다. 그들은 이 문제를 공정하게 다루는 방법은 모든 학생이 교대로 리더가 되는 것이고, 일단 한 학생이 리더가 되면 그 학생은 모든 학생의 차례가 끝날 때까지 리더가 될 수 없다는 것을 확인했다.
6단계 : 합의점 찾기	그들의 계획이 전체 학급을 포괄하고 있었으므로, 페드로와 클레이턴은 그들의 계획을 승인받기 위해 학급에서 발표하기로 결정했다. 이 논의의 끝에 소년들은 악수를 나눴고, 문제를 해결한 자신들의 능력을 만족스러워했다.

2단계 : 관점 모으기

갈등 해결 과정 동안 모든 학생은 자신의 의견을 피력할 기회와 경청되어질 기회를 가진다. 만약 한 학생이 중재를 요구하면 그 학생은 그 문제를 우선 기술해야 한다. 중재자는 모든 문제를 경청할 때까지 각 사람의 관점을 명확하게 하고, 요약할 것을 요구하면서 갈등에 놓인 사람들 사이를 번갈아 왔다 갔다 한다. 중재가가 "예." 혹은 "아니요."로 대답할 수 있는 질문보다는 개방형 질문을 사용하는 것이 중요하다.

학생들이 갈등 해결하는 것을 학습할 때 교사가 중재자로 활동하는 것이 필요할 수 있다.

　　이 단계에서 중재자는 참여자가 관점과 감정의 문제를 다루도록 도와야 한다. 관점의 문제를 다룰 때 갈등은 실재에 반드시 기초하기보다 학생들이 그 상황을 어떻게 지각하는가에 놓여 있다는 사실을 기억하는 것이 중요하다(Bodine et al., 1994). 그 문제를 정의하는 것은 결국 각 학생들의 지각이다. 각각 다른 사람의 관점을 이해하는 것은 해결에 대한 길을 터 준다.

　　감정적으로 격화되어진 학생은 문제를 해결하기 위해 협동적으로 활동하기보다는 싸울 준비가 더 많이 되어 있다. 두려움은 분노를 드러내 보임으로써 소모될 수 있다. 학생에게 자신의 감정과 다른 사람의 감정 모두를 규명하게 하는 것은 이해를 촉진시킨다.

　　Bodine과 동료들(1994)은 중재자가 학생과 함께 연구할 때 주의해야 할 점을 제시했다.

- 비언어적 행동에 **주의를 기울인다**. 그래야 모두가 생각하고 느끼는 것을 충분히 이해할 수 있다.
- 가장 중요한 점을 반복하고, 이해관계를 체계화하며, 외부의 정보를 단절하면서 사실을 **요약하거나** 재진술한다. 요약함으로 인해 중재자는 각 사람이 겪고 있는

감정을 언급하고, 감정을 인정하게 된다.

- 보다 많은 정보를 얻기 위해 개방형 질문과 진술을 사용함으로써 **명료화하고** 이해를 확실하게 한다.

3단계 : 이익 규명하기

중재자는 참여자에게 이 과정을 통해 그들이 원하는 것을 설명하도록 요구한다. 과정의 성공에 결정적인 것은 공유된 이익의 확인이다. 공유되고 일치되는 이익은 갈등을 해결하기 위해 블록을 쌓는 것과 같다.

목적은 학생들의 입장보다는 이익에 초점을 두게 함으로써 문제로부터 학생들을 분리시키는 일이다(Bodine et al., 1994). 입장과 이익의 차이를 이해하는 것은 결정적이다. 왜냐하면 입장이 아니라 이익이 문제를 명확하게 하기 때문이다. 학생들은 나란히 활동하면서, 서로서로보다는 그 문제를 공격하면서 그들 스스로를 보게 되어야 한다.

4단계 : 선택안 만들기

선택안을 만드는 것은 브레인스토밍하는 과정이다. 평가는 창의성을 방해하기 때문에 선택안을 생성하는 과정은 선택안을 평가하는 과정, 합의점을 찾아내는 과정과 분리되어야 한다. 이 과정은 학생들에게 가장 좋은 안이 무엇인지를 결정하라는 압력 없이, 잠정적인 해결책을 구상하는 기회를 제공한다. 브레인스토밍은 창안과 결정을 분리한다.

5단계 : 선택안 평가하기

집단 문제해결을 활용하면서 선택안의 평가는 두 가지 부분으로 나누어진다. 첫째는 선택안을 평가하는 기준을 설정하는 것이다. 둘째는 선택안에 대한 실제적인 평가이다. 참여자가 선택안을 평가할 때는 아래와 같은 사항이 고려되어야 한다.

이 선택안은 관련된 모두에게 도움이 되는가?
이 선택안은 공정한가?
이 선택안은 문제를 해결할 수 있는가?

그들은 이것을 할 수 있는가?

선택안이 학교 규칙 혹은 정책에 위반되는가?

6단계 : 합의점 찾기

갈등 중에 있는 사람이 유용 가능한 선택안에 대해 토론한 후 중재자는 학생들에게 행동 계획을 세워 그들이 이행할 것을 기술하도록 요구한다.

갈등 해결에 대한 추가적 접근

갈등 해결 교육에 대한 4개의 추가적 접근이 있다. 첫 번째는 **갈등 교육 과정 접근** (conflict curriculum approach)이다. 이 접근을 활용하면서 학생들은 별도의 과정, 별개의 교육 과정 혹은 매일매일 아니면 주 단위의 수업 계획안에서 교수를 받을 수 있다. 교수 내용은 듣는 기술, 비판적으로 생각하기, 문제해결하기 등이다. 이것은 교실문제를 해결할 뿐만 아니라 모두에게 경청하기를 향상시킨다.

두 번째는 **통합 교육 과정 접근**(integrated curriculum approach)이다. 이 접근에서 언어, 사회, 과학, 다른 과목 소재에서 발견된 갈등은 학생들에게 갈등 해결하는 방법을 가르치기 위해 활용되어진다. 별개의 교육 과정으로 갈등 해결을 가르치기보다 통합 교육 과정 접근은 갈등 해결의 훈련을 기존의 교육 과정에 통합시킨다. Stevahn (2004)은 통합 교육 과정 접근은 갈등 해결에 대한 보다 긍정적인 태도를 학생들로 하여금 배우고, 활용하고, 발달시키는 것을 가능하게 할 뿐만 아니라 이것은 또한 학업 성취를 향상시킨다고 언급한다. 이 과정은 교사가 기존의 교육 과정 내용을 검토하고, 어디에서 갈등이 발생할 수 있는지를 규명하면서 시작된다. 이 과정은 가치가 있다. 왜냐하면 교사는 더 이상 인간관계 기술을 가르치는 것과 학업 사이에서 선택하지 않아도 되기 때문이다. 이 둘은 동시에 성취된다.

평화로운 교실(peaceable classroom)은 갈등 해결 교육에 대한 세 번째 접근이다. 어떤 학교에서도 평화로운 교실을 발달시키는 것은 가능하다(Bodine et al., 1994). 평화로운 교실은 따뜻하고 배려하는 공동체로서 그 안에는 다섯 가지 특성이 있다.

○ *현장 비결*

우리 교실에서 평화(PEACE)를 조성하기 위해, 우리는 다음과 같은 조항을 가진다.

P(Pride) – 우리 교실과 우리가 성취한 것에 대한 자부심. 우리는 준비해 교실에 올 것이며 학습할 준비가 되어 있다.
E(Expectations) – 우리 스스로와 다른 사람의 우수성에 대한 기대.
A(Acceptance) – 우리 차이의 수용. 우리는 서로 관용할 것이고, 서로로부터 배울 것이다.
C(Consideration) – 다른 사람의 감정에 대한 배려. 교사와 학생은 "미안하지만.", "고맙습니다.", "미안합니다."를 종종 말할 것이다.
E(Enthusiasm) – 우리가 학습하게 될 것에 대한 열중과 즐거움.

아일랜드 더블린의 한 교실에서 발견된 포스터

1. **협력** : 학생은 함께 공부하고, 신뢰하고, 돕고, 서로 공유한다.
2. **의사소통** : 학생은 비언어적 실마리를 관찰하고, 정확하게 의사소통하며, 적극적으로 경청하는 것을 배운다.
3. **관용** : 학생들은 존중하고, 다른 학생의 차이를 인정하며, 편견이 교실에 어떻게 영향을 미치는가에 대해 이해하는 것을 배운다.
4. **긍정적 감정 표현** : 학생은 자기 통제와 공격적이거나 파괴적이 아닌 방식으로 분노와 좌절의 감정을 표현하는 것을 배운다.
5. **갈등 해결** : 학생은 지지적이고, 배려하는 공동체의 맥락에서 갈등에 대해 창의적으로 대응하는 기술을 배운다.

평화로운 교실은 갈등 해결 교육의 마지막 접근인 **평화로운 학교**(peaceable school)의 구성 요소들이다. Crawford와 Bodine(2001)은 평화로운 학교 접근을 학교를 관리하는 운영 체계로 갈등 해결을 활용하면서 평화로운 교실접근에 근거해 세워지는 전학교 차원의 방법론으로 묘사했다. 이 접근법을 활용하면서 연관된 성인과 학생은 갈등 해결의 원칙과 과정을 배우고 활용한다. 평화로운 학교에서 학생은 교실과 학교의 사회적 맥락에서 평화를 생성하는 것을 배운다. 평화로운 학교에서 학생 사이, 학생과 성인 사이, 성인과 성인 사이의 상호작용은 인간 존엄성을 가치 있게 하고, 자아존중감을 형성하는 데 주안점을 둔다.

어려운 학생 다루는 전략

Thornton, Craft, Dahlberg, Lynch, Baier(2002)는 정서적 · 인지적으로 다룰 수 없는 사회적 상황에 직면하게 되면 학생들은 공격성이나 폭력성을 가지고 반응할 수 있음을 언급했다. 교사들이 학생들에게 갈등 해결 기술을 가르칠 때 그들은 학생들이 어려운 사회적 상황을 다루기 위해 필요한 기술을 준비시켜야 한다. 그 훈련이 어린 학년에서 이루어지면 미래에 공격적인 행동과 태도를 성공적으로 예방할 수 있는 기회가 증대된다. 어린 학년에서의 훈련은 더 나은 상호작용 기술을 형성하며 동료 관계를 촉진한다.

학교는 두 가지 차원에서 갈등 해결의 교수에 접근할 수 있다(Thornton et al., 2002). 첫 번째는 본질상 예방적이며 모든 학생에게 친사회적 기술을 가르치기 위해 구상되어진 프로그램이다. 이러한 기술을 전통적인 교육 과정에 통합시키도록 훈련을 받은 학급 교사는 이 프로그램을 가르칠 수 있다.

폭력적인 학생이 비폭력적인 참여자들에 의해 긍정적으로 영향을 받을 수는 있지만, 높은 공격 수준을 지닌 학생은 특별한 관심을 필요로 한다. 따라서 두 번째 학교 프로그램은 본질상 반동적이며 공격적인 행동을 보이는 이와 같은 학생들을 구체적으로 다루기 위해 구상된다. 공격적인 학생들을 위한 별개의 프로그램은 중요하다. 왜냐하면 일반 학생들을 위해 구상된 개입은 공격적 성향 때문에 위기에 놓인 학생들에게 영향을 주는 데 실패하기 때문이다. 공격적 학생들은 충동 통제, 문제해결, 분노 조절, 단호함, 감정이입을 형성하는 기술을 가져야 할 필요가 있다. 이 프로그램의 목적은 이 어려운 학생들이 불편한 상황에 직면할 때 공격성에 의존하는 것을 예방할 수 있는 기술을 계발하는 것이다. 이 학생들에 대한 프로그램은 학교의 다른 직원에 의해 종종 시행되는데, 학생들은 그들 자신의 교사들에게는 망설이거나, 적대적 혹은 민감한 감정을 노출시킬 수도 있기 때문이다.

Thornton과 동료들(2002)은 공격적 성향을 보이는 학생들에 대한 프로그램은 참여자가 살고 있는 환경, 그들이 직면하고 있는 상황을 고려해야만 함을 언급한다. 종종 이 학생들은 공격성이 규범이 되어 있는 가정 출신이거나 빈곤, 약물 혹은 알코올 남용, 이혼과 같은 위기 요소가 일상이 되어 버린 이웃을 가지고 있다. 효과를 보려면 프로그램은 이러한 문제를 다루어야 한다.

갈등 해결의 장점과 단점

갈등을 해결하기 위해 적극적으로 활동하기보다 참여자들이 서로 소리를 지르고 고함을 치는 일일 토크쇼에 노출된 학생들에게 있어, 학생들이 갈등을 해결하는 또 다른 방법이 있음을 배우는 것은 결정적으로 중요하다. Crawford와 Bodine의 갈등 해결 모형은 참여를 유도하고 학생들에게 보다 효과적인 행동 계획을 세우도록 기대하므로 중요한 대안이 된다.

Crawford와 Bodine의 모형이 가지는 추가적인 장점은 교사와 학생이 서로를 지원하면서 함께 공부하고 배운다는 점이다. 모든 학습에 있어 기초가 되는 경청, 비판적 사고, 문제해결하는 기술을 증대시킨다는 점에서 갈등 해결 및 동료 중재는 학생들의 학업 및 사회적 성장을 증진시킨다.

학교 차원의 갈등 해결 프로그램은 학교 안의 모든 학생에게 적용된다. 이것은 전체 학교 환경을 변화시키고, 비폭력을 도모하는 안전한 공동체를 형성한다는 점에서 결정적으로 중요하다. 젊은이들이 학교에서 협상, 중재 혹은 의견 일치 결정하기에서 성공의 경험을 쌓게 되면, 그들은 그 밖의 삶에서도 이러한 갈등 해결 과정을 보다 잘 활용하게 될 것이다.

불행하게도 교실이든 범학교 차원이든 갈등 해결 프로그램은 교사와 행정가의 입장에서 보면 추가적인 시간과 계획을 요구한다. 많은 교사들은 단순히 그 계획을 이행하는 데 소요되는 여분의 시간을 내지 못한다는 사실에 동의한다.

다른 사람들은 갈등 해결이 모든 참여자가 협동하려 하고, 해결점을 찾기 위해 적극적으로 관여하려 할 경우에만 작동된다는 점에 주목한다. 만약 갈등에 놓인 당사자 중 어느 하나라도 참여를 거부하면 그 과정은 실패하고 보다 전통적인 모형이 이행되어야 한다.

학생들에게 갈등 해결법을 가르치는 이점은 수도 없이 많다. 이것은 개인 학생의 삶을 향상시킬 뿐 아니라 학교 전반적인 풍토를 마찬가지로 향상시킨다. 표 12.2는 학생들에게 갈등 해결을 가르침으로써 얻을 수 있는 이득의 목록을 제시하고 있다.

표 12.2 학생들에게 갈등 해결하기를 가르침으로써 얻을 수 있는 이득

- 건설적으로 갈등을 해결할 수 있는 학생은 심리적으로 보다 건강하다.
- 건설적으로 갈등을 해결할 수 있는 학생은 보다 건강하게 사회적·인지적으로 발달한다.
- 건설적으로 갈등을 해결할 수 있는 학생은 더 많은 시간 동안 행복하다.
- 건설적으로 갈등을 해결할 수 있는 학생은 보다 긍정적이고 지원적인 개인 간, 집단 간 관계를 가진다.
- 건설적으로 갈등을 해결할 수 있는 학생은 인생에서 더 큰 의미와 목적을 가진다.
- 건설적으로 갈등을 해결할 수 있는 학생은 학교와 학업 프로그램에 보다 많이 참여한다.
- 건설적으로 갈등을 해결할 수 있는 학생은 학업적으로 더 높은 성취를 한다.
- 건설적으로 갈등을 해결할 수 있는 학생은 더 많은 친구를 가지고, 더 강한 관계를 가진다.
- 건설적으로 갈등을 해결할 수 있는 학생은 보다 성공적인 인생을 영위한다.
- 건설적으로 갈등을 해결할 수 있는 학생은 보다 감정이입적이며 편견이 덜하다.

출처 : Heydenberk and Heydenberk(2007); Johnson and Johnson(2006).

교실에서의 갈등 해결

시나리오

카렌 아키노의 6학년 학급이 스테이플턴중학교의 독서진흥경진대회(Accelerated Reader contest)에서 승리했을 때, 그녀는 결코 승리가 교실에서 주요 갈등을 유발하리라고는 꿈도 꾸지 못했다. 그들에 대한 포상의 일부로 학급은 그들이 선택한 장소로 소풍을 가기로 되어 있었다. 수업 없는 날을 보내게 될 장소에 대한 논쟁은 매일매일 남학생과 여학생 사이의 전쟁이 되어 버렸다.

남학생들은 프로야구게임을 보러 가고 싶어 했다. 여학생들은 쇼핑센터에 가고 영화 보러 가기를 원했다. 그들이 일치를 볼 수 없었기 때문에 이 논쟁을 해결하기 위해 급기야 학급 회의를 열게 되었다. 학생들이 원으로 모여 앉자 아키노 씨는 원칙을 검토하고, 질문을 던졌다. "누가 먼저 시작할까요?"

벤저민이 손을 들고 말했다. "우리는 프로야구를 보러 가야 한다고 생각해요. 여자애들보다 남자애들 수가 더 많아요. 다수가 이길 수밖에 없어요."

"그래서 너는 다수가 이기기 때문에, 이 경우에 소수인 여학생들은 좋든 싫든 함께 따라야 한다고 제안하는구나."

몇몇 여학생들이 손을 들었고, 아키노 씨는 케일라를 시켰다. "남자애들 모두가 하고 싶었던 것은 야구예요. 쉬는 시간마다 걔네들은 야구를 했어요. 걔네들은 여자애들이 노는 걸 원하지 않아요. 우리는 제외되어서 힘들었어요. 게다가 여자애들이 책을 더 많이 읽어요. 우리가 이긴 것도 이런 사실 때문이에요. 만약 여자애들이 없었다면 상을 받지 못했을 거예요. 그래서 우리는 우리가 가고 싶은 곳을 결정해야 해요."

대니얼이 인정했다. "짐작건대 여자애들 생각을 알 수 있을 것 같아요. 그러나 남자애들 중 어느 누구도 쇼핑센터에 가고 싶어 하지 않아요. 여자애들이 실외에서 하기에 좋은 어떤 것이 없을까요?"

몇몇 여학생들이 이야기를 하기를 원했고, 아키노 씨는 린지를 시켰다. "음, 나는 공원이나 동물원에

가고 싶어요. 그러면 여자애들은 피크닉을 할 수 있고, 남자애들은 야구를 할 수 있어요. 모두 실외에서 할 수 있기 때문에 이 생각이 좋다고 생각돼요. 우리는 학교에 오면 항상 실내에만 있잖아요. 수업이 없는 날에는 무언가 다른 것을 해야 해요."

　"우리가 둘 다 할 수 있을까요?" 킴리가 물었다. "나는 동물원에 피크닉을 즐길 수 있는 곳도 있고 운동장도 있다는 걸 알아요. 동물원으로 가는 것, 좋아요. 나는 이 안에 한 표 던질래요."

　"내 생각에 우리는 진일보했다고 봐요." 아키노 씨는 말했다. "우리가 일치점에 도달했는지 봅시다. 여러분 중 얼마나 많은 사람이 동물원에도 가고 공원에서 피크닉도 하는 이 생각에 동의하나요?" 몇몇 학생이 친구들이 어떻게 하는가를 보기 위해 집단을 둘러보면서 머뭇거렸다. 천천히 손이 올라가고, 두 번째에는 모든 손이 올라갔다.

　"훌륭해요. 나는 우리가 모두 마음에 들어 하는 일치점에 도달했다고 생각해요. 이 문제를 기꺼운 마음으로 통과시킨 여러분이 자랑스럽네요."

요약

갈등 해결과 동료 중재는 많은 학교의 훈육 계획의 일부로 받아들여졌다. Donna Crawford와 Richard Bodine은 갈등 해결이 논쟁 중인 당사자들을 화해시키는 교실관리에 대한 대안적 접근을 제시하며, 학생들에게 논쟁을 해결할 수 있는 기술을 제공하고, 그 문제를 해결하기 위해 이러한 기술을 활용하도록 요구한다고 제시한다. 학생과 교사에 의해 사용될 수 있는 세 가지 갈등 해결 유형은 중재, 협상, 의견 일치 결정하기이다.

주요 용어

이 용어들에 대한 정의는 용어해설에 제시되어 있다.

갈등 교육 과정 접근	중재
갈등 해결	통합 교육 과정 접근
과격한 반응	평화로운 교실
온화한 반응	평화로운 학교
원칙적 반응	협상
의견 일치 결정하기	

관련 활동

이론에 대한 성찰

1. 리버티고등학교 교사, 행정가, 부모로 구성된 위원회는 학교의 무관용 정책을 검토하고 있다. 그들은 학생들 사이에서 목격되는 싸움의 수가 늘어나는 것에 대한 반응으로 2년 더 일찍 그 정책을 도입했었다. 하지만 대부분의 경우 싸움은 오해의 결과였고, 주먹이 날아가고 난 뒤에 싸움은 쉽게 해결될 수가 없었다. 그들은 무관용 정책을 취소하는 것이 폭력을 허용한다는 메시지로 오인될까 걱정스러워한다. 그러나 그들은 또한 그 정책은 해결하기보다는 더 많은 문제를 생성했음을 깨닫는다.

   리버티고등학교의 갈등 해결 프로그램의 도입은 어떻게 무관용 정책에 대한 대안을 제공할 수 있는가?

2. 이 장은 갈등 해결에 대한 세 가지 접근을 제시했다. 당신은 이 세 가지 접근이 똑같이 효과적이라고 생각하는가, 혹은 당신이 수행하기 더 편안한 접근이 있는가? 그 이유는 무엇인가?

3. 첫 번째 시나리오에서 하밀과 숀은 협상하기로 동의했다. 그들은 여전히 컴퓨터 영역에서 그들 행동에 대한 결과에 직면할 것인가? 그 이유는 무엇인가? 그렇지 않은 이유는 무엇인가?

포트폴리오 자료 개발하기

1. 학생들 사이에서 당신이 관찰한 갈등을 생각해 보라. 그 갈등의 원인은 무엇인가? 그러한 갈등을 예방하기 위해 교사가 무엇을 할 수 있는가? 당신 교실의 갈등을 해결하기 위해 계획을 개발하라.

개인 교실관리 철학 개발하기

1. 갈등 해결의 비판 중 하나는 이것이 교사에게 상당한 시간과 계획을 요구한다는 점이다. 당신은 갈등 해결의 이득이 교사의 시간 소모를 상쇄하기에 충분하다고 생각하는가? 당신 교실에서 사용할 접근이 있는가? 그 이유는 무엇인가? 그렇지 않은 이유는 무엇인가?

2. 갈등 해결이 학교에서 발생하는 모든 갈등의 해결책이라고 당신은 느끼는가? 갈등 해결에 반응할 수 없는 학생의 유형이나 특정 학년이 있는가? 학생보다는 교사나 행정가에 의해 다루어져야 할 갈등의 유형이 있는가? 당신의 대답을 설명해 보라.

참고문헌

Bodine, R. J., Crawford, D. K., & Schrumpf, F. (1994). *Creating the peaceable school: A comprehensive program for teaching conflict resolution. Program Guide.* Champaign, IL: Research Press.

Crawford, D. K., & Bodine, R. J. (1996). *Conflict resolution education: A guide to implementing programs in schools, youth-serving organizations, and community and juvenile justice settings.* Washington, DC: U.S. Department of Justice, Office of Juvenile Justice and Delinquency Prevention, and U.S. Department of Education, Office of Elementary and Secondary Education, Safe and Drug-Free Schools Program.

Crawford, D. K., & Bodine, R. J. (2001). Conflict resolution education: Preparing youth for the future. *Juvenile Justice, 8,* 21–29.

Girard, K., & Koch, S. J. (1996). *Conflict resolution in the schools—A manual for educators.* San Francisco: Jossey-Bass, Inc.

Heydenberk, R. A., & Heydenberk, W. R. (2007). The conflict resolution connection: Increasing school attachment in cooperative classroom communities. *Reclaiming Children and Youth, 16,* 18–22.

Johnson, D., & Johnson, R. (2006). Conflict resolution, peer mediation, and peacemaking. In C. Everston & C. Weinstein (Eds.), *Handbook of classroom management: Research, practice, and contemporary issues.* Mahwah, NJ: Lawrence Erlbaum Associates.

Jones, T. S. (2007). Combining conflict-resolution education and human rights education: Thoughts for school-based peace education. *Journal of Peace Education, 3,* 187–208.

Kreidler, W. J. (1984). *Creative conflict resolution.* Glenville, IL: Scott, Foresman.

Peterson, G. J. (1997). Looking at the big picture: School administrators and violence reduction. *Journal of School Leadership, 7,* 456–479.

Stevahn, L. (2004). Integrating conflict resolution training into the curriculum. *Theory into Practice, 43,* 50–58.

Thornton, T. N., Craft, C. A., Dahlberg, L. L., Lynch, B. S., & Baier, K. (2002). *Best practices of youth violence prevention: A sourcebook for community action* (rev.). Atlanta, GA: Centers for Disease Control and Prevention and National Center for Injury Prevention and Control.

사법적 훈육

13

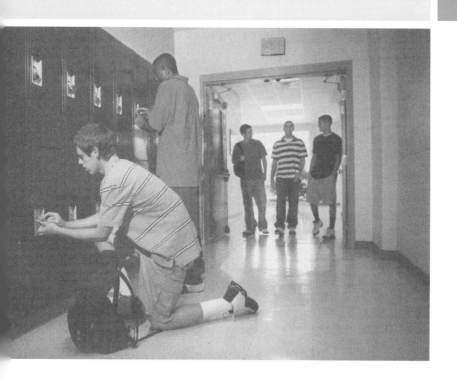

목표

제13장에서는 예비 교사들을 INTASC 기준 3항(다양한 학습자), 5항(동기와 관리), 9항(반성적 실천인)에 부합되도록 준비시키고자 한다. 이를 위해 다음과 같은 사항을 수행하도록 돕는다.

- 사법적 훈육 이면에 있는 기초 원리를 이해한다.
- 학교 공동체의 일원임을 느끼도록 사법적 훈육이 배경, 능력, 행동에 관계없이 학생에게 도움이 되는지를 이해

한다.
- 미국 헌법에 의해 보장되는 학생의 권리를 평가한다.
- 중대한 공익에 근거해 교실규칙을 설정한다.
- 모든 교실관리 전략은 학생의 적법 절차를 보호해야 함을 배운다.
- 개인 권리와 책임 사이의 균형을 평가한다.
- 교실에서 사법적 훈육을 적절하게 적용하는 법을 배운다.
- 문제행동을 다루기 위해 사법적 훈육의 원리를 활용한다.

존 F. 케네디중학교 학생회는 새로운 복장 규정을 개발하기 위해 씨름하고 있다. 학생회 구성원들은 그들 친구들 중 많은 사람의 복장 방식이 거슬린다는 점에 동의했지만 학생들에게 너무 많은 제한을 가하는 것에 대해 주저하고 있다. 좌절해서 에런이 말했다. "나는 여전히 우리가 다른 사람이 옷 입는 것에 제한을 가할 권리가 없다고 생각해. 자유롭게 말할 권리에 대해서는 어떻게 생각해? 우리가 표현하고 싶은 방식대로 옷을 입는 것도 한 방법 아니야? 우리가 아직 학생이라고 해도 헌법은 우리의 개인적 권리를 보호해 주지 않을까?"

학생회 후원자인 리디 씨는 설명하려고 애썼다. 수업 중 하나로부터 배운 방침을 기억하면서 그는 말했다. "에런, 학생들은 학교 건물 안에서 그들 개인적 권리를 가지고 있지. 물론 너는 너의 권리를 가지고 있어. 그러나 학생 개인의 권리는 다른 사람의 권리를 방해할 수 없어. 따라서 우리는 한 학생의 개인 권리는, 학습하거나 혹은 참여하고자 하는 모든 다른 학생의 권리를 방해하지 않아야 한다는 것을 확실하게 하기 위해 결정을 할 때 조심스럽게 균형을 잡아야 해."

혼란스러워져 머리를 흔들며, 케니샤가 말했다. "나는 우리가 이런 것을 헤아릴 만큼 똑똑하다고 생각하지 않아. 어떻게 학교는 전체 학생들의 욕구 및 관심과 더불어 1,000여 명에 달하는 개인 학생의 권리에서 균형을 잡도록 관리하지?"

들어가는 말

케니샤의 질문은 훌륭한 것이다. 이것은 행정가, 교사 그리고 학교 당국이 자유, 정의, 평등을 보장하는 학습 환경을 조성하고 유지하고자 노력할 때 일상적으로 씨름하는 문제이다. Forrest Gathercoal(2004)은 그의 교실관리 모형, **사법적 훈육**을 통해 이러한 논쟁점을 제기했다. Gathercoal(2004)에 따르면, 학생과 교육자는 학생의 헌법적 권리가 세 가지 기본 원칙으로 구성됨을 이해하는 것이 결정적으로 중요하다.

- **자유**─학생들은 그들 스스로의 권리를 가지고, 행동과 의견을 통해 그들 스스로를 표현할 권리를 가진다.
- **정의**─학생들은 모두에게 공정한 학교 규칙과 결과에 대한 권리를 가진다. 학교 혹은 지역 규칙을 위반해서 고소당했을 때 적법 절차에 대한 권리를 가진다.
- **평등**─학생은 평등한 기회에 대한 권리를 가진다. 이것은 학생들이 똑같이 취급되어야 함을 의미하는 것이 아니라, 각 학생은 성공할 기회를 가져야 함을 의미한다.

교육자의 가장 중요한 업무 중 하나가 시민권을 가르치는 것임에 주목하면서, Gathercoal은 사법적 훈육이 교육자와 행정가에게 학생을 시민으로 인정하고 존중하도록 요구함으로써 시민권을 가르칠 것을 제안한다. Gathercoal은 시민권은 교육자가 학생들에게 그들의 개인적 권리를 가르칠 때, 학교와 교실 안에서 학생들이 권리를 행사하도록 허용할 때 가장 잘 배워질 수 있음을 제시한다.

　사법적 훈육은 철학이면서 교실관리와 학교 훈육을 위한 체제이다. Forrest Gathercoal(2001)은 사법적 훈육을 "전문적 윤리, 훌륭한 교육 실천, 학생의 헌법적 권리와 책임감의 종합 위에 기초하고 있는 관리 방식"으로 묘사했다(p. 15). 사법적 훈육은 교사에게 처벌과 보상을 넘어서서 개인적인 책임감과 도덕적 행동으로 이동할 것을 허용한다. 사법적 훈육의 주요한 측면 중 하나는 교실훈육의 처벌 및 보상과 달리 학교에서 지역사회로, 그리고 오늘에서 내일로 이전되어질 수 있는 시민권의 기법을 가르친다는 점이다. 이것은 학생들을 교실 밖의 생활에 준비시키는 모형이다.

　Gathercoal(2001)은 두 가지 이유로 인해 사법적 훈육 같은 교실관리 모형이 필요하다고 강조한다. 하나는 우리 교실의 다양성 증대이다. 사법적 훈육의 헌법적 체제는 문화, 인종, 종교적 선을 뛰어넘어 평등을 확실하게 한다. F. Gathercoal(2004)은 사법적 훈육은 배경, 능력, 행동에 관계없이 모든 학생이 그들 학교 공동체 안에서 가치 있는 위치에 놓여 있음을 깨닫도록 도와준다고 주장한다. 사법적 훈육을 통해 편협함과 편견은 다른 사람에 대한 관심, 자기 가치감, 자신감, 소속감, 협동적인 태도로 대치될 수 있다.

　학생 권리에 강조점을 둔 교실모형이 필요한 두 번째 이유는 '부모 대신에(in loco parentis)'로부터 학생들이 '학교 문에서 더 이상 그들의 헌법적 권리를 포기하지 않음'에 대한 깨달음으로 이동하고 있는 변화 때문이다(F. Gathercoal, 2001, p. 51). 1969년까지 법정의 결정은 역사적으로 교육자에게 부모와 똑같은 법적 권위를 부여한 **부모 대신에** 개념을 지지해 왔다. 초기 법정의 결정은 교육자에게 부모에게 사용했던 것과 똑같은 '학대 검사(abuse test)'를 적용했다. 만약 학대가 명백하지 않을 경우, 법정은 거의 중재하지 않았다. 오늘날 상황은 아주 많이 달라졌다. 부모 대신에는 학생들의 헌법적 권리와 책임을 제기하는 언어로 대치되었다. F. Gathercoal(2001)은 오늘날 "우리의 공립학교와 교실은 사실 미합중국의 축소판이 되었다."고 말한다 (p. 51).

　사법적 훈육은 교육자에게 시민권을 가르치는 기초를 제공하는 교실관리 접근이

사법적 훈육의 단계

교실에서 사법적 훈육을 활용하려면 당신은 아래와 같은 것을 이행할 필요가 있다.

1. 모든 학생을 존중하며 다루고, 그들에게 정의와 자유 및 평등을 제공해야 함을 명확히 하라.
2. 학생들의 권리를 명확하게 하기 위해 미국 헌법 제1조항, 제4조항, 제14조항을 연구하라.
3. 학생과 함께 이 조항들을 검토하고, 민주주의의 시민으로서 그들의 권리를 토론하라.
4. 중대한 공익을 고려함으로써 권리와 책임감이 균형을 이루도록 가르쳐라.
5. 시간, 장소, 예절의 개념을 가르쳐라.
6. 중대한 공익을 고려해 교실규칙을 만들기 위해 학생들과 함께 작업하라.
7. 학급 회의를 통해 교실 논쟁점을 해결하라.
8. 논리적 결과와 문제해결하기를 통해 개인적 훈육의 논쟁점을 해결하라.

다. 이것은 일차적으로 매일매일 학생과 교사의 상호작용을 통해 이루어진다. 사법적 훈육을 활용하는 교사는 학습 공동체의 모든 구성원과 함께 설정하는 전문적·윤리적 관계를 통해 민주주의 가치를 실천하는 역할 모델이 되고 있다(McEwan, P. Gathercoal, & Nimmo, 1999).

사법적 훈육은 사용되어진 헌법적 언어가 이성적인 결정과 평화로운 학교 풍토를 증진시킨다는 점에서 독특하다고 할 수 있다. P. Gathercoal과 Nimmo(2001)는 사법적 훈육이 학생들에게 민주주의 사회에서 생활하고 학습할 권리와 책임에 대해 가르치는 미국 권리장전에 기초한 시민권 접근이라고 묘사했다.

권리장전

사법적 훈육의 기초는 미국 권리장전이다. 미국 헌법의 첫 10개 수정조항인 권리장전은 세 가지 기본적인 인간 가치인 자유, 정의, 평등을 보호하기 위해 제정되었다. F. Gathercoal(2004)은 학생들이 합헌적인 민주주의 국가에서 개인의 인간 권리는 다수의 욕구와 이익만큼이나 중요하다는 사실을 이해하는 것이 중요하다고 말한다. 이 수정조항들 중 특히 제1조, 제4조, 제14조 3개가 학교에 적용된다. 사법적 훈육을 실천하는 교사는 학생들에게 이 세 수정조항의 개념과, 그들이 학교 환경에서 이를 어떻게 적용할 수 있는지를 가르친다.

수정조항 제1조

연방의회는 국교를 정하거나 자유로운 신앙 행위를 금지 또는 언론이나 출판의 자유를 제한 또는 평화롭게 집회하는 사람들의 자유를 제한 그리고 불만사항으로 정부에 청원할 자유를 제한하는 어떠한 법률도 제정할 수 없다.

F. Gathercoal(2004)에 따르면 수정조항 제1조는 언론의 자유, 표현의 자유, 출판의 자유, 종교의 자유, 평화로운 집회의 자유를 보장한다. 1960년대 말까지 법원은 학생들에게 수정조항 제1조를 거의 적용하지 않았다. 하지만 베트남전쟁 이후 여러 해 동안 언론 자유의 문제와 관련되는 수많은 사법적 결정이 소송에 의해 이루어졌다. 게다가 학교 부지에 대한 자료를 간행해서 배포할 학생 권리에 대한 논쟁이 법정에서 제기되었다. 하지만 이것은 법원이 해결하기 가장 곤란했던 교회-주정부 그리고 학교의 관계에 관련된 문제였다.

수정조항 제4조

신체, 가택, 서류 및 동산의 안전을 보장받을 인민의 권리는 부당한 수색 · 체포 · 압수로부터 침해되지 않는다. 체포 · 수색의 영장은 상당한 이유에 의하고, 선서 또는 확약에 의해 뒷받침되고, 특히 수색될 장소와 체포될 사람 혹은 압수될 물품을 기재하지 아니하고는 발급될 수 없다.

○ 현장 비결

1970년과 1971년은 내 교직 생애의 첫해이다. 나는 도시의 한 고등학교에서 가르쳤고, 훈육 문제 때문에 골치를 앓았다. 복도 끝에 있는 과학 교사 조 제레미아는 결코 훈육 문제로 어려움을 겪지 않는 듯 보여, 나는 그에게 조언을 구했다. 그는 대답했다. "만약에 당신이 학생을 훈육시킬 필요가 있다면 학생들을 교실 문밖으로 데리고 가세요. 이것은 두 가지를 성취시킵니다. 첫째, 이것은 당신과 학생 모두에게 침착해질 시간을 줍니다. 둘째, 당신이 그 행동에 대해 실시하려는 계획을 학생에게 이야기할 때,

학생은 동료들 앞에서 더 이상 체면을 세워야 하지 않아도 됨을 의미합니다." 이 조언은 지난 35년 동안 나에게 매우 도움이 되었다.

Burt Saxon
고급 역사(Advanced Placement : AP) 교사
Hillhouse 고등학교
New Haven, Connecticut
2004~2005 Connecticut 올해의 교사

이 수정조항은 교사와 행정가가 학생으로부터 소지품을 압수하는 것이 필요한 상황을 알려 준다. 효과적인 학교 관리는 학생으로부터 소지품을 압수할 때 법을 집행하는 공무원이 따르는 것과 비슷한 지침에 의할 것을 학교 전 직원에게 명한다. 제4조항은 학교에서 학생의 소지품 보호를 명시하며, 교사와 행정가에게 학생의 개인 사물함이나 책상을 수색할 때는 합리적인 이유가 있어야 함을 요구한다(F. Gathercoal, 2004).

수정조항 제14조

미합중국에서 출생하고 또는 귀화하고, 미합중국의 관할권에 속하는 모든 사람은 미합중국 및 그 거주하는 주의 시민이다. 어떠한 주도 미합중국 시민의 특권과 면책권을 제한하는 법률을 제정하거나 집행할 수 없고, 어떠한 주도 적법 절차에 의하지 아니하고는 어떠

사법적 훈육의 헌법적 체계는 문화, 인종, 종교를 넘어서는 평등을 보장한다.

한 사람의 생명과 자유 또는 재산도 박탈할 수 없으며, 그 관할권 내에 있는 어떠한 사람에 대해서도 법률에 의한 평등한 보호를 거부하지 못한다.

F. Gathercoal(2004)은 수정조항 제14조의 두 구문이 공립 교육에 중요한 영향을 미친다고 말한다. '적법 절차 조항'으로 알려진 첫 번째는 학생 권리의 균형을 유지하기에 합당한 규칙과 적법 절차에 대한 법적 기초를 제공한다. 학생 갈등에 적법 절차의 개념을 이해하고 적용할 수 있는 교육자는 정당하고 공정하게 보여진다. 호소할 권리를 가지기 위해서 법원은 국가의 행위가 있을 것을 요구한다. 따라서 오직 공립학교 학생들만 적법 절차를 향유할 수 있다. 행정가와 교사는 공공 기관에서 만들어진 모든 규칙 혹은 결정은 다른 사람, 위원회 또는 법원에 의해 검토되어야 하고, 그래야 공립학교에서 만들어진 모든 규칙과 결정도 호소력이 생김을 이해해야만 한다.

'평등-보호 조항'으로 알려진 마지막 구문은 모든 형태의 차별을 방지하기 위한 헌법적 근거로 작용한다. 수정조항 제14조는 법 아래 평등한 보호를 제시하며 성별, 인종, 국가, 장애, 연령 또는 종교에 근거한 차별로부터 보호한다.

중대한 공익

학생들의 개인적 권리에 균형을 제공하는 것은 헌법적으로 보장된 자유를 제한하기 위해 명백한 목적을 가지고 법원에서 만들어 낸, 오랜 세월에 걸쳐 유효성이 증명된 4개의 공익이다(F. Gathercoal, 2004). 이 주장은 법적인 원칙과 역사에 잘 근거하고 있으며, 또한 개인의 권리를 허용하는 추론의 연장선에 있다. 시민 권리를 거부할 권위는 헌법 제8부 제1항에 근거한다. 이것을 부분적으로 살펴보면 "의회는 미합중국의 공동 방위나 일반 복지를 제공하기 위해 권력을 가진다."이다. 이 일반 복지 조항은 다수의 요구와 이익을 대변하고자 하는 입법 단체를 위한 법적 근거로 작용한다.

이 법적 개념은 일반적으로 '중대한 공익'으로 언급된다. 그리고 어떤 경우에 단순히 다수의 복지와 이익은 개인의 권리보다 더 우선한다는 사실을 뜻한다. 이러한 중대한 공익은 공정하고 평등한 학교 규칙을 만들고 시행하려고 하는 교육자들에게 모든 법적 권위를 부여한다(F. Gathercoal, 2004; Larson, 1998). 법적으로 말하자면 만약 교육자가 중대한 공익을 발표하면, 학생의 권리는 거부될 수 있다.

아래 4개의 **중대한 공익**(compelling state interests)은 다수의 요구 및 이익이 개인의 요구 및 권리와 균형을 이루어야 함을 명확하게 한다.

1. **재산 손실 및 침해** : 국가 소유의 재산을 개인적으로 조심스럽고 적절하게 사용하는지를 감독하는 이익

2. **건강과 안전의 위협** : 공립학교에 다니는 학생의 건강과 안전을 보호하기 위한 정부의 주요 목적에 기여하는 이익

3. **정당한 교육 목적** : 건전한 교육 활동과 학교의 사명에 기초해서 임의로 결정 내리도록 행정가, 교사, 교육 기관에 내린 허가를 정당화하는 이익

4. **교육 과정상의 심각한 혼란** : 심각하게 학생 활동을 혼란스럽게 하는 학생의 권리를 거부하도록 학교에 전문적 책임을 부여하는 이익(P. Gathercoal & Nimmo, 2001)

이 4개의 중대한 공익에 기초한 학교 규칙과 정책은 법원에 의해 지지된다. 교육자는 학생의 헌법적 권리를 거부할 법적 권위를 가질 뿐만 아니라, 학생의 행동이 학교의 복지에 치명적일 때 그 행동을 금지시킬 전문적 책임 또한 가진다(P. Gathercoal & Nimmo, 2001).

시간, 장소, 예절

학생들이 그들의 권리와 사회의 권리 및 이익 사이에서 균형을 유지해야 할 필요성에 대해 교육을 받을 때, 학생들은 그들의 개인적 권리를 행사하기에 적절한 시간, 장소, 예절이 있음을 이해하게 된다. McEwan 등(1999)은 사법적 훈육은 학생들에게 그들의 행동을 '적절한 시간, 장소, 예절' 기준의 안목으로 조명함으로써, 자신들의 행동을 비판적으로 검토하는 것을 가르친다고 기술했다.

사법적 훈육은 10개의 기본 원리로 구성된다. 제1조, 제4조, 제14조의 수정조항에 의해 제시된 개인의 자유, 정의, 평등의 원칙은 4개의 중대한 공익인 재산 손실 및 침해, 건강과 안전, 정당한 교육 목적, 심각한 혼란과 균형을 이루어야 한다. 합리적인 시간, 장소, 예절에 대한 질문은 개인 권리와 다수의 요구 사이에서 가교를 제공한다. 그림 13.1은 이러한 원칙 사이의 균형을 보여 준다.

그림 13.1 사법적 훈육의 원칙

사법적 훈육의 원칙	
자유, 정의, 평등에 대한 **학생의 권리**	4개의 중대한 공익에 표명된 **학생의 책임**
제1조, 제4조, 제14조 수정조항에 의해 제시됨	재산 손실과 침해 건강과 안전 위협 정당한 교육 목적 교육 과정상의 심각한 혼란
적절한 시간, 장소, 예절로 권리와 책임 행사하기	

출처 : Gathercoal(2001).

실행

사법적 훈육에 제시된 개념이 학교에서 제시된 전형적인 행동 관리 접근에 반대되므로, 교사들이 사법적 훈육의 개념을 교실에서 가르치는 것은 중요하다(McEwan et al., 1999). F. Gathercoal(2001)은 적절하게 판단하고 행동할 학생들의 능력에 대한 신뢰를 전달하기 위해서는, 그와 같은 활동이 개학 첫날부터 시작되어야 함을 강조한다.

P. Gathercoal과 Nimmo(2002)는 사법적 훈육을 실행하는 데는 시간이 걸림을 강조한다. 교사는 학생에게 사법적 훈육의 기초 개념을 가르치지 않고서는 그 모형의 활용을 시작할 수 없다. 학생들은 사법적 훈육 속에 내재되어 있는 언어와 개념을 알고 실행해야만 한다. 그리고 그들은 민주주의 체제하의 시민 생활에 대한 자기 자신의 기대를 발달시켜야 한다.

사법적 훈육을 교실구조에 병합시키려는 교사는 학생들에게 자유, 정의, 평등의 개념에 관련된 권리를 학생들에게 소개함으로써 시작한다(McEwan et al., 1999). 학생들은 그들이 언어, 옷차림, 글쓰기 그리고 그들 생활의 다른 부분에서 자신을 표현할 자유가 있음을 배워야 한다. 하지만 자유 사회는 모든 시민이 자유에 대한 한계를 이해하고, 그것을 견뎌 낼 때만 성공적으로 기능하게 됨을 학생들은 또한 명확하게 알아야 한다. 그리고 나서 학생들은 4개의 중대한 공익을 학생들이 이해하는 긍정적 행동의 문장과 언어로 바꾸어 말함으로써 교실과 학교에 대한 기대를 발달시키게 된다.

P. Gathercoal과 Nimmo(2001)는 민주적인 학급 회의를 개최함으로써 긍정적인 행동적 문장을 정의할 수 있음을 제시한다. 첫날부터 학년도의 나머지 내내에 걸쳐, 학급 회의는 민주적 공동체의 활력소로 기여할 수 있다. 학급 회의는 학생들의 참정권에 대한 감각을 살려 준다는 점에서 중요하다. Paul Gathercoal(2000)은 민주적 학급 회의는 학생들에게 가치와 소속감을 제공하므로, 모든 사법적 훈육의 효과적인 교실운영에 본질적 부분임을 강조한다. 학급 회의는 학생들에게 중요한 존재감을 부여할 수 있고, 학생들이 '권력 투쟁'에 의존해야 할 대부분의 이유를 소거시킨다. Landau와 P. Gathercoal(2000)은 민주적 학급 회의의 중요 요소를 다음과 같이 제시한다.

- 교사와 학생은 누가 학급 회의를 소집할 수 있는지, 언제 학급 회의를 개최해야 할지를 결정한다.
- 모든 학생과 교사는 자리에 앉고, 학급 회의 시 모두 다른 사람의 얼굴을 볼 수 있어야 한다.
- 교사는 개인의 이름을 학급 회의 동안에 사용하지 않는다는 원칙을 설정한다. 그 목적은 개인보다는 논쟁점을 토의하기 위해서이다.
- 교사는 그 주제에 대해 걸고 있는 기대를 학생들에게 상기시키며, 학급 회의에서 개인적인 정보를 공유하는 것을 피한다.
- 학생들은 결코 학급 회의에 참여하도록 강요되어서는 안 된다.
- 학생과 교사는 각각 학급 회의 일지를 쓰도록 격려되어야 한다. 매 회의 시마다 바로 교사와 학생은 수 분의 시간을 들여 일어나고 있는 것에 대한 자신들의 생각을 기록한다.
- 학생과 교사는 학급 회의 이후 그리고 학급 회의 동안 그들 스스로 설정한 목적을 기록으로 남겨 놓아야 한다.

McEwan(1991)은 사법적 훈육이 다른 훈육 모형을 대체하거나 혹은 단독으로 사용되기 위해 구상된 것은 아님을 강조한다. 그녀는 사법적 훈육은 다른 학생 중심의 훈육 접근과 함께 활용되어질 때 가장 효과적임을 자각하고 있다. 사법적 훈육은 특히 인간 권리와 책임감이라는 언어로 관리의 결정 과정을 형태화함으로써 다른 접근에 통합되어지도록 구상되었다. Dreikurs의 모형, 논리적 결과는 사법적 훈육에 대한 보완적 부분으로 종종 활용된다.

규칙 개발

학생들은 권리와 책임감에 대해 토론한 후 교실규칙을 함께 개발한다. 하지만 F. Gathercoal(2004)은 학생들을 학교에 묶어 두고 계속해서 적절하게 행동하도록 만드는 것은 규칙이 아니라 오히려 철학이나 태도라고 언급한다. 그 철학과 태도를 가지고 교육자들은 규칙에 접근하며 규칙은 학생들에게 소속되어 있음을 깨닫게 한다. 모든 규칙과 결정이 근거하고 있는 철학은 학교가 학생들의 마음을 끌고 안전한 장소가 될 것인가가 결정적으로 영향을 준다.

4개의 중대한 공익은 교실규칙의 기초가 된다(McEwan, 2000). 표 13.1에는 4개의 중대한 공익에 근거해 개발된 규칙의 예를 보여 준다. 교육자는 바람직한 행동을 강조하는 규칙을 학생들과 함께 개발하며 학생들 스스로의 힘으로 생각할 권한을 부여

표 13.1 중대한 공익을 교실규칙으로 전환하기

중대한 공익	상응하는 교실규칙
1. 재산 손실과 침해	모든 학교 재산을 소중하게 다루기 비품과 학교 재산을 적절하게 사용하기 다른 사람의 물건을 가져가지 않음으로써 다른 사람의 소지품을 존중하기
2. 정당한 교육 목적	학습 책임감 가지기 수업에 필요한 자료 가지고 오기 수업 준비하기 매일 수업에 책, 연필, 공책 가져오기
3. 건강과 안전	안전하고 건강하게 행동하기 본인 혹은 다른 사람의 괴롭힘을 보고하기 교실에서 못살게 굴거나 괴롭히는 것은 허용되지 않는다. 싸우거나 장난으로 싸우는 것도 수용되지 않는다. 인종차별주의자, 성차별주의자 그리고 협박, 욕은 허용되지 않는다. 무기 또는 신체적으로 위험한 물건은 허용되지 않는다.
4. 교육 과정상의 심각한 혼란	다른 사람의 권리와 요구 존중하기 다른 사람의 교수와 학습 방해하지 않기 교실 수업 시 말하기 전에 손들기 자리를 이동하기 전에 허락 구하기 교사가 이야기할 때 절대 이야기하지 않기

○ *현장 비결*

우리 교육과정의 일부는 헌법과 권리장전에 대해 토의하는 것이었다. 학생들이 권리와 책임을 이해하도록 돕기 위해 나는 학생들에게 우리 교실을 위한 권리장전을 만들도록 지시했다. 학생들은 집단으로 나누어 앉아서 교실 권리장전을 입안했다. 그러고 나서 각 집단의 헌장들을 검토하고 우리 교실을 위한 최종안을 만들어 냈다. 작년 교실 권리장전에 대한 내용이 아래에 제시되었다.

우리, 학생들은 다음에 대해 권리를 가진다.
우리의 인종, 성별, 연령, 종교, 신체 크기, 배경, 혹은 사회계층에 따라 우리를 차별하지 않을 선생님;
책상, 교과서, 자료 그리고 그 밖의 필수품의 제공;
안전하고 혼란스럽지 않은 학습 환경;
급한 상황에서 화장실을 사용하기;

우리의 현재 성적에 대해 통지받기;
다른 사람의 감정을 상하게 하지 않고 우리 의견을 표현하기;
모든 과제에 대해 공지받고 책임지며, 그것을 완성하지 않거나 혹은 적절한 시간 내에 제출하지 않은 것에 대한 결과 수용하기.

완성되었을 때 모든 학생은 교실 권리장전에 날인을 했고, 모두가 볼 수 있도록 게시했다.

Kevin White
8학년 사회 교사
Coopertown 중학교
Coopertown, Tennessee

해야 한다. 학생들이 4개의 중대한 공익을 생각하며 이를 활용해 행동하는 것을 배움에 따라 학급에서 사용되어지는 언어도 독재적인 대화에서 민주적인 대화로 변화한다. 규칙 생성에 학생들이 동참하는 것은 학생들에게 책임감을 부여한다. 규칙은 영향받는 학생들의 교육적 수준에 따라 명확하게 진술되어야 한다. 수정조항 제14조가 경고하는 요구를 적절하게 충족시키기 위해 학생들이 규칙의 의미를 충분히 이해하는 것은 필수적인 일이다. 스태퍼나우 씨의 5학년 학급이 4개의 중대한 공익에 근거해 어떻게 규칙을 개발했는지 살펴보라.

"여러분, 지금부터 4개의 중대한 공익에 대해 토론하겠어요. 우리는 이 공익을 활용해 우리 교실규칙을 만들 거예요. 나는 여러분을 두 집단으로 나누고 싶어요. 각 집단은 정해 준 중대한 공익과 관련해 우리 교실을 위해 바라는 것을 규칙으로 만들어 제출해 주세요."

각 집단이 교실을 위해 가능한 규칙을 토론한 후 스태퍼나우 씨는 각 집단에게 보고할 것을 요구했다. "웨이드, 너희 집단은 건강과 안전에 대한 공익을 맡은 것으로 아는데, 어떤 규칙을 개발했지요?"

웨이드가 각 규칙을 열거하면서 화이트보드 위에 그 규칙을 써 내려갔다.

"우리는 다음과 같은 4개의 규칙을 개발했어요.

말할 때 조심하기
학교나 교실 안에서는 걷기
손이나 발로 폭력 행사하지 않기
교실 비품 안전하게 사용하기."

"정말 잘했어요. 나는 여러분이 긍정적인 용어로 규칙을 표현하도록 말했었지요. 우리의 규칙에 대해 이 사실을 적용해 보았으면 해요. 니나, 너희 집단은 재산 손실과 침해에 대한 공익을 맡았었지. 어떤 규칙을 개발했나요?"

니나가 교실 앞으로 나왔다. "우리 집단은 첫 번째 집단과 비슷한 규칙 하나를 만들었어요. '교실 비품 조심해서 다루기'예요. 그리고 2개를 더 생각했어요.

다른 사람의 것을 사용하기 전에 허락을 구하자.
학교 재산을 소중하게 다루자."

"아주 좋아요. 세스, 너희 집단은 교육 과정상의 심각한 혼란을 맡았지. 어떤 규칙을 개발했나요?"

"저, 우리는 '하지 마라'로 우리 규칙을 만들었어요." 세스는 교실 앞으로 나가면서 설명했다. "그러나 선생님이 원하시면 바꿀 수는 있어요. 우리 규칙은 다음과 같아요.

허락 없이 다른 사람을 건드리지 않는다.
다른 사람이 공부할 때 시끄럽게 하지 않는다.
나쁜 말을 사용하지 않는다.
어떤 사람이 말할 때 이야기하지 않는다."

세스가 자리로 돌아오자, 스태퍼나우 씨는 설명했다. "자, 만약 우리가 부정적이기보다 긍정적인 용어로 규칙을 만들기로 결정한다면, 우리가 쓴 것을 쉽게 바꿀 수도 있다고 생각해요. 좋아요, 마지막 집단. 칼리아, 정당한 교육 목적을 위해 어떤 규칙을 만들었나요?"

"우리는 3개를 만들었어요. 뭐냐 하면요.

공부하기 위해 준비해서 학교에 온다.
학급에 필요한 자료를 가지고 온다.
조용하게 수업시간에 맞추어 공부한다."

학생들의 활동을 검토하고 나서 스태퍼나우 씨가 말했다. "여러분 모두 아주 잘했어요. 자, 그러면 우리가 이 모든 규칙을 다 지킬 것인지, 아니면 우리가 생각하기에 우리 학급에 가장 도움이 되는 것을 선택할 것인지를 결정해 봅시다."

결과 개발

사법적 훈육은 사법적 결과를 필요로 한다(Larson, 1998). 사법적 훈육의 중요한 한 개념은 그것이 부적절한 행동을 처벌하는 것이 아니라, 적절한 행동을 가르치는 데 초점을 둔다는 점이다. 학생들이 잘못 행동할 때, 교사는 학생들의 문제를 교육할 수 있는 기회로 보고 멘토의 역할을 수행한다. 문제가 발생되거나 규칙을 위반할 때, 사법적 훈육은 가르칠 수 있는 순간으로 그 상황에 접근해 가는 것을 옹호한다.

교사는 질문을 던짐으로써 시작한다. 행동에 대한 질문은 학생에게 그 사건에 대해 지각하는 바를 이야기하도록 격려하는 노력 속에서, 탐색과 관심으로 구성된 일반적 질문을 던짐으로써 접근되어야 한다. 이것은 그 문제의 핵심에 도달하고, 학생의 시각을 이해하려는 의도를 가지고 학생의 관점으로부터 그 문제에 접근하는 것을 의미한다. F. Gathercoal(2004)은 이러한 질문은 잘못한 사람들에 대한 '타격을 부드럽게' 하는 방법이며 그들에게 체면을 살리고 만회하도록 허용하는 방법임을 강조한다. 주요한 질문을 하고 주의 깊게 경청함으로써 중요한 논점이 드러나기 시작한다. 그러면 학생들은 무엇이 일어났는지 회상하고, 상황에 대한 지각을 설명하며, 향후 발생할 것 같은 것에 대해 예측하고, 회상과 예측에 근거해 가능한 선택을 제시하면서, 상황에 대해 이야기할 기회를 가진다. 질문과 반성의 과정은 중요하다. 왜냐하면 F. Gathercoal이 진술했듯이 "좋은 의사소통은 우리가 사용하는 단어에 있는 것이 아니라 행간에 있는 것이기 때문이다."(p. 120)

결과는 학생을 처벌하기 위해 구상되는 것이 아니며, 학생의 잘못된 행동에 대해 논리적으로 뒤따라야 한다. 따라서 Gathercoal은 그 행동에 직접적으로 연관되는 논리적 결과에 대한 옹호자이다. 규칙이 위반되었을 때 토론은 2개의 중요한 질문에 집중될 필요가 있다. "지금 무엇을 행할 필요가 있는가?", "이로 인해 우리는 무엇을 배울 수 있는가?"이다. 학교를 파손한 학생에게 데이비스 씨가 질문한 것을 고려해 보라.

스프링레이크고등학교 교장 폴 데이비스가 체육관 뒷벽에 적힌 낙서를 보았을 때 "그린 코치는 불공정해. 그린 코치, 제길."이라고 누가 썼는지 알고 걱정이 되었다. 그 전날 농구 코치 조엘 그린은 10학년 바스티안 보로위크를 팀에서 제명시켰다. 야간 감시 카메라의 녹화를 검토한 결과 밤에 바스티안이 학교의 뒷벽에 스프레이를 사용해 자신의 분노를 표현했다는 것이 확인되었다.

학교의 하루 일정이 시작되고 얼마 지나지 않아 바스티안은 교장 선생님 사무실에 불려 왔다. 잘못을 입증하는 증거를 바스티안에게 보여 준 후, 데이비스 씨가 질문했다.

"바스티안, 왜 이런 일을 저질렀는지 말하기를 원하나요?"

방어적으로 바스티안은 반응했다. "당신은 항상 우리의 권리를 이야기하잖아요. 음, 내가 원하는 것을 말할 권리가 없나요? 언론 자유에 무슨 일이 일어난 건가요?"

"학생은 절대적으로 언론 자유의 권리를 가지고 있어요. 팀에서 제명된 것에 대해 학생의 분노를 표출할 방법은 여러 가지가 있지요. 만약 학생이 학교 신문에 편지를 쓴다든가, 혹은 내게 와서 이야기를 한다든가 하면 그러한 것들은 적절한 행동이 됩니다. 만약 학생이 생각하기에 코치가 불공정하다는 사실을 기록한 피켓을 들고 학교 주위를 걷기 원한다면 내 허락을 받으면 될 겁니다. 그러나 학생이 권리를 고려할 때 두 가지 다른 것을 고려하지 않았어요. 첫째, 우리의 중대한 공익 중 하나는 학교 재산의 보호입니다. 지금 체육관의 뒷벽은 새로 칠을 해야 합니다. 둘째, 모든 것을 할 수 있는 적절한 시간, 장소, 예절이 있다는 것을 기억하세요. 학생은 잘못된 방식으로 이것에 착수했네요. 오늘 밤 게임이 있지요. 학생의 급우들은 우리가 게임할 때 학생이 체육관 벽에 낙서한 것이 그대로 전시되어 있는 것을 보게 되면 기분이 좋지 않을 거예요. 그래서 우리는 이제 학생이 해야 할 일이 무엇인지에 대해 생각해 볼 필요가 있어요. 학생은 어떻게 생각하지요? 이것을 우리가 어떻게 고칠 수 있을까요? 지금 우리가 무엇을 해야 할까요?"

바스티안이 머리를 숙였다. 자신의 행동에 대해 당황스러워하며 그는 그가 저지른 이 문제를 보상하기 위해 할 수 있는 일이 무엇인지를 생각했다. 마침내 그는 말했다. "우선 제가 사죄할 필요가 있네요. 나는 코치 그린에게 사죄를 할 필요가 있고, 학교에도 사죄할 필요가 있어요. 코치 그린에게는 개인적으로 사죄해야 한다고 생각합니다. 그러나 학교에 대해서는 당신이 아침 훈화를 할 때 사죄하려고 합니다. 만약 그것이 좋다면요."

"그렇게 시작하는 것이 좋은 방법이라고 생각되네요. 그러면 벽에 대해서는 우리가 어떻게 하면 좋을까요?"

"제가 벽을 다시 칠하겠습니다. 만약 오늘 아침부터 시작한다면 오늘 밤까지는 다 칠할 수 있을 거라고 생각되시나요? 제 생각에는 우리 부모님에게 연락을 할 필요가 있다고 생각됩니다. 제가 한 일에 대해 부모님께 말씀드리겠어요. 페인트를 사려면 부모님의 도움이 필요해요."

"나는 학생이 훌륭하게 계획을 발전시켰다고 생각해요. 혼자 있도록 내가 나갈 테니까 부모님께 전화하도록 해요. 전화를 끊고 나면 다시 이야기해 봅시다."

각 학생의 잘못된 행동에 대해 결과를 결정할 때는 두 가지 중요한 측면이 있다. 첫째는 그 문제의 진짜 성격을 이해하는 것이다. 둘째는 학생 사이의 개인적 차이를 고려하는 것이다(McEwan, 2000). 정의를 내리면 사법적 결과는 관련된 각 학생의 정서적 욕구와 학습 욕구를 충족시키기 위해 학생들의 개인적 차이를 고려하도록 구상되었다. 결과는 본질상 교육적이므로 잘못을 행한 학생은 단순히 그들의 잘못으로 인해 다양한 학습 방식을 경험할 수 있다. 결론적으로 다양한 결과가 필요하다. 처벌받을 학생의 연령, 정신적, 정서적, 신체적 조건은 합리적인 결과를 결정할 때 고려되어야 하는 요인들이다.

사법적 결과는 결코 악의적이거나, 잔인하거나, 극단적이지 않다. 결과의 일차적 목표는 부끄러움이 아니라 원상회복에 있다(Landau, 2008b). 사법적 훈육을 활용할 때 피해야 할 훈육 방법의 목록은 아래와 같다.

■ 학생의 품위를 떨어뜨리기
■ 그들 행동에 근거해 학생을 판단하거나 강의하기
■ 학생 비교하기
■ 학생 비판하기

- 존경을 요구하기
- 사죄를 거부하기
- 시도하지 않은 것을 비난하기
- 잘못 행동한 이유를 학생에게 질문하기
- 권력 싸움으로 들어가기
- 방어적이 되기
- 통제력을 상실하기
- 학생을 협박하기
- 한 학생의 잘못으로 학급 전체 처벌하기
- 정보 없이 너무 신속하게 행동하기
- 모든 학생이 똑같게 다루어져야 함을 신뢰하기

회의, 지역사회 봉사, 사회, 손해배상은 사용 가능한 많은 적절한 선택들에 속한다. 사법적 훈육을 활용하는 교육자는 결과에 융통성을 가지는 것이 중요하다. 왜냐하면 한 상황에서 가장 적절했던 것이 다른 상황에서는 그렇지 않을 수 있기 때문이다. F. Gathercoal(2001)은 이러한 융통성은 사전에 결정된 반응에 사로잡히는 실수를 피하도록 도와준다고 언급했다. 사전에 결정된 반응은 개인 학생이나 혹은 전체 학생 집단의 요구를 충족시키는 데 실패한다.

어려운 학생 다루는 전략

Busse(2008)는 사법적 훈육이 심각한 행동 문제를 가진 학생들에게는 활용될 수 없음을 종종 들어 왔다고 말한다. 왜냐하면 사법적 훈육은 그들 행동을 통제할 수 없기 때문이다. 하지만 행동 장애를 가진 학생들과 활동하면서 그녀는 사법적 훈육이 활용될 수 있음을 알게 되었다. 그녀는 학생들이 사법적 모형에 재빠르게 적응했음을 언급했는데 이것은 그들이 사법적 훈육을 이해했기 때문이다. 학생들은 사법적 훈육을 '구성된' 어떤 체계로 보지 않았다. Busse의 학생들은 사법적 훈육이 그들 행동에 대해 결정을 내림에 있어 정당한 과정을 제공했다고 이해했기 때문에 사법적 훈육이 공정하다고 생각한다.

결과가 제공되기 이전에 교사는 무엇이 학생에게 최선의 이익인지, 결과의 목적이 무엇인지를 결정해야만 한다. 교사는 우선 자신의 행동과 환경에 대해 평가할 필요가 있다. 앞으로 문제행동을 예방하기 위해 무엇이 변화되어야 하는가? 그리고 나서 교사는 앞으로 그 문제를 예방할, 학생들이 배울 수 있는 것을 결정해야 한다. Landau(2008b)는 어려운 학생들과 활동할 때 아래와 같은 결과를 활용할 것을 제안한다.

- 합치되어진 결과를 결정하기 위해 교사와 부모가 함께 의논하기
- 학생으로부터 사죄를 요구하기
- '일시 중지'를 제공해서 학생이 침착하게 자신의 생각을 모을 시간을 갖게 하기
- 관리하는 교사로부터 학생이 일대일 주목을 받을 것이라는 내용과 함께 학교 내 정학 부과하기
- 행동의 문제가 된 개인적 논쟁점을 해결하기 위해 전문가와의 상담 제공하기

사법적 훈육의 장점과 단점

사법적 훈육은 민주주의 원리에 근거하고 있으며, 도덕 발달의 원칙화된 수준에서 작용하는 학교와 교실관리를 위한 유일한 모형이다. 1980년대 도입된 이래 이를 활용하는 사람들은 사법적 훈육이 아래와 같은 특징을 가지고 있음을 발견했다.

- 학생들에게 인격적으로 강해질 권한을 부여한다.
- 학생들이 묘사하고, 설명하고, 예측하고, 합리적인 선택을 하도록 촉구될 때 실제 사회 상황을 통해 고등 사고 기술이 격려된다.
- 인간 권리와 개인의 존엄성에 대한 환경적 강조로 인해 학생, 교사 모두의 교실 스트레스와 불안이 최소화된다.
- 그들이 학교를 떠나서 생활하게 될 상황에서와 똑같은 규칙과 책임의 체계로 인해 실생활 모형으로 기여한다.
- 학생에게 책무성, 자아 유능감, 관용, 협동, 상호존중을 가르친다.
- 개인의 자유, 정의, 평등과 사회의 요구와 이익 사이의 균형을 유지함으로써 공정성과 일관성을 증진시킨다.

■ 낙오율, 학교 안과 주변에서의 폭력 행동, 사무실 위탁의 감소에 기여하며 또한 일일 출석 수준의 증대라는 결과를 낳는다(F. Gathercoal, 2001; P. Gathercoal & Nimmo, 2001).

가장 중요하게도 사법적 훈육은 문제가 발생하는 것을 기다리지 않는다. 교실규칙과 결정에 대해 이 헌법적 체제를 사용하는 교사는 학생들에게 민주적인 공개 토론 속에서 평화롭게 교실갈등을 해결하도록 가르친다.

하지만 모든 사람이 사법적 훈육을 교실에 적용할 수 있는 모형으로 간주하지는 않는다. 만약 교사가 학생들이 생각할 능력을 가지고 있으며, 책임감 있게 행동할 것이라는 신념을 가지고 있지 않다면 민주적인 모형은 그들에게 있어 작동하지 않을 것이다. F. Gathercoal(2001)은 사법적 훈육의 성공 중 많은 것은 학생들에게 권리와 책임을 가르치면서, 시민 책임성에 일치하는 방식으로 행동하고, 학생들을 신뢰하는 교사의 능력에서 온다는 사실을 언급한다. 하나를 가르치면서 다른 것을 행하는 것은 권력의 오용이며, 학생들의 인간적 권리를 존중하지 않는 것이다.

사법적 훈육과 같은 접근을 활용하는 것은 시간 소모를 요구한다. P. Gathercoal과 Nimmo(2001)는 교사가 사법적 훈육을 작동시킬 시간을 필요로 함을 알고 있었다. 민주적인 학교 공동체로 전환시키기에는 시간이 걸린다. 학생들과 교사가 이러한 방식으로 반응하는 데 익숙하지 않기 때문이다. 새로운 지각과 기대를 처리하는 것에도 시간이 걸린다. Grandmont(2003)는 많은 교사들이 훈육 문제에 논리적 결과를 가하는 것을 어려워하며, 위탁서를 기록하거나, 보다 전통적인 처벌의 형태로 되돌아간다는 사실을 발견했다.

마지막으로 사법적 훈육 같은 접근에 인지적으로나 정서적으로 반응할 수 없는 학생들이 있다(Larson, 1998). 정서적으로 불안정한 혹은 심리적 장애로 고통을 받는 학생은 사법적 훈육의 원칙에 반응할 수 없다. Grandmont(2003)는 이 모형이 단순하게도 매우 곤란한 학생들에게는 작용하지 않음을 발견했다. 사법적 훈육이 효과적이려면, 학생들에게 개인적 권리에 대한 사회적으로 합의된 기준을 이해하는 도덕 발달 수준이 있어야 한다. 매우 어린 아동들이나 이러한 생각을 인지적으로 처리할 수 없는 사람들에게 사법적 훈육의 효과성은 줄어들고 만다.

교실에서의 사법적 훈육

시나리오

웨스트오버중학교의 많은 6학년 학생들이 결코 사법적 훈육 같은 교실관리 계획을 활용하도록 교수받은 바가 없음을 깨닫고, 6학년 교사는 학생의 권리와 책임에 대해 토론하면서 첫 주의 많은 수업시간을 보냈다. 사법적 훈육에 대한 개괄적 설명을 하면서 첫날 시간을 보낸 후 우마이암 씨는 수정조항 제1조와 관련된 논쟁에 대해 토론하며 두 번째 날을 보냈다.

　학급에 수정조항 제1조를 읽어 주면서 우마이암 씨가 물어보았다. "좋아요. 이 수정조항은 개인으로서 여러분에게 어떤 권리를 부여하나요?"

　헤더가 손을 들고 말했다. "음, 시민으로서 나는 언론의 자유가 있다. 그러나 이것은 선생님을 포함해서 어느 누구에게나 내가 원하는 어떤 것을 말할 수 있다는 것을 의미하나요?"

　"음, 개인적 권리를 가지는 것이 우리가 원하는 어떤 것이라도 할 수 있는 전적인 자유를 주는 것은 아니에요. 어제 우리가 이야기했던 것을 기억해 보세요. 만약에 여러분의 권리가 다수의 권리를 방해하고 또 중대한 공익 중 하나와 갈등을 일으킨다면 그때 여러분의 권리는 제한을 받습니다. 누구 한 예를 생각해 볼 수 있나요?"

　브리트니가 대답했다. "네, 만약 내가 복도 중간에 서서 '뛰어! 뛰어!' 하고 소리 지른다면 소동이 일어날 거예요. 그것은 건강과 안전에 위협이 될 수도 있어요."

　"맞아요. 중대한 공익을 고려하는 것에 더해서 우리는 적절한 시간, 장소, 우리 행동의 예절에 대해 생각해야 합니다. 복잡한 복도에서 '뛰어!'라고 소리치는 것은 결코 적절할 수가 없어요. 하지만 복도에 즉각적 위험이 있을 때는 그렇게 하는 것이 옳은 일일 수 있습니다. 우리는 항상 우리의 개인적 자유가 중대한 공익 그리고 그것이 적절한 시간, 장소, 예절을 갖춘 행동인지 아닌지와 균형을 이루어야 함을 기억해야 해요."

요약

행정가, 교사, 학교 위원회는 모든 학생을 위해 정의와 평등을 구현하는 학습 환경을 조성하고 유지하려고 매일 투쟁하고 있다. Forrest Gathercoal은 그의 교실관리 모형, **사법적 훈육**을 통해 이러한 요구를 다루었다. 사법적 훈육은 교실관리와 학교 훈육을 위한 철학이며 체제이다. 사법적 훈육은 10개의 기본 원리로 구성되어 있다. 수정조항 제1조, 제4조, 제14조에 의해 제시되는 개인의 자유, 정의, 평등에 대한 원리는 4개의 중대한 공익 즉 재산 손실과 침해, 건강과 안전, 정당한 교육 목적, 교육 과정상의 심각한 혼란과 균형을 이룬다. 개인 권리와 다수의 요구 사이에 가교를 제시하는 것은 합리적 시간, 장소, 예절에 대한 질문이다. Landau(2008a)는 사법적 훈육을 모든 학생의 영원한 가치를 보장하기 위한 하나의 체제로서 묘사한다.

주요 용어

이 용어들에 대한 정의는 용어해설에 제시되어 있다.

사법적 훈육   중대한 공익
부모 대신에

관련 활동

이론에 대한 성찰

1. 명사/동사에 대한 리 씨의 토론 중간에 디드리 잉글랜드가 소리를 질렀다. "어이쿠, 이 책상 밑에 껌이 들러붙어 있어요." 수업이 끝난 후 리 씨는 여러 책상에 껌이 들러붙어 있는 사실을 알고 실망했다. 그는 학급에서 껌을 씹어도 된다고 허용했을 때 모든 학생에게 공정했다고 생각했다. 지금 그는 모두에게 껌을 씹지 못하도록 하는 것을 고려하고 있는 중이다.

  이 문제를 해결하기 위해 리 씨는 사법적 훈육의 원리를 어떻게 사용할 것인가?

2. 사법적 훈육은 학교 전체 차원에서 이루어질 때 효과가 있으며 개인 교실 차원에서는 효과가 없음을 제기하는 사람이 있다. 당신은 동의하는가? 사법적 훈육이 전 학교 차원이 아니라 개개 교실에서만 활용되어진다면 어떠한 문제가 발생할 수 있는가?

3. 개인 학생의 권리가 전체 학생 집단의 권리보다 우선되어야 할 때의 예를 들어 보라.

포트폴리오 자료 개발하기

1. 당신은 4개의 중대한 공익에 근거해 당신의 학급을 위해 어떠한 규칙을 개발할 수 있는가?

2. 사법적 훈육은 '적절한 시간, 장소, 예절'의 시각에서 자신의 행동을 검토하도록 가르침으로써 학생들이 스스로의 행동을 비판적으로 검토하도록 한다. 학생들이 이 개념을 이해하도록 돕기 위한 활동을 개발하라.

개인 교실관리 철학 개발하기

1. 사법적 훈육은 교사에게 상당한 시간과 계획을 요구한다. 당신은 사법적 훈육의 혜택이 교사가 실행으로 소모한 시간을 상쇄하기에 충분하다고 생각하는가? 그 이유는 무엇인가? 그렇지 않은 이유는?

2. 가르치는 학생의 연령과 성숙 수준을 고려하라. 이러한 학생을 데리고 교실관리 도구로

사법적 훈육을 활용하는 것이 효과적인가? 그 이유는 무엇인가? 그렇지 않은 이유는?

후속 연구 자료

사법적 훈육에 대한 추가적인 정보, 교실에서 활용할 자료를 구하고자 한다면 아래 주소로 연락하라.

Forrest Gathercoal

Caddo Gap Press

3145 Geary Boulevard

Suite 275

San Francisco, CA 94118

Telephone 415-666-3012

Fax 415-666-3552

참고문헌

Busse, N. (2008). Deliberately building the culture for students with severe emotional/behavioral disabilities. In B. Landau (Ed.), *Practicing Judicious Discipline: An educator's guide to a democratic classroom* (4th ed.). San Francisco: Caddo Gap Press.

Gathercoal, F. (2001). *Judicious discipline* (5th ed.). San Francisco: Caddo Gap Press.

Gathercoal, F. (2004). *Judicious discipline* (6th ed.). San Francisco: Caddo Gap Press.

Gathercoal, P. (2000). *Conducting democratic class meetings: School violence and conflict.* New Orleans, LA: Annual Meeting of the American Educational Research Association. (ERIC Document Reproduction Service No. ED442736.)

Gathercoal, P., & Nimmo, V. (2001). *Judicious (character education) discipline programs.* Seattle, WA: Annual Meeting of the American Educational Research Association. (ERIC Document Reproduction Service No. ED453124.)

Gathercoal, P., & Nimmo, V. (2002). *Judicious Discipline: 5 years later.* New Orleans, LA: Annual Meeting of the American Educational Research Association. (ERIC Document Reproduction Service No. ED467234.)

Grandmont, R. P. (2003). Judicious Discipline: A constitutional approach for public high schools. *American Secondary Education, 31,* 97–117.

Landau, B. (2008a). Introduction. In B. Landau (Ed.), *Practicing Judicious Discipline: An educator's guide to a democratic classroom* (4th ed.). San Francisco: Caddo Gap Press.

Landau, B. (2008b). Using consequences judiciously. In B. Landau (Ed.), *Practicing Judicious Discipline: An educator's guide to a democratic classroom* (4th ed.). San Francisco: Caddo Gap Press.

Landau, B. M., & Gathercoal, P. (2000). Creating peaceful classrooms. *Phi Delta Kappa, 81,* 450–455.

Larson, C. (1998). *Judicious discipline.* Beijing, China: Annual China–U.S. Conference on Education. (ERIC Document Reproduction Service No. ED427395.)

McEwan, B. (1991). *Practicing Judicious Discipline: An educator's guide to a democratic classroom.* Davis, CA: Caddo Gap Press.

McEwan, B. (2000). *The art of classroom management: Effective practices for building equitable learning communities.* Upper Saddle River, NJ: Merrill/Prentice Hall.

McEwan, B., Gathercoal, P., & Nimmo, V. (1999). Application of Judicious Discipline: A common language for classroom management. In H. Jerome Freiberg (Ed.), *Beyond behaviorism: Changing the classroom management paradigm.* Boston: Allyn & Bacon.

제**4**부

개인적 체계의 개발

이 책의 마지막 두 장은 교사들에게 교실관리의 개인적 체계를 구상하도록 도움이 되는 정보를 제공한다. 제14장은 연구에 기초한 최고의 교실관리 실행에 대한 정보를 제공한다. 최고로 규명된 실행은 이 분야의 40여 년에 걸친 연구의 결과이다. 제15장은 개인 교사로 하여금 교실관리에 대한 모든 요소를 정리해 종합적인 프로그램으로 발전시키도록 돕는다.

연구에 기초한 최고의
교실관리 실행

14

목표

제14장에서는 예비 교사들을 INTASC 기준 2항(학생 발달), 5항(동기와 관리), 6항(상호작용과 기술), 7항(계획), 9항(반성적 실천인), 10항(학교와 지역사회 관계)에 부합되도록 준비시키고자 한다. 이를 위해 다음과 같은 사항을 수행하도록 돕는다.

- 교실에서 관리를 위한 전략과 방법을 선택하기 위해 효과적인 교실관리에 대한 연구를 활용한다.

- 학습과 행동 강화의 영향에 관련된 연구를 평가한다.
- 적절한 교실통제를 유지함에 있어 교실배열을 평가한다.
- 교실규칙과 절차를 가르침에 있어 사용되어지는 적절한 교수 전략을 확인한다.
- 효과적인 교실관리자의 특징과 행동을 확인한다.
- 효과적인 학년도의 시작을 위해 계획을 세운다.
- 학습 환경에 대한 교사-학생 상호작용의 영향력을 평가한다.

시나리오

문을 부드럽게 두드리면서 레베카 최는 그녀의 머리를 교실관리 교수 데이비드 리베르토르의 사무실로 들이밀었다. "리베르토르 박사님, 저와 잠깐 이야기하실 시간 있으요?"

미소 지으면서 리베르토르 박사는 점수를 매기던 보고서들을 내려놓고 구석의 빈 의자를 가리켰다. "언제든지 시간을 낼 수 있지요. 무슨 일인가요?"

"저는 절망했어요. 교실모형을 검토하면 할수록 점점 더 혼란스러워지네요. 모형들은 저마다 아주 다르고요, 각 이론마다 그것이 정답인 것처럼 생각되어지네요." 레베카는 조금 더 가까이 몸을 기울였다. "그래서인데요, 박사님, 무엇이 정답이죠? 어느 것이 옳은 것이죠?"

미소 지으면서 그는 말했다. "저런, 이 문제가 단순하면 좋을 텐데요." 손가락으로 가상적인 따옴표를 만들면서 그는 말했다. "당신에게 정답일 수 있는 것이 다른 선생님에게는 정답이 아닐 수도 있어요. 각 교실은 서로 다르고, 각 학교도 다르고, 선생님도 모두 달라요."

그녀의 혼란을 이해하면서 그는 재빨리 덧붙였다. "그러나 연구들이 효과적이라고 입증했기 때문에 대다수 이론가들이 동의하는 몇 가지 전략이 있어요. 예를 들어 규칙의 개발을 한번 봅시다. 대다수 이론가들이 질서가 있는 교실을 만들기 위해서는 교실규칙을 창안해야 한다고 말하지 않나요?"

"물론이에요. 그러나 이 규칙들이 어떻게 진술되어야 하는지, 혹은 심지어 누가 그 규칙을 개발해야 하는지에 대해서는 확실하게 의견들이 일치하지 않아요." 레베카는 말

했다.

"아, 당신은 규칙 개발에 대한 대단한 논쟁거리를 알아차렸네요. 당신이 그러한 갈등을 알아내게 되어 기쁩니다. 거의 모두들 규칙이 중요하다는 사실에 동의하는 반면 누가 규칙을 개발하는가, 어떻게 규칙이 진술되어야 하는가에 대해서는 저마다 다른 철학적 배경을 가지고 있어요. 예를 들어 Coloroso는 규칙이란 일단 학교가 파한 후 학생들이 하도록 요구되는 것에 근거를 두어야 한다고 생각해요."

"Gathercoal은 규칙이 중대한 국가 이익에 기반을 두어야 한다고 생각하고요." 레베카가 덧붙였다.

"맞아요, 아마도 둘 다 맞을 거예요. 만약 특정 이론이 당신의 개인적인 철학에 부합된다면 그때 그 이론이 당신에게 잘 적용될 거예요. 그러나 만약 당신에게 개인적으로 적합한 이론이 없다면 모든 이론에 관련되는 전략을 살펴보고 그리고 어떻게 그 전략들을 당신의 교실에서 실행할 것인가를 결정하는 것이 가장 좋은 계획일 거예요. 그리고 기억하세요. 당신이 연구에 의해 입증된 전략을 고르기를 바라요."

나갈 준비를 하면서 레베카는 말했다. "잘 알았습니다. 이번 학기 정말 많이 배웠어요. 그런데 양이 너무 많아요. 압도적이었어요. 시간을 내주셔서 감사합니다."

"아, 나도 즐거웠어요. 성적을 내던 중 휴식시간이 필요했던 참이에요." 리베르토르 박사는 돋보기를 쓰며 말했다. "자, 다시 일을 해야 하겠네요. 수업시간에 봅시다."

들어가는 말

레베카가 교실관리에 대한 연구를 탐색하기 시작하면서 그녀는 유용한 연구를 발견하기 위해 무진 애를 썼다. 이것이 놀라운 일로 보일 수도 있지만, 교실관리 연구자인 Carolyn Evertson과 Carol Weinstein(2006)은 훈육과 교실관리에 대한 교사, 행정가, 부모 그리고 일반 대중의 관심에도 불구하고, 교실관리에 명백하게 초점을 두고 그들 스스로 이 분야 연구자로 간주하는 연구자는 거의 없음을 언급했다. 그들은 너무도

자주 교실관리는 중요한 전문 연구임을 보장해 주는 일련의 연구에 기초한 원리, 개념, 기술이라기보다는 '한 자루의 기교'로 보여짐을 제시한다. Brophy(2006)는 교실관리는 고아와 같은 위치에 있으며 교사 교육 과정의 진정한 일부로서 결코 자리매김하지 않아 왔음을 말한다. 교실관리는 훈육에 관련되어지므로 이것은 결코 적절하게 다루어지지 않아 왔다.

Brophy(2006)는 교실관리 연구가 부족한 한 이유는 관리 전략을 검증하기 위해 고전적인 실험 방법을 활용하기가 수월치 않았기 때문임을 강조한다. 교실의 교사는 교실에서 발생하는 것 중 오직 일부만을 통제할 수 있으며, 훌륭한 관리의 많은 것은 예측되지 않은 상황에 반응하는 것을 포함한다. 환경을 통제할 수 없음은 전통적인 실험 설계를 어렵게 한다. 따라서 조사자들은 교실관리를 연구하는 기초적 방법으로 면접, 관찰, 조사 방법을 활용하지 않을 수 없게 된다.

교실관리 연구 중 많은 것은 실제로 교육 분야 밖의 전문가에 의해 수행되어 왔다. 예를 들어 행동주의 이론에 대한 연구가 교실에 적용되었다. 동물이나 개인 학생의 행동에 영향을 주던 강화 적용에 대한 연구들 중 많은 것들이 집단을 통제하기 위해 활용되어졌다. 강화, 모델링, 소거, 처벌의 효과적인 사용에 대한 다수의 연구가 교실에 적용되어졌다(Landrum and Kauffman, 2006).

1960년대에 시작해서 1980년대를 거쳐 지속적으로 몇몇 연구 팀은 교실과정과 이후 결과 사이의 관계를 탐구했다(Brophy, 2006). Gettinger와 Kohler(2006)는 이 연구를 **과정-결과 연구**(process-outcome research)로서 교실과정(교수)과 결과(학생들이 어떻게 행동하는가) 사이의 관계를 탐색하는 것으로 규명한다.

교실행동을 증진시키면서 학생 성취도 향상시키는 중요한 교수상의 진보는 이러한 연구로부터 나왔다. 과정-결과 연구는 학생들의 높은 성취와 연관되어지는 관리와 교수 변인을 규명하는 데 성공했다. 결과적으로 과정-결과 연구는 교실관리 연구 분야를 과학적인 연구 분야로 변모시켰으며 그를 통해 증거에 기초한 교수 활동이 믿을 만할 자료를 바탕으로 파생되었다.

1990년대 이래 교실관리에 대한 연구는 관리 전략의 효과성을 분석하기 위해 메타분석으로 알려진 다양한 연구 방법을 사용해 왔다. 메타분석은 복합적 연구로부터의 자료를 연합하는 통계적 절차이다. 처치 효과(혹은 효과 크기)가 한 연구에서 다른 연구까지 일관성이 있을 때 메타분석이 이 공통 효과를 규명하기 위해 사용되어질

○ **현장 비결**

나는 사우스미시시피의 대안학교에서 초등학교 학생들에게 행동 교정을 가르쳤다. 나는 예술 치료법이 특히 행동 교정에 있어 성공적인 도구임을 발견했다. 나는 자신들의 감정을 표현할 기회를 주기 위해, 그들 자신의 행동을 평가하도록 하기 위해, 건강한 동료 관계의 발달을 촉진하기 위해 예술을 활용했다. 나는 모든 학업 교수 영역에서도 예술을 활용했다. 나는 북치기와 춤을 통해 수학을 가르쳤다. 나는 드라마와 시각 미술을 통해 사회를 가르쳤다. 나는 디지털 포토그래피를 통해 과학을 가르쳤다. 예술을 가르침으로 인해 나는 독특하고 다양한 학습 양상을 가진 학생들의 학습 욕구를 충족시킬 수 있었다.

나의 학생들은 '진행 중(뛰어오르는 중, 소리치는 중,

비명을 지르는 중, 욕하는 중, 싸우는 중, 실패하는 중)'인 학생으로 언급되어 왔다. 예술이 가미된 프로그램에의 참여를 통해 그들은 변화되었다. 그들은 여전히 '진행 중'인 학생들이다. 그들은 노래하는 중이고, 춤추는 중이고, 그림 그리는 중이고, 활동하는 중이고, 조각하는 중이고, 미소 짓는 중이고, 학습하는 중인 어린이들이다.

Christina Ross Daniels
대안교육 센터
Picayune, Mississippi
2005년 Mississippi 올해의 교사

수 있다. 두 집단의 연구자들이 효과적인 교실관리 방법을 조사하기 위해 **메타분석**을 사용했다. Wang, Haertel, Walberg(1993)는 어떠한 요인이 학생들의 성취와 가장 관련성이 있는지 확인하기 위해 수백 편의 연구 비평, 저널의 논설, 정부 보고서에 대한 종합적 연구를 수행했다. Marzano, Marzano, Pickering(2003)은 효과적인 학교에 대한 100개 이상의 별개의 보고서를 분석했다. 그들의 연구는 명백하게도 교실관리는 효과적인 교수의 결정적 구성 요인 중 하나임을 지적한다.

교실관리에 대한 거의 50여 년에 걸친 연구로부터 중요한 한 사실이 발견되었는데 즉 효과적인 관리와 학생 성취 사이에는 직접적 상관성이 있다는 점이다. Brophy와 Evertson(1976)은 지속적으로 성취하는 학생들의 교사는 소란스러움을 최소한으로 유지하면서 매끄럽게 흘러가도록 교실을 조직한다는 사실을 발견했다. Wang과 동료들(1993)은 효과적인 교실관리는 학생들의 참여를 증진시키고, 소란스러운 행동을 감소시키며, 교수 시간을 늘린다는 사실을 발견했다. 그들의 분석에서 교실관리는 학생 성취에 대한 영향에 있어 첫 번째로 평가되었다.

Marzano와 동료들(2003)은 효과적인 교실관리가 교수에 있어 결정적 요인임에 동의한다. 그들은 형편없는 관리는 시간의 낭비, 과업 집중 시간의 감소, 주의산만한 학습 환경이라는 결과를 가져옴을 밝혔다. 이러한 요인들이 제거될 때 학생 성취는

증가한다. Brophy(2006)는 장악력을 가진 교사, 다중적으로 업무를 처리할 수 있고, 수업의 속도를 조절할 수 있는 교사가 더 좋은 교실관리자임을 언급했다. 따라서 개개 교사들이 교실을 관리함에 있어 효과적이라고 알려진 기법과 전략을 사용할 때, 그 결과는 증대되어진 학생들의 성취로 나타난다.

> 알렉산더 맥니스가 휘태커고등학교 교장이 되었을 때, 그는 지역 교육청으로부터 학교 캠퍼스의 학습 환경을 변화시키라는 책임을 부여받았다. 휘태커는 그 지역에서 가장 나쁜 학교라는 오명을 얻고 있었으며 부모들은 교사들이 교실관리를 잘하지 못하는 것에 대해 불평했다. 맥니스 씨는 즉시 직원들을 소집했다. 그리고 학교 전 캠퍼스에서 일관성 있는 기대를 제시할 학교 차원의 관리 체계를 창안했다. 그다음 해 학생들이 학습 환경의 변화에 반응함에 따라 휘태커의 분위기는 서서히 변화되었다. 하지만 가장 놀랄 만한 결과는 처음으로 휘태커가 성적이 낮은 학교의 목록에서 제외되었다는 사실이다. 성취 면에서 중요한 성적을 얻은 학생들의 비율이 증가한 덕분이다.

최상의 교실관리 실행

40여 년 이상 Carolyn Evertson, Edmund Emmer, Linda Anderson, Barbara Clements, Jere Brophy, Carolyn Weinstein과 같은 연구자들은 효과적인 교실관리 실행을 연구했다. 몇몇은 Jacob Kounin의 중요한 연구 결과를 입증하려고 했다(제1장을 보라). 그리고 다른 사람들은 효과적인 교실관리가 학생 성취에 미치는 영향을 확인하려고 했다. 이러한 연구들은 모든 학년의 수많은 교사와 학생들을 포함한다. 보다 최근에는 Robert Marzano, Margaret Wang, Geneva Haertel, Herbert Walberg에 의한 메타분석 연구가 교실관리에 대한 수백 편의 연구를 검토했다.

　두 유형의 연구들은 교실관리의 가장 좋은 실행을 가능하게 하는 여덟 가지의 특별한 전략을 규명한다. 이 전략들은 타당한 실험 설계와 방법론을 사용한 것으로 평가되며 수많은 연구에 의해 가장 효과적인 것으로 설명되어진다. 이 전략들이 훌륭한 관리에 본질적임을 대부분의 이론가들이 동의함에도 불구하고 이 전략들의 적용에 대해 계속해서 논쟁이 유발되고 있다.

교실규칙 창안

Gettinger와 Kohler(2006), Marzano와 동료들(2003)에 의한 연구는 교실규칙이 효과적인 교실관리에 절대 필요한 부분임을 밝혔다. 교실규칙은 모든 학생의 교실행동에 대한 일반적인 기대와 기준을 언급한다. 명백하게도 그 연구들은 규칙을 구상하고 실행하는 것은 학생들의 행동과 학습에 깊은 영향을 준다는 생각을 지지한다.

효과적인 교실규칙에 관한 그의 연구에서 Thornberg(2008)는 교실규칙의 유형을 다음과 같이 규명했다.

- 관계 규칙—다른 학생과 관계 맺는 방법에 대한 기준을 학생들에게 제공하는 규칙
- 구조화 규칙—교실활동에 참여하는 규칙
- 방어 규칙—학생들의 안전을 제공하기 위해 창안된 규칙
- 개인적 규칙—학생들의 개인적 행동에 대한 자기 반성을 요구하는 규칙
- 예절 규칙—사회적 상황에서 행동하는 법과 관련되는 규칙

그의 연구는 학생들이 교실에서 관계 규칙을 가장 중요하게 느끼는 것을 발견했다. 더 나이 든 학생은 '예절 규칙'에 대해 아주 비판적이었는데 그들은 자신들이 어린아이처럼 다루어진다고 느꼈다. Thornberg의 연구는 만약 학생들이 규칙의 주안점을 알지 못한다면, 규칙에 대해 부정적 감정을 가지게 될 것임을 또한 밝혔다. Brophy와 McCaslin(1992)에 의한 연구는 이러한 사실을 지지한다. 왜냐하면 그들은 효과적인 교사는 규칙을 상세히 설명하고 집행할 뿐 아니라 그 규칙이 왜 필요한가에 대해 학생들이 이해하고 있는지를 확인한다는 사실을 알아냈기 때문이다.

Cotton(1995)은 규칙은 학교 차원의 행동 코드와 일관성이 있거나 혹은 일치하는 일련의 기준이어야 함을 언급했다. 규칙은 할 수 없는 것들의 목록이 아니라 긍정적인 용어로 진술되어야 한다. 일단 성문화되면 이러한 규칙은 게시되며 학생과 부모에게 제공된다.

일단 규칙이 생성되면 효과적인 교실관리자는 학업 내용을 가르치는 것과 똑같은 방식으로 규칙을 가르친다(Marzano et al., 2003). 효과적인 교사는 학생들이 규칙을 숙지할 때까지 규칙을 설명하고, 실행하게 하며, 검토한다. Simonsen, Fairbanks, Briesch, Myers, Sugai(2008)는 규칙을 가르칠 때 반응 및 강화와 연결시키는 것이 더 큰 결과를 얻을 수 있음을 발견했다.

○ *현장 비결*

"게으른 뇌는 악마의 놀이터이다"라는 말은 잘 알려진 것은 아니지만 교실관리에 있어 아주 좋은 충고이다. 학생들을 학습에 집중시키는 핵심은 학생들이 교실에 들어오는 순간부터 떠나는 순간까지 어떤 방식으로든 교실에서 아이디어를 생각하거나 혹은 기능을 발휘하는 활동에 항상 참여하도록 만드는 것이다. 내 학급의 학생들은 내가 그들이 모두 항상 적극적으로 참여하기를 기대한다는 사실을 이해하고 있다. 이것은 학생들에게 '공정하게' 다가가는 것과 같은 방법을 사용할 필요가 없게 한다. 학습을 평가하는 유일하게 적절한 방법은 모든 학생이 항상 참여하는가이다. 무작위적으로 한 학생으로부터 반응을 얻는 것은 도움이 되지 못한다. 내 교실의 각 학생은 화이트보드를 제공받는다. 그래서 모든 학생은 동시에 반응한다. 보다 효과적인 교실관리를 원하는 교사는 모든 학습자가 생각하고 항상 참여하도록 만드는 방법을 배워야 한다.

Michael Fryda
9학년 과학 교사
Westside 고등학교
Omaha, Nebraska
2010년 Nebraska 올해의 교사

하지만 규칙을 창안하고 이것을 학생들에게 가르치는 것은 과정의 시작이다. 효과적인 교사는 규칙이 위반되었을 때 행동한다. 효과적인 교사는 규칙 위반의 결과를 학생들에게 알려 준다. 그러고 나서 규칙 준수에 적응할 것을 요구하며 결과를 집행한다.

Thornberg(2008)는 학생들이 그들 교사가 규칙 위반을 어떻게 다루는가를 판단함을 언급한다. 그는 학생들은 존경스럽지 못하고 불공정한 처리에 대해 비판적이라는 사실을 발견했다. 일관성은 결정적이다. 학생들은 규칙 체계에서 일관성을 원한다.

유치원 교사 에리카 다이아몬드는 『결코 신발에 침 뱉지 말아요(Never Spit on Your Shoes)』를 읽어 주면서 학급 아동들에게 교실규칙에 대해 토론을 시작하게 했다. 그 책은 유치원의 동물들이 선생님을 도와서 학급 규칙을 만들어 가는 이야기에 관한 내용을 담고 있다. 아동들은 책을 좋아했고 자신들이 만든 규칙이 흥분되는 것임을 알았다. 동물들의 경험에 기반하면서 그녀는 학생들에게 그들 교실에 대한 규칙을 제시했다. 대략 첫날 마지막 즈음 그녀 학급은 주인의식을 가지며 일련의 규칙을 만들었다.

교실절차 창안하기

규칙 설정과 함께 교실절차를 창안하는 것은 효과적인 교실관리 전략으로 입증되어 왔다. Marzano와 동료들(2003)은 교실절차를 특정 행동에 대한 기대로 정의했다. 규칙이 본질상 일반적이라고 하면 절차는 매우 특수한 것이다. 절차를 설정하는 중요성은 1970년대 말에 처음으로 조사되었다. 학교의 첫날, 그리고 학년도 내내 교사와 학생의 행동을 기록한 3학년 교실에 대한 연구에서 Emmer, Evertson, Anderson(1980)은 더 훌륭한 교실관리자는 교실과업을 분석한다는 사실을 발견했다. 그들은 효과적인 관리자는 학생들이 교실에서 잘 활동하는 데 요구되어지는 기대와 절차를 명확하고 자세하게 분석할 수 있음을 발견했다.

이 연구 결과는 최근 Emmer와 동료들(2006)과 Cotton(1995)이 교실의 일상적 측면에 대한 절차가 비효율적이고 하루 일정이 부재할 경우, 교수 시간을 낭비하는 결과를 낳고 학생들에게 초점을 상실하게 만든다는 사실을 발견함으로써 보다 확고해졌다. 교실이 점차 학습 중심이 되어 감에 따라 활동의 다양성, 교실 주위의 학생 움직임, 다수 학생들이 동시에 활동하는 데 적합한 보다 복잡한 절차가 필요하다(Evertson and Neal, 2006).

모든 교실을 위해 요구되어지는 절차는 다음과 같다.

- 자료를 배포하고 걷는 절차
- 공동 자료를 수집하는 절차
- 컴퓨터와 같은 장비 사용에 대한 특별 절차
- 교실 출입에 관한 절차
- 화재 경보, 일기 변화, 안전 문제와 같은 비상 상황을 다루는 특정 절차

규칙이 가르쳐지고 실행되어질 필요가 있듯이 절차 역시 가르쳐지고 실행되어야 한다. 실행은 특히 복잡한 과업에 필수적이고, 학생들이 절차에 대해 철저하게 이해하도록 한다. Gettinger와 Kohler(2006)는 절차를 실행하면 정상적인 학교 일정이 중단되는 동안에도 교실활동이 붕괴될 가능성이 적어짐을 발견했다.

12학년 역사 교사인 샤보나 풀리의 수업 첫 15분간은 항상 혼란스럽다. 노트에 사인을 해 달라고 하고, 늦게 과제물을 제출하며, 혹은 잃어버린 유인물을 요구하는 학생들에 의해 포격을 당할 때 그녀는 학급을 조용히 함에 있어 어려움을 겪는다. 마침내 학급이 진정되어야 할 시점에서 그녀의 신경은 지치게 되고, 학생들에게 조용히 하라고 소리 지르

게 된다. 그녀의 학생들은 이 드라마를 즐기며, 훨씬 더 혼란스러운 무질서에 의해 강화된다.

복도 건너편 브리트니 트라이스의 학급은 조직화의 한 예이다. 학생들이 교실에 도착하면 그들은 혹시 결석했을 때 놓쳤을 수도 있는 점수가 주어지는 활동물이나 혹은 과제물이 담겨 있는 폴더를 뽑아 든다. 그들이 종소리 울림 과제를 완성하는 동안 브리트니는 요구되어지는 지필 활동을 노래하듯 읊조리면서, 그리고 개인 학생들의 질문에 대답하면서 교실을 돌아다닌다. 수업 시작 후 5분 정도에 종소리 과제를 마치고, 그날의 수업이 시작된다.

교실전환 관리하기

전환은 교실에서 항상 일어나며, 교실관리 연구자들이 가장 선호하는 주제였다. 1970년 Jacob Kounin은 효과적인 교실관리자는 '전환 원활성'이라는 특성을 가지고 있음을 발견했다. Kounin은 전환 원활성을 다양한 활동을 하루 종일 관리할 수 있는 능력으로 정의했고, 전형적인 교사는 학교 일과 시간 동안 많은 활동을 시작하고, 지탱하고, 마무리 지어야 함을 언급했다. 30년 이후 Gettinger와 Kohler(2006)는 Kounin의 연구 결과를 재확인했다. 그들은 교실에서의 시간 중 15%가 전환에 소요됨을 측정했다. 사소한 전환은 이야기 순서 사이에 발생하며, 주된 전환은 활동 사이, 혹은 수업 단원 사이, 수업과 수업 사이, 혹은 학생들이 한 장소에서 다른 장소로 이동할 때 발생한다. 따라서 전환을 성공적으로 관리하는 것은 학습 시간을 최대화하면서 문제행동을 최소화하는 데 결정적이다.

효과적인 교실관리자는 매끄럽게, 질서 있는 양상으로 전환할 수 있는 능력을 가지고 있다. 전환의 질은 후속적인 활동 부분들의 속도와 상태를 설정한다(Doyle, 2006). 성공적인 관리자는 문제가 발생하기 전 예방하며, 혼란을 예방하기 위해 전환의 시작을 명확하게 알려 줄 능력을 가진다. 효과적인 교사는 전환을 적극적으로 구조화하며 지휘한다. 그들은 활동하면서 이러한 변화 시기 동안 발생할 수 있는 순간의 상실을 최소화한다. 규칙 및 절차와 함께 효과적인 교사는 학생들에게 학기 초에 교실 내 전환에 대해 가르치고 그 상황에서 실행해 보는 경험을 제공한다.

신규 교사 브랜든 롱은 그의 체육시간마다 거의 90명에 육박하는 학생들을 지도해야 함을 알게 되었을 때 깜짝 놀랐다. 그는 이 대다수 학생들을 어떻게 관리할 수 있을지를 생각했다. 단지 열을 체크하는 데만도 수업시간의 대부분을 잡아먹을 것 같이 보였다. 다행히도 브랜든은 이 학생들을 혼자 담당하는 것은 아니었다. 그의 공동 교사 데드릭 파슨스는 교실관리에 있어 대가였다. 브랜든에게 가장 인상 깊었던 것은 한 수업에서 다른 수업으로 학생들을 전환시킴에 있어 데드릭이 사용한 기법이었다. 체육관 마룻바닥에는 1부터 100까지에 이르는 숫자가 있었다. 각 학생은 지정된 번호에 있어야 한다. 학급이 바뀌는 동안 데드릭은 학생들이 제시한 몇 가지 노래를 연주했다. 음악이 끝날 즈음 각 학생은 자신의 지정된 숫자에 앉는다. 음악이 끝날 때 브랜든은 학생들 옆을 걸으면서 1번부터 45번까지 학생들의 열을 확인한다. 그리고 누가 숫자에 앉지 않았는지를 확인한다. 데드릭은 46번부터 90번까지를 확인한다. 1분도 채 안 되는 시간 동안 열은 만들어지고 결석한 학생들의 목록이 기록된다. 열 검열이 끝나자마자 학생들은 두 집단으로 나누어지며 수업은 시작된다.

효과적인 교실설계 창안하기

Marzano와 동료들(2003)은 교사가 교실을 배열하고 장식하는 방식은 학생들에게 메시지를 전달한다는 사실을 발견했다. 첫날 학생들은 교실에 들어올 때 교사와 그 교사가 교실을 어떻게 관리할 것인지를 판단하게 된다. 하지만 Marzano 등은 "'예쁜 환경'을 조성하는 것이 교사의 일은 아니다. '학습' 환경을 조성하는 것이 교사의 일이다."라는 사실을 교사들에게 강조한다(p. 98).

학습 환경을 조성하는 것은 원하는 학습 활동과 학생들에 대한 관리를 지원해 주는 교실로 설계할 것을 요구한다. 교사는 교실의 물리적 특징, 공간을 차지할 학생들의 수와 요구사항, 책상의 배열, 교실의 물리적 제약 등을 고려해야 한다. Simonsen과 동료들(2008)은 추가적인 관심이 통행로, 교사-학생의 영역, 벽 위의 시각적 게시물에 주어져야 한다고 언급한다. Marzano와 동료들(2003)은 효과적인 교실배열은 다음과 같음을 발견했다.

- 교사는 모든 학생을 볼 수 있어야 함.
- 교사는 즉시 모든 학생에게 다가갈 수 있어야 함.
- 학생들은 모든 게시물을 볼 수 있어야 함.
- 학생, 교사 모두 자료에 접근할 수 있어야 함.
- 학생들을 위한 분명한 통행로가 있어야 함.

- 학생들은 쉽게 학습 집단으로 조직되어야 함.
- 학습 과정상 주의를 산만하게 하는 것이 없어야 함.

Simonsen과 동료들(2008)은 교실의 물리적 배열이 행동에 영향을 준다는 사실을 알아냈다. 학습 환경의 효과적인 계획과 배열은 부적절하고 소란스러운 행동을 예방할 수 있다.

신규 교사 카와나 휴스가 처음으로 그녀의 3학년 교실을 보았을 때 그녀는 울고 싶다고 생각했다. 교생 시절 그녀는 밝고 알록달록한 교실에 있었다. 지금 텅 비어 있는 벽을 보면서 이 무미건조한 교실을 그녀가 꿈꾸어 왔던 교실로 변화시키기 위해 그녀가 들여야 할 시간, 노력, 혹은 경비 모두가 부족함을 걱정했다. 교장 선생님은 은퇴한 교사 협회에 접촉해서 누군가 그녀에게 기증할 수 있는 자료를 가지고 있는지 알아볼 것을 제안했다. 기쁘게도 그녀는 콩 주머니, 몇 상자의 책들, 책꽂이, 커튼, 게시판 자료 등을 얻었다. 수일 안에 그녀는 기증받은 자료들로 방을 채웠다. 텅 빈 무미건조했던 교실이 학생들을 위한 밝은 학습 환경으로 변모되었다.

학년 초에 계획하기

30여 년에 걸쳐 Emmer와 동료들(1980)은 매끄럽게 진행되는 교실은 학년 초에 철저한 준비와 조직을 통해 그 단계를 설정함을 발견했다. 2003년 Marzano와 동료들은 이에 동의하면서 "실제로 모든 연구는 학년 초가 효과적인 교실관리의 가장 중요한 핵심임을 지적한다."(p. 92)고 말했다. 첫 수일 동안 교사는 그가 누구인지, 어떻게 교실을 관리할 것인지에 대해 강력한 메시지를 전달한다. 학교 시작 수 주 동안 규칙, 절차, 전환 등이 설정되고 가르쳐지며 또한 강화된다면 교사는 학년도의 나머지가 매끄럽게 진행되는 경향이 있음을 알게 될 것이다. 따라서 학년도 첫 수 주 동안 교실관리 방법을 계획하는 것은 교수를 계획하는 것만큼이나 중요하다.

Doyle(2006)는 질서의 관점에서 학년도의 첫 학기가 가장 중요함을 언급했다. 이 결정적인 기간 동안 관계가 설정된다. Brophy(2006)는 가장 훌륭한 교사는 학기 초에 학생들을 보다 인간적으로 수용하는 느낌을 전달한다는 것을 발견했다. Brophy(2006)는 효과적인 교실관리에 대한 연구에서 나타나는 공통점은 학기 첫날부터 교사가 긍정적인 교실 분위기를 책임지고 설정하면서, 친근하고 인간적이며 진심 어린 모습을 보이는 점임을 언급했다. 효과적인 교사는 덜 효과적인 교사보다 학생들의 좋은 행동을 더 많이 강화하고 학생들을 칭찬했다. 그들은 기대되어지는 행동에 대한 결정적 실마리를 제공한다. 이 교사들은 학생의 행동을 주의 깊게 살펴보며, 신속하게 행동을 교정한다.

명백하게도 초등학교 교실과 중학교 혹은 중등학교 교실에서의 학기 첫 수 주는 차이가 있다. Evertson과 Emmer(1982)는 초등학교 학생들은 '학교에 가는' 행동을 배워야만 함을 밝혔다. 중학교, 고등학교 학생들은 이 기술들을 배워 왔으므로 그들은 과업에 참여하거나 과업을 완성하는 책임을 배우는 데 시간을 보낼 필요가 있다.

30여 년 동안 8학년을 담당해 온 숙련된 과학 교사로서 멜리사 웨브는 학급 첫 수 주 동안에 교실에서 절차를 설정해야 하는 중요성을 이해하고 있다. 수업 첫날 그녀는 학생들로 하여금 교실규칙을 점검하고 알게 하는 데 시간을 쏟는다. 두 번째 날은 안전에 전념한다. 멜리사가 교실에서 과학 설비를 사용하는 절차를 안내할 때 그녀는 그 절차의 목적이 학생들을 안전하게 지키는 것임을 강조한다. 첫 주의 말에 설비 사용의 옳고 그른 방법을 보여 주는 가벼운 촌극을 한다. 그녀의 학생들은 과학 설비가 부적절하게 사용되어질 때 발생할 수 있는 비통한 요소를 보여 주면서 무척 즐거워한다.

개인적, 집단적 강화 제공하기

교실관리 전략으로 긍정적 강화를 사용하는 효과는 잘 확인되어 왔다(Landrum and Kauffman, 2006). 이러한 연구들은 모든 세대, 다양한 능력 수준, 여러 가지 상황에 폭넓게 영향을 주고 있다. 지난 40여 년 동안 문자 그대로 수천 개의 연구가 교사가 전달하는 사회적 강화가 학업 성취, 규칙 준수, 훌륭한 학교에서의 행동을 낳을 수 있음을 보여 주었다.

Simonsen과 동료들(2008)은 적절한 행동을 인정하기 위한 연속적인 전략 체계를 연구했다. 아래 전략들은 학생들을 변화시키고 통제함에 있어 효과적인 것으로 연구에 의해 뒷받침되는 것이다.

1. 특정 조건하의 칭찬. Simonsen과 동료들(2008)은 칭찬은 가장 강력한 증빙 근거를 가지고 있을 때 효과적인 전략이 됨을 말했다.
2. 집단 강화. 이 전략은 한 집단의 학생들에 대한 공동 기대를 형성할 때 사용된다.

집단은 모두가 기대되는 행동에 참여할 때 보상된다.

3. 행동 계약. 개인 학생들에게 사용되는 행동 계약은 수용될 수 없는 행동을 변화 시키는 데 효과적이다.

4. 토큰 경제. 학생들은 그들이 바람직한 행동을 했을 때 개인적으로 혹은 집단으로 토큰을 얻는다. 이 토큰은 나중에 좋아하는 상품을 구매할 때 현금처럼 쓰여진다.

위의 네 가지 강화인 유형은 모두 행동을 변화시키기 위해 효과적인 것으로 입증 되었다. 집단 강화와 토큰 경제는 종종 함께 쓰이기도 한다. 이 강화인들은 다음과 같은 효과를 가진다.

- 긍정적인 언어 상호작용을 증가시키고 부정적인 언어 상호작용은 감소시킨다.
- 전환 시간을 감소시킨다.
- 성취를 증대시킨다.
- 적절한 교실행동을 증가시킨다.
- 동료 간 사회적 수용을 증진시킨다.
- 학생 출석을 증가시킨다.
- 부적절한 행동을 감소시킨다.
- 밖에서 떠들거나 의자에 앉아 떠드는 행동을 감소시킨다.
- 수업 및 과제 완성에 대한 준비성을 증가시킨다.

연구들이 강화인의 효과를 보여 줌에도 불구하고 많은 교육자들은 그것의 사용 에 대해 동의하지 않는다. 그들은 이러한 강화인이 단지 단기간 동안만 행동을 변 화시킬 뿐이고 평생 학습자를 만들어 내는 데는 아무것도 하지 못함을 주장한다 (Kohn, 1996). Reeve(2006)는 만약 강화인이 통제적인 방식으로 시행되면 학생들의 자율성, 내면적 동기, 자기 규제, 참여가 침해될 수 있음에 동의한다. 따라서 학생들 에게 강화인을 제공하고자 하는 교사는 소멸에 대한 연구를 하는 것이 중요하다. 학 생들이 자신들의 학습과 행동에 대해 책임지는 것을 배우게 되면 강화인의 효과는 위축된다.

헤더 콜린스는 팝콘 자루로 잘 알려져 있다. 매일 그녀는 학급 전체의 행동에 대해 판정

종종 교사는 도전적 학생에게 다가가기 위한 가장 효과적인 개입을 연구해야 한다.

을 내린다. 만약 그들이 하루를 잘 보냈을 경우 한 주먹의 튀기지 않은 팝콘이 큰 자루에 넣어진다. 때때로 학생들이 다른 교사로부터 좋은 평가를 받거나 그들이 특별히 잘 행동했을 때도 한 주걱이 자루에 넣어진다. 학생들이 정확하고 신속하게 절차를 수행할 때(교실에서 줄 서는 것과 같은) 헤더는 한 주걱을 또 준다. 이것은 학생들이 매번 똑같은 방식으로 과업을 수행하도록 격려한다. 자루가 차게 되면 그들은 팝콘을 튀겨서 팝콘 파티를 연다. 헤더의 학생들은 자루가 채워지는 것을 보며 즐거워한다.

학생 수행을 조정하기

Gettinger와 Kohler(2006)는 학생들의 수행을 조정하는 것이 교실관리의 결정적 측면임을 밝혔다. Doyle(2006)의 연구는 이 사실에 동의하며 효과적인 교사는 항상 교실을 조정하고 동시에 많은 과업을 요술 부리듯 다룰 수 있다고 덧붙였다. 효과적인 교사는 아래의 방법 중 하나로 학생 행동을 조정한다.

1. 그들은 전체 학급을 조정한다. 교사는 교실을 항상 돌아다니고 학급이 전체로서 기능하고 있는지를 살핀다.
2. 그들은 개인 학생들을 관찰한다. 효과적인 교사는 학생들이 긴장하고 있거나 어려움을 겪고 있는 언어적 · 신체적 실마리를 주시한다. 따라서 교사는 상황이 악

화되어지는 것을 예방할 수 있다. 그들은 학생들의 문제행동으로 인한 사건에 즉각적이며 지속적으로 반응한다. 이러한 상시적인 조정으로 인해 효과적인 교사는 누가 과업 이탈 중인지, 또 누가 행동이 바른 학생을 건드리는지를 알게 된다.

3. 그들은 그들 자신의 교수 행위를 조정한다. 효과적인 교사는 학생들의 비언어적 행동을 읽으며 학생들의 욕구를 충족시키기 위해 속도, 리듬, 교실활동의 지속시간, 과제물을 조정한다. 그들은 명확한 교수를 제공하기 위해 학생으로부터의 반응과 학생들에 대한 평가를 활용한다. 가장 중요한 사실은 그들이 이러한 조정을 교사나 학생 측에서 실패가 발생한 경우에 도입하는 것이 아니라 교수 과정의 자연스러운 부분으로 간주한다는 점이다.

4. 그들은 자신들의 생각을 조정한다. Marzano와 동료들(2003)은 교사가 개입을 가장 필요로 하는 학생을 도움에 있어 부정적 태도를 가질 수도 있기 때문에 특정 학생에 대한 자신의 태도에 대해 자아 조정하는 것이 중요함을 강조한다.

유치원 교사 멀린다 파슨스는 그녀의 학생들이 쉬는 시간 동안 너무도 오랫동안 자신을 가리키면서 자신의 머리를 뚫어져라 쳐다보고 있음을 알아차렸다. 더 이상 호기심을 누를 수가 없어 그녀는 한 무리의 학생들을 자신에게로 불렀다. "나는 여러분이 나를 쳐다보고 있음을 알고 있어요. 무슨 일이 있나요?"

어린 여자아이 둘이 킬킬거렸다. "선생님 머리 뒤를 보여 줄 수 있나요?"

놀라서 멀린다가 대답했다. "예, 그러지요. 그런데 왜 내 머리를 보기를 원하나요?"

"코디의 아빠가 말했대요. 선생님은 틀림없이 머리 뒤에 눈이 있다고요. 코디가 잘못할 때마다 선생님이 항상 알고 있거든요. 선생님이 코디를 보지 않고 있을 때도 말이에요. 우리는 코디에게 말했어요. 선생님은 머리 뒤에 눈이 없다고요. 선생님, 머리 뒤에 눈 가지고 있지 않지요? 그렇지요?"

웃으면서 멀린다는 머리를 헤쳐 보였다. 그래서 소녀들은 더 세밀하게 살펴볼 수 있었다. "보렴, 내 머리 뒤에는 눈이 없단다. 나는 너희들이 나쁜지 착한지 알기 위해 머리 뒤의 눈을 가질 필요가 없단다."

킬킬 웃으며 소녀들은 파슨스 씨의 머리 뒤에는 눈이 없음을 코디에게 말해 주러 뛰어갔다.

학생들과 긍정적 관계 형성하기

Marzano와 동료들(2003)은 학생과 교사 관계의 질이 긍정적인 학습 경험을 위해 결정적임을 언급했다. Wang과 동료들(1993)은 긍정적인 학생과 교사의 학업적 상호작용이 학습을 촉진하듯이 긍정적인 학생과 교사의 상호작용은 긍정적인 교실환경을 촉진함을 밝혔다. 그들은 효과적인 교사는 인간적인 따스함, 격려를 표현하며, 학생들의 흥미를 유지하기 위해 유머를 사용하고, 학급의 긴장을 누그러뜨림을 발견했다. 긍정적인 관계로 인해 더 적은 소란스러움, 더 많은 규칙의 수용, 더 적은 훈육적 행동, 다양한 관점에 대한 더 많은 관용이 있게 된다.

종종 행동상의 문제는 교사와 학생의 관계가 붕괴된 결과이다. 교실에서 전면적인 통제를 원하는 교사는 학생들이 이러한 통제에 대항해 반항한다는 사실을 발견할 것이다. 너무도 느슨한 교사는 수업의 흐름을 학생들이 접수할 때 교실에 대한 통제력을 상실할 것이다. 학생들이 원하는 것은 교사가 교실을 책임지고 있는 자애로운 독재이다. Marzano와 동료들(2003)은 최적의 교사와 학생의 관계는 지배와 협동이라는 균등한 부분들로 구성되는 것임을 밝혔다. 학생들은 교사가 통제하나 그 통제에 있어 공평하기를 원한다. 효과적인 관리자는 특히 행동상 문제가 있는 상황에서 모든 학생을 똑같이 취급하지 않는다. 효과적인 관리자는 어떤 학생은 격려를 필요로 하고, 어떤 학생은 부드러운 질책을 필요로 하며, 또 어떤 학생은 또 다른 결과를 필요로 할 수 있음을 인식하고 있다. 중요한 것은 교사가 학생의 경우 개개인으로서, 학급의 경우 전체로서 그들에 대해 관심 가지고 있다는 메시지를 전달하는 것이다.

○ 현장 비결

규칙을 준수하지 않는 몇몇 학생들은 가족 불화, 이혼, 부모의 약물 및 알코올 문제, 유기 혹은 학대, 심각한 자신감 및 자존감 결여, 개인적인 정서 문제로 인해 고통받는다. 가끔 학기 초에 가지는 개인적 대화는 무엇이 학생을 괴롭히고 있는지를 밝혀낼 수 있다. 학생들과 관계를 개발하기 위해, 그들을 알아 가기 위해 학기 초에 시간을 가져라.

Alison Standing
행동 관리 교사
Churchill State School
Churchill, Ipswich
Australia

효과적인 교사가 학급 통제력을 유지한다 할지라도 Cotton(1990)은 그들이 학생들과 함께 교실관리에 대한 책임을 공유한다는 사실을 밝혔다. 그들의 목적은 학생들이 소속감, 자신의 행동에 대한 소유권, 서로서로에 대한 책임감을 발달시키는 것이다.

6학년 교사 나타샤 브라운에게 있어 학생과 긍정적인 관계를 형성하는 것은 학급 첫날 이전부터 시작된다. 나타샤는 자신의 학급 명단을 받자마자 학부모들에게 전화를 걸기 시작한다. 자신을 소개하면서 그녀는 학생의 가족, 애완동물, 흥미에 대해 몇 가지 질문을 한다. 그녀는 학급 첫날 이 정보를 활용한다. 그녀가 각 학생을 맞아들일 때 그녀는 그 학생에 대해 알고 있는 어떤 것을 반드시 말한다. 이러한 인식은 그녀가 자신의 학생들과 맺게 되는 긍정적 관계의 출발점이다.

적절한 개입 선택하기

교사가 교실에서 사용할 개입에 대해 이야기할 때 처벌에 대한 생각이 마음에 떠오르게 된다. 하지만 교실상황에서의 개입 대부분은 처벌적이지 않다. 대부분의 개입은 두 가지 범주 즉 예방적인가 혹은 반동적인가에 귀착된다(Clunies-Ross, Little, & Kiehuis, 2008). 일반적으로 예방적인 전략은 교사가 문제행동의 가능성을 방어하기 위해 사용하는 행동들이다. 반동적 전략은 학생들의 행동에 따라 발생한다. 그림 14.1은 두 유형의 개입 예를 제시한다.

예방적인 개입은 규칙 개발, 절차 및 전환의 창안, 학생과의 긍정적인 관계 개발, 학생 조정 및 교실배열을 포함한다. 이러한 전략은 이 장에서 광범위하게 논의되었다. 이러한 개입이 자리를 잡게 되면 반동적 개입의 필요성은 감소되어진다.

반동적인 개입은 다시 두 범주로 나누어진다. 반동적 개입의 지도 원리는 부적절한 행동에 대한 부정적 개입과 적절한 행동에 대한 긍정적 개입 사이에 건전한 균형이 있어야 한다는 사실이다(Marzano et al., 2003). 따라서 교사는 학생들이 좋은 행동을 할 때 인정해 주는 것이 중요하다. 이러한 인정은 칭찬, 구체적인 보상, 집단 보상, 혹은 토큰 경제를 통해 제공될 수 있다. 만약 적절한 행동이 결코 인정받지 못하면 학생은 교사를 절대로 기쁘게 할 수 없다고 결론 내릴 것이며, 결과적으로 노력을 중지할 것이다.

궁극적으로 모든 교사는 학생이 바람직하지 못한 행동을 하게 될 때 교정적 개입

그림 14.1   효과적인 개입

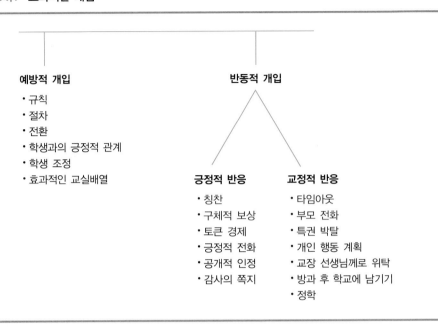

예방적 개입
• 규칙
• 절차
• 전환
• 학생과의 긍정적 관계
• 학생 조정
• 효과적인 교실배열

반동적 개입

긍정적 반응
• 칭찬
• 구체적 보상
• 토큰 경제
• 긍정적 전화
• 공개적 인정
• 감사의 쪽지

교정적 반응
• 타임아웃
• 부모 전화
• 특권 박탈
• 개인 행동 계획
• 교장 선생님께로 위탁
• 방과 후 학교에 남기기
• 정학

을 제공한다. 교사는 이러한 유형의 상호작용을 우려한다. Clunies-Ross와 동료들 (2008)이 밝혔듯이 학생들의 문제행동은 교사의 스트레스, 행복, 자신감에 영향을 주기 때문이다. 이것은 또한 학생들의 학습과 학업 성취에 부정적으로 영향을 준다.

교정적 개입이 활용되어질 때 잠정적으로 학생들이 소란스러운 행동에 관심을 돌리기 때문에 주의가 요구된다. Doyle(2006)는 교사가 수업을 중단하는 것이 필요한 지를 결정해야 하므로 교정적 개입은 위험부담이 있음을 진술했다. 개입을 결정하는 것은 행동, 학생, 교실에서의 시간 중 특정 순간에서의 상황에 관련해 복잡한 판단을 요구한다. 어떤 경우에 개입은 학급을 훨씬 멀리 떠나가게 할 수도 있다. 소란스러운 행동에 대한 몇몇 교사의 반응은 역효과를 내며, 실제적으로 소란스러운 행동을 증가시킬 수도 있다.

몇몇 연구자들은 교정적 개입이 효과적이지 않음을 제시한다. 그러나 Marzano와 동료들(2003)은 교정적 개입에 대한 무조건적인 거부는 연구에 의해 단순하게 지지되지 않음을 밝혔다. 그들의 연구는 다양한 기법을 채택하는 균형 잡힌 접근을 강하게 지지한다. Stage와 Quiroz(1997)는 이것을 확인한다. 그들은 교정적 개입이 그들이 분석한 연구에서 대상의 거의 80%에게서 소란스러운 행동의 감소라는 결과를 낳았음을 알게 되었다. 덧붙여 Nelson, Martella, Galand(1999)는 소란스러운 행동에 대한 체계적 반응이 사무실 위탁을 줄이는 핵심임을 밝혔다.

　따라서 교실통제를 유지하고 개인 학생들이 보다 책임감이 있도록 돕기 위해 교정적 개입은 필요하다. 보다 효과적인 교사는 단순히 학생을 통제하기 위해 노력하기보다 문제의 원인과 씨름해 장기간에 걸친 해결책을 개발하려 노력한다(Brophy & McCaslin, 1992). 가장 효과적인 결과를 얻는 교사는 최소한으로 강제적이면서 지시하는 기법을 사용한다. 종종 이 기법은 문제행동을 하는 학생들을 건드리거나 혹은 더 가까이 다가감으로써 주의를 주는 것만큼이나 단순하다. 이러한 교사들은 바람직한 행동에 관련된 특정 실마리를 제공한다. 효과적인 교사는 그들의 상호작용에서 여전히 전문적으로 머무르면서 자신의 정서에 대한 통제를 유지한다.

　대비하여 강제적이지 않으면서 덜 지시적인 교사는 비효과적인 결과를 보인다. 큰 소리를 내고 소란스러운 개입에 의존하는 교사는 학생들의 순응을 얻어 내는 데 덜 성공적으로 보고된다. 다른 비효과적인 기법은 소리 지르기, 모욕하기, 위협하기, 처벌적인 행동을 포함한다. 학생들은 마지못해 순응하며, 종종 교사가 자리를 비우자마자 이전의 행동으로 돌아간다.

　Brophy와 McCaslin(1992)은 효과적인 교사와 비효과적인 교사는 종종 똑같은 개입을 사용한다는 사실을 찾아냈다. 다른 것은 이 전략이 사용되는 방식이다. 효과적인 교사는 조기에 소란스러운 행동을 잡아낸다(Nelson et al., 1999). 그들은 상황이 확대되어 가거나 통제 불능의 상태로 가는 것을 허용하지 않는다.

시나리오

교장 호르헤 에르난데스는 그의 책상 위에 있는 2개의 사무실 위탁 서류 더미를 응시했다. 고개를 들어 2명의 교감 선생님을 보면서 그는 말했다. "우리가 여기 가지고 있는 것이 무엇인지 설명할 수 있나요?" 한 서류 더미로 눈짓을 하면서 그는 말했다. "이 서류는 10명의 교사들에게서 온 것이에요. 이 교사들은 이번 학기 30번 이하로 위탁을 했던 분들이고요." 그는 손을 두 번째 서류 더미 위에서 흔들었다. "그리고 이 서류도 10명의 교사로부터 온 것이네요. 여기에는 300개 이상의 위탁이 있습니다. 이 교사들은 평균 하루에 한 번 꼴로 위탁했습니다. 나는 그 이유를 알고 싶어요." 2명의 교감 선생님들을 향해 고개를 끄덕거리며 말했다. "나는 당신들이 그 차이를 알아 오기를 바랍니다. 만약 첫 번째 집단이 우리가 모르는 신기한 방법을 쓰고 있다면 나는 우리 모두가 그것을 알기를 원해요."

　2주 후에 교감 선생님들은 그들이 발견한 것을 기록한 보고서를 들고 에르난데스 씨에게로 왔다. 빌

로슨은 의자 뒤로 기댔다. "이 조사를 하기 전에 나는 첫 번째 집단의 교사들이 더 착한 학생들을 데리고 있다고 확신했었어요. 하지만 내가 발견한 것은 몇 명의 학생들은 적게 위탁한 선생님 수업도 들었고, 또한 많이 위탁한 선생님의 수업도 들었다는 점이에요. 위탁의 숫자는 학생들과 아무런 관계가 없는 것으로 보입니다."

"맞아요." 레베카 램지는 말했다. "어떤 신기함도 없었어요. 적게 위탁한 선생님은 더없이 조직화되어진 수업을 하고 있었습니다. 학생들은 교실에 와서 기대되어지는 것이 무엇인지 알고 있었습니다. 소란스러워질 경우 그들은 재빨리 주의하면서 모두 활동으로 복귀했습니다. 하지만 다른 교사를 관찰했을 때 그 학급이 무질서함을 알게 되었어요. 교사는 학생들의 주의를 집중시키기 위해 수업시간의 절반을 보내고 있었습니다. 게시된 규칙도 없고 집행되는 규칙도 없음을 알게 되었어요. 그들은 교실이 손쓸 수 없게될 때까지 내버려 두었고 마침내 그들은 좌절하면서 학생들을 사무실로 보냅니다. 나는 그들이 심지어 행동을 교정하고자 노력한다고도 보지 않아요. 그들은 단지 사무실로 학생들을 보냅니다. 우리가 이것을 변화시키기 원한다면 두 번째 집단은 첫 번째 집단과 같은 전략을 사용해야 합니다. 이것은 단순해 보이기는 하지만 과연 단순할까 의심이 되네요."

요약

지난 50여 년 동안 연구자들은 교실을 성공적으로 그리고 비성공적으로 관리해 온 교사들의 행동을 관찰하는 데 수천 시간을 투자했다. 이 50여 년에 걸친 연구에서 발견된 사실은 표 14.1에 제시된다. 좋은 소식은 연구들이 좋은 관리자로 태어나는 것

표 14.1 교실관리 연구의 요약

- 집단행동은 개인행동과 다르다.
- 효과적인 교실관리는 매 학년도, 각 등교일마다 면밀한 계획을 세움으로써 시작된다. 개학 후 첫 수일 동안 생성된 질서는 그해의 나머지 기간 동안의 학생 참여와 소란스러움의 정도를 예측한다.
- 효과적인 교실관리는 단순히 상황에 반응하기보다는 소란스러움이 발생되는 것을 예방한다.
- 효과적인 교사는 교수와 훈육 전략을 함께 엮어서 짠다.
- 보다 훌륭한 관리자는 교육 과정의 일부로 교실규칙과 절차에 대한 교수를 제공한다.
- 학업 성취와 효과적인 교실관리는 함께 엮여 있다.
- 효과적인 교실관리는 교사로 하여금 교수에 보다 많은 시간을 소요하는 것을 가능하게 하고, 결과적으로 학생들의 더 높은 학업 성취를 가지고 온다.
- 효과적인 관리자는 교수 목적을 명확히 함으로써 시작한다. 그들은 이 목적을 성취하는 데 필요한 학생 행동을 고려한다. 그들이 교수 계획을 세울 때 또한 그들은 그들의 목표를 성취하는 데 필요한 관리에 대한 계획도 세운다.

이 아니라는 사실을 증명했다는 점이다. 그들은 연구에 기반한 실행 방법을 활용함으로써 만들어진다(Marzano et al., 2003).

주요 용어

이 용어들에 대한 정의는 용어해설에 제시되어 있다.

과정-결과 연구   메타분석 연구

관련 활동

이론에 대한 성찰

1. 당신의 교실은 성공적으로 수업을 시작하는지 생각해 보라. 어떠한 활동이 그 교실의 학습 환경을 설정하는가? 어떠한 활동이 당신을 환영받고 학습 환경의 일부로 느끼도록 만드는가?
2. 중요한 규칙 논쟁에서 당신은 어디 즈음에 서 있는가? 당신은 교실을 위해 규칙을 창안할 것인가, 혹은 당신은 규칙의 창안에 당신 학생들을 포함시킬 것인가?
3. Robert Marzano는 말했다. "'예쁜 환경'을 조성하는 것이 교사의 일은 아니다. '학습' 환경을 조성하는 것이 교사의 일이다." 이 말은 무엇을 의미하는가? 당신은 어떻게 '학습 환경'을 조성할 것인가?
4. 효과적인 교실관리에 대한 연구는 학생들과 긍정적인 관계를 가지는 것이 중요함을 지적한다. 당신은 학생들과 효과적인 관계를 형성하기 위해 무슨 전략을 사용할 것인가?

포트폴리오 자료 개발하기

1. 교실관리의 주제와 관련된 연구 논문을 찾아라. 그 연구에 대한 간단한 분석과 당신의 평가를 제시하면서 그 논문을 비평해 보라.
2. 당신이 창안한 수업 계획을 검토하라. 수업이 효과적이기 위해 어떠한 절차가 필요할 것인지 결정하기 위해 수업 계획을 평가하라.

개인 교실관리 철학 개발하기

1. 이 책은 교실관리에 대한 12가지 모형을 제시하고 있다. 어떠한 모형이 이 장에서 규명되어진 효과적인 전략을 가장 잘 활용하고 있다고 생각하는가?

참고문헌

Brophy, J. (2006). History of research. In C. Evertson & C. Weinstein (Eds.), *Handbook of classroom management: Research, practice, and contemporary issues.* Mahwah, NJ: Lawrence Erlbaum Associates.

Brophy, J. E., & Evertson, C. M. (1976). *Learning from teaching: A developmental perspective.* Boston: Allyn & Bacon.

Brophy, J. E., & McCaslin, M. (1992). Teachers' reports of how they perceive and cope with problem students. *The Elementary School Journal, 93,* 3–68.

Clunies-Ross, P., Little, E., & Kiehuis, M. (2008). Self-reported and actual use of proactive and reactive classroom management strategies and their relationship with teacher stress and student behaviour. *Educational Psychology, 28,* 693–710. DOI: 10.1080/01443410802206700.

Cotton, K. (1990). *Schoolwide and classroom discipline.* School Improvement Research Series. Portland, OR: Northwest Regional Educational Laboratory.

Cotton, K. (1995). *Effective schooling practices: A research synthesis 1995 update.* Portland, OR: Northwest Regional Educational Laboratory. Retrieved May 15, 2010, from http://home.comcast.net/~reasoned/4410/PDFonCRM/Effective%20School%20Prac.pdf.

Doyle, W. (2006). Ecological approaches to classroom management. In C. Evertson & C. Weinstein (Eds.), *Handbook of classroom management: Research, practice, and contemporary issues.* Mahwah, NJ: Lawrence Erlbaum Associates.

Emmer, E., Evertson, C., & Anderson, L. (1980). Effective management at the beginning of the school year. *Elementary School Journal, 80,* 219–231.

Emmer, E. T., Evertson, C. M., & Worsham, M. E. (2006). *Classroom management for middle and high school teachers* (7th ed.). Boston: Allyn & Bacon.

Evertson, C., & Emmer, E. (1982). Effective management at the beginning of the school year in junior high classes. *Journal of Educational Psychology, 74,* 485–498.

Evertson, C. M., & Neal, K. W. (2006). *Looking into learning-centered classrooms: Implications for classroom management. Working paper.* Washington, DC: National Education Association.

Evertson, C. M., & Weinstein, C. S. (2006). Classroom management as a field of study. In C. Evertson & C. Weinstein (Eds.), *Handbook of classroom management: Research, practice, and contemporary issues.* Mahwah, NJ: Lawrence Erlbaum Associates.

Gettinger, M., & Kohler, K. M. (2006). Process-outcome approaches to classroom management and effective teaching. In C. Evertson & C. Weinstein (Eds.), *Handbook of classroom management: Research, practice, and contemporary issues.* Mahwah, NJ: Lawrence Erlbaum Associates.

Kohn, A. (1996). *Beyond discipline: From compliance to community.* Alexandria, VA: Association for Supervision and Curriculum Development.

Kounin, J. S. (1970). *Discipline and group management in classrooms.* New York: Holt, Rinehart & Winston.

Landrum, T. J., & Kauffman, J. M. (2006). Behavioral approaches to classroom management. In C. Evertson & C. Weinstein (Eds.), *Handbook of classroom management: Research, practice, and contemporary issues.* Mahwah, NJ: Lawrence Erlbaum Associates.

Marzano, R. J., Marzano, J. S., & Pickering, D. J. (2003). Classroom management that works: Research-based strategies for every teacher. Alexandria, VA: Association for Supervision and Curriculum Development.

Nelson, J., Martella, R., & Galand, B. (1999). The effects of teaching school expectations and establishing a consistent consequence on formal office disciplinary actions. *Journal of Emotional and Behavioral Disorders, 6,* 53–61.

Reeve, J. (2006). Extrinsic rewards and inner motivation. In C. Evertson & C. Weinstein (Eds.), *Handbook of classroom management: Research, practice, and contemporary issues*. Mahwah, NJ: Lawrence Erlbaum Associates.

Simonsen, B., Fairbanks, S., Briesch, A., Myers, D., & Sugai, G. (2008). Evidence-based practices in classroom management: Considerations for research to practice. *Education and Treatment of Children, 31*, 351–380.

Stage, S. A., & Quiroz, D. R. (1997). A meta-analysis of interventions to decrease disruptive classroom behavior in public education settings. *School Psychology Review, 26*, 333–368.

Thornberg, R. (2008). School children's reasoning about school rules. *Research Papers in Education, 23*, 37–52.

Wang, M. C., Haertel, G. D., & Walberg, H. J. (1993). Toward a knowledge base for school learning. *Review of Educational Research, 63*, 249–294.

자신만의 **체계 창안**   **15**

목표

제15장에서는 예비 교사들을 INTASC 기준 1항(내용 교수법), 3항(다양한 학습자), 4항(다양한 교수 전략), 5항(동기와 관리), 9항(반성적 실천인), 10항(학교와 지역사회 관계)에 부합되도록 준비시키고자 한다. 이를 위해 다음과 같은 사항을 수행하도록 돕는다.

- 교실관리 계획을 선택함에 있어 교사의 철학, 인성, 교수 방식의 영향을 평가한다.
- 교실관리 계획을 선택함에 있어 교수 전략의 영향을 평가한다.

- 교실관리에 대해 교사 중심 혹은 학생 중심 접근법을 사용할지에 대해 결정한다.
- 개인적인 교실관리 계획을 개발한다.
- 개개 교실에서 사용하게 될 특정 교실관리 전략을 선택한다.
- 학생의 문제행동을 예방하기 위한 방법을 결정한다.
- 부적절한 행동을 다루는 방법을 선택한다.
- 과목 내용이 교실관리 전략에 어떻게 영향을 미치는지를 평가한다.
- 학교 환경이 개인적 관리 계획에 어떻게 영향을 미치는지 확인한다.

시나리오

덴턴 학교 지역구 교사 충원의 일환으로써 한 팀의 교장 선생님들은 미리 결정된 질문 목록을 사용해 모든 후보자에게 면접을 실시한다. 질문 중 2개는 교실관리를 다루고 있으며, 후보자는 효과적인 교실관리에 대해 개인적 정의를 제시하고, 그들이 교실에서 사용하려고 하는 교실관리 계획을 묘사하도록 요청된다. 오늘 최근에 졸업한 데니즈 소월, 마르틴 세고비아, 브리안네 크레스케가 면접을 치렀다.

데니즈는 두 가지 질문에 답하기 전에 단지 잠시 동안 머뭇거렸다. 그녀는 그 질문을 예상했고, 다음과 같이 말했다. "효과적인 교실관리는 교실을 충분하게 통제해서 모두가 배울 수 있어야 한다고 생각합니다. 이를 위해 저는 단정적 훈육을 사용할 계획입니다. 대학 때 단정적 훈육을 공부했으며, 제가 교생이었을 때 제 지도 교사도 교실관리 계획으로 단정적 훈육을 사용했습니다. 그래서 저는 단정적 훈육이 적용되어지는 사례를 관찰할 기회가 많았습니다. 저는 이 모형을 사용하게 되면 편안하게 느낄 것이라고 생각합니다."

마르틴은 면접할 때 눈에 띄게 걱정을 했다. 질문에 대답할 때 그의 손은 떨렸다. "저는 교실관리를 교실의 모든 요소를 관리해 학습이 일어날 수 있게 하는 것으로 봅니다. 그것은 우리가 활동을 하는 방법에 따라 교실, 교실규칙, 절차가 어떻게 정리되어야 하는가를 주의 깊게 계획해야 하는 것을 의미합니다. 저는 마음에 특정 계획을 가지고 있지는 않습니다. 저는 학교가 채택한 계획을 따르거나 혹은 학교의 대다수 교사들이 사용하는 것을 활용하기를 희망합니다. 왜냐하면 학교 안에 일관성이 있어야 한다고 생각하기 때문입니다."

브리안네는 그 질문을 요구받았을 때 기뻤다. 그녀는 채택할 관리 계획에 대해 생각하며 오랜 시간을 보내 왔다. 그녀는 어떻게 교실을 배열하고 싶은지에 대한 그림도 가져왔다. "저는 제 학생들에게 대단히 학생 중심적인 접근을 사용하기를 원합니다. 이것은 학생들이 제가 규칙과 결과를 창안하도록 도와주기를 원한다는 것을 의미합니다. 저는 많은 활동으로 학생 중심 교실을 만들 계획이고, 그래서 저는 집단 관리를 위해 활용하게 될 절차를 주의 깊게 계획할 필요가 있습니다. 저는 효과적인 교실관리란 학생들이 스스로의 행동에 대해 책임지는 것을 학습하도록 돕는 것이라고 정의합니다. 학생이 스스로를 관리하는 법을 배우도록 돕는 것, 이것이 저의 궁극적인 목적입니다.

들어가는 말

교장 선생님들은 세 후보자 중 누구를 선발할 것인가로 인해 어려운 시간을 가질 수 있다. 왜냐하면 그들 대답 중 어느 것도 틀리지 않기 때문이다. 그들의 대답은 각 후보자의 철학, 인성, 교수 방식을 나타낸다. 따라서 만약 교사의 계획이 교장의 철학과 관리 방식에 적합하다면 세 후보자 중 어떤 사람도 적절하게 선택될 수 있을 것이다.

궁극적으로 가장 효과적인 교실관리 계획은 교사, 학생, 학교 환경의 요구에 부합되는 것이다. 많은 경우에 기존의 모형이 최선의 선택이 될 것이다. 또 다른 경우에 교사는 교실과 학교 환경의 요구에 부합하기 위해 여러 가지 모형의 부분들을 병합하는 것이 최선임을 발견하게 될 것이다. 종종 교사는 교사의 독특한 요구를 만족시키는 계획을 창안함으로써 보다 편안해질 수도 있다. Swick(1985)은 적절한 교실관리 계획을 세우는 것은 교사에게 그들 자신의 철학, 인성, 교수 방식, 교수 경험을 주의 깊게 고려하고, 학교와 지역사회의 사명과 환경을 주의 깊게 평가하도록 요구하는 사실임을 제시한다.

교사의 철학

Gathercoal(2001)은 교사의 철학 기초는 일반적으로 학생의 기본 본성에 관한 근본적 신념, 학생들이 학습하는 방식, 학생들이 요구하는 통제 혹은 자유의 정도, 학생들이 교사의 권위에 반응해야 하는 방식으로부터 형성됨을 언급했다. 철학은 교사에 의해 선택되고 활용되는 교실관리 계획의 기반을 제공한다.

　　Martin과 Baldwin(1993)은 교사의 철학이 놓이게 될 이념적인 연속체가 있음을 제시한다. 연속체의 한 극에는 학생이 적절한 행동을 배워야 하며, 또한 교사의 기능 중 하나는 학습 과정이 일어나는 동안 교실통제를 유지하는 것이라는 신념이 있다. 연속체의 또 다른 극에는 학생들의 본성은 '착하며', 만약 자유와 책임감이 주어진다면 학생들은 적절하게 행동할 것이라는 신념이 있다.

　　Gathercoal(2001)은 또한 학생들의 본성에 관해 두 가지 다른 교육 철학이 존재함을 주장한다. 한 철학은 학생들은 태어날 때부터 악하며 이 악한 본성은 권위주의적인 방법을 사용하는 강한 교사에 의해서만 교정될 수 있음을 주장한다. 또 다른 철학은 학생들을 천성적으로 착하다고 보며, 교사의 역할은 긍정적인 상호작용을 통해 이러한 선성의 성장을 양성하는 것으로 본다.

　　교실에서 통제를 유지하는 것이 교사의 책임이라고 생각하는 데니즈 같은 교사는 그들의 접근에 있어 **교사 중심**(Teacher-centered)이라고 간주되어진다. 교수에 대한 새로운 연구가 학생 중심 접근의 효과성에 초점을 맞춤에 따라 과거 아주 적은 기간 동안 교사 중심 접근은 부정적으로 보였었다. 하지만 많은 교사들은 학생들이 다양한 인지적·사회적·도덕적 단계를 따라 발달되어 감으로 그들은 훈련되어진 교사에 의해 지도될 필요가 있다고 생각한다. 종종 교사로 하여금 교사 중심 접근을 지지하게 만드는 것은 '악한' 학생에 대한 견해가 아니라 학생들의 환경이 행동에 영향을 주며, 학생 행동은 보상, 강화, 처벌에 의해 변화될 수 있다는 교사들의 신념에 따른 것이다(Martin & Baldwin, 1993). 교사 중심 교실에서 규칙은 학생들의 책임과 함께 시작된다. 규칙의 위반 시 처벌이나 개입이 주어지는데 이 개입은 학생으로 하여금 행동과 결과 사이에서 정신적으로 연결성을 만들도록 돕는 형식을 요구한다. 교사 중심 교실의 특권은 적절한 행동을 통해 얻어진다.

연속체의 반대편 끝에는 교수와 교실관리에 대해 **학생 중심 접근**(Student-centered approach)을 제안한 브리안네 같은 교사가 있다. 학생 중심의 교사는 학생들이 옳은 것을 행하고자 하는 내면적 동기를 가지며, 안전하고 환영받는 환경 속에서 상호작용과 경험을 통해 책임감을 배운다고 가정한다. Gathercoal(2001)은 학생 중심 교사는 학생들이 본질적으로 선하다고 생각하며, 그들이 학생들을 신뢰할 수 있다는 믿음을 가지고 있음을 언급한다. 따라서 이들은 학생들로 하여금 존경과 책임의 태도를 배우고 발달시키도록 돕기 위해 기획된 활동을 실행시킴에 있어 아주 평온하다. 문제행동이 발생될 때 학생 중심 교사는 그 문제의 합리적 해결을 유발함에 있어 어떠한 전략이 가장 효과적일지에 관심을 가진다. 문제행동을 한 학생과의 상호작용은 학생을 성장시키고, 실수를 만회하는 경험을 학습하게 하면서 문제를 해결하는 데 중심을 둔다. 이러한 성장은 학생의 학습 책임감이라는 결과를 낳는다. 학생이 적극적이고, 긍정적이며, 동기화되어 있고, 유일무이한 문제해결자라는 신념으로 인해 학생 중심 교실에서 선택은 중요하다.

이 극단적 철학 중 어느 하나에 따라 전적으로 행동하거나, 혹은 전적으로 교사 중심적이거나 학생 중심적인 교사는 거의 없다. 대부분의 교사들은 교수 행위와 관리 전략에 있어 보다 균형 잡힌 접근을 제공해 주는 교육적 연구와 그들 자신의 경험에 근거해 학생들에 대한 그들의 기본 철학을 고찰하게 된다.

교사의 인성

Martin과 Baldwin(1993)은 교사의 인성이 교실성공의 가장 중요한 변인임을 제시했다. 하지만 그들은 교사의 이상적인 인성을 정의한 실제적 연구가 없음을 알았다. 학생들 또한 교사의 이상적인 인성에 대해 묘사하는 데 어려움을 가질 것이다. 학교에 다니는 12년 동안 학생들은 다양한 인성을 가진 교사들과 마주친다. 어떤 교사는 교실에서 상당한 정도의 소음을 허용할 수 있는 반면, 어떤 교사들은 그들의 교실이 조용한 곳이기를 원한다. 어떤 교사들은 학생들에게 농담도 하고 같이 놀리기도 하

현장 비결

동료 교사는 당신의 가장 좋은 자원이다. 쓸데없이 시간을 낭비하지 마라. 신규 교사들은 그들이 가르치게 될 모든 개념에 대해 어느 정도 멋지면서도 독창적인 아이디어를 찾아내야만 한다고 생각한다. 그 신화를 축출하라. 나는 20년 동안 독창적인 아이디어를 내본 적이 없다. 나는 다른 사람들의 아이디어를 해면처럼 빨아들이는 것을 배워 왔으며, 매력적인 수업을 하기 위해 나 자신의 것에 그것을 짜 엮었다. 상당히 신뢰할 만한 것을 신뢰하는 것은 중요하다. 좋은 아이디어를 얻기 위해 인터넷, 전문 잡지,

동료를 활용하라. 전문적인 회합(좋은 아이디어의 집결체)에 가서 흡수하라. 힘을 소모하지 마라. 다른 사람이 당신을 가르칠 수 있음을 머릿속에 집어넣어라.

Cynthia H. Lynch
4학년 교사
C.E. Hanna 초등학교
Oxford, Alabama

지만, 어떤 교사들은 엄격하고 사무적인 행동거지를 견지한다. 교실을 한번 들여다보면 어떤 교실은 교실 여기저기에 자료들이 흩어져서 어지럽지만, 어떤 교실은 모든 것이 주의 깊게 조직되고 제자리에 놓여 있어 정돈되어 있다. 어떤 교사들은 학생들이 연필을 깎거나 자료를 찾으러 자리를 이동하는 것을 허용하지만, 어떤 교사들은 오직 허락을 받을 때만 자리를 이동하도록 허용한다. 교사들은 무수히 다양하며, 놀랍게도 대부분의 학생들은 상대적으로 효과적이게 이 다양한 인성과의 관계를 잘 처리한다.

아마도 성공적인 교실을 생성해 내는 것은 특수한 교사의 인성이 아니라 교사의 인성과 교사 행동 사이의 일치성이다. 교사는 효과적인 연구의 결과 혹은 행정적인 명령이 있기 때문에 종종 특정 교수 혹은 훈육 기법을 채택한다. 하지만 만약 그 기법이 교사의 인성에 부합되지 않는다면, 그 기법은 실패할 것이고, 학생들은 좌절할 것이며, 문제가 발생할 것이다.

마르틴은 그의 교생 실습 시 이것이 사실임을 발견했다. 마르틴의 지도 교사와 그의 대학교 지도 교수는 모두 그에게 교수 전략의 일부로 협동 학습법을 활용하도록 격려했다. 하지만 마르틴은 그가 항상 학생들의 소리를 낮추기 위해 이야기를 해야 한다는 사실을 알게 되었다. 비록 그의 지도 교사는 그 소음 수준이 적절하다고 생각했지만, 마르틴은 학급이 항상 통제권 밖에 있으며, 그가 종종 학생들의 목소리를 낮추기 위해 소리 지르는 일에 의존하게 됨을 깨달았다. 브리안네는 정반대 경험을 했

동료 교사와 협동하는 것은 당신의 교실관리 계획을 향상시켜 줄 것이다.

다. 매우 전통적인 교실을 관찰하면서 브리안네는 활동이 지루함을 발견했고, 무엇이 학생들의 졸음을 방지할 수 있을지 곰곰이 생각했다. 그녀는 자신의 학급을 가지게 되면 학생들을 움직이고, 이야기하고, 함께 활동하게 할 것을 맹세했다.

가르치는 교사의 인성과 교실관리 사이에 균형을 이루기 위한 두 번째 핵심은 교사의 기대에 놓여 있다. 학생들은 교사들이 기대하고 있는 것과, 그 교사가 그러한 기대에 있어 일관성이 있음을 이해하는 한 효과적으로 다양한 교수 방식, 관리 방식, 교사의 인성과 관계할 수 있고 또한 관계한다. 하지만 기대가 명확하게 규명되지 않으면 학생들은 그들이 불공정하게 다루어지고 있다고 느낄 수 있고, 학생과 교사 사이에 갈등이 발달될 수 있다. 따라서 선택된 관리 계획이 교사의 인성에 부합되고 규칙, 결과, 절차를 포함해 그 계획의 모든 구성 요인이 학교 첫날부터 학생들에게 명확하게 규명되는 것이 중요하다.

교사의 교수 방식

브리안네의 교실관리 계획에 대한 대답은 교수 방식과 교실관리 사이의 관련성에 대한 보기 드문 이해를 보여 준다. 그녀가 가르치고 싶어 하는 방법을 주의 깊게 살펴본다면, 그녀는 그녀가 활용하고자 하는 계획을 선택하기 위한 발판으로 교수 접근을 활용하고 있는 것이다. Swick(1985)은 교실 크기, 자리 배열, 다양한 활동에 소요되는 시간, 유용 가능한 학습 자원, 수업의 전환, 집단 상호작용은 교사들이 실제적으로 가르치기 전에 해결해야 하고, 또한 그들이 사용하려고 하는 교수 전략과 연결되어 있는 전형적인 관리 논쟁점임에 동의했다.

Brophy(2006)는 잘 설정된 교실관리 기법은 특정 교실에 적합해지기 위해서는 개조되어야 하고 정교화되어야 함을 강조한다. 소집단을 관리하기 위한 기법은 대집단에 대해서는 효과적이지 않을 수 있다. 따라서 교사는 사용되어질 교수 전략에 기초해서 교실관리 기법을 개조할 것이 요구된다. 교실관리 실행은 교사가 의도하는 목적과 활동을 지원하기 위해 정리되어야 한다. Brophy는 성취하고자 하는 목적에서부터 이 목적을 가능하게 할 전략에 이르기까지 완전히 알고 활동할 것을 제시한다.

많은 교실관리의 논쟁점은 가르칠 과목에 의해 좌우된다. 실험실 수업, 직업 교육, 미술 수업은 교실의 물리적 디자인, 관련된 활동, 집단 상호작용, 전환, 절차, 안전 요구 때문에 교실관리에 대해 서로 다른 접근을 요구한다. 하지만 이와 똑같은 논쟁점이 전통적인 교실의 학습 환경과 관련해서도 고려되어야만 한다. 따라서 교실관리 계획은 가르칠 과목과 교사의 교수 방식 모두를 고려해 개발되어야만 한다.

브리안네는 자신의 교수에 학생 중심 접근법을 활용하기로 계획한다. 교장 선생님과의 공개 면접에서 말했듯이 이 접근은 학생 집단, 수업 전환에 대한 관리, 협동 집단의 활동 절차에 대해 주의 깊게 생각할 것을 요구한다. 그녀는 Marshall의 **상벌 스트레스 없는 훈육**, Curwin과 Mendler의 **존엄스러운 훈육**, Kohn의 **공동체 형성**, Evertson의 **교실조직 관리 프로그램(COMP)**을 채택하는 것이 도움이 되리라는 것을 알았다. 왜냐하면 이러한 모형들은 학생 중심 교수 전략을 지원해 주기 때문이다. 그녀는 이러한 여러 모형들에서 도움이 될 요소들을 발견할 수 있으며, 기존의 모형들에서 제시된 여러 가지 아이디어나 전략을 조합해 새로운 하나의 모형을 창안해 낼 수도 있다.

교사 중심 접근법을 계획하고 있는 교사는 다른 논쟁점을 고려해야 하며, 그들이 시도하고자 하는 교수 활동을 지원해 줄 교실관리 계획을 개발해야 한다. 강의, 개별 지도, 연습, 설명 그리고 다른 형태의 교사 통제형 교수법은 교사 중심 교실에서 주된 교수법이다. 그와 같은 활동은 모든 학생이 교사를 보고 들을 수 있도록 자리 배치할 것을 요구한다. 교사 지도하의 질문에 학생들이 반응하는 교실에서 교사는 토론 과정에 참여할 명확한 규칙을 개발해야 한다. 교사 중심 교실은 각 과목에 따라 별개의

○ *현장 비결*

나의 가장 효과적인 교실관리 '책략'은 항상 빠른 속도로 수업하기, 항상 학생들을 과제에 집중시키기이다. 출현하기 전에 이미 잠정적 논쟁점과 문제를 한편으로 알고 있으면서, 나는 내가 항상 달리면서 수업을 할 수 있도록 내 수업에 대해 아주 잘 알고 있어야 한다. 만약 학생들이 교육에 적극적으로 참여하면 수업에서 벗어나는 시간은 그만큼 적어질 것이다. 내가 관찰한 많은 수업에서 나는 수업시간에 수업 자료를 준비하는 교사로 인해 시간이 허비된다는 사실을 발견했다. 마찬가지로 학생들도 그들의 시간이 허비되고 있음을 알고 있다. 학생들은 활동하는 체할 뿐이다. 이러한 것을 방지하기 위해 교사는 수업이 시작될 때 미리 모든 자료를 준비해야 한다.

David Neves
음악 교사 및 밴드 지도자
Scituate 고등학교-중학교
North Scituate, Rhode Island
2002 Rhode Island 올해의 교사

시간을 활용하는 경향이 있기 때문에 학생들이 질서 있는 양상으로 하루를 진행해 나가는 것이 중요하다. 교사 중심 교수 접근법을 활용하는 교사는 Skinner의 **행동주의적 관리**, Canter의 **단정적 훈육**, Jones의 **긍정적 교실훈육**, 혹은 Albert의 **논리적 결과**를 채택할 수 있다. 왜냐하면 이 모형들은 교사 중심 교실에서 잘 작동하기 때문이다.

효과적인 교실관리 계획의 설정과 유지는 관리 이론 및 전략에 대한 지식에서뿐 아니라 교사가 가지고 있는 주제에 대한 내용 및 절차상의 지식으로부터 비롯된다. 교사에 의한 매일매일의 계획 세우기는 교실관리와 교수 모두에 대한 사려 깊은 고려를 요구한다.

학교 환경에 대한 교사의 평가

마르틴은 교실관리 계획을 개발하는 하나의 지침으로 학교와 행정 당국을 고려하고 있다. 계획을 세우기 위해 마르틴은 학교 환경을 분석할 것이다. 왜냐하면 그는 학교의 사명, 학교, 지역 교육구 및 주의 정책, 행정가의 관리 방식에 대한 지식이 교실관리에 대한 그의 계획에 영향을 줄 것임을 이해하고 있기 때문이다. 마르틴은 그의 계획을 개발할 때 또한 학교의 크기, 학생 집단의 문화적·성별·사회·경제적 구성을 고려해야 한다.

Swick(1985)은 교사의 교실관리 접근이 전체 학교 상황으로부터 이끌어져 나오고, 학교의 사회·생태적 요인을 반영할 것을 권고했다. 그는 교실관리는 사전 행동적이어야 하며, 교실과 학교 안에서 교사와 학생 및 부모 그리고 행정가의 기능에 영향을 주는 모든 요인과 관련되어야 한다고 조언했다. Swick은 교실관리에 직접 영향을 미치는 학교의 여섯 가지 사회·생태학적 요인을 규명한다.

1. **학교 직원의 행동** : 어떤 한 학교에 대한 방문은 즉시 학교 직원들과 학생 집단 사이의 상호작용에 대한 개관을 보여 준다. 종종 사무실 직원, 관리인, 다른 보조원들의 상호작용은 간과되어진다. 만약 이러한 직원들이 그들의 직업을 학교 기능에 중요한 것으로 인식하고, 그들의 상호작용이 그 학교 전체의 환경에 기여함을 이해하고 있다면 그 학교의 분위기는 직원, 교사, 학생 그리고 행정가가 서로 존중하는 그런 분위기일 것이다.

2. **교정** : 교정의 물리적 배치는 학생과 교사에 의해 지각되는 전반적인 안전감과 안정감에 도움이 된다. 고립되어 있는 교실, 혹은 이동 시설 위에 위치한 교실은 특별한 관리 문제를 가진다. 교정에 인접한 이웃은 또한 안정감의 문제를 위해 추가적으로 평가되어야 한다.

3. **기존 훈육 활동** : 많은 학교는 학교 차원의 훈육 계획을 가지고 있다. 마르틴이 그의 면접에서 지적했듯이 교사가 학교 차원의 계획을 따르는 데 실패할 때 혼란이 발생된다. 교사가 하나의 입장을 취하기 전에 학교의 훈육 계획을 이해하는 것이 중요하다. 3명의 교사 임용 후보자들은 교장 선생님들께 그들 개개 학교의 훈육 정책에 대해 질문해야만 하며, 그래야 자신들의 철학이 기존의 훈육 정책에 부합할 것인지의 여부를 결정할 수 있다.

4. **학부모들의 개입** : 학부모들은 만약 그들이 학교나 교직원이 학생들의 최고 이익을 위해 마음에서 우러나는 노력을 하고 있다고 생각하지 않는다면 지원적이지 않을 것이다. 부모는 그들의 관심사가 발생할 때 교사나 행정가에게 오는 것을 편안하게 느껴야 한다. 부모가 학교 공동체의 일원이라고 느낄 때, 그들은 교사와 행정가가 어려운 관리 결정을 하게 되면 도움을 줄 것이다.

5. **현재 학생들의 행동 양상** : 어떤 학교의 복도를 걸어 보면 학교에 내재하는 기존

행동 양상의 많은 것이 드러나게 된다. 소음의 수준, 학생들의 참여 정도, 교실 안에서의 이동 정도, 교실의 배열은 학생들이 어떻게 행동하는지에 대해 많은 것을 말해준다. 기존 행동 양상의 변화는 서서히 일어나며, 모든 교직원이 새로운 양상에 대해 관여할 것을 요구한다.

6. 학교 행정가 : 교사에게 제공되는 행정적 지원의 정도는 훈육 계획을 실행함에 있어 얼마나 성공할지를 결정해 줄 것이다. 따라서 교사가 실행하기 전에 행정가와 함께 그들의 계획을 공유하는 것은 중요하다. 데니즈는 교실관리 계획으로 단정적 훈육을 사용하길 원했다. 하지만 만약 그녀의 교장이 단정적 훈육의 원리를 가치 있게 여기지 않거나 동의하지 않는다면 데니즈는 자신의 계획을 수행하는 것이 어려워질 것임을 알게 될 것이다.

교실에서의 교사 경험

Gathercoal(2001)은 교사가 철학적으로 적절하다고 고려하는 것과 문제 발생 시 교사가 실제로 행동하는 것 사이에 종종 차이가 있음을 언급했다.

이것은 실제 교실상황이 민첩한 행동의 요구, 예측할 수 없는 상황적 요소, 교사가 교실관리 계획을 추상적으로 계획했을 때는 존재하지 않았던 정서 등에 의해 복잡하게 얽혀 있기 때문이다. Gettinger와 Kohler(2006)는 효과적인 교사의 핵심은 특정 교실 맥락에 적합한 교실관리 기법을 결정하는 능력에 달려 있음을 강조한다. 결과적으로 교사는 행동하도록 압력을 받을 때까지 결코 어떻게 행동하게 될지를 확정하지 못한다. 데니즈, 마르틴, 브리안네의 경우가 그와 같은 것이다. 비록 그들 모두는 그들이 사용하게 될 교실관리 계획에 대해 생각하고 있었음에도 불구하고, 궁극적으로 그들의 행동은 미처 계획할 수 없었던 것 중의 많은 것, 즉 수많은 요인에 의해 결정될 것이다.

매년 교사들은 그들 자신의 행동을 평가하고, 교실관리에 대한 새로운 연구를 알게 되며, 변화하는 학교와 지역구의 정책을 다루고, 학생들의 변화하는 욕구를 충족시키기 위해 노력하면서 자신들의 계획을 개정하도록 요구받는다. 따라서 그들의 교직 생애 동안 하나의 교실관리 계획을 사용하는 교사는 거의 없다. 대신 교직 생애

○ 현장 비결

교사로서 우리는 종종 아이들과 습관적으로 상호작용한다. 긍정적인 칭찬에 대해 해명할 수 있도록 하기 위해 나는 +/- 체계를 활용해 상호작용을 추적한다. 서판에 나는 모든 학생의 이름 목록을 배치해 둔다. 긍정적인 평가를 할 때마다 나는 + 표시를 더하고, 재지시할 때마다 - 표시를 더한다. 자료를 취합하는 주말에 나의 상호작용 경향을 분석한다. 나는 내 학급과 어떻게 상호작용했는지에 관해 자료를 볼 뿐 아니라 내가 얼마나 자주 개개인에게 이야기를 했는지도 알게 된다. 긍정적인 칭찬을 자주 받은 학생에게 나는 보다 독립적이 되도록 후원해 주고 내면적 만족감을 추구하도록 기회를 모색한다. 재지시를 자주 받은 학생에 대해서는 전 학급과 함께 규칙과 절차를 검토할 필요가 있는지, 혹은 단지 소수의 개인들만이 기대에 대해 검토할 필요가 있는지를 결정한다. 또한 이것은 추가적 행동 지원으로서 기능적 행동 평가의 필요성을 결정하도록 돕는다. 종종 과업을 이탈하는 학생에 대해서 나는 그날의 첫 번째, 그리고 마지막 상호작용은 미소임을 확신한다. 나는 그들 모두가 내 학급에 있어서 내가 행복하다는 사실을 알도록 한다. 왜냐하면 그들은 의기소침, 위축, 학교 성공의 결여와 같은 추가적 문제로 인해 가장 높은 위기군에 있기 때문이다. 더하여 나는 모두가 내 학급에서 평등한 동반자라는 사실을 확인하기 위해 내 학생과의 이야기에서 공정성을 확보하려고 상호작용의 빈도를 측정한다.

Stephanie Day
PK-2학년 특수교육 자료 교사
Friendship 공립 Charter School
Chamberlain Campus
Washington, DC
2010 Washington DC, 올해의 교사

내내 그들은 자신들의 교수와 학생들에 대해 반성하게 될 때, 경험에서 배우게 될 때 자신들의 계획을 수정할 것이고 새로운 것을 개발할 것이다.

종합

이 책에서는 12개의 교실관리 모형을 살펴보았다. 이 모형들은 훈육으로서의 교실관리, 체계로서의 교실관리, 교수로서의 교실관리라는 세 가지 구별되는 범주 중 하나에 속한다. 어떤 교사들은 한 범주 안에 속한 모형들이 자신들의 요구를 가장 잘 충족시킬 수 있다고 생각한다. 또 다른 교사들은 독특한 교실관리 계획을 창출하기 위해 다양한 모형들의 측면을 골고루 추출하리라고 생각한다. 어떠한 범주가 특정 교사의 인성적 특성, 교수 방식, 개인적 철학에 부합하는지 결정할 수 있는 한 방법은 표 15.1에 제시된 질문을 완성해 보는 것이다.

표 15.1 교실관리 질문지

교실관리 문항	개인적인 동의 정도				
	강하게 반대		동의	강하게 동의	
1. 효과적인 교실관리는 적절한 행동과 사회적 기술의 교수를 포함한다.	1	2	3	4	5
2. 교사는 교실관리에 관한 모든 결정에 대해 책임을 지고 통제해야 한다.	1	2	3	4	5
3. 규칙, 교수, 교실설계, 절차는 효과적인 교실관리에 본질적이다.	1	2	3	4	5
4. 학생들은 도덕적이고 개인적인 책임감을 배워야 한다.	1	2	3	4	5
5. 훈육은 교수 이전에 시행되어야 한다.	1	2	3	4	5
6. 결과는 부적절한 행동에 대해 주어져야 하고 일관성 있게 모든 학생에 대해 똑같게 적용되어야 한다.	1	2	3	4	5
7. 교사는 학생들의 권리를 존중하고 소중히 고려해야 한다.	1	2	3	4	5
8. 학생들은 문제행동을 선택하는 것이고, 그들의 결정에 대한 결과에 직면해야 한다.	1	2	3	4	5
9. 학생들은 적절한 행동을 배워야 한다.	1	2	3	4	5
10. 효과적인 교실관리는 충분한 통제를 제공하는 것이며, 그로 인해 모든 학생이 배울 수 있다.	1	2	3	4	5
11. 교실관리와 교수는 서로 얽혀 있으며, 교사의 두 가지 별개의 직무가 아니다.	1	2	3	4	5
12. 효과적인 교실관리는 특정 순간의 행동에 초점을 두는 것이 아니라 전 생애를 통해 긍정적인 상호작용을 발달시키도록 학생들을 돕는 데 있다.	1	2	3	4	5
13. 규칙은 교사에 의해서 개발되어야 하며, 명확하게 규정되어야 한다.	1	2	3	4	5
14. 교사는 학생들이 의미를 이해하고 있다고 가정하기보다 교실규칙과 절차를 가르쳐야 한다.	1	2	3	4	5
15. 교사는 학생들로 하여금 도덕적 판단과 결정을 하도록 도와야 한다.	1	2	3	4	5
16. 학생들은 교실책임을 공유해야 한다.	1	2	3	4	5
17. 규칙 개발은 교사와 학생의 공동 노력이다.	1	2	3	4	5
18. 결과는 위반 사례의 동기와 성격에 근거하며 개개 학생의 욕구를 충족시키기 위해 구상되어야 한다.	1	2	3	4	5

아래에서 당신의 점수를 계산해 보라. 가장 높은 점수를 얻은 것이 어떤 영역인지 확인하라. 그 점수에 기초해 다음의 것을 생각해 보라.

- 만약 당신이 범주 A에 가장 높은 점수를 주었다면, 당신은 다음과 같은 교실모형을 고려할 수 있다 : Skinner의 행동주의적 관리, Canter의 단정적 훈육, Jones의 긍정적 훈육, Albert의 논리적 결과.
- 만약 당신이 범주 B에 가장 높은 점수를 주었다면, 당신은 다음과 같은 교실 모형을 고려할 수 있다 : Curwin과 Mendler의 존엄스러운 훈육, Evertson의 교실조직 관리 프로그램(COMP), Kohn의 공동체 형성, Marshall의 상벌 스트레스 없는 훈육.
- 만약 당신이 범주 C에 가장 높은 점수를 주었다면, 당신은 다음과 같은 교실 모형을 고려할 수 있다 : Coloroso의 내면적 훈육, 긍정적 행동 지원, Bodine과 Crawford의 갈등 해결과 동료 중재, Gathercoal의 사법적 훈육.

각 문항 번호 옆에 각 문항의 점수를 기입하라.

범주 A	범주 B	범주 C
2. _____	3. _____	1. _____
5. _____	9. _____	4. _____
6. _____	11. _____	7. _____
8. _____	14. _____	12. _____
10. _____	17. _____	15. _____
13. _____	18. _____	16. _____
전체 점수 _____	전체 점수 _____	전체 점수 _____

주요 용어

이 용어들에 대한 정의는 용어해설에 제시되어 있다.

교사 중심 접근   학생 중심 접근

관련 활동

이론에 대한 성찰

1. 데니즈, 마르틴, 브리안네를 면접했던 교장 선생님단이 당신을 면접한다고 상상해 보라.
   당신은 어떻게 교실관리를 정의할 것인가?

2. 표 15.1에 제시된 질문지를 보라. 질문지의 결과는 당신이 선택한 교실관리에 대해 무엇을 보여 주는가?

개인적 교실계획 개발하기

1. 교실관리에 대한 당신의 철학을 진술하라. 당신의 철학을 개발함에 있어 다음 사항을 생각하라.
   - 당신은 학생을 어떻게 보는가? 그들은 본성이 '나쁘기' 때문에 적절한 행동을 배워야만 하는가, 아니면 당신은 대부분의 학생이 '착하고' 적절하게 행동하기를 원한다고 생각하는가?
   - 당신은 얼마나 많은 자유를 학생들에게 주기 위해 준비하고 있는가?
   - 당신은 교사 중심의 교실을 원하는가, 아니면 학생 중심의 교실을 원하는가?
   - 당신의 목적은 학생을 교실에 준비시키는 것인가, 아니면 교실을 넘어서 세상에 대해 준비시키는 것인가?

2. 당신의 인성은 당신의 교실관리에 어떻게 영향을 미칠 것인가? 교실관리 계획과 관련해 아래 문항들을 생각해 봄으로써 당신의 인성을 평가해 보라.
   - 소음에 대한 당신의 허용 수준은 어느 정도인가?
   - 교실 안에서 학생들의 움직임에 대한 당신의 허용 수준은 어느 정도인가?
   - 당신의 교실에는 농담이나 유머에 대한 여지가 있는가?
   - 당신은 당신을 조직적이고 구조화되어 있다고 생각하는가?

3. 당신의 교수 방식은 무엇인가? 당신은 어떠한 교수 전략을 사용하는가? 당신의 교수 방식은 교실관리 계획에 어떻게 영향을 미치는가?

4. 당신의 교실은 어떻게 보여지는가? 평면 계획을 그려 보고, 교실을 설계해 보라. 당신이 원하는 대로 교실을 설계하고자 하는 이유가 무엇인지를 글로 설명해 보라. 당신은 가시성, 산만성, 근접성이라는 논쟁점을 어떻게 처리할 것인가?

5. 교실의 문제행동을 예방하기 위해 당신은 무엇을 할 것인가?

6. 당신은 어떤 규칙을 가지고 있는가? 규칙은 누가 개발하는가? 당신인가 아니면 당신과 학생들이 함께 개발하는가? 당신은 규칙을 당신의 학생과 어떻게 공유하는가? 당신은 당신의 규칙을 학부모들과는 어떻게 공유하는가?

7. 당신의 교실에서 문제행동을 어떻게 교정하는가? 부적절한 행동에 대한 결과는 무엇인가?

8. 당신의 교실에서 보상 혹은 강화를 어떻게 활용하는가? 당신은 어떠한 보상을 줄 것인가? 보상은 개별적인가 아니면 집단 보상인가? 보상을 주는 것에 대한 당신의 인간적 신뢰는 무엇인가?

9. 교실에서 활용하는 세 가지 절차를 기술해 보라.

참고문헌

Brophy, J. (2006). History of research. In C. Evertson & C. Weinstein (Eds.), *Handbook of classroom management: Research, practice, and contemporary issues*. Mahwah, NJ: Lawrence Erlbaum Associates.

Gathercoal, F. (2001). *Judicious discipline*. San Francisco: Caddo Gap Press.

Gettinger, M., & Kohler, K. M. (2006). Process-outcome approaches to classroom management and effective teaching. In C. Evertson & C. Weinstein (Eds.), *Handbook of classroom management: Research, practice, and contemporary issues*. Mahwah, NJ: Lawrence Erlbaum Associates.

Martin, N. K., & Baldwin, B. (1993). *Validation of an inventory of classroom management style: Difference between novice and experienced teachers*. Atlanta, GA: American Educational Research Association. (ERIC Document Reproduction Service No. ED359240.)

Swick, K. J. (1985). *A proactive approach to discipline: Six professional development modules for educators*. Washington, DC: National Education Association. (ERIC Document Reproduction Service No. ED267027.)

용어해설

가변 강화 계획(Variable schedule of reinforcement) : 어떠한 양상도 미리 설정될 수 없는 방식으로 강화인을 배열하는 것. 학생들은 언제 강화될 것인지를 예측할 수 없음.

가시성(Visibility) : 모든 학생이 교사 주도의 교수, 설명, 예시를 볼 수 있도록 한 교실을 정리하는 것.

간격 강화 계획(Interval schedule of reinforcement) : 시간의 경과에 기초해서 강화를 배분하는 것.

간접적인 괴롭히기(Indirect bullying) : 본질상 심리적이며 뒤에서 욕하기, 얼굴 찌푸리기, 곯리고 조롱하며 협박하는 것을 포함하는 괴롭히기.

간헐 강화 계획(Intermittent schedule of reinforcement) : 매번 행동이 발생할 때가 아니라 어떤 경우에 행동 강화하는 것.

갈등 교육 과정 접근(Conflict curriculum approach) : 갈등 해결 접근으로써 학생들이 분리된 과정, 별도의 교육 과정, 혹은 매일 또는 주별 학습 계획에 의해 교수를 받음.

갈등 해결(Conflict resolution) : 전통적 교실관리 프로그램에 대한 존립 가능한 대안으로서 학생들이 인간적 갈등을 해결하기 위한 대안을 배움.

강화(Reinforcement) : 같은 혹은 비슷한 환경하에서 바람직한 행동이 반복되어질 가능성을 증대시키기 위해 바람직한 보상을 제공하는 것.

개념 교수(Teaching the Concepts) : 교실에서 상벌 스트레스 없는 훈육을 이행하기 위한 첫 번째 단계.

개인 계약(Individual contract) : 교실에서의 사회계약의 작동이 실패할 때 개인 학생과의 사이에서 맺게 되는 계획.

개입 전략(Intervention strategies) : 출현하는 학생의 문제행동을 재지도하기 위해 사용하는 전략.

격리 타임아웃(Seclusionary time-out) : 정해진 시간 동안 소란스러운 아동을 떠나게 하는 것.

결과(Consequences) : 학생 행동의 결과. 행동이 부적절할 때 결과는 전형적으로 성격상 처벌적임. 이것은 처벌과 동의어일 수도 있음.

결과 범위(Range of consequences) : 존엄스러운 훈육의 요소로서 문제행동에 대한 결과는 설정된 목록으로부터 선택되고 학생들의 욕구에 기초해 있을 것을 제시함.

교사 중심 접근(Teacher-centered approach) : 통제를 유지하는 전적인 책임감을 교사에게 두는 교실관리 접근.

교실 공동체(Classroom community) : 지속적으로 함께 활동하도록 허용된 학생들과 함께 하루 종일 협력의 기초 위에 세워진 공동체로서의 교실.

교실 실천 강령(Classroom universals) : 문제행동의 발생을 예방하면서 동시에 학업 성취를 증가시키기 위해 본질적인 조직 및 교사의 교수 행동.

교실원칙(Classroom principles) : 장기적인 행동 성장에 대한 기대와 태도를 정의하는 교실의 가치 체계를 표현하는 문장.

교실조직 관리 프로그램(Classroom Organization and Management Program : COMP) : Carolyn Evertson에 의해 개발된 교실관리 프로그램.

교정적 결과(Corrective consequences) : 학생이 자기 자신의 행동을 관리하도록 돕기 위한 특수한 전략.

과격한 반응(Hard response) : 한 사람이 승리할 때까지 반대자끼리 경쟁하는 갈등에 대한 반응.

과정-결과 연구(Process-outcome research) : 교실과정(교수)과 결과(학생이 행동하는 방법) 사이의 관계를 규명하고자 하는 연구.

관점 취하기(Perspective taking) : 다른 사람의 관점으로 세상을 보도록 학생을 가르치는 전략.

괴롭히기(Bothering) : Marvin Marshall의 사회 발달 체계에서 약자 괴롭히기와 상호교환적으로 사용되어지는 용어.

권력 추구하기(Power seeking) : 학생이 교사를 통제하고자 하는 문제행동의 목적 중 하나.

근접성(Accessibility) : 교사로 하여금 근접 통제에 의해 과업 중 행동을 유지하고 다른 학생을 방해하지 않으면서 신속하게 교실의 모든 학생에게 접근하도록 허용하는 교실배열.

근접 통제(Proximity control) : 교실에서 이동하고, 학생에게 신체적으로 가까이 있음으로써 교실행동을 관리하는 것.

긍정적 강화(Positive reinforcement) : 바람직한 행동을 하고 난 후 학생에 의해 요구되어지는 강화인의 제공.

긍정적 결과(Positive consequences) : 행동을 증대시키거나 유지시키기 위해 후속적인 행동에 대해 외재

적인 자극이나 보상을 제공.

긍정적 교실훈육(Positive Classroom Discipline) : Fredric Jones에 의해 개발된 교실관리 모형.

긍정적 행동 지원(Positive Behavior Support) : 새로운 기술을 가르치고 환경을 변화시킴으로써 문제행동을 줄이기 위해 일련의 행동주의적 전략을 사용하는 교실관리 계획.

기 규칙(Flag rules) : 협상의 여지없이 교사에 의해 개발된 규칙.

기능적 행동 평가(Functional behavioral assessment) : 아이 또는 청소년의 문제행동을 규명하고, 특히 학교에서 그 행동의 기능 혹은 목적을 결정하며, 그 행동에 대해 수용할 수 있는 대안을 가르치기 위한 개입 방법을 개발하려는 과정.

내면적 훈육(Inner Discipline) : Barbara Coloroso에 의해 개발된 교실관리 모형.

논리적 결과(Logical Consequences) : Rudolf Dreikurs에 의해 개발된 교실관리 프로그램으로, 행동의 결과는 당연하거나 행동에 논리적으로 연결되어야 함을 제시함. 또한 교사에 의해 결정된 문제행동에 논리적으로 연결된 결과를 제시함.

다중성(Overlapping) : 두 가지 이상의 논쟁점을 동시에 관리할 수 있는 교사의 능력.

단념(Desist) : 문제행동을 중지시키기 위해 사용되는 행동과 단어.

단정적 교사(Assertive teachers) : 자신의 요구를 명확하고 확고하게 밝히는 교사.

단정적 훈육(Assertive Discipline) : Lee와 Marlene Canter에 의해 1970년대 초에 개발된 교실관리 프로그램.

당연한 결과(Natural consequences) : 교사나 혹은 행정가에 의해 부과된 것이 아니라 그 행동의 당연한 결과로서 학생에 의해 저질러진 무분별한 행동의

결과.

등뼈 교실(Backbone classroom) : Barbara Coloroso가 개발한 용어로 학생들이 경청되어지고, 스스로와 서로를 존중하도록 학습하는 일관성 있는 조직을 갖춘 교실.

메타분석 연구(Meta-analysis research) : 일련의 관련 연구 가설들을 다루는 여러 개의 연구 결과를 종합하는 연구 방법.

무법천지(Anarchy) : Marvin Marshall에 의해 규명된 가장 낮은 수준의 행동. 무법천지는 사회적 행동의 가장 바람직하지 않은 수준이며 이 수준에서 작동하는 교실은 사회질서가 없거나 혼돈의 상태에 놓임.

민주주의(Democracy) : Marvin Marshall의 행동 체계 중 가장 높은 수준. 학생들이 자기 자신의 행동에 대해 책임을 지는 것이 이 수준임.

배제 타임아웃(Exclusionary time-out) : 특별하게 정해진 시간 동안 진행 중인 교수 상황에서 교실의 다른 영역으로 소란스러운 학생을 이동시키는 것.

벽돌담 교실(Brick-wall classroom) : Barbara Coloroso에 의해 개발된 용어로 독재가 있고 규칙은 엄격하며 완고한 교실을 묘사함.

보완 체계(Backup system) : 문제행동에 대한 부정적 제재의 체계적, 위계적 조직.

복수 추구하기(Revenge seeking) : 오랜 낙담의 결과로 학생은 원하는 주의나 권력을 획득할 방법이 없고 오직 복수만이 소속감 상실에 대해 보상할 것임을 결정함.

부모 대신에(In loco parentis) : 교육자들에게 학생들에 대해 부모의 권리와 똑같은 법적 권위를 허용한 법적 입장.

부정적 강화(Negative reinforcement) : 바람직한 행동에 뒤따르는 혐오적 자극의 제거, 혹은 취소로서 향후 바람직한 행동이 반복되어질 가능성을 강화.

부정적 결과(Negative consequences) : 원하지 않는 행동을 축소시키기 위해 사용되어지는 행동에 뒤따르는 바람직하지 못한 결과.

비격리 타임아웃(Nonseclusionary time-out) : 특정하게 정해진 시간 동안 교실활동에의 참여를 배제하는 학생 처벌.

비단정적 교사(Nonassertive teacher) : 자신의 요구 혹은 원하는 것을 알려 주지 않으며, 학생들이 자신을 이용하도록 허용하는 교사.

비율 강화 계획(Ratio schedule of reinforcement) : 주어진 반응의 수에 근거해 강화를 분배.

사법적 훈육(Judicious Discipline) : Forrest Gathercoal에 의해 개발된 교실관리 체계로서 전문적인 윤리, 훌륭한 교육 실행, 학생들의 헌법적 권리 및 책임감의 종합에 근거하고 있음.

사이버 괴롭히기(Cyberbullying) : 괴롭힘을 당하는 학생을 위협하고, 협박하고, 몰래 접근하고, 조롱하며, 모욕감을 주고, 루머를 퍼트리기 위해 과학기술을 활용하는 것.

사전 교정(Precorrection) : 학생이 문제행동을 하기 전에 학생에게 기대되는 행동을 생각나게 하고, 행동 교정을 위한 강화를 제공하는, 학생에게 주어진 주의.

사회 강화인(Social reinforcer) : 학생을 강화해 바람직한 행동을 증대시키는 교사, 부모, 동료, 혹은 행정가에 의한 행동.

사회계약(Social contract) : 교실 안에서 인간적 상호작용을 고양시키기 위해 고안된 교실관리 체계.

산만성(Distractibility) : 교사의 주의를 흩어 놓거나 과업 이외의 활동을 하도록 촉발하는 교실 안의 사람 혹은 사물을 포함하는 교실정돈 상태.

상벌 스트레스 없는 훈육(Discipline without Stress Punishment or Rewards) : Marvin Marshall에 의해 개발된 교실관리 모형으로, 개인적으로나 사회적으로

책임감 있게 발달하고자 하는 내면적 동기를 촉진.

생략 훈련(Omission Training) : 원하지 않는 행동의 생략에 대해 보상하는 자극 시스템에 주어진 이름. 생략 훈련에서 교사는 일정한 시간 동안 적절하게 행동한 개인 학생을 보상.

선호 활동 시간(Preferred Activity Time : PAT) : 요구되어진 작업을 완성한 후 학생들은 좋아하는 활동을 할 수 있음.

소멸(Extinction) : 강화를 축소함으로 인해 행동을 약화 혹은 제거하는 것.

실사회 결과(Real-world consequences) : Barbara Coloroso에 의해 개발된 개념으로 문제행동에 대한 결과는 당연하게 발생되거나 혹은 학생들의 행동에 본질적으로 관련된 합리적 결과여야 함.

실패 회피하기(Failure-avoiding) : 학생들이 문제행동을 하는 네 가지 이유 중 하나.

심각성 계획(Severity plan) : 다른 학생이나 교사를 위험에 빠뜨리거나 교수를 예방하기 위해 심각한 문제행동을 하는 학생을 교실에서 즉각 떠나게 하는 것.

조성(Shaping) : 궁극적 행동에 지속적으로 근접하도록 강화를 통해 새 행동과 기술을 가르치는 과정.

안내된 선택(Guided Choices) : 책임 있는 행동을 촉진하기 위해 학생들에게 선택을 제공하도록 고안된 Marvin Marshall의 세 가지 전략 중 마지막 부분. 안내된 선택을 활용함으로써 교사는 대결하지 않고도 권위를 유지.

약자 괴롭히기(Bullying) : Marvin Marshall의 사회 발달 체계 중 두 번째 단계. 이 수준의 사회 발달에 놓인 학생은 다른 학생, 경우에 따라서는 선생님도 마찬가지로 괴롭힘.

연속 강화 계획(Continuous schedule of reinforcement) : 행동이 발생할 때마다 행동에 대한 강화.

온화한 반응(Soft responses) : 교실, 학교, 혹은 이웃에서 평화를 지키기 위한 한 방법으로 보여 주는 갈등에 대한 학생들의 반응.

원칙적 반응(Principled response) : 학생들이 갈등 해결 기술을 사용하는 갈등에 대한 반응.

응용 행동 분석(Applied behavior analysis) : 바람직하지 못한 행동을 변화시키기 위한 체계적 접근. 때때로 행동 수정에 대한 대안적 용어로 사용됨.

의견 일치 결정하기(Consensus decision making) : 집단 문제해결 전략으로서 모든 집단이 갈등을 해결하기 위해 갈등 공동 해결에 영향을 받음.

이차적 강화(Secondary reinforcement) : 그 자체로는 강화적이지 않지만 학생들이 그것에 부여하는 관련성의 결과로 강화가 되는 자극.

이해 점검(Checking for Understanding) : 교실에서 상벌 스트레스 없는 훈육을 실행하기 위한 두 번째 단계.

인정적 칭찬(Appreciative praise) : 학생의 활동, 행동 혹은 성취를 기술하는 칭찬.

일차적 강화(Primary reinforcement) : 학생의 생물학적 욕구나 동기를 만족시키는 강화인.

장악력(Withitness) : 교실 안에서 일어나는 모든 것에 대해 알고 있는 교사의 능력으로서 학생의 교사, 급우들과의 언어적·비언어적 상호작용에 대한 인식.

적극적 감독(Active supervision) : 학교의 모든 영역에 교원과 행정가가 물리적으로 존재함으로 인해 행동 통제하는 것.

적대적인 교사(Hostile teacher) : 학생들의 필요나 감정을 고려하지 않고 여러 경우에 학생들의 권리를 무시하는 방식으로 학생들에게 반응하는 교사.

전환 원활성(Transition smoothness) : 하루 동안 한 활동에서 다른 활동으로 이전하는 것에 대한 교사의 관리.

절차(Procedures) : 규칙을 성공적으로 지키는 방법

에 관한 점진적 단계를 학생들에게 보여 주는 특별한 '방법.'

제거형 처벌(Removal punishment) : 부적절한 행동에 대한 결과로서 즐거운 자극이나 긍정적 강화를 수용할 자격의 제거.

제시형 처벌(Presentation punishment) : 부적절한 행동을 감소시키기 위해 혐오적인 자극 제공.

제한 설정(Limit Setting) : Fredric Jones의 긍정적 교실훈육의 기법으로서 이를 통해 교사는 학생들이 교실규칙을 준수하도록 체계적으로 지도.

존엄스러운 훈육(Discipline with Dignity) : Richard Curwin과 Allen Mendler에 의해 개발된 교실관리 이론으로서 학교 상황에 놓인 모든 사람은 존엄성 있게 다루어져야 한다는 생각을 기본 원리로 함.

주의 끌기(Attention seeking) : 학생들이 문제행동하는 네 가지 이유 중 하나.

중대한 공익(Compelling state interests) : 오랜 세월에 걸쳐 유효성이 입증된 4개의 공익으로서, 헌법에 보장된 자유를 명백하게 제한할 목적으로 법정에서 제정. 사법적 훈육 모형은 규칙 개발의 근거로서 네 가지 공익을 활용함.

중재(Mediation) : 훈련되어지고 선택된 개인(성인 혹은 학생)을 활용하는 갈등 해결의 접근으로서 이들은 갈등하는 학생들이 그들의 차이를 해결하도록 돕는 중립적인 제삼자로서의 역할을 수행함.

직접적 괴롭히기(Direct bullying) : 면대면 대결, 공개적 공격(신체적인 공격을 포함하는), 협박과 위협의 제스처를 포함하는 괴롭히기.

책임 훈련(Responsibility Training) : 학생들이 서로서로에 대해 책임을 지는 집단 자극 프로그램.

처벌(Punishment) : 불유쾌한 자극의 적용 혹은 반응을 약화시키기 위한 시도로 즐거운 보상의 철회.

처벌 아류(Punishment lite) : 결과를 묘사하기 위해

Alfie Kohn에 의해 사용된 용어.

토큰 강화인(Token reinforcer) : 더 이상 내재적인 강화 속성이 없는 강화인으로서 물체나 혹은 바람직한 활동과 교환할 수 있으므로 그 자체의 가치를 가짐.

통합 교육 과정 접근(Integrated curriculum approach) : 긍정적·부정적인 갈등 해결의 예로서 이야기나 문학작품 속의 갈등을 활용해 갈등 해결을 가르치는 기법.

파급효과(Ripple effect) : 교실에서 한 학생이 다른 학생의 행동에 영향을 줌에 의해 문제행동을 다루고자 하는 교사의 방법에 관련된 개념.

평가적 칭찬(Evaluative praise) : 인성을 평가하거나 학생의 인격을 판단하는 평가.

평화로운 교실(Peaceable classroom) : 교실이 따뜻하고 배려하는 공동체가 되도록 만드는 갈등 해결의 접근.

평화로운 학교(Peaceable school) : 평화로운 교실접근을 전체 학교 관리에 적용하는 갈등 해결의 접근.

학생 중심 접근(Student-centered approach) : 안전하고 환영받는 환경에서 상호작용과 경험을 통해 학생들이 책임감을 배우도록 돕는 데 주안점을 둔 교실관리 접근.

할머니의 규칙(Grandmama's rule) : 학생들이 선호하는 활동을 하기 전에 요구되는 과제를 완성해야 한다는 개념.

해파리 교실(Jellyfish classroom) : Barbara Coloroso에 의해 개발된 용어로 구조가 없으며 교사의 기대가 항상 변화하는 교실을 묘사함.

행동 수정(Behavior modification) : 개개 학생들의 행동을 변화시키기 위해 개발된 체계적 프로그램.

행동에 대한 사죄(Apology of action) : 무례한 사람과 상처를 입은 사람 사이의 관계를 회복하기 위해 사죄가 뒤따르는 행동.

행동주의적 기법(Behavioral techniques) : 행동을 수정하기 위해 강화와 처벌을 활용하는 교실에서의 실행.

협력/순응(Cooperation/conformity) : Marvin Marshall의 행동 체계 중 세 번째 수준. 이 수준의 행동은 수용되어질 수 있고 바람직함. 왜냐하면 협동/순응은 사회가 존속하기 위해 본질적인 것처럼 교실이 기능하는 데 본질적이기 때문임.

협상(Negotiation) : 논쟁을 해결하기 위해 갈등하는 학생들에게 함께 활동하도록 허용하는 과정.

화해적 정의(Reconciliatory Justice) : 발생시킨 문제를 해결하고, 비슷한 상황이 반복되어지는 것을 예방하며, 그들이 피해를 입힌 사람과의 관계를 치유하기 위해 학생들이 배우는 세 단계의 과정.

활동 강화인(Activity reinforcers) : 요구되는 활동을 완성한 후 얻게 되는 선호 활동에의 참여.

획득 단계(Acquisition phase) : 학생들이 처음으로 교실규칙을 학습하는 학년도의 한 시기.

효과의 법칙(Law of Effect) : 보상되는 행동은 반복될 것이며 보상되지 않는 행동은 중지될 것이라는 개념.

훈육 위계 서열(Discipline hierarchy) : 학급 혹은 학교 규칙의 위반 시 경고에서 시작해 심각성의 정도가 증가되는 문제행동에 대한 결과의 목록.

Premack 원리(Premack Principle) : David Premack에 의해 개발된 개념으로 선호 활동의 참여는 덜 요구되어지는 활동을 강화하기 위해 활용되어질 수 있음.

1차 예방(Primary prevention) : 행동을 관리하기 위한 3단 접근의 첫 번째 단계로서 문제행동의 발달과 빈도를 예방하는 데 초점을 둠.

2차 예방(Secondary prevention) : 행동을 관리하는 3단 접근의 두 번째 수준으로, 개입 행동 관리 프로그램과 목표화되어진 집단 개입을 포함.

3단 접근(Three-tier approach) : 긍정적인 행동 지원의 개입 3단계.

3차 예방(Tertiary prevention) : 행동을 관리하는 3단 접근에서 세 번째 수준으로 위험하고, 고도로 산만하며, 학습 개입을 저지하는 행동 양상을 보이는 학생들에게 초점을 둠.

70-20-10의 원칙(70-20-10 principle) : Richard Curwin과 Allen Mendler에 의해 제시된 개념. 70%의 학생들은 거의 규칙을 어기지도 않고 원칙을 위반하지도 않으며, 20%의 학생들은 다소 정기적으로 규칙을 어기며, 10%의 학생들은 만성적인 규칙 위반자이고 대부분 통제권을 벗어남.

찾아보기